東北大学法政実務叢書 2

信託の理論と現代的展開

水野 紀子 編著
Noriko Mizuno

商事法務

はしがき

　2004年に法務大臣から法制審議会に信託法の全面改正に関する諮問が発せられ、同年10月1日より2006年1月20日まで法制審議会信託法部会において計30回の会議が開かれた末、2006年2月8日に同審議会総会より法務大臣へ答申（信託法改正要綱）が提出された。2006年3月13日に国会提出された信託法案は可決成立し、同年12月15日に公布、2007年9月30日に施行された。本書のもとになったのは、2006年4月からトラスト60の支援を受けて始めた東北信託法研究会の研究活動である。東北信託法研究会の活動が始まったのは、信託法改正案が国会にかかっていた時期になる。

　1921年に制定された信託法は、信託一般に関する実体法として80年あまり実質的な改正が行われないまま運用されてきた。民事法領域の大陸法体系とは「水と油」と称せられる信託法ではあったが、受託者となる存在と適用領域が限定されていたために、大陸法体系の法典との調整がはかられなくてもさして問題にならなかった。しかし改正された新信託法は、民事信託のニーズに応えるものとされており、大陸法体系の法典との調整が大きな課題となる。

　信託は、目的財産を隔離できる非常に便利なツールである。多様な金融商品を組成することができるほか、会社を設立して法人格をもたせなくとも独立した責任財産を創設でき、また民事信託を利用すれば、個人財産を福祉・扶養などの特定目的のために隔離できる。信託の利用可能性は無数に開かれており、その可能性は魅力的である。しかし同時に、その可能性を実現するためには、この新たなツールを安全に活用するための諸条件、このツールのもたらす弊害の危険性とその対処方法、既存の法体系との調整などを考えなくてはならない。

　立法が国会で審議されていた当時に発足した東北信託法研究会は、実務のニーズはあったのかもしれないが、民事法学界でまだ十分な議論の蓄積がなかった信託法について、比較法をまじえて基礎的な勉強をするとともに、信託の将来やその活用可能性について広く対象として議論することを目的とした。研究会メンバーは、当時の東北大学法学部の民事法スタッフ

はしがき

が中心であった。現在では残念ながら少なからぬメンバーが他大学に転出しているが、優秀な研究仲間たちとの研究会は、きわめて刺激に満ちたもので、幸福な記憶となっている。

　研究会の活動が、信託の将来や可能性を論じると同時に、信託について基礎的な思索を深めようとしたものであったと同様に、本書も、「信託の可能性」と「信託の意義と比較法」の二部構成からなる。本書に収められた論文は、研究会で直接議論をした内容というよりも、むしろ著者個人が信託法を独自に研究した成果の論文であるが、研究会における勉強がそれぞれの研究の源流の一つをなしたとはいえるだろう。さらに研究会メンバーの論文のみならず、ヴァレリオ・フォルティ氏の論文のように、本書に収めるにふさわしい貴重な論文の寄稿も受けることができた。執筆者の皆様に心より御礼申し上げる次第である。

　東北信託法研究会では、当初から成果を書籍にまとめることを計画していた。その実現がかくも遅くなったのは、研究会の幹事を務めていた私の怠慢によるところが大きい。とりわけ2011年3月に東日本大震災が東北を襲ってから、震災対応時期に2年間部局長職にあった私は、その期間、研究関連の諸活動をストップせざるをえなかった。数名の著者は、震災前にすでに論文を書き上げていたにもかかわらず、かくも出版が遅延したことについては、お詫びの言葉もない。すっかり遅くなってしまったとはいえ、それでもようやく出版にこぎ着けたことにほっとしている。この間、原稿を書き上げた著者たちのために、出版を叱咤激励してくださった公益社団法人商事法務研究会の中條信義さん、編集作業を担当してくださった岩佐智樹さんと久保寺弥紗子さんには、本当にお世話になった。記してあつく感謝したい。また東北信託法研究会の運営を支援してくださった上、本書の出版に当たっても助成をいただいたトラスト60にも、改めて御礼を申し上げる。

　人体が複雑系であるように、社会もまた複雑系である。現状の困難を打破しようとする改革が、思わぬ副作用をもたらすことは少なくない。身近なところでも、法科大学院創設という改革は、当初に謳われた効用よりも多くのマイナスをもたらしたように、筆者には思われる。またずっと大きな規模の問題として、震災によってこれだけの破壊を被った被災地を訪れ

はしがき

ると、先を見通すことの難しさを痛感する。とはいえ、困難を前に立ち止まることは許されない。できるだけリスクを予期して準備をし、動き出して弊害が生じたらその対処を考えて、社会の崩壊を防ぐ努力をするしかないのだろう。信託法研究もまた、我々のそのような努力の対象である。そしてその努力を続けるエネルギーは、一緒に努力する仲間との交流によってもたらされるように思う。本書はそのような一つの交流の記録でもある。

2014 年 7 月

水野 紀子

もくじ

第1部　信託の可能性

第1章
大震災からの復興と信託………………………………… 森田　果　3

第1節　はじめに　3
第2節　土地信託　5
第3節　復興資金の受け皿としての信託　27
第4節　信託のその他の活用方法　35
第5節　結語　37

第2章
クラウドファンディングと信託（覚書）………………… 河上正二　41

はじめに　41
第1節　クラウドファンディングとは　42
第2節　クラウドファンディングのタイプ　47
第3節　クラウドファンディングの基本的な流れと法的課題　49
第4節　信託の可能性　54
第5節　小括　60

第3章
人格権の譲渡性と信託
　──ヒト試料・著作者人格権の譲渡性を契機に ………米村滋人　65

第1節　はじめに　65
第2節　議論の契機──2つの問題場面　67
第3節　人格権における信託設定可能性　77
第4節　補論　90
第5節　結び　99

第 4 章
いわゆる VIP 株と後継ぎ遺贈信託について……………………松井智予　101

　序　問題の所在　101
　第 1 節　会社法における事業承継の処理　103
　第 2 節　事業承継と相続外株主の保護　112
　第 3 節　相続人非承継者株主の保護　120
　第 4 節　承継者株主と被相続人の合意の限界　130
　結びにかえて　140

第 5 章
信託法 3 条における「その他の財産処分」の意義…………中田英幸　141

　第 1 節　問題の所在　141
　第 2 節　振込取引と金銭的価値の移転　144
　第 3 節　その他の財産の処分の要件について　148
　第 4 節　強制可能な債権の発生による信託の設定　152
　第 5 節　「財産の処分」に当たらない場合　157
　第 6 節　まとめ　161

第 2 部　信託の意義と比較法

第 1 章
財産権・契約・信託…………………………………………森田　果　167

　第 1 節　はじめに　167
　第 2 節　財産権法の機能　169
　第 3 節　信託へのあてはめ　176
　第 4 節　結語　193

もくじ

第 2 章
日本相続法の特徴について ………………………………… 水野紀子　195

第 1 節　信託法と民法　195
第 2 節　民法の継受とインフラの相違　200
第 3 節　戦後改正後の相続法の運営　203
第 4 節　最高裁判例に見る負担付き贈与・死因贈与・遺言の解釈　210
第 5 節　親子法と相続法　216

第 3 章
イギリス法における信託違反に対する第三者の幇助責任
　──不正の認定基準を中心に ………………………………… 櫻井博子　219

第 1 節　はじめに　219
第 2 節　第三者の幇助責任の基本構造　221
第 3 節　不正の認定基準　228
第 4 節　その後の展開と新たな問題の出現　234
第 5 節　おわりに　236

第 4 章
コモン・ロー体系におけるトラストがフランスのフィデュシに及ぼす
　影響 ………………………… ヴァレリオ・フォルティ（中原太郎訳）　237

訳者まえがき　237
Ⅰ　間接的影響：無名フィデュシ　241
Ⅱ　直接的影響：民法典におけるフィデュシ　247

第 5 章
フランス民法典における「信託」について ………………… 中原太郎　253

はじめに──本稿の目的　253
第 1 節　前史──フランス民法典における「信託」の沿革　256
第 2 節　到達点──フランス民法典における「信託」の内容と特徴　286

第3節　展望——フランス民法典における「信託」と民法理論・民法体系　320
おわりに——まとめと若干の考察　367
付録：フランス民法典の「信託」及びその関連制度に関する規定の邦語訳　372

●執筆者一覧（50音順、＊は編者）

河上 正二（かわかみ・しょうじ）　　　第1部第2章
東京大学教授

櫻井 博子（さくらい・ひろこ）　　　　第2部第3章
首都大学助教

中田 英幸（なかた・ひでゆき）　　　　第1部第5章
駒澤大学准教授

中原 太郎（なかはら・たろう）　　　　第2部第4章、第2部第5章
東北大学准教授・
日本学術振興会海外特別研究員

Forti, Valerio（フォルティ，ヴァレリオ）　第2部第4章
ポワチエ大学（フランス）准教授

松井 智予（まつい・ともよ）　　　　　第1部第4章
上智大学准教授

水野 紀子（みずの・のりこ）＊　　　　第2部第2章
東北大学教授

森田　果（もりた・はつる）　　　　　第1部第1章、第2部第1章
東北大学准教授

米村 滋人（よねむら・しげと）　　　　第1部第3章
東京大学准教授

第1部

信託の可能性

第1章
大震災からの復興と信託

森田　果*

第1節　はじめに

　2011年3月11日に発生した東日本大震災によって、東北地方は甚大な被害を被った。さらに、大震災に引き続いて発生した福島第一原子力発電所の事故によって、福島県を中心とする東北・関東地方各地が放射能汚染を受けており、これらの被害からいかにして復興を図るかが重大な問題となっている。たとえば、大震災に伴う津波によって破壊された沿岸地域では、どのような形で復興資金を供給することが望ましいのかが問題となっている。あるいは、被害を受けた地域・事業をまとめて再生させる際に、複数の利害関係人を上手くまとめていくような仕組みも必要とされている。

　また、大震災の被害に対して多くの義援金や復興資金が寄せられてきている。けれども、そのような資金をいかにして有効に集め、その上で、集められた資金をそれを必要とするところに適切に配分していくか、という

---

* 本稿の執筆にあたっては、住友信託銀行（当時）の合田政生氏、みずほ信託銀行の須田力哉氏を中心とする多くの方々へのインタビュー、および、東北大学公共政策大学院公共政策ワークショップにおいて得られた情報を元にしている。いずれの方々に対しても、深く御礼申し上げる。もっとも、本稿の内容は、筆者の個人的な見解であって、これらの組織・個人の見解ではない。また、本稿については、草稿段階で、中田英幸氏および法の経済分析ワークショップの参加者から多くの有益なコメントを得た。深く感謝したい。なお、本稿は、拙稿「大震災からの復興における信託の活用可能性」信託研究奨励金論集34号163-183頁（2013年11月）に加筆修正をほどこしたものである。転載を許可いただいた一般社団法人信託協会にも御礼申し上げる。

点も問題になっている。現状では、日本赤十字のような大規模なNPOが資金を集めた上で、それを被災者に対して配分していくという仕組みになっているが、それよりも実効的なアレンジメントが考えられるかもしれない。

本稿は、以上のように困難な問題が多く横たわっている現状において、信託を活用していくことによって何らかの処方箋を提供できるのかどうかについての検討を行うことを試みるものである。森田（2006）において明らかにしたように、法ルールとしての信託の特徴は、独立した財産主体を作り出すだけで、それ以外の部分については当事者の自由なアレンジメントに多くを委ねた、非常に柔軟な組織法としての機能を有する点にある。とすれば、その柔軟性を活用することによって、これらの困難な問題に対する対処法が実現できる可能性が生まれてくるかもしれない。

以下では、まず第2節において、信託協会によって信託の利用の提言がなされ、政府の東日本大震災復興対策本部においても活用が提言された、土地信託の活用可能性について検討を行う。続いて、第3節において、復興資金の受け皿としての信託の活用の可能性について検討を行う。次に、第4節において、以上で検討された以外に信託を活用する方策があるかどうかについて検討を行う。最後に、第5節において、本稿の検討結果について簡単なまとめを行う。

第2節　土地信託

　信託銀行が伝統的に取り扱ってきた土地信託が、大震災からの復興に活用できるのではないかとの提言が、信託協会からなされており、それに対応して政府の東日本大震災復興対策本部の基本方針においても、土地信託の活用が提言されている。そこでまず、土地信託の活用可能性から検討を始めたい。以下、本節では、これまでわが国において行われてきた土地信託の利用形態と、それに対する信託協会からの規制緩和要望と東日本大震災復興対策本部の基本方針を見た上で、PFI法との比較を行い、復興のためのツールとして土地信託を考えた場合の問題点について分析を行う。

1　従来の土地信託の利用

(1)　従来の土地信託

　これまで、わが国において、土地信託はどのような場面で利用されてきたのだろうか？[1]　従来の信託実務で多用されてきた土地信託は、バブル経済期において、不動産価格の値上がりを背景にして、地方公共団体が余剰資産の運用手法の1つとしてこれを利用してきた。

　すなわち、不動産（土地）について余剰資産を保有している地方公共団体が、コンペティション方式で当該余剰資産の活用方法についてプロジェクトを募集する。これに対して、建設会社と信託銀行とが組んでこれに応募する。入札競争において企画が採用されたならば、建設会社が、土地の上に建築物を建設した上で、テナントを募集し、テナントからの賃料収入を得る、というスキームである。

　信託法的には、設定者＝受益者である地方公共団体が――自益信託になる――、信託銀行を受託者として土地信託を設定する。信託銀行が、建設会社に対して建築物の建設を発注し、建設会社がこれを建設する。その上で、この建築物に入居するテナントを募集し、テナントからの賃料収入を建築費用に充てるとともに、余剰部分を受益者たる地方公共団体に対し

---

1) 従来の土地信託についての基本的な説明については、金融法務事情編集部（2012）を参照。

て分配するのである。

　地方公共団体が自ら余剰資産である土地の上に建築物を建設し、そのテナントからの賃料収入で建築費用を回収するスキームと比較すると、地方公共団体としては、建設費用という自己資金を当初に拠出することなく、信託の設定期間(内)という比較的長期にわたってこれを拠出することができるし、テナントとの面倒な取引にかかる事務的なコストを節約できる、というメリットがあることになる。

　もちろん、信託銀行は、これら2つの事務の委託を受けることについて対価として報酬を要求することになる。けれども、マンパワーの配置がどうしても硬直的になりやすい地方公共団体の現実を考えれば、報酬を払ってでも、これらの事務を信託銀行に委託することの方が効率的であるという状況は、十分に考えられるであろう。特に、信託銀行は、不動産の管理についてノウハウを有しており、その比較優位を活用できるのであれば、土地信託を使った役割分担によって効率性が改善するというシナリオは十分考えられる[2]。

(2) 土地信託の問題点

　もっとも、これまでの土地信託についても、いくつかの問題点があった。第1に、現在わが国において存在している大部分の土地信託が、バブル期に設定されたものであるということから派生する問題がある。すなわち、バブル経済の崩壊によって不動産価格が大幅に下落し、これによって、土地信託の設定当時に見込まれていたテナント賃料収入が減少してしまうという状況が発生した。すると、土地信託に基づいて当該不動産上に建築物を建設したものの、十分なテナント賃料収入が確保できず、建設費用を回収できないという事態になる可能性がある。このようなリスクが実現してしまった場合に、受託者と設定者＝受益者のいずれがその損失を負担する

---

[2] たとえば、みずほ信託銀行による土地信託についてのニュースリリース（みずほ信託銀行「『宮城県東京職員宿舎再整備に関する処分竣工型土地信託』の信託契約締結について――土地信託スキームを活用し、事業資金確保のための不動産処分と新宿舎の整備を一体の事業として実施する新たな取組み」（2008年11月4日）（http://www.mizuho-tb.co.jp/company/release/pdf/081104.pdf）を参照。

のか、ということが問題になる。

　この点については、最判平成23年11月17日集民238号115頁が、「本件信託契約において、受益者に対する費用補償請求権を定めた旧信託法36条2項本文の適用を排除する旨の合意が成立していたとはいえない」と判示して、信託契約の受託者である信託銀行が、信託事務の遂行のために負担した借入金を自己の固有財産をもって弁済したと主張して、受益者である地方公共団体に対して行った、負担した費用の補償の請求を認めている。本判決はもちろん、事案判決であり、個別の信託契約によって結論は異なりうるけれども、公有地の土地信託については旧信託法36条2項が適用され、信託費用について受託者から受益者に対して費用補償請求権が発生することが多いだろう。

　不動産価格が安定しており（あるいは上昇傾向にあり）、十分なテナント賃料収入が確保できる場合にはこの点はあまり問題とはならないけれども、土地信託の設定当時以降に社会経済状況に変化が発生し、両当事者が想定していなかったような不動産価格の下落が発生した場合、それによる損失を誰が負担するのかという点をめぐって紛争が発生しやすいのは自然であろう。バブル経済崩壊以降の不動産価格の低迷も原因となってか、バブル期以後は、土地信託の設定はあまりなされていないようであり[3]、土地信託の契約数も、かつて設定された土地信託の信託期間満了に伴って、次第に減少してきているようである。

　もっとも、現行の信託法においては、旧信託法36条は削除され、リスクの配分のあり方は、信託契約締結時の特約のあり方次第となっている（信託法48条5項[4]）。また、現行信託法においては、限定責任信託も活用可能であるから、震災復興において信託を活用していく際には、この種の問題はあまり発生しないであろうと予測される。

　第2の問題は、地方公共団体が土地信託に供することのできる財産は、いわゆる行政財産ではなく、普通財産に限定されてきた、という点である。これは、以下のように説明されてきた。行政法における公物管理法上の要

---

[3] 例外的なものとして、前掲注2)の土地信託がある。
[4] 受益者は必ずしも信託行為の当事者であるとは限らないため、現行信託法は、受託者が個別に受益者と合意をした場合にのみ、当該受益者に対して費用等を請求できることとなった。

請として、地方公共団体が提供するサービスは、基本的に地方公共団体自身が行わなければならず、他者にこれを行わせることはできない[5]。このため、地方公共団体が公用または公共用に供し、または供することを決定した財産である行政財産は、それ以外の財産である普通財産とは区別される（地方自治法238条3項）。行政財産については、一定の例外を除くほか、貸付・交換・売却・譲与・出資・信託・権利設定ができないが（地方自治法238条の4第1項）、普通財産についてはそれらの利用処分が自由にできる（地方自治法238条の5第1項）。

このため、行政財産については土地信託を設定することができず、余剰資産である普通財産についてしか土地信託を設定することができなかった。行政財産には、地方公共団体が事務や事業を執行するために直接利用することを目的とする公用財産——庁舎、職員宿舎など——と、住民の一般的共同利用を目的とする公共用財産——道路、河川、学校、公民館、公営住宅、公園など——とがある。これらの行政財産に土地信託を設定することができれば、これらの行政財産の持つ集客力にあわせて優良なテナントを呼び込むことが期待でき、土地信託の運用も柔軟になることが予想されるけれども、そういった土地信託の利用は認められてこなかった。

2　信託協会の規制緩和要望と政府の対応

(1)　信託協会の規制緩和要望

このような土地信託の現状に鑑み、社団法人信託協会は、2011年6月10日、「東日本大震災からの復興に資する規制緩和要望」を内閣府に提出した[6]。この要望書においては、不動産取引の早期回復のための措置とし

---

5) 公物管理法の発想は、さまざまな行政法規の中にその実質的内容は存在している。たとえば、都市公園法2条の3は「都市公園の管理は、地方公共団体の設置に係る都市公園にあつては当該地方公共団体が、国の設置に係る都市公園にあつては国土交通大臣が行う。」と規定し、水道法6条2項は「水道事業は、原則として市町村が経営するものとし、市町村以外の者は、給水しようとする区域をその区域に含む市町村の同意を得た場合に限り、水道事業を経営することができるものとする。」と規定している。このような公物管理法の趣旨は、地方公共団体の提供する行政サービスは、地方公共団体自身が責任を持って供給する必要があり、私的団体にその供給を委ねると、サービスの供給が不安定になりかねず、住民等の行政サービスの享受主体に不利益が発生しかねない、という点にあるものと考えられる。

6) http://www.shintaku-kyokai.or.jp/news/news230610.html

て4項目の提案も掲げられているが、それらは本稿とは直接関係がないので、「Ⅰ 公共施設復旧に向けた土地信託機能の活用」として掲げられた2項目の提案について、ここで見ておきたい。その内容は次の通りである：

1. 地方公共団体が公共施設整備を主たる目的として土地信託を行うことを可能とすること
- 震災復興において、居住施設の建設とともに公共施設の復旧は喫緊の課題と認識。一方、当該地の地方公共団体の財政負担は極めて大きく、被災地の早急な復旧と地方公共団体の資金調達手段の多様化を両輪で考えていくことが重要と思われる。
- 現状においては、自治事務次官通知により、地方公共団体の公用・公共用施設の建設等を主目的とする信託は行えないこととされているが、公共施設整備に土地信託を活用することにより、地方公共団体の事業資金負担の平準化及び信託銀行の不動産に関するノウハウを活用することが期待でき、震災復興の促進に寄与できる。
- 以上のことを踏まえ、公用・公共用施設の建設を促進する観点から、当該制限を解除していただきたい。
- 根拠法令＝昭和61年5月30日付け自治行第61号各都道府県知事・各指定都市市長あて自治事務次官通知[7]

2. 地方公共団体が土地を信託する場合において金銭も信託可能とすること
- 地方自治法において、金銭は地方公共団体が信託できる財産となっていない。このため、土地信託において、地方公共団体は普通財産である土地（その土地上の建物等定着物を含む）と併せて金銭を信託することができない。
- 土地信託を利用することにより資金調達手段の多様化が可能となる一方、建築費等必要資金を全て借入金等により調達する必要があり、その元利金の返済負担が信託収支を圧迫している。
- 地方公共団体が事業資金の一部を自己資金として信託することを可能とすれば、その分借入金を圧縮することができる。これにより、土地信託において柔軟な資金調達が可能となり、土地信託の活用による震災復興支援を促進させることに寄与できる。
- 以上のことを踏まえ、土地を信託する場合について、金銭も信託可能と

---

[7] http://www8.cao.go.jp/kisei/giji/03/wg/tokku/ex03/1.pdf

していただきたい。
・ 根拠法令等＝地方自治法第 238 条の 5

　この 2 項目の提案のうち、第 2 点目はややテクニカルな点であり[8]、第 1 点の方が、震災からの復興という視点からは興味深い。すなわち、従来、地方公共団体の公用・公共用施設の建設等は地方公共団体の本来の責任と負担において行われるべきものであるという考えから、これを主たる目的とした信託は認められてこなかった（昭和 61 年 5 月 20 日参議院地方行政委員会「地方自治法の一部を改正する法律案に対する附帯決議」）。けれども、公用・公共施設についても、信託のより広い活用を認めれば、地方公共団体が公用・公共施設を必要とする際に、当初の建築時点において全ての資金を当該地方公共団体が準備しなくとも、受託者に資金調達も委ねれば、当該公用・公共施設の利用料収入を建築費用に充てることによって、事業資金負担の平準化が実現できるのではないか、という発想であろう。

(2) 復興の基本方針

　そして、かかる信託協会の提案を受けて、2011 年 7 月 29 日（8 月 11 日改定）に東日本大震災復興対策本部が公表した「東日本大震災からの復興の基本方針」[9]においては、以下のように土地信託の活用が宣言されている：

　4　あらゆる力を合わせた復興支援
　　〔中略〕

---

[8] 土地信託について金銭の信託ができないとしても、地方公共団体が自己資金として最初に建築を行ってしまい、その後で建築物とともに土地信託を行えば（地方自治法 238 条の 5 第 2 項参照）、ある程度は達成できる。もちろん、この方法だと、地方公共団体がまず建築を行わなければならならず、自己資金と借入金とのミックスというファイナンス方式を実現することには手間がかかってしまう——建築を途中まで行ったところで、土地も含めて土地信託を設定し、受託者が建築の残存部分を続行する、というスキームを使うか、あるいは、受託者に対して地方公共団体が貸し付ける、というスキーム（利息は受益者たる地方公共団体に戻ってくるので元利金の返済負担は事実上問題とならない）などが考えられよう——、という欠点がある。

[9] http://www.reconstruction.go.jp/topics/110811kaitei.pdf

第2節　土地信託

(2) 民間の力による復興

　東日本大震災からの復興に当たっては、公的主体が全力で取り組むことはもとより、復興の担い手、資金等の観点から、「新しい公共」等の民間の力が最大限に発揮されるよう支援を行う。

　具体的には、民間の資金・ノウハウを活用したファンドや官民連携（PPP）、PFI や土地信託手法による復興の促進、就学支援事業等に対する民間や個人からの自発的な資金援助の積極的活用等を図る。また、まちづくりプランナー等の専門家を効果的に活用するとともに、NPO やボランティア、さらには地域コミュニティを支えてきた消防団や民生委員などの「新しい公共」による復興のための活動を促進する。

〔中略〕

5　復興施策

〔中略〕

(1) 災害に強い地域づくり

〔中略〕

⑤市町村の計画策定に対する人的支援、復興事業の担い手等

〔中略〕

　(iii) 官民一体となって震災復興に取り組むため、公的機関の活用や公的資金の投入だけでなく、民間の資金、経営能力、技術的能力の活用や土地信託手法、官民連携（PPP）、PFI 手法の活用や、NPO、地元企業、まちづくり会社、地縁組織等の多様な主体が主導する「新しい公共」による被災地域の復興についても促進する。

　このように、信託協会の提案を受けて、土地信託が PPP や PFI と並べて民間の資金・ノウハウを活用した復興手法として取り上げられている。

(3) **通達の改正**

　そして、以上のような「復興の基本方針」において掲げられた事項を実現するために、2012 年 5 月 1 日付けで、地方自治法をめぐる通達の改正（総行行第 65 号）がなされた[10]。同改正の趣旨は、主たる部分が公用・公共用施設であっても、その他の施設が併設され、その収益により信託配当を受けることによって、地方公共団体が負担する費用が他の手法（直接施行す

---

10) http://www.soumu.go.jp/main_content/000158690.pdf

る場合や PFI で行う場合等）と比較して安価となる場合には、地方公共団体が土地信託制度を活用する合理性がある、というところにある。

この結果、従来は、全てが収益施設である場合、および、主たる部分が収益施設であり、そこに付随的に公用・公共施設が併設される場合についてのみ、土地信託が可能であったが、通達の改正後は、主たる部分が公用・公共施設であり、そこに付随的に収益施設が併用される場合であっても、土地信託が可能となった。もっとも、全てが公用・公共施設である場合には、収益施設からの信託配当を受けられず、地方公共団体にコスト面でのメリットが認められないという理由で、依然として認められていない[11]。

3 PFI 法

このように、民間資金の導入という視点で土地信託の活用が検討されたということは、土地信託が震災復興にどのようにして活用しうるのかを考えるためには、民間資金の導入のために使われる他の手法との比較を行うべきことを意味する。そこで、これまで民間資金の導入による公用・公共事業の実施の手法としての活用が提唱されてきた PFI と比較しつつ、土地信託の活用可能性を検討してみたい。

(1) PFI 法の改正

PFI 法（正式名称は「民間資金等の活用による公共施設等の整備等の促進に関する法律」）については、東日本大震災後の 2011 年 5 月に法改正が成立している。そこで以下ではまず、この 2011 年法改正によって PFI 法上、どのようなスキームが活用できるようになったのかについて概観したい[12]。

そもそも PFI が注目を浴びるようになったのは、社会インフラの構築に

---

11) もっとも、地方公共団体にコスト面のメリットが実現する要因としては、単に収益施設から上がってくる信託配当のみならず、地方公共団体ではなく私的な事業者が公用・公共施設を運営することによる運営の効率化という要因も考えられる。地方公共団体の方が、私的な事業者よりも、公用・公共施設の運営に優れているという前提が常に成り立つとは言えないのであれば、全てが公用・公共施設である場合についても、土地信託の利用を認めることには、十分な合理性があろう。
12) 改正の細かい内容については、福田ほか (2011) を参照されたい。

必要な財源が限定されてくる中で、受益者のいる公共事業・公共施設については、そのコストの一部を受益者に負担してもらい、民間資金を活用して事業を実施することで財源問題を解決したい、さらには、民間事業者のノウハウを活用して公共サービスを効率化したい、というニーズが生まれてきたからである。

　一般にPFIの事業スキームには、PFI事業者が受益者から料金を徴収するタイプと、受益者に代わって行政が事業者に対価を支払うタイプとがある。ところが、これまでの日本においては、大部分が後者のタイプであり、かつ、公共施設の建築後に当該施設の所有権を行政に移転し、行政自身がサービスを提供するタイプのものが大部分であった。また、PFIが活用される事業分野についても、道路・鉄道・空港といった基礎的な社会インフラを構成する公共施設について使われることは稀であった。これは、前述した公物管理法により、民間事業者たるPFI事業者に対し、公物管理を委ねることが認められてこなかったからであった。

　このようなPFIの利用実態では、民間事業者によるファイナンスに過ぎず、前述したようなPFIのメリットが十分に生かされないことになってしまう。このことを背景に、2011年にPFI法の改正がなされた。改正点はいくつかあるものの、土地信託との比較という視点から最も重要なのは、いわゆるコンセッション方式の導入である。

　コンセッション方式とは、受益者に代わって行政が事業者に対価を支払うタイプではなく、PFI事業者が受益者から料金を徴収するタイプのもので、事業期間中の事業資産の所有権を、PFI事業者ではなくて行政側が保有するものである。従来、コンセッション方式は、公物管理法とバッティングするとして行われてこなかったが、改正PFI法においては、公共施設等運営事業および公共施設等運営権という概念が導入された（PFI法2条6項・7項）。すなわち、公共施設等運営権（PFI法10条の3）の設定を公共施設等の管理者から受けた者は、当該公共施設等の運営等を行うことによって、その利用料金を自らの収入として収受できるようになったのである。

　もちろん、事業者は、完全に自由に当該公共施設等の運営等をできるわけではなく、行政側から一定の制約を設定される（PFI法10条の4以下を

参照)。しかし、公共施設等の所有権は行政側が保有し続けるので、それに伴う固定資産税や不動産取得税等の課税を回避することができるというメリット——行政自身が当該事業を運営した場合と同じ条件を達成できることになる——がある。さらに、コンセッション方式を含めたさまざまなPFI事業の策定について、行政側のみがこれを策定するのではなく、民間事業者側が提案することも可能になった（PFI法5条の2）。

　もっとも、このようにPFI法が改正されたからといって、直ちに震災復興にPFIが役立てられるというわけではない。震災発生直後からしばらくまでの間、大きく損傷した社会インフラを復旧するステージにおいては、民間資金がこれを担当するというよりは、行政が直接これを行うことが中心となっている。このような場面では、あえてPFIのような形で民間資金の導入を図るというニーズは生まれてこない。これに対し、社会インフラの復旧が一通り終わった後で（あるいはそれと並行しつつ）、震災前とは異なった社会構造に応じた公共施設の改修・新設等が必要になってくる場面においては、民間資金・民間のノウハウの活用のニーズが発生してくるであろう。

(2) 土地信託とPFIとの比較

　では、民間と行政側の共同作業という、いわゆる「公私共同」という点では共通している土地信託とPFI、特に改正PFI法で認められたコンセッション方式とを比較すると、どのようにメリット・デメリットがあるのだろうか？　この点については、金融経済新聞2011年9月26日記事にまとめられた図表が参考になるので、これを参考にしつつ検討してみよう（図表）。

[図表] 土地信託とPFI（コンセッション方式）の比較

	土地信託	PFI（コンセッション方式）
スピード	○	×
民間からの提案	○	○
コンセッション	×	○
税制	×	○
補助金	×	○

(3) スピード

　まず、スピードについて。土地信託は、行政の有する土地に信託を設定した上で、後は受託者が建設業者と組んで公共施設等を建築することになるから、公共施設等の建築に関する事務コストを行政が負担しなくてもよい。これに対し、コンセッション方式のPFIにおいては、行政が公共施設を建築してその運営を民間事業者に委ねることになるから、行政側の事務コストが大きくなる、という趣旨であろう。

　確かに、現在の震災復興における地方公共団体の事務負担は非常に大きなものとなっている（東北大学公共政策大学院公共政策ワークショップ（2012a、2012b）を参照）。被災地の地方公共団体は、日常的な行政事務についてすらマンパワーが足りず、他の地域の地方公共団体からの人員の応援を受けている現状においても、マンパワー不足は深刻な問題となっている。とすれば、マンパワー不足に悩まされている地方公共団体に、事務処理の外部委託によってこれを補うというメリットは大きいもののようにも考えられる。

　しかし、それは、比較対象としてPFIのうちでコンセッション方式＝地方公共団体が公共施設等の所有権を保有する方式を取り上げたからであろう。PFIは、コンセッション方式以外にも、民間事業者が公共施設等を建築するタイプのものもある。そのようなタイプのPFI事業の場合——日本で多く実施されてきたBTO方式（build transfer operate）——には、土地信託の場合と同様に、少なくとも公共施設等の建築のステージでは、PFI事業者の側において発注の事務処理を行うことになる。他方で、コンセッション方式においては、公共施設等の建築のステージにおいては行政側が事務処理を行い、その後の当該施設の運営の段階においてPFI事業者側が事務処理を行うことになるから、土地信託の事務処理コスト面での優位性は、相対的なものに過ぎないというべきであろう。

　加えて、土地信託の場合においても、行政側の事務処理コストがゼロになるわけではない。PFIの場合と同様、行政が保有する資産の活用に際しては、入札手続による事業者の募集が必要となり、複数の業者によって提案がなされた場合には、それらのいずれがより優れているのかという点について、行政の側において審査および決定を行う必要がある。このような

作業にかかる事務コストは、土地信託の場合であっても、PFI事業の場合であっても、大差はないと考えられる。

(4) 民間からの提案

続いて、民間からの提案を活用できるという点については、改正前のPFI法においては、土地信託の方がこれを認める点で優位であった。しかし、改正PFI法においては、前述したように民間からの提案を取り込んだ形でPFI事業を構築することができるようになったから、この点について土地信託の優位性は消滅してしまっている。

(5) コンセッション方式

続く3点は、いずれも、土地信託がPFI（コンセッション方式）に比べて、使いにくい点である。まず、コンセッション方式のPFIにおいては、PFI事業者が公共施設等運営権の設定を受けることによって、当該施設について自らの計算で運営することができ、当該施設の運営を効率化しようというインセンティヴがPFI事業者に発生する。必ずしも十分に業務効率化のインセンティヴを持たない行政側と違って、民間事業者たるPFI事業者には、自己の利益を最大化しようとするインセンティヴが働くから、その分、住民に対する効率的なサービスの提供が期待できるわけである。しかるに、土地信託の場合には、このようなメカニズムは、機能しない。それには、法的な原因と、事実上の原因との、2つの原因が存在している。

第1に、信託協会による「東日本大震災からの復興に資する規制緩和要望」においても取り上げられていた、公物管理法上の問題である。これまでの地方自治法（および政省令）のもとでは、原則として普通財産についてしか土地信託の設定が認められず、行政財産を主たる対象とした土地信託の設定は認められてこなかった。改正PFI法においては、この点についての手当がされたものの、同法は土地信託をカバーするものではないから、土地信託について公物管理法の規制が緩和されたわけではない。これでは、PFI法において認められることとなったコンセッション方式と同様のスキームを、土地信託を用いて実現することは、法的に困難であった。

信託協会の規制緩和要望は、この点について突破口を開こうとするもの

であった。そして、前述したように、2012年5月1日付の通達の改正（総行行第65号）によって、公用・公共用施設を主たる目的とする土地信託も可能になったから（ただし、公用・公共施設のみからなり、収益施設のない土地信託は依然として認められていない）、土地信託はPFIに一歩近づいたと言えよう。

　第2に、仮に第1の法的な障害がクリアされたとしても、現在の信託制度の下で、土地信託においてコンセッション方式を実現することには、事実上の困難がある。すなわち、コンセッション方式のポイントは、PFI事業者に事業から発生するリスクを帰属させることによって、PFI事業者に、サービス提供の効率化のインセンティヴを与えることにあった。土地信託において、同様のキャッシュフローの組み合わせを実現することは、必ずしも単純ではない。

　単純に、設定者＝受益者を地方公共団体、受託者を信託銀行として土地信託を設定すると、当該事業の運営から発生するリスクは、受託者たる信託銀行ではなく、受益者たる地方公共団体に帰属することになってしまう。コンセッション方式のように、民間事業者から行政側に対しては一定のロイヤルティーが支払われ、他方で、残余キャッシュフローについては事業者に帰属するようなスキームを仕組むためには、受益権を2つのクラスに分離し、固定額のロイヤルティーが支払われる受益権に（第一受益権と呼ぶ）ついては地方公共団体に保有させた上で、残余キャッシュフローが帰属する受益権（ここでは仮に第二受益権と呼ぶ）については事業者に保有させるような仕組みが必要となる。

　そして、このようなスキームを信託法上作り上げたとしても、この第二受益権を誰に保有させるか、という点が問題となってくる。PFIにおけるコンセッション方式と全く同じに仕組むというのであれば、受託者たる信託銀行が第二受益権を保有すべきことになろうが、それは難しいであろう。まず、信託銀行は、金銭管理について比較優位を持ってはいるけれども、公共事業の運営について比較優位を持っているわけではないから、信託銀行に残余キャッシュフローを帰属させても、それによって公共事業の運営の効率化が実現されることは期待しにくい。

　法的には、受託者は、受益者に対する善管注意義務・忠実義務を負って

おり、公共事業の運営を効率的に行うべき義務を委託内容として負っていることになるとしても、ちょうど会社法における経営判断原則の法理が示しているように[13]、株式取引市場のようなマーケットの利用なくして、このような義務を直接請求・損害賠償請求という形でエンフォースすることは難しい（エージェンシー問題）。

加えて、信託銀行は、信託業法のみならず、銀行法の規制も受けている[14]。銀行業は、小口の預金債権者によるモニタリングの難しさ、および、預金者保護のために導入された預金保険制度の存在のゆえに、リスクの高い事業を営むことは望ましくなく、リスクの低い安定的な事業を営むことが求められている[15]。このため、公共事業の運営によるリスクを信託銀行に帰属させることによって、その経営を不安定にすることは、望ましいことではないし、銀行法上も認められることではない。

そうすると、この第二受益権は、受託者たる信託銀行ではなく、信託銀行からさらに信託事務の委任を受けて、当該公共事業の運営を実施するサービス業者に保有させることが望ましい。このサービス業者に残余キャッシュフローを帰属させれば、この者は、自らの利益最大化のために行動しようとするインセンティヴを持つから、公共事業の運営の効率化が実現されることが期待できる（たとえば、証券化の文脈におけるモニタリングのインセンティヴ設定の重要性を示唆する文献として、Wang and Xia（2014）を参照）。もっとも、かかるスキームにおいては、土地信託といっても、信託という法技術は、受益権を切り分けた上でこれを異なるクラスの受益者に配分することだけにおいて活用されており、受託者自身の行う信託事務の大部分がアウトソーシングされてしまっている。このため、信託という法技術を使う妙味はあまり見いだせず、PFI のように契約と法人の組み合わせによって同様のスキームを実現する方がむしろ簡便かもしれない。

(6) 税制

土地信託と PFI の比較の次のポイントは、税制である。これは、土地信

---

[13] 日本における経営判断原則の裁判上の展開については、森田（2009）を参照。
[14] もちろん、信託専業会社については、この限りではない。
[15] Dewatripont and Tirole（1994）を参照。

託においては、公共施設等の所有者が受託者であるのに対し、コンセッション方式のPFIにおいては、公共施設等の所有者が行政側にとどまることから発生する。土地信託の場合では、民間事業者が受託者として公共施設等の不動産の所有者になるので、固定資産税等の支払義務が発生する。これに対し、コンセッション方式のPFIにおいては、民間事業者が不動産の所有者になるのではなく、行政側が不動産の所有権を保有し続けるので、固定資産税等の公租公課の負担がない。

　コンセッション方式以外のPFIにおいては、土地信託と同様に民間事業者が公租公課を負担する仕組みとなっており、地方公共団体自身が公共サービスを提供する場合とのイコールフィッティングが実現されていなかった。これに対する批判が強く、改正PFI法においては、コンセッション方式のPFIにおいてイコールフィッティングが実現したのである。しかし、土地信託については、この点の手当がなされていないので、コンセッション方式以外のPFIと同様、地方公共団体自身が公共サービスを提供する場合とのイコールフィッティングが実現されていないことになる。

(7) 補助金

　最後に、補助金の扱いについて比較してみよう。東日本大震災からの復興を地方公共団体が行っていく際には、国（中央政府）からの多額の補助金が交付されている。コンセッション方式のPFIにおいては、地方公共団体が自ら公共施設等の建築を行うことになるから、これらの補助金の活用が可能であることが多い。補助金の多くは、交付の宛先となった地方公共団体自身が復興事業を行うことが条件となっているからである。これに対し、土地信託の場合は、地方公共団体から民間事業者が信託の設定を受け、その民間事業者が公共施設等を建築することになるから、補助金の活用ができない場合が多いだろう。

　もっとも、土地信託についてのこの問題点については、克服する方法がないわけではない。たとえば、補助金の交付条件に、地方公共団体自身が公共施設等を建築することが入っている場合には、地方公共団体が公共施設等を建築した上で、それについて土地信託を設定すればよい。しかし、このスキームは、実質的に、前述したコンセッション方式を土地信託で実

現することに等しいから、そこで述べたのと同様の問題点が発生してしまうことになる。

(8) 小括

以上に見てきたように、土地信託は、コンセッション方式のPFIに比べると、少なくとも、現在の法規制を前提とする限り、必ずしも大きなメリットがあるとは言い難いシステムとなっている。もちろん、地方公共団体自身が公共サービスを提供する場合と土地信託とを比較するのであれば、費用の平準化・事務コストの削減という点で土地信託にメリットがあるのに対し、税負担・補助金といった点で地方公共団体自身による提供の方にメリットがあることになるから、どちらが上回るかの比較になる。これに比べると、コンセッション方式を可能にするPFIは、公共事業の運営から発生するリスクを、地方公共団体ではなく民間事業者に帰属させるという点で、単なるコスト比較ではなく、当事者のインセンティヴにまで遡った違いを生み出すことができるという点で、より魅力的な選択肢となりうる可能性が高い。

4 復興のためのツールとしての土地信託

以上の一般的な検討に続いて、東日本大震災からの復興という局面において土地信託の活用可能性について、検討を加えてみたい。

現在の震災復興の局面においては、国から被災地に対して多額の補助金が交付されている。しかしそれらはいずれも、地方公共団体自身が復興事業を行うことを条件とするものとなっている。前述したように、土地信託においては、地方公共団体ではなく受託者が公共施設等の建築・運営を行うことになるから、土地信託を使って復興事業を行おうとすると、これらの補助金の恩恵を受けられなくなってしまう。補助金の金額は、かなりの額に上るため、これを活用できないということになると、土地信託という手法は、震災復興のための手法として活用することは、事実上困難になる。

では、補助金に関する条件が緩和され、地方公共団体自身が復興事業を行わなくても、補助金が交付されるという形になれば、土地信託には活用

の途が生まれてくるのだろうか？　この点についても、明るい見通しはなさそうである。前述したように、震災復興にはいくつかの局面がある。震災直後からしばらくの間は、下水道・港湾などの破壊された社会的インフラの復旧が主要な復興事業となる。しかし、これらの事業については、PFI について前述したのと同様に、公的資金で行われる形になり、民間資金による公共サービスの復旧を行うのは、かえって非効率な結果となる可能性が高い。

　そうすると、仮に土地信託の活用の可能性があるとしても、震災復旧の後の、復興段階になる。しかし、この段階においても、土地信託が優位に立つ余地はあまりなさそうである。現在の土地信託においては、信託銀行が受託者となることが（暗黙のうちに）前提とされている。しかし、信託銀行に、下水道事業や港湾等のインフラ運営についてノウハウ——あるいは比較優位——があるとは言い難い。信託銀行が比較優位を持つ分野は主に、金銭の管理と不動産の管理であろう。

　信託銀行自身にこれらの事業を運営することは困難であるし、信託銀行は受託者として金銭の管理を行い、ほかの民間事業者に事業運営を委託するとしても、その場合に土地信託に比較優位を見いだすことも難しい。たとえば、下水道事業や上水道事業を運営する際に、住民への下水道サービス・上水道サービスの提供については信託銀行ではなくそれらの事業に慣れた民間事業者が行うとしても、これらの住民から下水道・上水道料金を徴収することには、信託銀行は必ずしも慣れていない[16]。

　加えて、前述したように、そもそも銀行業と信託業とを兼営している信託銀行には、銀行業とは異なる過大なリスクを引き受けさせるべきではない。そうすると、そもそもこのような事業リスクを信託銀行に引き受けさせることも、望ましくないスキームだということになろう。

　これに対し、PFI の場合であれば、コンセッション方式が可能であり、事業リスクを民間事業者が引き受けることができる点で、新たなメリットを考えることができる。しかし、前述したように、土地信託においては、

---

16) たとえば、住民が料金を滞納した場合に、どのようにして徴収するのか、といったノウハウ、あるいは、その徴収にかかるコストをどのようにして最小化するのか、といったノウハウについて、信託銀行が保有しているとは考えにくいだろう。

現在行われているスキームを前提とする限り、民間事業者ではなく地方公共団体が事業リスクを引き受けることになるから（自益信託）、地方公共団体が自ら運営した場合と比較しての土地信託のメリットを見いだす必要が出てくる。にもかかわらず、このように土地信託の比較優位を見つけ出すことができず、信託銀行に事業リスクを帰属させることも望ましくないのであれば、信託の活用の途はあまりないということになるだろう。

　特に、大震災の被災地の特殊な事情を考えると、この事業リスクの引受け、という点は重要な問題となってくる。すなわち、被災地、特に、津波によって破壊された地域においては、従前の社会的インフラが破壊されてしまった上に、住民の構成も変わってしまうなど、震災前とは、社会的経済的構造が大きく変わってしまっている。この結果、震災前と同様の、あるいは、これまでになかった公共サービスを提供した場合に、住民等からの需要がどれくらい生まれるのかということについて予測を立てていく際に、その予測の正確性を担保することが困難となってしまっている。公共サービスの需要予測を行うためには、その地域の住民の構成・行動などまでを含めた緻密な計算が必要であるところ、社会的経済的構造が大きく変わってしまうと、震災前の公共サービスについて発生していた過去の需要データをそのまま流用して将来の需要予測に使うことができなくなってしまうのである。

　さらに、そもそも従来型の単純な土地信託のようなスキームを前提としたとしても、現在の被災地で引き受けるについては新たなリスクが生じている。現在の被災地においては、震災復興のための公共事業が多数行われており、建設業者は、人材不足・資材不足に頭を悩ませている。公共事業の入札においてさえも、落札業者が現れずに入札が失敗に終わってしまうことが少なくない。これでは、従来型の土地信託を仕組んだとしても、建設業者が見つからなかったり、あるいは、建設業者に発注したところ、事業費が当初見込みを上回ってしまったりするリスクが高くなってしまうことになる。

　このように、被災地において震災復旧・復興事業を行うに際しては、従前とは異なる事業リスクが存在していることになる。土地信託を活用した場合、事業リスクは基本的に地方公共団体に帰属することになり、地方公

共団体としては、事業リスクの変化に対して防衛することが難しい。これに対し、コンセッション方式のPFIを活用した場合、地方公共団体は、事業リスクを民間事業者に帰属させることができるから、自ら事業リスクを引き受ける必要がなくなる。これは、PFIの土地信託と比較した場合の大きなメリットであると言えよう。

もちろん、事業リスクを地方公共団体に帰属させず、民間事業者に帰属させることが、直ちに望ましいわけではない。リスクの帰属者として望ましい者は、当該リスクをより実効的にコントロールできる者である[17]。地方公共団体の方が民間事業者よりも、事業リスクについてより多くの情報を持っている場合もあるし、事業リスクに大きな影響を与える住民の行動について地方公共団体の方がより大きな影響を与えることもあるだろう。さらには、事業リスクがあまりに大きいので、民間事業者にはこれを引き受けることができず（リスク回避性向）[18]、よりリスク中立的な地方公共団体がリスクを引き受けた方が望ましい場合もありうる[19]。

この意味で、コンセッション方式のPFIの方が土地信託より常に優れるというわけではない。しかし、PFIの方が、少なくともこれまで使われてきたような土地信託に比べると、事業リスクの帰属者について、より多様な選択肢を示していることは、社会的経済的構造が大きく変化し、不確実性が増している被災地の復旧・復興という状況を考えた場合、より活用可能性が高いことは否めないであろう。

---

17) 小塚＝森田（2014）を参照。
18) たとえば、福田（2014）においては、
　　日本のPFI/PPP事業は、オーストラリアやイギリスなどの海外に比べると10分の1程度の実績であるということをある文献で見たが、海外の成功事例において、リスクを取る投資家というのはどのような先なのか。
　という質問に対し、実績の違いについての説明はなされたが、海外においてどのような投資家がリスク引き受け主体として立ち現れるのかについての応答はなされていない。柳川（2014）も、民間では引き受けられないリスクがあることを指摘する。
19) もっとも、事業リスクを地方公共団体に帰属させることが、常に望ましいわけではない。地方公共団体には、ソフトな予算制約問題（一般的な解説としてはたとえば、Kornai, Maskin, and Roland（2003）を参照）が発生し、その行動が非効率的なものとなる危険性があるからである。実際、現在、被災地の復興において官民共同ファンドの果たす役割が期待されているけれども、将来的にそれらが大きな損失を出し、最終的には国民負担がかえって増大してしまう危険性が懸念されている。

5　土地信託の有効活用のための前提

　以上に見てきたように、少なくとも従来活用されてきたような土地信託は、東日本大震災からの復旧・復興という状況を考えた場合、必ずしも十分に使いやすいものとは言い難い[20]。では、土地信託をより有効に活用するためには、どのような法改正等の手当が必要なのだろうか。

　まず、PFI（あるいは、地方公共団体自身が公共サービスを提供する場合）とのイコールフィッティングが実現できるような形で、規制緩和がなされることが前提条件となろう。すなわち、補助金についての規制を緩和し、土地信託において受託者が公共施設等を建築・運営する場合であっても補助金の交付対象となることが認められることが必要である。さらに、信託の最終的な残余権者は受益者であることに鑑み――受託者は、信託報酬を受けて事務を管理するだけの存在に過ぎない――、少なくとも、地方公共団体が最終的な残余権者である場合には、地方公共団体自身が当該公共施設等を所有する場合と同様の課税状態になっていることが望ましいだろう[21]。

　もっとも、このような税制改正が、税制上の概念の根本的な転換をもたらしてしまって実現可能性が低いというのであれば、たとえば、改正PFI法上の公共施設等運営権について信託を設定できるようにすることもが考えられよう。現行法上、公共施設等運営権は、物権と見なされるけれども（改正PFI法10条の11）、権利の目的とすることができないし（改正PFI法10条の12）、処分も制限されている（改正PFI法10条の13）。それに、公共施設等運営権を設定するためには、いったんPFI事業者を選定事業者として介在させる必要があるから、PFIと信託の組み合わせ、というスキームになり、迂遠である。

　次に、公物管理法の規制緩和については、前述したように、2012年5

---

20) さらに、現在の被災地においては、社会インフラ復興のための公共事業・建設業の需要が多く存在しているため、建設業の人手不足が深刻な状況となっている。このため、公共工事の入札すら、成立しないことがある。そのような状況下で、信託銀行がどれほど土地信託を受託者として引き受けることができるかについては、相当の疑問があろう。
21) ただし、コンセッション方式のように、残余キャッシュフローの帰属主体が地方公共団体ではなく、第二受益権者である場合についてまでも、地方公共団体自身が公共施設等を保有している場合と同様の課税関係を認めるべきかは、議論の余地があろう。

第 2 節　土地信託

月 1 日付の通達の改正（総行行第 65 号）によって、PFI とのある程度のイコールフィッティングが実現した。もっとも、コンセッション方式を解禁した改正 PFI 法は、選定事業者に対して公共施設等運営権の設定と認めた上で、選定事業者が適切に公共サービスの提供を遂行するように、地方公共団体によるさまざまなモニタリングのメカニズムを埋め込んでいる。これに対し、公用・公共用施設の建設等を主目的とする土地信託の設定を単純に認めてしまうと、地方公共団体による信託銀行に対するモニタリングが十分に機能せず、公共サービスについては地方公共団体が責任を持って住民に提供する、という公物管理法の趣旨が潜脱されてしまう結果になりかねない。

　もちろん、土地信託の場合であっても、設定者＝受益者たる地方公共団体は、信託法上の受益者として、受託者に対する一定の監督権限を有している。しかし、それらは、改正 PFI 法において地方公共団体に認められた権限に比べると、限定的である。土地信託について、公用・公共用施設の建設等を主目的とするものを設定していくことを認める際には、改正 PFI 法と同等の、地方公共団体による受託者に対するモニタリング権限を適切な形で組み込むような形で信託契約を設計していくことが望ましいのではないかと考えられる。

　以上のような現行法規制の改正が実現された上で、土地信託を震災復旧・復興に活用していくためには、さらに次のような点についても配慮する必要がある。以上の規制緩和が仮に実現されても、現在までの土地信託の活用方法と PFI との間には大きな違いがある。それは、事業リスクの帰属主体であり、この点について現在までの土地信託は PFI に比べると硬直的であり、1 つの帰属パターンしか使われてきていない。

　しかし、信託とは、そもそもそれほど硬直的なものではないはずである[22]。もちろん、受託者たる信託銀行は、リスクの帰属主体になれるわけではないし、なるべきでもないであろうが、信託の特徴の 1 つは、受益権の柔軟な設計を通じて、多様なキャッシュフローを作り出すことにある。たとえば、地方公共団体に対しては、固定額の支払いがなされる受益権を

---

[22] 森田（2006）も参照。

交付し、他方で、それ以外の投資家や復興ファンドに対して、残余キャッシュフローが配分されるような受益権を交付するスキームを作り出せば、信託の柔軟性が十分に活用できることとなろう。

第3節　復興資金の受け皿としての信託

　続いて、本節では、復興資金の受け皿として信託の活用可能性について、検討を加える。東日本大震災の被災地への復興資金の投入のための手段としては、さまざまな官民の「復興ファンド」が設定され、あるいは、設定が予定されている。しかし、これらは、通常の投資目的ファンド——たとえば社会的責任投資（CSR）ファンドがよく似た位置づけのファンドと言えるだろう——と同様であり、信託制度の利用という観点、あるいは、被災地復興という観点から、特に目新しい検討を必要とするものではない。

　そこで本章では、通常の投資目的ファンドとは違った性質を持つ、復興資金の受け皿を取り上げたい。1つは特定寄付信託であり、もう1つはいわゆる「復興応援ファンド」である。

1　特定寄附信託

　復興資金の受け皿としてまず考えられるのは、特定寄附信託である。これは、2011年の税制改正で導入が可能となり、それに応じて2012年1月頃から、一部の信託銀行が募集を開始している。

　特定寄附信託においては、まず、委託者が、まとまった資金を信託銀行に信託する。受託者たる信託銀行は、この信託の運用益（や元本の一部）を毎年、委託者の指定したNPOなどに寄附する。そして、この寄附については、信託銀行が寄附を実行したタイミングで、委託者の寄附金控除の対象になる[23]。

　かかる特定寄附信託は、米国のplanned givingを模倣した制度であるが、いくつかの違いがある。第1に、含み益のある株式などについて信託を設定した場合、通常の譲渡であれば、キャピタルゲインがこのタイミングで実現したとされ、課税対象となるけれども、米国のplanned givingにおいては、このキャピタルゲインが寄附金控除の対象となり、課税対象に含まれない。このため、長年株式などで運用して含み益がある場合に、それを

---

23) この点が、2011年の税制改正が実現された部分に該当する。

そのまま寄附に回そうとするインセンティヴが日本に比べて強くなる。

　第2に、米国のplanned givingにおいては、寄附対象となったNPOなどから、得られた寄附金を元に、どのような活動をしてきたかといったレポートが定期的に寄附者の元に送られてくる。このため、寄附者は、自分の寄附がどのような社会貢献を実現したかについて実感を得ることが容易になり、その分、寄附によって得られる効用が増加するから、やはり寄附するインセンティヴが強くなる。

　第3に、5年程度の比較的短期の信託期間が設定されている日本の特定寄附信託に比較すると、米国のplanned givingは、20年などの比較的長期の信託期間が設定され、かつ、途中で設定者が死亡した場合には、残った信託財産を全額寄附に回してしまうといったアレンジメントもしばしば仕組まれている。このため、富裕層が、老後の人生設計の一環としてplanned givingを組み込むことが容易となっているが、日本ではそのような活用ができるほど、柔軟な特定寄附信託が販売されているわけではない。

　これら3つの主要な違いのうち、1点目は制度上の違いであり、制度変更がなされない限り、米国のようなインセンティヴを日本で生じさせることはできない。しかし、2点目と3点目は、受託者たる信託銀行の努力次第で、日本でも実現できそうなポイントである。しかし、これらについて、米国のplanned givingと同様のスキームを実現できたとしても、特定寄附信託を大きく活用するためには、まだ十分な社会的基盤が整っているとは言い難いように考えられる。その理由は、以下の通りである。

　現時点での日本には、寄附先の対象となるNPOの数が少ない。特定寄附信託として寄附金控除を受けるためには、寄附先が認定NPO法人や公益社団法人等財務大臣が指定するものである必要があるところ、日本では、認定NPOはまださほど多くない。このこともあって、現在、信託銀行が販売している特定寄附信託においては、日本赤十字など著名かつ大手のNPOのみが寄附先として上げられていることが多い。

　個人が寄附をするインセンティヴとしてはさまざまなものがあろうが、金銭面だけを見ると必ずしも合理性が確保されないようなスキームに対して自己資金を拠出するインセンティヴを持つのは、それによって何らかの心理的満足感（効用）が得られる場合が多いであろう。金銭的には効用が

第3節　復興資金の受け皿としての信託

マイナスであっても、心理的満足感の上昇により、全体として効用がプラスであれば、そのような行動をすることは、経済合理的と言えるのである。

そのような効用を増加させるための1つの仕組みが、自らの拠出した資金が誰のどのような役に立ったのかについて具体的な情報を得ることであるが[24]、これら大手NPOに寄附をしても、自らの資金が直接どのような役に立ったのかについての情報を得ることは難しい。「被災者に対して一律に○○円の義援金を交付しました」といった情報に限定されるであろう。これでは、心理的満足感を得ることは難しい。

この点について、もし、信託銀行が受託者として比較優位を発揮できるとしたら、「信頼できる寄附先」を選び出すという局面においてであろう。すなわち、信託銀行は、多数の公益信託を運営しており、ほかの主体よりも、公益活動についての情報をより多く有している可能性がある。とすれば、「信頼できる寄附先」を選ぶ時間も能力もない設定者に代わって、信託銀行が受託者として「信頼できる寄附先」を選ぶことで、設定者にとって望ましい寄附金分配が実現される可能性がある。しかし、これまでのところ、特定寄附信託を販売している信託銀行は、このような機能を果たすには至っていない。

前述したように、寄附者における寄附のインセンティヴが、自らの拠出した資金が誰のどのような活動に役に立ったのか、という点に依拠しているのであれば、寄附先の活動が「目に見える」こと（「紐付き」の寄附）が重要である。しかし、現在の日本の状況では、特定寄附金に該当するような認定NPO法人や公益社団法人等財務大臣が指定するものについて、寄附者の支援が「目に見える」ようなものはなかなか存在しない。あるいは、受託者が、分野を絞って集中的に活動すれば、「有望」な寄附先を発掘することができるかもしれないけれども、未だそこまでのノウハウは開発されていないようである。この点を克服するような努力が、日本で特定寄附信託の普及を進めるための鍵の1つとなろう。

また、「有望」な寄附先を選んだ上で、受託者は、米国のplanned giving

---

24) この点の分析については、ソーシャルレンディングにおける心理的満足感の機能を検討した森田（2010）のほか、慎（2012）や山本（2014）を参照。

との違いの第2点に挙げたように、寄附先の活動についての詳細なレポートを設定者に対して定期的に送付することが望ましいであろう。そのような情報提供活動が、設定者における寄附の効用を高め、寄附のインセンティヴを高めることにつながるからである。

2　復興応援ファンド

この点で興味深いのが、いわゆる「復興応援ファンド」である。これまでのところ、ミュージックセキュリティーズ株式会社[25]が運営するセキュリテ被災地応援ファンド[26]が著名であり、被災地復興のために活発な活動を行ってきている。このファンドの具体的な法的仕組みは明らかではないが、同社が第二種金融商品取引業者としての登録を行っている一方、ソーシャル・レンディング[27]の草分けである maneo のように貸金業登録を受けていないことに鑑みると[28]、maneo とは異なり、貸付をするのではなく、匿名組合契約への出資という法律構成を採用しているようである[29]。

このセキュリテ被災地応援ファンドは、法律構成の点では maneo と異なっているものの、資金拠出者のインセンティヴ・能力をうまく引き出すためのスキームという点では、maneo とよく似ている。

すなわち、セキュリテ被災地応援ファンドにおいては、サイト運営者兼第二種金融商品取引業者たるミュージックセキュリティーズは、被災地におけるさまざまな事業活動とその資金需要についての情報を開示し、それぞれのファンドについての出資を募るだけである。個々の事業活動が、どれくらい困窮した状況にあり、どれくらい外部資金を必要としているのか、また、その事業活動からのリターンがどれほど見込めるのか、といったファ

---

25) http://www.musicsecurities.com/
26) http://oen.securite.jp/
27) ソーシャル・レンディングを含めたソーシャル・ファイナンスの社会的意義についてはたとえば、慎（2012）や山本（2014）を参照。また、ソーシャル・レンディングもその一形態に属するクラウド・ファンディングをめぐる法的論点について整理したものとしてはたとえば、金融審議会「新規・成長企業へのリスクマネーの供給のあり方等に関するワーキング・グループ」報告書（平成25年12月25日）を参照（http://www.fsa.go.jp/singi/singi_kinyu/tosin/20131225-1.html）。
28) maneo の法的構造については、森田（2010）を参照。
29) http://www.musicsecurities.com/_common/pdf/purhase.pdf を参照。

第 3 節　復興資金の受け皿としての信託

イナンス的な側面についての分析をミュージックセキュリティーズが提供しているわけではない。また、個々の事業活動を支援することによって、どれほど被災地の復興に役立つのか、という点の分析についても、ミュージックセキュリティーズが提供しているわけではない。

これらの、被災地支援に必要な情報については、出資者個人個人が評価するという仕組みになっている。ちょうど、maneo のソーシャルレンディングが、maneo 自身の評価分析能力ではなく、maneo というウエッブサイトに集まる、いわゆる「集合知」の情報分析能力を活用しているように、セキュリテ被災地応援ファンドも、ウエッブ上の集合値を活用している。

すなわち、ミュージックセキュリティーズ自身には、被災地支援に必要な情報を収集し分析する能力はない。けれども、多くの人が集まるウエッブ上においては、各人がそれぞれの余った時間（＝ほかに使われない時間）を活用して分析することで、低コストでの情報分析が可能となる。特定寄附信託においては、信託銀行が引き受けていた「望ましい寄附先」の選択を、インターネットという集合値に委ね、低コストで実現できるのである。

さらに、セキュリテ被災地応援ファンドにおいては、各出資者が、自分がどのような事業に対してどれだけの応援を行い、それによって当該事業がどのような復興を果たしたのか（果たせなかったのか）、という点についての情報を得ることができる。利益目的の出資ではなく、寄附的な要素の強い資金拠出については、このように、自らの拠出した資金がどのように役立ったかについての情報を得られることが、資金拠出者の心理的満足感に大きな影響を与える。前述したように、これまでに販売されている特定寄附信託においては、この点についての情報提供が不十分であり、設定者の寄附インセンティヴを十分に引き起こすことができていなかった。

このように、このセキュリテ被災地応援ファンドには、特定寄附信託という枠組みを使って寄附金を集めようとする際に、学ぶべき点を多く有していると言える。少なくとも、現在の特定寄附信託は、多くの資金拠出者にとって、セキュリテ被災地応援ファンドに比べると、魅力的ではない枠組みに見えているであろう[30]。

3 第三の可能性

　もっとも、特定寄附信託は、復興応援ファンドに比べると、有利な点がある。それは、税制上の扱いである。

　セキュリテ被災地応援ファンドの場合、拠出金額の半額が「応援金」となり、半額が匿名組合への出資金となる。「応援金」については、資金拠出者が個人の場合は、特定寄附金に該当しないため、寄附金控除の対象とならないし、資金拠出者が法人の場合も、一般寄附金扱いであり、国または地方公共団体に対する寄附金・指定寄附金に該当しないため、支出額の全額が損金の額に算入されることにはならない。また、匿名組合への出資金については、出資金額を超える利益部分に20％の源泉所得税が課税されることになる。

　これに対し、特定寄附信託であれば、「特定寄附金」になるため、寄附金控除の対象となり、節税が実現できる。復興応援ファンドにおいては必ずしも寄附金控除が認められないのと比べれば、この点は、特定寄附信託のメリットとなる。ただ、前述したように、特定寄附信託は、資金拠出者による心理的満足感という点では復興応援ファンドに比べて大きなデメリットを抱えており、節税効果とのトレードオフがあることになるが、おそらく多くの資金拠出者にとっては、特定寄附信託のデメリット面の方がメリットの面を上回るのではないかと推測される。

　もちろん、特定寄附信託あるいは復興応援ファンドのメリットがともに享受できるような枠組みがあれば、ベストであろう。しかし、それを実現するのは必ずしも容易ではない。現在、特定寄附金に該当するためには、寄附先が認定NPO等であることが必要であるが、個別のNPOや事業者に対して寄附先としての適性を官庁が審査していくことには膨大なコストがかかる。

　特に、認定時のみならず、認定後も継続的に適正に活動しているかを、個別のNPO・事業についてモニタリングしなければならないとしたら、

---

30) 特定寄附信託の方が望ましいと考える資金拠出者は、あまり余暇時間もなく、また、被災地に関する情報を分析する能力もないために、寄附先の選択を信託銀行に委ねた方が低コストだ、と判断するような者に限定されるだろう。

第3節　復興資金の受け皿としての信託

それに必要となる人員および国家予算の額は膨大なものに上ってしまうだろう。そこまでのコストをかけて寄附の促進を図るのであれば、モニタリングにかかる国家予算を直接交付してしまった方がまだしも効率的だということにもなりかねない。

　他方で、寄附金控除が無理だとしても、通常の投資スキームとして節税のメリットを与えることは可能かもしれない。たとえば、被災地の事業に対し応援する場合は、必ずしも十分なリターンが見込めず、元本割れが発生する可能性が高いから[31]、信託という法形式を利用して復興資金を集めた場合に、損失が発生する蓋然性が高い。

　この場合、受益者等課税信託（所得税法13条1項本文、法人税法12条1項本文）の場合であれば、信託財産に発生した損失がそのまま受益者の損失と位置づけられ（パススルー課税）、集団投資信託であれば、信託財産に増減が発生したタイミングではなく、受益者に配当等がなされた段階で課税されることになる（所得税法13条1項ただし書、法人税法12条1項ただし書）。また、法人課税信託（法人税法2条29号の2）の場合であれば、信託財産レベルで課税処理がなされた上で、受益権についても株式同様の課税がなされることになる。したがって、受益者等課税信託であれば、信託財産の損失について節税メリットが発生するし、後二者の場合、信託終了時あるいは受益権の譲渡時に、その価値が下落していれば、投資損失が発生することになって、損益通算可能な範囲で節税メリットが発生しそうである[32]。

　ただし、信託を使って復興応援ファンドを組成する場合には、受託者の義務内容について一定の注意をする必要があろう。すなわち、復興応援ファンドを募る場合、それによって出資者に金銭的な利益が発生するとは限らず、むしろ損失が発生してしまうことが多いだろう。この意味で、受託者は、損失が発生すると分かっている、あるいは、損失が発生する蓋然性の

---

[31] セキュリテ被災地応援ファンドにおいても、資金拠出額の半額は応援金として事業者に対する寄附に回され、残りの半額が匿名組合への出資金となっている点に注意されたい。
[32] もっとも、信託を使うことによって簡単に損金算入ができるということになると、寄附金課税の脱法行為として否認される可能性もあるから、この点については注意深くあるべきだろう。

高い事業に対して資金投入を行うことになり、これが、受託者としての善管注意義務に違反することにならないかが問題となりうるのである。

　もちろん、復興応援ファンドに対する出資者は、損失が発生する蓋然性が高いことを知りつつあえて資金を拠出しているのであり、受託者の善管注意義務の内容は、金銭的には損失が発生しても、被災地の支援に役立ち、受益者の心理的満足感を増大させるような投資をしていれば、受益者の効用を総合的に増加させているものとして、義務違反にならないような形での合意が成立している、と解すべきであろう。受託者に発生しかねない法的リスクをあらかじめ除去しておくためには、信託契約において受託者の負うべき義務の内容を明示的に特定しておくことが望ましい。

第 4 節　信託のその他の活用方法

　以上に検討してきたほかにも、近時は、大震災からの復興において信託を活用する方策が提案されてきているので、それらについて簡単に検討したい。
　まず、吉野（2014）や柳川（2014）は、インフラ事業に対する資金供給において、信託を使ってキャッシュフローをさまざまな受益権として切り分けることを提言する。このような信託の使われ方は、これまでの流動化等のファイナンスの世界において多くの利用実績がある手法であり、その有用性自体は——元となるインフラ事業自体が投資対象として適切であることが前提となるけれども——明らかである[33]。もっとも、このような利用のされ方の意義・内容については、これまでの先行研究において分析されつくしているので、本稿で再び取り上げる必要はないであろう。
　次に、伊藤（2011）や柳川（2012）は、津波に襲われた農地を集約するために、信託の活用を提案している。現在、農地の譲渡については大きな制約が存在しているが（農地法 3 条）、これを信託という形で集約できるようにすれば、大規模農家の創出につながり、農業の強化にもつながるのではないか、という発想であろう。
　前節までに検討してきた土地信託や復興信託は、基本的に信託銀行が受託者となることを前提としていた。しかし、信託という仕組みそれ自体は、典型契約の一種であるから、信託銀行が受託者となることを必要としない——業として営む場合にはもちろん、信託業法上の免許を得ることが必要となるけれども。第 2 節において検討したように、信託銀行には、それが銀行業と信託業とを兼営していることから引き受けられないリスクが多くあり、また、比較優位を示すことのできる分野も比較的限定されていることに鑑みれば、農地の信託のように、信託銀行以外の者が受託者として現れる信託の活用可能性を、もっと検討すべきではないかと考えられる。
　最後に、大垣（2011）が提案する、津波被災地の高台移転のための信託

---

[33] 内藤（2014）や星（2014）も参照。

の活用について考えてみよう。大垣（2011）は、受託者として信託銀行を想定した上で、住民票（に代わるもの）の発行等の事務を受託者たる信託銀行が行うことを想定している。

　しかし、このような事務は、信託銀行のみならず、信託銀行以外の民間事業者には、引き受けることが困難であろう。たとえば、住民票代替物を受託者が発行した際、それが虚偽の申請に基づくものであり、しかも、そのことを受託者が見抜くことができなかった場合——市町村が住民票を処理している現在ですら、虚偽の住民登録が実現してしまうことはまま見られる——、それによって発生した損害について受託者が責任を負うことができるのか、といった問題を考えた場合、そのようなリスクを引き受けられるような民間　事業者はいないであろう。このようなリスクは、行政が最も適切に引き受けることのできる性格のものではないかと考えられる。

　ともあれ、被災地の復興に信託を活用していこうと考えるとき、信託銀行を受託者とする信託だけを考えていると、信託銀行の能力の比較優位、および、信託銀行の引き受けられるリスクの範囲の制限から、必ずしも柔軟な発想は出てこない。信託銀行以外の主体が、それぞれの能力に応じた適切な形で、受託者となる可能性を検討することが必要と考えられる。

第5節　結語

　本稿は、東日本大震災からの復興において、信託を活用する途がどれほどあるかについて、いくつかの方面から検討してきた。そこで得られた結論は、少なくともこれまで日本において活用されてきた信託のさまざまな利用方法を、そのまま延長したのでは、震災復興という局面において信託というスキームが比較優位を示すことは、必ずしも容易ではない、ということである。そもそも信託という枠組み自体は十分な柔軟性を持っているのだから[34]、以下のような3つの形でその柔軟性を引き出すことで、活用のルートを探すべきである。
　第1に、受益権の多様化である。従来の土地信託では、地方公共団体が設定者兼受益者となる自益信託を前提としていた。しかし、従来の事業リスクが大きく変化してしまった被災地においては、受益権をさまざまな形で設計することによって、リスク引受けのあり方を多様化することが、信託の活用につながるチャンスを生む。もちろん、それには、地方自治法など、公物管理法の改正が必要となることが予想されるけれども、信託を利用する側においても、受益権の柔軟な設計を探る必要があろう[35]。
　第2に、設定者のインセンティヴを引き出すための仕組みの多様化である。特定寄附信託と復興ファンドとの比較において見たように、現在までのところで利用されている信託においては、必ずしも十分に寄附者のインセンティヴを引き出すような仕組みが採用されていない。寄附者のインセンティヴを十分に引き出すためには、寄付者に適切に心理的満足感を与えるような仕組みを採用することが必要になる。この点についても、信託の柔軟性をより活用していくことが必要であろう。
　第3に、受託者の多様化である。現在までの多くの信託においては、信託銀行が受託者になることが暗黙の前提とされてきた。しかし、受託者としての信託銀行が比較優位を持つのは、金銭の管理という側面が中心であ

---

34)　森田（2006）を参照。
35)　同様の指摘をするものとして、吉野（2014）や柳川（2014）がある。

るし、信託銀行が銀行を兼営していることから引き受けられるリスクのクラスにも制約が発生してしまう。受託者として、信託銀行以外のより多様な主体を想定して信託を設計していくことで、被災地における多様なニーズに対して信託を活用していく途が開ける可能性がある。

第 5 節　結語

参考文献

Dewatripont, Mathias, and Jean Tirole, 1994, THE PRUDENTIAL REGULATION OF BANKS（MIT Press）.
Kornai, János, Eric Maskin, and Gérard Roland, 2003, *Understanding the Soft Budget Constraint*, JOURNAL OF ECONOMIC LITERATURE 41：1095-1136.
Wang, Yihui, and Han Xia, 2014, *Do Lenders Still Monitor When They Can Securitize Loans?*, THE REVIEW OF FINANCIAL STUDIES 27：2354-2391.
伊藤元重、2011、「提言 12　復興のための増税論」『震災からの経済復興——13 の提言』281-305 頁（東洋経済新報社）。
大垣尚司、2011、「復興住宅証書試論」立命館法学 335 号 336-374 頁。
金融法務事情編集部、2012、「『土地信託』に関する基礎知識」金融法務事情 1940 号 56-59 頁。
小塚荘一郎＝森田果、2014、『支払決済法——手形小切手から電子マネーまで〔第 2 版〕』（商事法務）。
慎泰俊、2012、『ソーシャルファイナンス革命——世界を変えるお金の集め方』（技術評論社）。
東北大学公共政策大学院公共政策ワークショップ、2012a、「東日本大震災に照らした我が国災害対策法制の問題点と課題に対する実証研究 I（災害応急対策）」。
——、2012b、「東日本大震災に照らした我が国災害対策法制の問題点と課題 II（災害復旧対策）＜中間報告＞」。
内藤英雄、2014、「国際インフラファイナンスの潮流と課題」信託 257 号 37-70 頁。
福田隆之、2014、「PPP/PFI の最新動向と可能性」信託 257 号 6-36 頁。
——ほか編著、2011、『改正 PFI 法解説——法改正でこう変わる』（東洋経済新報社）。
星治、2014、「インフラ投資での信託活用の可能性——信託実務、海外の潮流からのアプローチ」信託 257 号 71-88 頁。
森田果、2006、「組織法の中の信託 —— Henry Hansmann & Reinier Kraakman, *The Essential Role of Organizational Law* をめぐって」東北信託法研究会編『トラスト 60 研究叢書　変革期における信託法』1-30 頁（トラスト 60）。
——、2009、「わが国に経営判断原則は存在していたのか」商事法務 1858 号 4-13 頁。
——、2010、「ソーシャル・レンディングの機能—— maneo の事例を題材に」GEMC journal 3 号 50-71 頁。
柳川範之、2012、「堀千珠報告へのコメント」信託 249 号 64-66 頁。
——、2014、「インフラ事業——PFI と信託の活用」信託 257 号 107-112 頁。
山本純子、2014、『入門クラウドファンディング——スタートアップ、新規プロジェクト実現のための資金調達法』（日本実業出版社）。
吉野直行、2014、「PPP と信託ビジネス」信託 257 号 89-106 頁。

第2章
クラウドファンディングと信託（覚書）

河上　正二

はじめに

　本稿は、近時、新たな資金調達手法として注目されているクラウドファンディングについて、その法的構造を検討すると共に、信託との関連性について考えてみようとするものである[1]。とはいえ、わが国におけるクラウドファンディングの歴史は浅く、形態も多様であるため、その本格的検討は未だこれからの段階にある。やがて本格化するであろう法的制度設計にあっては、金融市場の活性化に向けた規制緩和を語るのみではなく、投資者の保護のために慎重なセーフティ・ネットを併せて用意しておくことが必要である[2]。

---

1) 本稿は、東北信託法研究会における報告準備のために急ぎ用意した筆者の手控えに若干の加筆修正をしたものであり、実態調査なども充分なし得ていないため、ネット問題に疎い筆者としては思わぬ誤解が潜んでいるのではないかと恐れている。規約や運用実態についての調査・検討を深めた上で更に検討を加えるべく、表題に「覚書」の留保を付した。大方のご叱正を請いたい。なお、筆者は、現在、内閣府消費者委員会委員長の職にあるが、本稿で意見にわたる部分は言うまでもなく筆者個人の見解である。

第 2 章　クラウドファンディングと信託（覚書）

第 1 節　クラウドファンディングとは

1　大衆からの資金調達

(1)　クラウドファンディングの特質

　「クラウドファンディング（crowdfunding）」についての定まった定義はないものの、一般には、ある目的（プロジェクトの実現）のために、多数の人々から資金を集める行為、あるいは、そのために提供されたネット・サービスのことを、そのように呼んでいる。読んで字のごとく「大衆（crowd）」と「資金調達・財政的支援（funding）」を重ね合わせた造語で、「ソーシャル・ファンディング（とくにネットを介した P2P［person to person, peer to peer］ファイナンス）」などと呼ばれることもある。そこでは、仲介者が提供するプラットフォーム（ウェブサイト等）上で、資金需要者が企画・目標金額・募集期間等を紹介し、それに賛同した支援者によって資金提供が行われる。一つ一つの人間関係は比較的浅いが、その関係を有する人数が多いコミュニティ（SNS 等で成立するコミュニティなど）が、一方の出資者側の極に存在する点で際立った特色を持っている。従来の金融の在り方

---

2) クラウドファンディングの問題については、金融審議会「新規・成長企業へのリスクマネーの供給のあり方等に関するワーキング・グループ報告」（平成 25 年 12 月 25 日）（以下「WG 報告書」）が比較的詳しく扱っており、http://www.fsa.go.jp/singi/singi_kinyu/tosin/20131225-1.html で見ることができ、議論の要点は、金融審議会「新規・成長企業へのリスクマネーの供給のあり方等に関するワーキング・グループ」（第 9 回）議事録（http://www.fsa.go.jp/singi/singi_kinyu/risk_money/gijiroku/20131129.html が簡潔に示している。
　金融審議会の WG 報告書に基づき、投資に関する投資者保護と規制緩和の調整点（仲介業務への新規参入の要件緩和と併行した総額・個人投資額の抑制）を探ろうとする金融庁の動きに対して、内閣府消費者委員会は、平成 26 年 2 月 25 日に「クラウドファンディングに係る制度整備に関する意見」（http://www.cao.go.jp/consumer/iinkaikouhyou/2014/0225_iken1.html）を発出し、投資者保護の観点から、仲介業者に対する参入規制、情報提供義務、勧誘規制（不招請勧誘禁止を含む）などいくつかの具体的措置を講ずべきことを提案している（簡単には、拙稿「クラウドファンディングにおける投資者保護について」ジュリ 1465 号 54 頁（2014）参照）。また、同様の問題意識から、フォスター・フォーラム（良質な金融商品を育てる会）も、平成 26 年 4 月 14 日に「『投資型クラウドファンディング』を取り扱う金融商品取引業者に係る規制の整備に関する意見書」（http://fosterforum.jp/wp-content/uploads/b23b0d2f942911c04c6c24973efa7347.pdf）を公表しており、参考になる。

第1節　クラウドファンディングとは

のように中間に金融機関や投資会社が介在してリスク評価や投資判断をするのではなく、一般大衆が自ら判断を行う点で、出資者と事業者の距離は近い。その際、プロジェクトへの支援による選別機能を発揮させる意味で、募集期間内に支援者からの資金提供表明（コミットメントと呼ばれる）の総額が目標金額に達してはじめて資金が資金需要者に提供されるという仕組みが採用される例が多く（これを「All or Nothing 方式」という）、質の悪い案件を専ら「群衆の知恵」と判断で排除しようとする出資者参加型のコンペでもある。このようにして、従来であれば容易に資金提供者が見つからないような弱小・萌芽的プロジェクトであっても（逆に言えば成功率が低く収益見込みの乏しいものであっても）、クラウドファンディングでは、プラットフォームをハブとして、インターネットという広く大衆のアクセス可能な領域で資金提供が呼びかけられ、一定数の賛同者が現れる可能性が高まるというわけである。クラウドファンディング実施事業者は、ネットを利用して（不特定）多数の人々に比較的低額な資金提供を呼びかけ、必要とする金額が集まった時点でプロジェクトを実行するため、新規プロジェクトの試行的実施や、今後の事業展開を占う「パイロット的機能」も期待されている。かかる手法は、近時のインターネットの普及と少額オンライン決済手段の充実によって可能となった現代型資金調達手段ではあるが、発想そのものは、決して目新しいものではなく、かつての「募金」・「勧進」・「投げ銭」などの現代版とでも言えようか。

(2)　クラウドファンディングの普及

　米国で 2009 年に創設された「Kickstarter」が、Web 上のいわゆる「購入型プラットフォーム」として有名になり、相当数の新規事業への資金獲得に成功し、2012 年に成立した Jumpstart Our Business Startups Act（いわゆる「JOBS 法」）が雇用の創出と経済成長促進を主たる目的として、新興成長企業に対して IPO（Initial Public Offering, 新規株式公開）や上場維持に伴う負担を軽減することで事業展開を加速させ、事実上困難であったクラウドファンディングによる資金調達にも道を開いて、これを促進した（JOBS 法第 3 章）。

　日本においても、既に、相当数のクラウドファンディングのサイトが登

場しているようであり、映画・音楽・出版・スポーツなどのコンテンツやイベント分野、東日本大震災の復興支援等分野等での活用によって、一躍注目を集めた。現在では、IT やものづくりでの製作開発から起業・スタートアップまでの資金調達手段としてその活用範囲を拡大させており、「新たな、しかも身近な資金調達方法」であると同時に「将来的な顧客獲得手段」として注目されている[3]。

2　日本再興戦略と資金調達の多様化

　こうした動きを背景に、デフレ脱却を目指す安倍政権下での政府の「日本再興戦略」（平成 25 年 6 月 14 日閣議決定）でも、「内外の資源を最大限に活用したベンチャー投資・再チャレンジ投資の促進」、「地域のリソースの活用・結集・ブランド化」を支える「資金調達の多様化（クラウド・ファンディング等）」が積極的に唱えられ、これを受けて、金融審議会の「新規・成長企業へのリスクマネーの供給のあり方等に関するワーキング・グループ」は、米国の JOBS 法も参考にしつつ、技術やアイデアを事業化する段階でのリスクマネーの供給の強化及び地域のリソースの活用のための方策として、クラウドファンディング等を通じた資金調達の在り方について検討を行った（WG 報告書は平成 26 年 2 月 24 日開催の金融審議会総会・金融分科会合同会合において、金融審議会の報告とされた）[4]。これは、最近の金融商品取引法等の一部改正（平成 26 年法律第 44 号）にまでつながる動きである[5]。

---

3) クラウドファンディング及び米国 JOBS 法に関する一般的な紹介として、雨宮卓史「投資型クラウドファンディングの動向――JOBS 法と我が国の制度案」調査と情報 819 号 1 頁以下（2014）（http://dl.ndl.go.jp/view/download/digidepo_8433769_po_0819.pdf?contentNo=1）、中村聡「米国 JOBS 法による証券規制の変革」金融商品取引法研究会研究記録第 40 号（http://www.jsri.or.jp/publish/record/pdf/040.pdf#search='JOBS%E6%B3%95'）が詳しい。また、入門的解説書として、慎泰俊『ソーシャルファイナンス革命』（技術評論社、2012）、山本純子『入門クラウドファンディング』（日本実業出版社、2014）などがある。

4) 政府の「日本再興戦略―JAPAN is BACK―」（平成 25 年 6 月 14 日閣議決定）については、http://www.kantei.go.jp/jp/singi/keizaisaisei/pdf/saikou_jpn.pdf 参照。また、金融審議会での平成 25 年 9 月 10 日金融庁総務企画局による投資型クラウドファンディングに関する「事務局説明資料」http://www.fsa.go.jp/singi/singi_kinyu/risk_money/siryou/20130910/02.pdf#search='JOBS%E6%B3%95' も参照。

3　クラウドファンディングの光と影

　なるほど、クラウドファンディングは、通常の金融機関や比較的リスクをとるといわれているエンジェル投資家やベンチャー・キャピタル等に比較してプロジェクトの精査による資金調達への壁やコストが低減され、「人々の共感と支持・参加」を基盤にして、容易に資金調達がかなう仕組みであると期待される一方、制度として見た場合には、相当に危うい側面をかかえるものであることも無視できない。すなわち、ネット上の匿名性や情報の非対称性から、詐欺的プロジェクトによる資金集めに悪用されたり、安易なプロジェクトの大言壮語に振り回された資金提供者とのトラブル発生の可能性も決して小さくないものと思われる。努力した結果としてのプロジェクトの失敗と、単なる未実施による「出資金取込み」のごとき詐欺行為とは紙一重であって、結果として、たとえば復興支援などに向けられた人々の善意すら悪質事業者による「食いもの」にされてしまう危険がある。また、新規・成長企業の創設後の存続率は一般に極めて低く、とりわけ非上場企業の場合については、公開情報が上場企業に比して極端に

---

5)　本稿執筆時点で、既に「金融商品取引法等の一部を改正する法律案（内閣提出67号）」は、第186回国会衆議院を通過し（5月9日）、参議院での審議に付されている（5月23日成立、同30日公布〔平成26年法律第44号〕）。その際、「附帯決議」として、金融資本市場の監視・監督の強化等と並んで、クラウドファンディングにおける投資家保護のために次の諸点が掲げられているのが注目される。すなわち、《①いわゆる投資型クラウドファンディングについては、新規・成長企業への適切な資金の流れを確保し、制度に対する投資者の信頼を確保するとともに、悪質事業者による資金集めの場となることを防止するため、投資型クラウドファンディング業者による、発行者に対する財務状況・事業計画の内容・資金使途等の適切な確認等のデューデリジェンス及びインターネットを通じた適切な情報提供等のための体制整備について適切に監督を行うとともに、必要な定員・機構の確保を図ること。また、資金受入れ後の事業等の状況等についても、投資者に対する適時適切な情報提供が確保されるように配慮すること。②投資者が、新規・成長企業への投資に関するリスク等を十分に把握できないことにより不測の損害を被ることのないよう、投資者に対する注意喚起及び理解啓発に努めるとともに、投資家の多くが電話・訪問によるものであることを踏まえ、投資型クラウドファンディングにおいては、電話・訪問を用いた勧誘ができないことを明確化すること。③無登録業者による未公開株やファンドによる被害が後を絶たないことに鑑み、国内・海外を問わず、投資型クラウドファンディングを含め、無登録業者に対する監視等を強化すること。》などである。いずれも重要な点で、消費者委員会から発出された意見とも対応しており、積極的に評価される。もっとも、民事責任に関してはなお課題が残っている。

第2章 クラウドファンディングと信託（覚書）

少なくなる可能性が高く、しかも、(市場がないために) 後からの株式やファンド持分等の売却による投下資金回収が非常に困難であるなど、投資リスクが極めて大きいことにも留意すべきである[6]。さしあたっての最低限の要請は、プロジェクト内容、その進行状況等の可視化であろうが、おそらく、それに止まることは許されまい。

昨今のように高齢消費者における投資被害が後を絶たない現状で、きちんとしたセーフティーネットを張ることなく、その利活用を促進するばかりでは、悪質事業者に不当勧誘へのツールを提供し、一般消費者の生計基盤となる「生活資金」や高齢者の「いのち金」をリスクマネーへと振り向けるよう誘導する結果となる恐れがあることには多言を要すまい。小さな夢を実現させ、人々のつながりを再構築し、個人に社会的行動を促す作用があるとされるクラウドファンディングの光の部分に対し、一定の影の部分の存在を意識しておくことも重要である。

以上のような問題や懸念に対する制度的な手当てや配慮は、クラウドファンディング市場の健全な成長を促し、その信頼性を確保する上でも、不可欠な作業というべきである。

---

[6] ちなみに、2012年8月にイギリス旧FSA（金融行動監視機構）は、消費者向け情報サイトに「クラウドファンディング：あなたの投資は守られていますか」との注意喚起において《①ベンチャー企業は過半が倒産するため投資額の全てを失うおそれがあります。②配当は稀で追加の証券発行などで持分が希釈化するおそれがあります。③投資対象が収益を生み出すのには時間がかかります。④流動性は見込めず、現金化できず、売却できる市場はありません。⑤詐欺の危険性があります。⑥運営者のほとんどはFSAの認可を受けていません。》との警告を発しており、今日のわが国において、なお妥当する深刻な投資リスクであろう。この点、一般社団法人第二種金融商品取引業協会は、平成26年2月12日『投資型クラウドファンディングに関する検討会合』報告書」(http://www.t2fifa.or.jp/event/pdf/k-kaigo-hokoku.pdf) をまとめ、協会としての対応方針を明らかにしており、自主規制への取組みとして注目される（もっとも協会への加盟率は3%以下（平成25年末現在）と必ずしも高くなく、現時点では、自主規制機関として多くのことを期待できる状態ではない）。

第 2 節　クラウドファンディングのタイプ

　金融審議会 WG 報告書によれば、クラウドファンディングには、資金提供者に対するリターン（リワード・特典とも呼ばれる）の形態によって、大きく①寄付型・②売買（購入）型・③投資型の 3 種があるとされている。
　このうち、①「寄付型」は、資金提供者が純粋にプロジェクトを応援するために資金を寄付として提供し、後に何のリターンも発生しないタイプのものである。寄付型の場合にも、所得税や贈与税がかかることは言うまでもないが（ただし、寄付による一時所得は年間 50 万円まで非課税、贈与税は年間 110 万円まで非課税）、その趣旨と資金需要者の身元が明らかにされ、取り込み詐欺のような悪用への対応さえしっかりしていれば、比較的問題が生じにくい。
　これに対し、②「売買（購入）型」は、資金提供者が一定の製品・商品等を購入することとし、その「対価」の形で資金が提供されるタイプのもので、購入した製品や特典等が資金提供者へのリターンとなる（米国 Kickstarter がその例）。これまで日本で行われているクラウドファンディングでは、寄付型あるいは売買（購入）型が比較的多いようであるが（わけても購入型の伸びが圧倒的に高い）、ここにはほとんど規制らしきものがない。売買（購入）型では、クラウドファンディングのプラットフォームは、一般にリターンを受け取るための権利や引換券を購入する「取引の場」とのみ観念され、プロジェクト企画者が売買契約における売主としての責任（履行義務・担保責任など）や特定商取引法上の規制（通信販売としての表示規制など）に服することになるものと考えられている（それにしても、現行法は、必ずしもクラウドファンディングの特性に配慮したものになっていない）。クラウドファンディングのプラットフォームを単なる「取引の場」とのみ捉え、仲介者の法的地位等を、通常のプロバイダーやネット上のショッピングモール運営者と同様、ひとまず当事者間の法律関係の外に置いてしまうことが適当であるかには大いに疑問がある。
　わけても注意を要するのは、③「投資型」である。「投資型」では、資金提供者が組合契約を締結するなどして資金を出資し、これに対して収益

の一部が資金提供者に分配され、この分配金等が資金提供者へのリターンとなる。出資者が匿名組合を形成する資金提供は「ファンド形態」とも呼ばれ、いわゆる「集団投資スキーム持分」として金融商品取引法の規制対象である有価証券取引の一種に該当し、かかる集団投資スキーム持分の資金提供者を募り、あるいは、それを仲介するには、金融商品取引法に基づく第2種金融商品取引業者としての登録が必要である。他人の金銭を預かって、資金運用するという側面が強く現れるため、資金運用段階においても、金融庁の監督下で金融商品取引法に基づく規制を受けることになる。しかも匿名組合の意思決定の公正さを担保すべき仕組みが制度的に十分ではない等の問題がある。すなわち商法535条以下に定める匿名組合では、組合員に一定の貸借対照表の閲覧権等が認められているに過ぎず、組合として自律的な意思決定をしたり、営業者の営業活動をモニター・監視したりする権能は認められていないからである（さらに投資型では、「株式形態」の投資型クラウドファンディングも考えられるが、これについては、非上場株式の募集又は私募の取扱いが、日本証券業協会の自主規制規則で原則として禁止されていることから、現在、わが国では基本的に取り扱われていない）。

　以上のほかにも、クラウドファンディングで集めた資金をファンド事業者が貸し付ける「貸し付け型」も存在し（social lending や参加型のファンド貸付け、Lending Club など）、マイクロファイナンスとして注目されるが、これらは貸金業法に服する。

第3節　クラウドファンディングの基本的な流れと法的課題

　新規事業の資金調達のためにクラウドファンディングが利用されるプロセスは、売買（購入）型及び投資型の場合、およそ次のようなものである[7]。

(1)　［第1段階］企画の募集
　まず、インターネット上でクラウドファンディング事業者によって分野ごとに用意されている「プラットフォーム利用規約」等に従い、企画者は、窓口に自らのアイデアを明らかにした企画書を送り、一定の企画審査をうけて不適格とされなかった場合に限り、資金をつのる「キャンペーン」を実施することができるようになる。このとき、キャンペーンの内容として企画審査に最低限必要な要素としては、①何のための資金が入用なのか（調達内容）、②そのためにいくらの資金を調達したいのか（調達額目標）、③いつから何日間で目標額を調達するつもりなのか（調達期間）、④資金提供者に対して何をリターン（リワード・報酬・特典等）とするか、等が含まれる。
　クラウドファンディングにおいて、仲介者となるプラットフォーム提供者は、この段階で既に単なる「仲介」や「媒介」を超えた中核的役割を営んでおり、その責務は極めて重要である。応募情報の審査プロセスがプラットフォーム全体の質を高める役目を果たすことになり、仲介者が後にネット上で提供する情報の正確性が確保されなければ、顧客による商品の選択購入や投資判断等は不可能だからである。WG報告書は、「投資型クラウドファンディングが詐欺的な行為に悪用されることや反社会的勢力に利用されること等を防止し、投資者が安心して投資できる環境を整備する上では、当局による規制・監督にのみ依拠するのではなく、自主規制機関による適切な自主規制機能の発揮を組み合わせることが重要である」という。

[7) 筆者の参照し得た日本国内のクラウドファンディング運営会社の例として、READYFOR?, CAMPFIRE, MotionGallery, FAAVO, COUNTDOWN, ShootingStar, サイバーエージェント・クラウドファンディング、東京クラウドファンディング倶楽部などがある。必ずしも定型的なものではないようであるが、山本・前掲注3）47頁以下の紹介も参照。

しかし、詐欺的行為に悪用されることや反社会的勢力に利用されること等を防止するための方策としては、業界の自主規制や当局による行政的規制・監視の遂行もさることながら、まずもって、法律による規制を十分に措置することが望まれる。基本的な制度枠組みとデフォルト・ルールが構築されないままでは、しくみ全体への信頼も望めまい。

　もっとも、プラットフォーム利用契約に基づく企画審査そのものは（利用規約の内容如何にもよるが）、その性質上、実質的企画内容の実現可能性に厳格に踏み込むことまでは期待しがたい（もともと、出資者の石橋をたたいて渡るような投資行動までは予定されていない）。とは言え、少なくとも企画者の実在（構成員・連絡先など）とその信用度（経営基盤・これまでの経営状況など）、プロジェクト遂行の見通しなどが確認され、資金需要者による詐欺リスク軽減のための情報開示や措置を講ずべきことが要請されて良いように思われる。資金需要者たる企画者には、将来の投資者のために「真実開示義務」が課せられてしかるべきであり、仲介者には、正確な情報提供を確保すべき義務が求められることになる。その結果、たとえば、企画者の詐欺的意図を認識していた（必要な注意を払えば認識し得た）場合のプラットフォーム運営事業者の民事責任は避けられまい。政策的には、投資リスク低減の観点から、そこでの募集総額・各投資者の投資上限額、一定期間の債権の譲渡制限、投資リスク確認義務、リターンや償還結果予想、仲介者の得る手数料などが具体的に明らかにされ、仲介者には資金需要者・発行者に対するデューデリジェンス体制の整備が図られていることが求められる（ちなみに、WG報告書では、ファンド持分の募集について、「発行総額1億円未満かつ一人当たり投資額50万円以下」の案が示されている）。ここでの開示義務違反に対しては、資金需要者に民事責任が生ずるものと考えられる。

(2)　［第2段階］出資の募集（キャンペーン）
　企画書に従った希望日からネット上で「資金調達キャンペーン」が開始され、調達期限日まで、目標額を達成すべく資金提供者が募られる（プラットフォームにプロジェクト・ページが示され、広く資金提供を求める）。比較的多く見られる「All or Nothing 方式」が採用された場合、プロジェクト

への賛同者から提供された資金は、一旦、プラットフォームを提供している仲介事業者のもとで蓄えられ、出資者とひも付けられた形でとどめられる。調達期日までに目標額が達成できなければ払戻しを行う必要があるからである。

　投資型では、仲介者に対し、株式型（企業が株式を発行して仲介者がそれを募集するタイプ）が金商業第1種業としての規制に、ファンド型（企業や事業に匿名組合が出資し、その組合持分を募集するタイプ）が、金商業第2種業としての規制に服することは既に述べた。

　株式型クラウドファンディングでは、資金需要者である事業者自ら株式を発行して仲介者にこれを販売してもらうことになるが（現在のところ、証券取引所上場銘柄・グリーンシート銘柄・適格機関投資家向けの例外を除いて未上場企業の株式は勧誘ができないが、需要はあろう）、これが可能なのは金商法上の第1種金商業者として有価証券関連業務を行う旨の登録が必要であり、金融庁の規制に服する。

　他方、ファンド型クラウドファンディングの運営者は、金商法上の第2種業者であり、登録が必要であるが、それ以上の規制はない。投資金・寄付金等は、顧客口座その他の分別された資金管理の仕組みにより管理される必要がある（投資家保護のために別途「エスクロー口座」を間に挟んで、仲介者からの倒産隔離を図る例もある）。この資金の分別管理の主体が、誰であるかは必ずしも定かでないが、基本的にファンドの募集を行う仲介事業者であるとすると、この預り金は一種の「信託的預金」であって、単なる条件付き取引における売買や投資契約の当事者間だけでの法律関係に解消できる性格のものではないように思われる。仲介事業者は、資金を受けとる事業者情報の開示、出資者の顧客管理、資金分別管理、システム保全、一定のデューデリジェンスなどについて、出資者に対する関係で忠実義務と善良なる管理者としての注意を持って管理すべき民事上の責任を負うものと考えられる。

(3) [第3段階] 調達期限日時到来とプロジェクトの開始
　設定していた調達期限日時が到来すると、自動的にキャンペーンが終了し、その時点で集められた調達金総額から決済手数料及びプラットフォー

ム手数料が差し引かれた金額が、資金調達者の口座に振り込まれる。このとき、調達金総額が当初設定された目標額に達しない場合には、資金調達者は金銭を受け取ることができず、資金提供者へと払い戻される方式（All or Nothing 方式）のものが増えていることは既に述べた。調達金総額が設定された目標額に達しない場合に、巻き戻しされるのは、人々からプロジェクトに対する共感と支持をあまり得られなかったというだけでなく、プロジェクトの達成に必要な資金とされたものが用意できない以上、プロジェクトの遂行自体が不可能となるはずだからである。こうして、資金提供表明の動向によって「群衆の知恵」で質の悪い案件が排除されることが期待されているというわけである。

　売買（購入）型では、事業者は購入者から「前払い」で集めた代金を元手に製品開発などを遂行し、購入者に完成した製品等を提供できるように努めることになるが、ここで事業者に振り込まれた資金が通常の金融機関からの融資と同じく、完全に事業者の財産に混入・混同すると考えるべきかは問題である。金銭が混和した（信託法17条）場合、委任者は共有持分権を有することになり、共有物分割請求権を行使して物権的請求権を主張でき、信託財産である金銭の混和の場合にも、それが完全に一般財産に混入せず混和物としての特定ができる限り、当該共有持分が信託財産となり受益者は物権的救済を受けるとされていることが参考になろう[8]。

　匿名組合が形成されている場合には、組合から事業者の手に渡った金銭が出資金（債権）としての性格を帯びることは当然としても、単純に仲介者から事業者に振り込まれた金員であっても、本質的には、各出資者からプロジェクト目的達成のために「託された資金」であることを考えれば、一定の保全措置が講じられ使途管理義務が課されてしかるべきではあるまいか。

(4)　［第4段階］事業の遂行

　予定通り（あるいは予定以上に）資金が調達できた場合は、資金が資金調達者である事業者の口座に振り込まれ、以後、資金調達者は、キャンペー

　8）道垣内弘人『信託法理と私法体系』（有斐閣、1996）204-205頁。

ン内容で明らかにされた企画に沿って事業を遂行し、当初約束していたリターン（リワード・報酬・特典等）を出資者に送付することになる。この段階での法律関係は、一般的な［解除条件付き］売買契約（＝ネットを介した通信販売等）や［解除条件付き］投資契約と質的に大きく異なるものではない。匿名組合が形成されるときは、匿名組合からの出資金の形をとり（匿名組合との債権債務関係）、利益等の分配がリターンとなり、事業目的が完了すれば、匿名組合が終了して出資価額の返還が予定される（商法542条）。

　ただ、リターンの給付されるべき時期は、キャンペーン内容での約束内容によって条件付けられており、必ずしも確定的でない場合が多く、企画に基づく事業の果実が現実に生じるときまで具体化しない可能性がある。この点は、当初のキャンペーンを前提とする契約解釈にも依るが、売買（購入）型において債務不履行責任や瑕疵担保責任を論ずる場面では、留意する必要がある。

第2章　クラウドファンディングと信託（覚書）

第4節　信託の可能性

　出資者の財産を保護し、本来の出資目的の実現を積極的に支援するという観点からすると、以上のプロセスと信託の関係は、一考に値する課題であるように思われる。クラウドファンディングが、企業や個人のプロジェクトに対する共感を基にして託されたリスクマネーの投資であり、制度全体が安定的に機能し発展していくには、かかる資金調達手法に対する人々の信頼を高め、「託された資金」としての性格と「託された者の責務」を見失うことのないよう、法的にきちんと制度を位置付けておく必要があるからである。受託者の目的財産の分別管理義務や業務遂行に当たっての忠実義務、目的に拘束された信託財産の使途制限、第三債権者からの倒産隔離効といった信託に特有な効果の付与が、クラウドファンディングへの出資者の財産保護やプロジェクトの遂行という本来の目的実現にとって有用であるとすれば、その可能性は十分検討に値しよう。

1　信託契約

(1)　信託の概念

　最初に、「信託」の概念を確認しておこう。一般に「信託」とは、「ある者（＝委託者）が、法律行為（＝信託行為）によって、ある者（＝受託者）に財産権（＝信託財産）を帰属させつつ、同時に、その財産を一定の目的（＝信託目的）に従って、社会のために又は自己もしくは他人―受益者―のために、管理・処分すべき拘束を加えることによって成立する法律関係である（信託法2条1項、3条参照）[9]。つまり、信託の要素は、①特定の委託者・受託者・受益者の存在と、②委託者から受託者への財産権（信託財産）の移転・処分（＝信託目的遂行に必要な管理・処分権などの移転）、そして、③当該財産に付随する目的的制限（信託目的への拘束）の存在であって、それ以外の点は、極めて柔軟である。言うまでもなく、似たような法律関係

---

[9] 四宮和夫『信託法〔新版〕』（有斐閣、1989）7頁も参照。なお、託された者の責務を明らかにするタマール・フランケル（溜箭将之監訳）『フィデューシャリー――「託される人」の法理論』（弘文堂、2014）102頁以下参照。

は、委任と第三者のためにする契約の組み合わせ等によっても実現可能ではあるが、委託者から受託者への目的的制限を伴った特定の財産権の移転・処分が見られる点にその特色がある。その結果、受託者は純粋な財産権帰属者として行動することができず、そこから自由には自己の利益を得られない[10]。

つまり、目的財産が、委託者の所有を離れるとともに（＝その意味では使途を定めて処分された）、受託者のもとでなお一定の経済目的のためのみに管理されることになり（＝その意味では受託者の固有財産ではない）、そこには、あたかも財団ができたかのような状況が生み出される。ひとたび当該財産が「信託財産」であると法的に性質決定された場合、結果として、当該財産に対して、特定目的（信託目的）の遂行にとってふさわしい管理がなされていることが要求され、その義務違反には一定の制裁が用意されるとともに、一定の民事的効果が演繹的に導かれる。具体的には、①当該財産を特定し、受託者の他の財産から独立させるための分別管理義務、②信託財産であることの公示、③使途管理（特定目的への拘束）、④受託者としての当該財産運用上の諸義務および有限責任、⑤信託関係終了に伴う委託者・受益者への財産の最終的な帰属などである。逆に言えば、そのような効果や制約を伴って管理されるべき財産については、当事者の意思解釈上、「信託財産として管理されている」と解される余地があり、そのような制約と無縁の財産の場合は、そうならない可能性が高い。取引関係全体の経済的・実質的機能からみて、当該財産が、通常の個人財産としてではなく、一定の目的に従って管理・処分されるべく必要な取引関係と結合され、かつ、当事者がそのような了解のもとで事業活動を行っている場合、そこに現れた経済的・実質的な信託機能を追求する当事者意図を読み取ることは比較的容易となる。「信託行為」の代表格である信託契約は、一般に、委託者の信託を設定する意思（信託設定意思）と受託者の信託を引き受ける意思（信託引受意思）の合致によって生じるが、いかなる場合に、かような信託意思を読み取れるかは、当事者の意思表示の解釈問題にほかならないからである。

---

10) 能見＝道垣内編・後掲注13) 25頁の道垣内発言は、この点を強調する。

第 2 章　クラウドファンディングと信託（覚書）

(2)　民事信託と判例

　周知のように、最判平成 14 年 1 月 17 日（民集 56 巻 1 号 20 頁、判時 1774 号 42 頁）は、公共工事の建設請負契約における前払金について、次のように述べて信託契約（民事信託）の成立を認めた[11]。

　　「本件保証約款によれば、……前払金の保管、払出しの方法、被上告人保証会社による前払金の使途についての監査、使途が適正でないときの払出し中止の措置等が規定されている……。乙はもちろん甲も、本件保証約款の定めるところを合意内容とした上で本件前払金の授受をしたものというべきである。このような合意内容に照らせば、本件前払金が本件預金口座に振り込まれた時点で、甲と乙との間で、甲を委託者、乙を受託者、本件前払金を信託財産とし、これを当該工事の必要経費の支払に充てることを目的とした信託契約が成立したと解するのが相当であり、したがって、本件前払金が本件預金口座に振り込まれただけでは請負代金の支払があったとはいえず、本件預金口座から乙に払い出されることによって、当該金員は請負代金の支払として乙の固有財産に帰属することになる」……「この信託内容は本件前払金を当該工事の必要経費のみに支出することであり、受託事務の履行の結果は委託者である甲に帰属すべき出来高に反映されるのであるから、信託の受益者は委託者である甲である」……「本件預金は、乙の一般財産から分別管理され、特定性をもって保管されており、これにつき登記、登録の方法がないから、委託者である甲は、第三者に対しても、本件預金が信託財産であることを対抗することができ」（信託法 3 条 1 項）、「信託が終了して同法 63 条のいわゆる法定信託が成立した場合も同様であるから、信託財産である本件預金は乙の破産財団に組み入れられることはない」（信託法 16 条）。

　同判例は、旧法下の事案に関するものではあるが、現行信託法についても、基本的に妥当するものと考えられる。そこでは本件預金の暫定的・中間的な帰属状態を観念しつつ、法令や約款等で形作られた財算管理形態について、実質的な取引当事者・預金口座管理者、名義帰属者と権利帰属者

---

11)　本判決については、雨宮孝子「判批」判例評論 525 号（判時 1794 号）199 頁（2002）、佐久間毅「判批」平成 14 年度重判 73 頁（2003）、中村也寸志「判批」ジュリ 1229 号 61 頁（2002）など参照。また拙稿「信託契約の成立について——最高裁平成 14.1.17 判決をめぐって」東北信託法研究会編『トラスト 60 研究叢書 変革期における信託法』（トラスト 60、2006）57 頁以下も参照。

の分離を問題とせざるを得ない場面での効果をにらんでの信託契約の成否判断が働いているといえよう。

2　クラウドファンディングの場合

(1)　停止条件付き信託契約

　信託との関係において、クラウドファンディングにおいて問題となりそうな局面は、とりわけ投資型において、企画書の趣旨・目的に賛同した出資者が資金を提供し、これをクラウドファンディング運営事業者が保管している段階（第2段階）と、最終的に資金重要者の口座に金銭が振り込まれて事業が遂行されつつある段階（第4段階）である。このとき、委託者が出資者、受託者がクラウドファンディング運営事業者（次いで資金需要者）、信託財産が集められた資金、目的が企画書等によって示された事業計画の実現ということになろうか。匿名組合を経由した出資の場合には、さらに信託に近づくことが考えられる。当事者の意識において、「目的的制限を伴った特定の財産権（金銭）の移転・処分」であることは、ほぼ明らかである。しかし、実際に、ここに信託の観念（停止条件付き信託契約の成立［信託法4条1項・4項も参照］）を持ち込むことが可能であるのかには、更に検討が必要である。

(2)　集団信託

　一つの問題は、不特定多数の大衆から出資された金銭総体が、ひとまとまりの信託財産を構成すると考えることができるのかという点である。この関連で、「集団信託」の可能性が前提問題となる。

　結論から言えば、信託財産の単位は信託行為ごとに成立することを原則とするが[12]、各委託者との複数の信託契約による場合にも、その内容が一定の信託目的をもって統一的・独立的に同一の信託行為のために一体としての信託財産・集合財産を組成するものである以上、その運用団を「単位信託財産」とみて一個の信託財産を組成するものと考えてよいのではないかと思われる[13]。このとき、各受益権者の受益権は合同運用団（匿名組合

---

12)　四宮・前掲注9）71頁参照。

第 2 章　クラウドファンディングと信託（覚書）

が形成されている場合はこれが合同運用団に該当する）に対する一定比率の持分と化すことになる[14]。信託の目的が利殖を含み、規模の利益が見込まれるとき、他の信託目的物と混合で管理し合同運用の形をとることが合目的的でもある。

(3) 分別管理

集まった金銭は、第 2 段階では、一旦、プラットフォームを提供している仲介者のもとで蓄えられ、出資者とひも付けられた形でとどめられる。口座の管理は、基本的に仲介事業者と考えられ、仮に物理的に分別されていない場合にも、帳簿上の管理によって、個々の出資者とのひも付けが行われている限り、分別管理があると考えられよう。さらに進んで、企画者である資金需要者の口座に金銭が振り込まれた場合、これによって金銭が

---

[13] 信託と財産の分別管理を行っている匿名組合の関係は、せいぜい倒産隔離になるスキームとそうでないスキームという程度の違いでしかなく、新信託法の規定では両者の区別を諦めたとの見方もある（能見善久＝道垣内弘人編『信託法セミナー 1』（有斐閣、2013）59 頁以下参照）。進んで、匿名組合はすべからく信託であるとする論者もあるが（田中誠二ほか『コンメンタール商行為法』（勁草書房、1973）、必ずしも両者に対応関係があるわけではない。

[14] 集団信託については、四宮和夫『信託法〔増補版〕』（有斐閣、1979）14-15 頁、神田秀樹＝折原誠『信託法講義』（弘文堂、2014）11 頁、新堀聰雄「集団信託における受益者保護の制度について」信託法研究 7 号 4 頁（1983）など。この点、今村和夫「多数当事者間の信託関係について」信託法研究 8 号 79 頁以下（1984）も、集団信託は、「大衆（委託者・受益者）からもっぱら利殖を目的とする金銭を集めて、合同運用団として運用し（運用収益は受託元本に応じて比例配分する）、元本、収益の交付は金銭をもってなされる」ものとした上で、その大衆が無限に拡大する可能性があるところから、個性的当事者を対象とする個別合同運用信託とは異質の要素を持つものと考えて、集団信託では、個別性の原則を修正し、合同運用団を単位信託財産として、各受益者はその持分について信託法の諸規定を解釈・運用すべきものとされる（103 頁）。もっとも、今村説は、「端的に言えば」として、集団信託における受益権の実態は当初信託金額を元本とする金銭債権と同視しうべきものに過ぎず、大衆投資家も定型化された普通取引約款によるときは、利殖目的にのみ関心があり、信託財産に対する意識は希薄だから、信託法理よりもむしろ「約款法理を重視した配慮」（その趣旨は必ずしも明らかではない）が必要と説く（103-104 頁）。また、松本崇「集団信託における信託法理論の展開・序説」加藤一郎＝水本浩編『民法・信託法理論の展開――四宮和夫先生古稀記念論文集』（弘文堂、2004）では、「集団信託に固有の多数当事者間の信託関係は、個別信託が成立してから、集団信託関係からの脱退の形で終了するまでの間、換言すれば各個の信託契約期間における受益者と受託者との関係に尽きる。それ以前は、信託約款による個別の、しかし同一種類の信託契約の締結であるし、信託終了後は、各個の受益者（帰属権利者）への信託財産（元本・収益）の交付が事務処理の中心である」とされる（同・387 頁）。

混和した（信託法17条）場合も、それが完全に一般財産に混入せず、帳簿上、混和物としての特定ができる限り、当該共有持分が信託財産となり受益者は物権的救済を受けることが可能であろう。匿名組合が形成されている場合には組合からの出資金としての性格を帯び、単純に仲介者から事業者に振り込まれた金員であっても、本質的には、各出資者からのプロジェクト目的達成のために「託された資金」であることを考えれば、一定の保全措置が講じられ使途管理義務が課されてしかるべきである。

⑷　**信託財産としての公示**

　ネット上のキャンペーン内容で明らかにされた企画に沿って事業者が事業を遂行し、当初約束していたリターン（リワード・報酬・特典等）を出資者に還元すべきことは明らかであるが、資金のいずれが、そのような信託財産として管理・運用されているのかは、実際の分別管理の状況によって判断せざるを得ない。しかしながら、クラウドファンディングにおいて、公示の要請が十分満たされているわけではない。

第 2 章　クラウドファンディングと信託（覚書）

第 5 節　小括

1　信託思想の利用可能性

　本稿は、クラウドファンディングについて、出資者保護のための方策の一つとして、信託の思想の利用可能性を示唆するにとどまるものである。出資金がプラットフォームの運営事業者の手もとにとどまっている場面と資金需要者に渡ってからの場面を考えた場合、前者においてはなお資金は一時的・暫定的保管状態に過ぎないため、敢えて信託を想定して問題を考えるまでもないのかも知れない（別途、真実確保義務などが業法として確立されることでも足りようか）。他方、資金が事業者に渡ってから後については、本来の目的（プロジェクトの確実な実施とリターンの分配等）にそって資金が適切に管理・運用されるべきこと（事業遂行義務・善管注意義務）、事業者の経営破綻に際して他の債権者との関係で資金が一定の保護を必要とするならば、忠実義務・公平義務・分別管理・倒産隔離等の効果を伴った信託財産としての処遇も充分に考慮に値しよう。もっとも、事業者のそこに到るまでの様々な義務（情報開示・真実義務など）の設定は、民事以外の他の法的措置とも組み合わせて構想されねば実効性は保てまい。

2　市場の透明化と投資者保護

　新規・成長企業に対するリスクマネーの供給促進策としてのクラウドファンディングに期待されるところは決して小さくない。しかし、新規・成長企業は創設後の存続率が相対的に極めて低く、非上場企業である場合には、公開情報が上場企業に比して一般に乏しく、かつ株式やファンド持分の売却が困難である。結果的に、これらの企業への投資リスクは極めて大きく、このような投資を活性化すべく規制緩和を試みる場合には、その前提として投資者を保護するための十分な措置が講じられる必要があるように思われる。とくに、多数の資金提供者から少額ずつ資金を集める仕組みである投資型クラウドファンディングの健全で持続的な市場拡大のためには、その基本的仕組みや、個々の投資先事業を巡る環境、経営状況によっ

第5節　小括

ては契約期間の終了時（投資期間満了時）に元金そのものを失う場合があることなどを含め、投資者がそのリスクの所在を理解し、当該プロジェクトを積極的に支援する意図をもって、納得した上で投資することを可能にする市場の環境整備が求められる。さらに言えば、そのようなリスキーな資金提供へと一般大衆の基本的な生活資金や高齢者の「いのち金」が安易に利用されないよう配慮することも重要である。

　第1に、クラウドファンディング制度においては、仲介事業者が制度の中核的役割を担うことを認識すべきであって、単なる媒介機関として名目当事者の法律関係の背後に退くことは許されないのではあるまいか。とくに、制度の根幹をなす仲介事業者が提供する情報の正確性の確保は最重要の課題であって、これなしには投資者の適切な投資判断や購入者の意思決定は不可能というほかない。詐欺的な行為に悪用されることや反社会的勢力に利用されること等を防止するためにも、この点に関する仲介業者に対する法的規制の確立が必要である。

　一方で仲介事業者の参入要件緩和が唱えられてはいる。しかし、詐欺的な行為に悪用されることや反社会的勢力に利用されることがないようにしつつ、健全かつ適切に仲介事業者の業務が行われるには、その厳格な参入要件を定めることこそクラウドファンディング市場への人々の信頼を高める鍵となるのではあるまいか。仲介事業者に対して、発行者に対するデューデリジェンス及びインターネットを通じた適切な情報提供等のための体制整備、さらにはインターネットを通じての発行者や仲介事業者自身に関する情報提供を義務付けることは、決して参入障壁と捉えられるべきものではない。加えて、投資者・購入者保護の観点からは、一人当たり投資額・購入額や目標額・発行総額の条件が過大なものとならないよう、一定の少額にとどめておくことも重要であろう。

　インターネットを通じて非上場株式又はファンド持分の募集又は私募の取扱いを行う仲介業者（既存の金融商品取引業者並びに特例第1種金融商品取引業者及び特例第2種金融商品取引業者）に対しては、発行者に対するデューデリジェンス及びインターネットを通じた適切な情報提供等のための体制整備、並びにインターネットを通じた発行者や仲介者自身に関する情報の提供を義務付け、当該情報の提供を怠った場合等における責任を明

確にしておくことが望ましい。既に述べたように、上場株式の売買と比較すると、新規事業への投資の場合、投資判断のための情報が圧倒的に少ない。クラウドファンディングの場合、投資者はネット上で提供される情報に基本的に依拠せざるを得ないわけであるから、その正確性の確保は制度の生命線である。発行者については正確な情報提供義務を、仲介事業者については情報の正確性を確保すべき責任を明らかにする必要がある。これらの責任を発行者及び仲介事業者の投資者に対する民事上の義務としての位置付けを明確にし、義務違反行為には、登録抹消等の行政処分や民事の損害賠償責任を法律をもって明らかにしておくことが望ましい。また、分別管理を徹底して、仲介事業者や発行者の経営状況が悪化した場合にも、ある程度、資金が守られる仕組みが考えられるべきであろう。

　非上場株式の場合、上場株式のように市場価格を知ることができないため、経験を積んだ投資者であっても、非上場株式の価値の判断は上場株式よりも難しいと言われる。インターネット経由のリスクマネー供給を国が促進するのであれば、そのような非上場株式への投資の特質について十分に理解・納得した投資者のみが自発的に参加する仕組みとすることが不可欠である。

3　小括

　これまで十分な資金提供が行われずに新たな事業化を断念せざるを得なかった中小企業も少なくないものと推測されるが、クラウドファンディングという媒体を通じて、将来性ある優れたアイデアや事業プランについて、多くの人々の知る機会が増え、賛同者・共感者からの積極的資金提供によって、アイデアが実現したり、次の資金調達段階まで事業を継続・発展できる可能性が拡大することが期待される。しかしながら、それに劣らず、詐欺的募集から投資家・顧客を保護し、市場としての信頼性を確保することも同時に重要であり、投資家・購入者自身も、制度の意義やリスクを正しく認識する必要がある。クラウドファンディングにおいて、プロジェクトが正確かつ率直に大衆に開示され、人々の真の共感と支持に基づいて、資金提供が行われ、誠実に計画が実行されることこそが重要である。クラウドファンディングについての法規制の在り方は、「信託」の活用を含めて、

第 5 節　小括

今後とも深められるべき重要な課題といえよう。

（追記）校正の最終段階で、本稿に深く関わる「金融商品取引法等の一部を改正する法律」が国会において成立（5 月 23 日）、公布（5 月 30 日）された（平成 26 年法律第 44 号）。同法では、投資型クラウドファンディングの利用促進のため、クラウドファンディング業者についての参入要件を緩和するとともに（同法 29 条の 4、29 条の 4 の 2）、投資者保護のため、クラウドファンディング業者に対して、ネットを通じた適切な情報提供や、ベンチャー企業の事業内容のチェック等を義務付けた（同法 29 条の 4、35 条の 3、43 条の 5）。また、兼業規制等を課されない業者が勧誘できるプロジェクトの発行総額は 1 億円未満、1 人当たり投資額は 50 万円以下とされた。

第3章
人格権の譲渡性と信託
——ヒト試料・著作者人格権の譲渡性を契機に

米村　滋人

第1節　はじめに[1]

　信託法2条は、「この法律において『信託』とは、……特定の者が一定の目的……に従い財産の管理又は処分及びその他の当該目的の達成のために必要な行為をすべきものとすることをいう」と定める。現行信託法制定後に刊行された概説書・注釈書等においては、一般に、ここにいう「財産」は、「財産権」よりは広く、権利として確立されていないものも含むものとされる一方で、人格権・人格的利益は一切含まれないものとされている[2]。また旧法下の学説も、人格権の信託についてはかねてより全面的に否定すべきものとしており[3]、この結論は自明であると考えられたためか、この点につき詳しく論じたものは見当たらない。しかしながら、財産権・財産的利益については何ら問題なく信託を設定しうるのに対し、人格権・人格的利益につきカテゴリカルに信託の対象から排除されるとの考え方は

---

[1] 本稿の執筆にあたっては、上野達弘・早稲田大学教授（知的財産法）、一木孝之・國學院大学教授（民法）、加毛明・東京大学准教授（民法）に、構想段階から草稿の推敲時に至るまで数多くのご助言とご示唆を頂いた。この場を借りて3名の先生方に心から謝意を表する次第である。ただし、言うまでもなく、本稿の記述の全責任はもっぱら筆者が負うものである。

[2] 寺本昌広『逐条解説 新しい信託法〔補訂版〕』32頁（商事法務、2008）、寺本振透編代『解説 新信託法』4頁（弘文堂、2007）、新井誠監修・鈴木正具＝大串淳子編『コンメンタール信託法』37頁（ぎょうせい、2008）、村松秀樹ほか『概説 新信託法』4頁（金融財政事情研究会、2008）。同様の解釈は、法案策定段階で立案当局によっても明らかにされていた。法務省民事局参事官室「信託法改正要綱試案補足説明」3頁（2005）参照。

[3] 四宮和夫『信託法〔新版〕』133頁（有斐閣、1989）。古くは、入江眞太郎『信託法原論』60頁（厳松堂、1928）、青木徹二『信託法論〔第3版〕』9頁（財政経済時報社、1928）など。

第3章　人格権の譲渡性と信託——ヒト試料・著作者人格権の譲渡性を契機に

果たして合理的であろうか。少なくとも、従来の考え方は人格権・人格的利益を信託から排除する根拠を十分に提示しているとは言えず、そのため、きわめて多様な権利・利益が「人格権」領域に属するものとして提唱される今日において、どの権利・利益が信託から排除されるかを厳密に判断しうる枠組みを構築できていないのではないか。このような観点から本稿では、「人格権は信託の対象となりうるか」という問題を取り扱う。もとより、これは信託の本質的理解にかかわるのみならず、人格権一般の私法的性質とも切り離すことのできない問題であり、本稿で最終的な解決に至りうる検討を行うことはできないが、少なくとも、従来の学説における平板な理解に疑問を呈し、この点を掘り下げて考えるための手がかりを与えることを目的とするものである。

第2節　議論の契機——2つの問題場面

1　「ヒト試料の信託」構成

　筆者は別稿において、ヒト由来の組織・細胞等（以下「ヒト試料」という）を用いた医学研究に関する法律関係を論じるにあたり、ヒト試料の提供・利用等を信託として構成する見解があることを紹介しつつ、この構成は現行法上は採用しえないことを述べた[4]。ヒト試料の提供・利用等を信託として構成することは、それを利用する医学研究者の種々の義務や試料提供者に留保される権利を一律に説明するには便利であるが、当該構成を採用するにあたっては、少なくとも次の2点が障害となる。

　第1に、信託業法3条は、「信託業は、内閣総理大臣の免許を受けた者でなければ、営むことができない」と定める。この規定を受ける形で同法5条では、信託業免許の付与につききわめて厳格な基準が定められており、特に株式会社でなければ免許を与えてはならないとされているため、医学研究を行う大学や研究機関が信託業免許を取得することは不可能となっている。これは業法規制の問題であり、この点を克服するには立法以外の解決は考えがたい。

　第2に、ヒト試料が信託法2条の「財産」にあたりうるか否かが問題となる。この点についてはヒト試料それ自体に関する法的性質、とりわけヒト試料に対する権利が財産権・人格権いずれの性質を有するか、という問題との関連で考察する必要があり、若干の説明を要する。伝統的通説は、民法上の「物」の要件に「非人格性」を掲げ、人体は「物」でないとする一方、人体から分離された毛髪等は「物」として所有権の客体となるものと解していた[5]。これに対し、伝統的通説は研究目的のヒト試料提供を想定していないなどの理由から、ヒト試料につき「所有権」を観念すべきではなく、試料提供者の「人格権」のみが及ぶとする見解が有力化している[6]。

　4）米村滋人「生体試料の研究目的利用における私法上の諸問題」町野朔＝辰井聡子編『ヒト由来試料の研究利用——試料の採取からバイオバンクまで』80頁以下（上智大学出版、2009）。

第3章　人格権の譲渡性と信託——ヒト試料・著作者人格権の譲渡性を契機に

　以上の学説状況を踏まえ、筆者自身は、ヒト試料につき財産権法理と人格権法理の両者が及ぶべきことを論じ、そこから所有権ないし所有権類似の財産権的権利と人格権の両者が単一のヒト試料に対して成立しうるとの構成を提案した[7]。これらを整理すると、ヒト試料をめぐる法律関係につき、次の3種の構成が存在することになる。すなわち、ヒト試料に対して、(i)財産権のみが成立するとの立場、(ii)人格権のみが成立するとの立場、(iii)財産権と人格権が両者とも成立するとの立場、の3種である。ただし、(iii)の立場はさらに、(iii-1) 財産権と人格権が別個独立に併存する形で成立する、との考え方と、(iii-2) 財産権と人格権の両様の性質を備えた融合的権利が成立する、との考え方に分かれる。

　以上の4種の構成を踏まえつつ、ヒト試料が信託法2条の「財産」にあたるかを考えるならば、冒頭で述べた信託法2条の通説的解釈を前提とする限り、これを問題なく肯定できるのは(i)の立場のみである。(iii)の立場においても、複数の権利の成立を認める (iii-1) の構成を採り、かつ財産権部分の分離譲渡を可能と考えるのであれば、ヒト試料それ自体は「財産」にあたらないとしつつ、この財産権部分のみを「財産」とみなし信託を設定しうるものとする余地があるものの、そのような一部権利の信託をヒト試料自体の信託と同視しうるかは問題であり、少なくとも当然に両者が同一の法律効果をもたらすわけではない。そうすると、ヒト試料の法的性質につき、伝統的な(i)の立場に批判が強い現状においては、ヒト試料自体を信託財産とする信託の成立を認めることは困難であることになろう。とりわけ、ヒト試料が提供者個人の内面と深く結びついた存在であるとの立場からこれを人格権の客体と考えるならば、ヒト試料を他者に譲渡すること自体が許容されるべきではなく、その場合に信託を観念しえないことは当然であるとさえ言いうるのである。

---

5) 我妻栄『新訂 民法総則（民法講義Ⅰ）』202頁（岩波書店、1965）、幾代通『民法総則〔第2版〕』157頁（青林書院新社、1984）など。ただし、ここでの所有権は公序良俗等による制約を受けるものとされている。
6) 東海林邦彦「『人間の尊厳』と身体・生命の倫理的法的位置づけ（2・完）」北大法学論集55巻2号576頁以下（2004）、甲斐克則『被験者保護と刑法』26頁以下（成文堂、2005）。
7) 米村・前掲注4）92頁。

ヒト試料につき信託の設定が困難であることは、それ自体としては大きな問題ではないかもしれない。ヒト試料の法律関係は、実際上は医学研究というごく狭い領域でのみ問題となるに過ぎないことに加え、信託を利用しない法律構成によっても一応の解決を図ることが可能であり、だとすればあえてヒト試料の信託構成を考える実益は乏しいとも言いうるからである。また、ヒト試料利用研究に関しては、法の本来想定する信託の用法とは言いがたく、信託のガバナンスのあり方としても現行法の枠組みでは不十分であるとも言える[8]。

　とはいえ、上記のようにヒト試料を個人の内面と深く結びついた存在であるとする理解が「人格権」の唯一の根拠となるかは疑問である[9]。仮に、このような理解に基づきヒト試料の譲渡性一般を否定する場合には、ヒト試料を研究目的に利用すること自体を完全に否定するか、そうでなくともきわめて厳格な要件を課すべきことになろう[10]。そのような厳格な立場は

---

[8] たとえば、医学研究を信託と構成した場合、ガバナンスに関し次のような点が問題となる。原則として医学研究は、特定の受益者の利益を追求するものではないため、これを信託と構成した場合、公益信託ないし目的信託として考えることになる。その場合、信託のガバナンスに関しては、公益信託では主務官庁による監督がなされる一方、目的信託においては委託者に委ねられる部分が大きい（信託法260条参照）。しかし、委託者に監督を委ねる方式は、専門性の高い医学研究の適正遂行を担保する枠組みとして十分に機能しない可能性が高い。現行法上、このような場合には信託管理人制度を活用することが考えられるが、医学研究の監視機能を果たしうる独立の機関や職能者が存在しない現状では、適切な信託管理人を選任すること自体に困難性があろう。現在のところ、医学研究については、各種の行政指針において各研究機関内に設置される倫理審査委員会が一定の監視・監督機能を担うことが定められている。倫理審査委員会の監督機能にも問題は多いものの、この種の受託者の内部機関が監督機能を担う可能性を含め、医学研究を信託と構成する場合のガバナンスには何らかの制度的工夫が必要となろう。

[9] ヒト試料に対する「人格権」を根拠づける考え方には、①人体からのあらゆる分離物につき起源となる者の特別の地位を承認する考え方、②ヒト試料の個人情報性や遺伝情報性に着目する考え方、③ヒト試料の「物」としての特殊な価値に着目する考え方、④ヒト試料に関する社会倫理的規範の実現手段として私権を活用する考え方、の少なくとも4種が存在する（詳細は、米村滋人「医科学研究におけるインフォームド・コンセントの意義と役割」青木清＝町野朔編『医科学研究の自由と規制——研究倫理指針のあり方』266頁以下（上智大学出版、2011）参照）。このうち、ヒト試料を個人の内面と深く結びついた存在であるとする理解は、上記①または③の一類型に位置づけられよう。

[10] この考え方によれば、少なくとも、ヒト試料の研究利用に対する「包括同意」（利用目的等を特定せず同意をなすこと）は、「譲渡」に近い法律効果をもたらすものとして無効となる可能性が高い。

第 3 章　人格権の譲渡性と信託——ヒト試料・著作者人格権の譲渡性を契機に

とらず、一定の研究利用は許容するものの、試料提供者に何らかの人格権的なコントロールの余地を与えるべきものと考えるならば、その場合に「ヒト試料の信託」という法律構成を採用することができないのはなぜかを検討する必要があり、ここではヒト試料に対する権利の人格権的側面を、いかなる根拠によりどのような内容のものとして構想するかが重要となろう。

　ところで、ヒト試料については信託構成を採ることに困難が伴う一方で、人格権ないし人格的利益が関係しうる他の例では信託が用いられているとするならば、両者の法律関係につき異同や整合性などを綿密に検討すべきことになるはずである。そして実際、財産権と人格権が錯綜する状況にあり、にもかかわらず現在信託が用いられているものは存在する。それは、著作権である。

2　著作権の信託と著作者人格権

　改めて述べるまでもなく、著作権法においては、著作者の権利として著作（財産）権と著作者人格権が別個に存在することが定められている。そして、著作権は純然たる財産権であるとの理解の下に、これを他者に譲渡し、または信託に供することが可能と解される一方、著作者人格権については譲渡性がなく（著作権法 59 条）、また信託も設定しえないものと解されており、この一般的解釈を前提に著作権部分のみ信託を受ける形で著作権信託が実施されている。著作権信託が現代の著作権管理においてきわめて重要な役割を担っており、一般社団法人日本音楽著作権協会（JASRAC）などの団体が著作権の集中管理のために受託業務を行っていることは、周知に属する事実であろう。ところが、このような法律構成を採用した場合、いくつかの問題が生ずることが考えられる。

　上記の通り、著作権法においては著作権と著作者人格権は別個の権利とされ（いわゆる「二元的構成」）、このうち著作権のみが譲渡性を有するものとされている。ところが、著作者人格権は、権利範囲ないし権利行使態様の面から著作権との間で重複・錯綜を来す場合の生ずることがかねてより指摘されてきた[11]。特に問題として指摘されることが多いのは、同一性保持権である。翻訳権・翻案権と同一性保持権が（理念的・抽象的な区別

は可能であったとしても）実際上の権利行使場面の重複を来すことは、既に多数の論者により指摘されている。それに加え、デジタルコンテンツについては、利用のために表現に改変を加えることが不可欠となる場合が多く、プログラム著作物に関してはこのような改変を同一性保持権の権利範囲から除外する旨の立法的な手当てがなされているが（著作権法20条2項3号）、その他にも同様の場面が生じうる[12]。このような著作権と著作者人格権の交錯現象は、著作者人格権、特に同一性保持権の権利範囲に関する困難な問題を引き起こしてきた。それは直接的には、著作者人格権の放棄可能性や、同一性保持権侵害の除外項目を定める著作権法20条2項4号の「やむを得ないと認められる改変」に関する解釈問題として論じられているが、より本質的には、著作権法制全体における著作者人格権の基本的意義と、それに基づく権利範囲の捉え方にかかわる問題であると言えよう[13]。

　著作権と著作者人格権の権利範囲や行使態様が錯綜した関係にあることは、著作権の信託に対しても少なからぬ影響を及ぼすことが想定される。たとえば、受託者が第三者に対して行った著作物の利用許諾に従って第三者が著作物の改変を伴う利用をしたところ、著作者から同一性保持権侵害に基づく利用差止請求等がなされることが想定される。このような事態が現実に生ずるとすれば、同一の利用形態につき著作者の意向によって許容

---

11) 半田正夫「著作権の一元的構成について」同『著作権法の研究』1頁以下（とりわけ39頁以下）（一粒社、1971）、田村善之『著作権法概説〔第2版〕』405頁以下（有斐閣、2001）、中山信弘『著作権法』363頁以下（有斐閣、2007）、作花文雄『詳解 著作権法〔第4版〕』410頁以下（ぎょうせい、2010）など。半田・前掲論文173頁以下、同『著作権法概説〔第14版〕』108頁以下（法学書院、2009）では、このような交錯現象を根拠の1つとして、著作権と著作者人格権の一元的構成が主張されている。

12) 田村・前掲注11) 412頁は、デジタル化時代を迎えた現在、「著作者人格権の放棄という手段を容認することが、著作物の円滑な利用を促し、ひいては著作者に還流する対価を増大せしめることになる」とする。中山・前掲注11) 366頁も同旨。ただし、頻繁な情報更新を要するデータベースなど、デジタル化された著作物以外にも利用にあたり改変を要する著作物はありうる。

13) 著作者人格権の法律構成に関する内在的検討をもとに、著作権法20条は著作者と利用者の利益衡量に基づき権利範囲を設定する旨の解釈を提案する上野達弘「著作物の改変と著作者人格権をめぐる一考察(1) (2・完)」民商120巻4・5号748頁（1999）、6号925頁（1999）参照。

第3章　人格権の譲渡性と信託——ヒト試料・著作者人格権の譲渡性を契機に

される場合と許容されない場合が発生することが考えられ、著作権管理の面からもコンテンツの有効利用の面からも問題があることは明らかであろう。これにつき多くの論者は、いくつかの場面を著作者人格権保護の範囲から除外することを模索する一方[14]、現在の実務は、著作者と受託者との間で著作者人格権の「不行使特約」ないし「不行使契約」（以下、「不行使契約」で代表させる）を結ぶことで対応しているようである。仮に、当該契約による著作者人格権の行使の制約が可能であれば[15]、これによって受託者側の不都合は一応解消されよう。

　ところが、「不行使契約」を締結したとしても、なお問題が生じうる。すなわち、「不行使契約」は受託者側の業務の便に資するとしても、これは著作者の権利行使を封じるのみで、受託者が権利を行使できるようにするものではないため、著作者人格権の本来目的とする著作物の人格的側面の保護を過度に弱めることになりかねない。受託者から利用許諾を得た著作物の利用者が不当な改変を行っている場合でも、著作者・受託者とも差止請求等を行えないとすると、それは一般的に著作物の改変行為に対する民事的コントロールが不可能となることを意味し、著作者人格権の保護を定めた法の趣旨に反することになろう[16]。また、そもそも、人格権につき「不行使契約」という法形式による制約が可能であるか否かは議論の余地がある。学説上は、「不行使契約」による著作者人格権の制約を有効とすべきかにつき争いがあり、少なくともその効力を一定の範囲に限定する考え方が有力であるが[17]、その範囲が十分に明確になっているとは言えず、著作権管理の面からも法的安定性や予測可能性を欠く事態が生じていると言えよう。

　ここでは、そもそも著作者人格権行使がなにゆえ著作権管理の障害となるのかを考える必要がある。すなわち、上で例示した著作者による同一性

---

[14] 中山・前掲注11）371頁以下、田村・前掲注11）434頁以下、加戸守行『著作権法逐条講義〔6訂新版〕』176頁以下（著作権情報センター、2013）など。もっとも、著作者人格権の「適用除外」は法的根拠が明らかにされないことが多く、この点に対する有力な批判がある（上野・前掲注13）4・5号752頁以下）。

[15] 「不行使契約」による著作者人格権の行使制限が当然に可能であることを前提とすると見られるものとして、加戸・前掲注14）364頁。

保持権等の行使の問題は、信託財産たる権利の内容が信託外の権利関係と相互に影響しあう関係にあることに由来するものである。信託財産の内容や経済的価値が信託外の権利関係や第三者の意向によって大きく変動する場合には、受託者が信託財産を安定的に管理・運用することが困難となる。そのような場合に、影響関係を排除すべく「不行使契約」を締結するというのが現在の実務の考え方であるが、それは「角を矯めて牛を殺す」ものであるというのが上記で言及した問題点であった。一般には、複数の権利が相互に影響関係を有する場面は決してまれではなく、信託においてはそれら複数の権利を一括して受託することで問題を解決できる場合も多い（不動産信託において、土地と当該土地上の建物を一括して信託財産とする場面などがその例である）。そして著作者人格権に関しても、受託者側には本来同様の一括受託の要請が存在しうることに加え、著作者の中にも、自分自身では利用実態の把握や利用者との個別交渉が難しいために、著作者人格権の行使を含めて著作権管理団体に委ねたいと考える者が存在することは十分に想定される。既述の通り、現在は著作者人格権につき信託を設定することはできないという解釈が一般的であるため、次善の策として、著作者と著作権管理団体の間で著作者人格権管理に関する委任契約（場合によ

---

16) 著作者人格権が、もっぱら著作者の個人的な利益を保護するものか、著作物の同一性等に関する公共的利益をも保護するものかは争いがあるが、後者の立場からはもちろん、仮に前者の立場に立っても、著作者人格権行使の余地が一般的に奪われる事態が権利保護の趣旨に反することは疑いがない。著作者の人格的利益保護の観点から「不行使契約」の問題性を指摘するものとして、半田正夫＝松田政行編『著作権法コンメンタール2』544頁以下〔柳澤眞実子〕（勁草書房、2009）参照。なお、民法の一般原則である契約の相対効からは、「不行使契約」が著作者（委託者）と受託者の間で締結された場合には当該契約の効力は原則として第三者に及ばないことから、第三者に対する著作者人格権の行使に支障はないようにも見える。しかし、著作権信託は受託者が著作権管理を行うために設定されるのであり、受託者自身が著作物を利用することは通常想定されていないことから、これでは「不行使契約」を締結する意味が失われることになろう。なお、実務上は、第三者が著作物の利用許諾を得た場合を含めて著作者人格権を行使しない旨が約定されるものと想定され、そうであるとすると、複合契約の論理によって、そのような「不行使契約」の存在を前提に受託者から利用許諾を受けた第三者に対しても当該契約の効力は及ぶと解しうる余地はあるが、この場合には当該第三者が不当な改変を行っている場合にも著作者人格権に基づく差止請求等はなしえないこととなる。

17) 中山・前掲注11) 362頁以下、上野達弘「著作者人格権に関する法律行為」著作権研究33号43頁以下（2006）など。

り代理権授与を含む)を締結することが考えられる。しかし、「不行使契約」を結ぶ場合はこのような委任関係に基づく著作者人格権の行使も封じられることになろう。現状は、相互影響関係を有する権利の一方のみが信託に供される結果、きわめて不安定かつ不合理な法状態が生じていると評価せざるを得ないのである。

3 問題の整理

　以上、ヒト試料の信託と著作権信託に関する問題状況を概観した。これら2つの場面から見いだされる問題点を整理すると、まず容易に気がつくのは、著作権・著作者人格権と信託の法律関係に関する一般的理解は、ヒト試料の法律関係について整理した(ⅰ)〜(ⅲ)のうち(ⅲ-1)の立場(財産権と人格権の併存)に相当する構成を採った上で、財産権部分についてのみ譲渡性および信託設定を認める立場であるということである。この構成を採用した場合、人格権部分の信託設定を否定することと、財産権部分の信託設定を肯定することには本来それぞれ根拠づけが必要となるはずである。ところが、ヒト試料についてはほとんど議論がないためやむを得ないにせよ、著作権についても、いずれの点に関する根拠も既存の信託法学説・著作権法学説において十分に論じられていない。

　人格権部分につき信託の設定を否定する根拠として、非譲渡性が重視されているのは言うまでもない。信託は譲渡可能財産についてのみ設定可能であるとする従来の理解を前提にすれば、著作者人格権については明文規定で譲渡性が否定されている以上、この結論は自明であるようにも思われる。ただし、譲渡性が唯一のメルクマールとなるかは疑問の残るところである。前述の「不行使契約」による著作者人格権制約の有効性の議論にも表れるように、著作権法学説において著作者人格権の法的性質はあくまで著作権法制全体の中での位置づけや現実の機能を十分に考慮しつつ論じられており、著作者人格権の譲渡性が否定されること自体についても、それが「人格権」に分類されるというのみならず、著作者人格権固有の事情に由来するものと考える余地がある。この意味で、信託の設定可能性についても、著作者人格権固有の問題として論ずる余地があり[18]、その点はさらに慎重な分析と検討が必要になるものと考えられる。

また、財産権部分につき信託の設定を肯定する根拠に関しては、さらに不明確性が大きい。2で述べた著作権信託の諸問題は、一旦著作権法の明文で分離するものとされた著作財産権と著作者人格権につき、現実には権利範囲等が錯綜し切り分けに困難を来す場面が存在することに起因するものであった。そうだとすると、これは名目上「財産権」とされている著作権が、実質的には人格権的要素を払拭しきれていないことを意味しており、人格権・人格的利益につき信託設定を否定する立場を一貫させるのであれば、このような人格権的要素を含む「財産権」についても信託設定を否定すべきことになるのではないかが問題となろう。少なくとも、ヒト試料につき（研究利用を肯定しつつ）信託設定を否定する論拠は、ここでは著作財産権につき信託を否定する方向に作用することが認識されるべきように思われる。昭和14年の仲介業務法（著作権ニ関スル仲介業務ニ関スル法律）制定以来、わが国では現実の要請に応える形で著作権信託が運用されてきた歴史的経緯もあってか、著作権信託が許容されることは当然視されており、その根拠につき信託法学説においても著作権法学説においてもほとんど論じられることはない[19]。しかし少なくとも、前記の著作権信託の諸問題は、「財産権」という名目のみから信託設定可能性を肯定することの不合理性をも示唆するものと見るべきであろう。

　以上のことを踏まえると、結局、人格権・財産権のいずれについても、決め手となるのはある権利が「財産権」と呼ばれるか「人格権」と呼ばれるかではなく、人格権に一般的に見いだされる何らかの要素が当該権利に内在するか否かであると表現すべきことになろう。そうすると、いかなる要素が信託設定の可否を決するメルクマールとなるかが問題となるが、これはまさに、「なぜ人格権に関して信託が設定できないか」を問うことに

---

18) 著作者人格権と一般的人格権の関係に関する「異質説」に立った場合は、このような考え方が導かれやすい。潮見佳男『不法行為法Ⅰ〔第2版〕』223頁以下（信山社出版、2009）は「所有権のアナロジーとしての著作者人格権」構成に言及するが、この構成では、権利性の中核をなす「著作物に内在している人格的価値」の内容により、譲渡性・信託設定可能性の有無やその根拠が異なりうる。

19) せいぜい、著作権法の体系書において、著作権の集中管理の便に資するという実務的な利便性が挙げられる程度である。田村・前掲注11）551頁以下、半田・前掲注11）『著作権法概説』309頁以下など参照。

ほかならない。もっとも、この点につき従来の信託法学説の態度は甚だ明確さを欠いており、従来の議論から分析枠組みを得ることは困難である。そのため、本稿での検討もごく初歩的かつ断片的なものにならざるを得ないが、このようなメルクマールとなりうる要素として上記の検討から一応抽出されるものを分類するならば、(a)権利の「人格性」の実質的内容（特定個人との結びつきなど）、(b)権利の法技術的性質（譲渡性の有無など）が挙げられよう。そこで次節では、これらの要素が、果たして、またいかなる意味で、信託設定の可否のメルクマールとなりうるかを検討し、そこから「人格権の信託」が肯定される可能性の有無を探ることとする。

第3節　人格権における信託設定可能性

1　権利内容の「人格性」

　人格権が信託から排除される理由の１つが、権利の実質たる「人格性」にあることは容易に想像できる。すなわち、ある個人やその人格的側面と強く結びついた権利につき他者に管理や運用を委ねるということは、奴隷契約にも類する法律関係であって許されないという考え方であり、このような考え方は、明示的ではないにせよ従来の学説においても示されてきたところである[20]。もっとも、人格権の管理を他者に委ねるということ自体は、委任契約や諸種の役務提供契約によって可能であるとされており、医療・介護などの生命・身体に直接かかわる契約や、道徳教育・生活指導等を含む教育に関する契約[21]、さらには身体的拘束や危険作業を内容とする雇用契約などがこれに含まれうる。これらの契約をすべて奴隷契約と同視することができないのは明らかであって、人格権ないし人格的利益を他者が管理すること自体が一般的に不適切であるとは言えない。そこで問題は、①人格権の管理を他者に委ねることが適切でないのはいかなる場合か、②委任契約等が許されても信託の形式を用いた管理を認めることは適当でない場合があるか、の２点に分かれる。

　①の問題は、ある権利を「人格権」として保護する根拠にかかわる。すなわち、仮にある権利を保護する趣旨が、当該権利の保全や行使の全過程につきもっぱら権利者本人の関与を求めるものであるとするならば、当該権利の管理を他者に委ねること一般が認められるべきではなかろう。もっとも、そのような権利が現実に存在するかはかなり疑わしい。生命・身体

---

20) たとえば、四宮・前掲注３）133頁は、論語の一節（「以て六尺の孤を託すべし」）を引用して人格権の信託は認められない旨を述べるが、その趣旨は本文に掲げたようなものであろう。

21) 生活指導等が通常実施される初等・中等教育では、教育を受ける生徒本人が契約当事者とはならない場合が大半であり、その場合は自らの人格権の管理を委ねたとは言いにくいが、一般成人でも、さまざまな形で個人の精神性に深く立ち入る教育講座等を受ける旨の契約を締結する場合がある。

第3章　人格権の譲渡性と信託——ヒト試料・著作者人格権の譲渡性を契機に

のような権利・利益（伝統的に「身体的人格権」と呼ばれてきた類型）に関しては、上記の例でも明らかな通り、医療的利益保護や労働安全衛生の観点から他者に管理を委ねることが権利者本人にとって必要かつ有益である場合が少なくない。名誉・プライバシーや宗教的権利などの権利（伝統的に「精神的人格権」と呼ばれてきた類型）については権利行使過程における他者の関与の余地が比較的小さいものの、権利の趣旨から権利者のみの関与が必要であるとまでは言えず、プライバシー情報の安全な管理のため他者に情報管理を委ねることや、祈祷・葬祭・墳墓管理等を宗教団体や事業者（葬祭業者等）に委託することが、それぞれプライバシー権や宗教的権利の趣旨に反するわけではなかろう。また、自己決定権は自己決定の対象・内容によってさまざまな趣旨を含みうるが、他者に自己決定保護のための説明義務が課せられる場面を想起すれば、権利者本人のみの意思決定を本旨とする自己決定権ですら、行使過程の重要な一部である情報収集につき他者に依存することが必要となる場合が存在する。以上のことを踏まえると、人格権の少なくとも一部の管理を他者に委ねることが一般的に否定されるわけではなく、あくまで個々の権利の趣旨を参照しつつ、当該趣旨に反する目的・態様で他者による人格権管理がなされた場合に限り公序良俗違反として個別的に効力を否定すれば足りよう。結果的には、かなり広範な事例で他者による人格権管理が認められることになるものと推測される。

　とはいえ、信託という法形式に委任契約等と異なる特殊性が認められるのであれば、委任契約等は可能な場面でも信託による管理が否定されることもありうる。このような考え方を採用しうるか否かが②の問題であるが、これは信託の本質的制度理解に関係する。受託者が信託財産の譲渡を受けることを中心とする信託の法技術的構成に関する問題は2で扱うため、ここでは包括的な制度設計との関係につき考えるが、仮に信託を、財産の管理・運用を通じて何らかの経済的利益を生み出し、それを受益者に還元する枠組みであると考える場合には、人格権を管理する活動の多くはこれと異質なものとして排除されることになろう。この点については、わが国の信託を将来的にどのような制度として発展させることを意図するかにも関係することから、現段階で特定の結論が導かれるわけではない。しかしな

がら、現行信託法の立案・審議段階で論じられたように、目的信託（信託法 258 条以下）などを通じて非営利活動における信託の利用可能性を広げることを意図するのであれば[22]、人格権の管理を信託の枠組みにおいて実現することもあながち不可能ではなく、とりわけ何らかの形で財産的権利・利益との関連性を有する人格権[23]の管理については、これを信託の枠内で認めることも十分可能であろう。ただし、委任契約等の許される場合すべてにつき信託の活用を認めうるかは問題であり、また現行信託法の制度設計が人格権管理の場面に適合的であるかは慎重に検討する必要があろう。この点については第 4 節で再度触れる。

2 権利の法技術的性質

(1) 序説

人格権は、財産権と異なるいくつかの法技術的性質を有するとされる。そのうち、いくつかの性質は一般に「一身専属性」として包括的に説明されており、いわゆる帰属上の一身専属性の反映として、人格権は譲渡・相続の対象とならないとする見解が従来から支配的であった[24]。他方、伝統的な英米の信託法においては、信託宣言による場合を除き、信託の設定に委託者から受託者への財産の移転（transfer）が必要とされており、譲渡不可能な財産は信託財産となりえないと考えられてきた[25]。わが国の信託法学説においても伝統的に同様の立場がとられており[26]、ここから、人格権はその非譲渡性ゆえに信託から排除されるものと考えられてきたことが推測される。

この論理はきわめて明快であって、何ら異論を差し挟む余地のないものに見えるかもしれない。しかし、人格権に属するとされる権利がきわめて

---

22) 寺本昌広・前掲注 2 ）447 頁以下参照。
23) 「財産的権利・利益との関連性を有する人格権」の限界づけはかなり難しいが、既に述べた著作者人格権はその例である。
24) 四宮和夫『民法総則〔第 4 版〕』24 頁（弘文堂、1986)、五十嵐清『人格権法概説』13 頁（有斐閣、2003）など。
25) たとえば、AUSTIN W. SCOTT & WILLIAM F. FRATCHER, *The Law of Trusts I* 689 (3d ed. 1967).
26) 遊佐慶夫『信託法制評論 附・信託関係法規集』61 頁（巌松堂書店、1924）、入江・前掲注 3 ）60 頁、青木・前掲注 3 ）10 頁、四宮・前掲注 3 ）137 頁など。

第 3 章　人格権の譲渡性と信託——ヒト試料・著作者人格権の譲渡性を契機に

多様化し、種々の権利間の関係も複雑化している現代では、人格権の非譲渡性自体につき改めてその意義と限界を考察する必要があるのではないか。また信託に関しても、現行信託法の制定に伴い信託の活用場面は拡大しており、法技術的理由から信託財産適性を否定する場面をどの程度広く認めるべきかは、慎重な検討を要しよう。以下、これらの問題につき検討することとする。

(2) **人格権の非譲渡性**
　(a)　ドイツにおける一般的人格権の性質論と「非譲渡性ドグマ」
　「人格権は、いかなる場合にも他者に譲渡できない」——このような「非譲渡性ドグマ」とも言うべき考え方は、どのような意義を有するものであったのだろうか。人格権の非譲渡性に関する考察の出発点として、その本来的意義を振り返ることは重要である。ただし、わが国では現在に至るまで人格権一般の性質に関する議論が十分には展開されていないのに対し、わが国の人格権論に多大な影響を与えたドイツ法においては、やはり「非譲渡性ドグマ」が長らく通説の地位を占めているものの、一般的人格権の性質に関連し興味深い議論が存在する。
　ドイツにおいて「人格権」ないし「一般的人格権」の概念は、19 世紀に基本的な展開を見た。中でもこれを精緻な体系として提示したのは Gierke であったが[27]、彼が人格権の譲渡性を部分的に肯定していたことはあまり知られていない。Gierke は、人格権を「その主体に対し、自身の人格領域の構成要素に関する支配を保障する権利」であると定義し[28]、その中に多種多様なものが内包されるとする[29]。具体的には、人格権それ自体は財産権ではないものの、一部の人格権は、そこから財産権的要素を展開させ、もしくはその中に財産権的要素を取り込むことが可能であり、その程度に応じて財産法的秩序が親和的となるという[30]。財産権的要素を内

---

27) Gierke の人格権論については、木村和成「ドイツにおける人格権概念の形成(1)」立命館法学 295 号 719 頁（2004）以下も参照。
28) Otto von Gierke, Deutsches Privatrecht I, 1895, S. 702.
29) Gierke, a.a.O. (Fn. 28), S. 705.
30) Gierke, a.a.O. (Fn. 28), S. 706.

第3節　人格権における信託設定可能性

包する人格権の例としては、著作権や団体における社員の地位を挙げている[31]。そして人格権の譲渡性については、原則として人格権は譲渡できないものの、一部の人格権は、行使態様に関して、またはその実体に関してさえも、全部または一部を他の権利と結合した形で他者に譲渡できるものとする。そのような例としてGierkeは、土地に関する人格権や事業活動に関連した人格権を挙げ[32]、商店主が営業上得た栄誉符号（Ehrenzeichen）を使用する権利（名誉権の中に位置づけられる）は商店とともに譲渡可能であるという[33]。また著作権も、その行使態様に関し、財産権的部分のみならず人格権的部分をも一体として他者に譲渡しうるとするのである[34]。

このようなGierkeの議論において、とりわけ著作権に関する彼の立場はいわゆる人格権一元論であってわが国の理解と大きく異なることから[35]、この議論が今日のわが国の著作権や人格権の議論にそのまま妥当するわけではない。そしてドイツにおいても、一般的人格権の譲渡可能性に関するGierkeの見解は一般に受容されるに至らず、人格権は「個人」ないし「人格」と強く結びついた権利であるとの理由から「非譲渡性ドグマ」が支配的地位を占めた。比較的最近の著名な体系書やコンメンタールにおいても、人格権の非譲渡性を例外なしに維持するものは多い[36]。

ところが、近時のドイツでは、これまでほとんど異論を見なかった「非譲渡性ドグマ」に対する批判説が有力に主張されるに至っている。その背景には、著名人の氏名や写真・映像などの商業利用に関する問題（わが国においてパブリシティ権の範囲で扱われる問題に概ね対応する）が多発しているという事情がある。これに関連して、1999年に連邦通常裁判所（BGH）は、

---

31) Gierke, a.a.O. (Fn. 28), S. 706.
32) Gierke, a.a.O. (Fn. 28), S. 707f.
33) Gierke, a.a.O. (Fn. 28), S. 712.
34) Gierke, a.a.O. (Fn. 28), S. 763f., 767. ここでGierkeは、当時Kohlerらによって主張されていた著作権の財産権的部分と人格権的部分を完全に分離させる二元構成につき、制定法上の根拠がないことや、財産権的部分の対象も著作物中の人格利益であることを指摘して、これに真っ向から反対する。
35) Gierke, a.a.O. (Fn. 28), S. 748ff. 著作権に関するGierkeの見解については、半田・前掲注11）『著作権法の研究』28頁以下に詳細な紹介がある。
36) たとえば、Manfred Wolf/Jörg Neuner, Allgemeiner Teil des bürgerlichen Rechts, 10. Aufl., 2012, S. 217；Staudingers Kommentar/Kannowski, 2013, Vorbem.§1, Rn. 29.

第3章　人格権の譲渡性と信託――ヒト試料・著作者人格権の譲渡性を契機に

故人である元女優の氏名・肖像等が商品宣伝目的に使用されたことを理由に遺族が不作為請求・損害賠償請求等を行った事案の判決において、「人格権の財産価値的構成要素（vermögenswerte Bestandteile des Persönlichkeitsrechts）」が認められることを根拠に、氏名・肖像等に関する人格権の「財産価値的構成要素」につき相続性を肯定する旨を判示した[37]。それ以前にも、HubmannやGöttingらによって人格権における財産権的側面の分析とそれに基づく「非譲渡性ドグマ」の批判的検討がなされていたが[38]、このBGH判決の登場を境に学説の議論は急速に活発化し、特定人の氏名・映像・音声等の情報につき、それらが人格権の範囲に含まれることを認めつつも一定の範囲で譲渡性・相続性を承認する見解[39]が主張されているのである。本稿では、BGH判決の内容やこれらの学説を詳細に紹介することはできず、その分析には別の機会を持ちたいと考えるが、1点のみ言及するならば、有力説はどの範囲で譲渡性を承認するかにつきさらに複数の立場に分かれており、その際に1つの対立点として重視されているのは、人格権の中の最高度に人格的（höchstpersönlich）な部分と財産権的部分を区別し、財産権的部分を切り離す形での処理を認めるBGH判決の論理を肯定するか否かである。これを否定する立場の論者は、権利自体は分離不能であるとしつつ、「利用権（Verwertungsrecht）」が創出された上で他者に譲渡される（設権的譲渡〔konstitutive Übertragung〕）との構成を採用する[40]。

上記のGierkeの議論も、近時の有力説も、具体的な着眼点や主張内容

---

37) BGHZ 143, 214. なお、この判決（マレーネ・ディートリヒ判決）の事案等については、中村哲也「人格権侵害と財産的損害」法政理論35巻1号132頁（2002）以下も参照。

38) Heinrich Hubmann, Das Persönlichkeitsrecht, 2. Aufl, 1967, S. 132f.; Horst-Peter Götting, Persönlichkeitsrechte als Vermögensrechte, 1995; Hans Forkel, Lizenzen an Persönlichkeitsrechten durch gebundene Rechtsübertragung, GRUR 1988, 491.

39) 代表的なものとして、Alexander Peukert, Persönlichkeitsbezogene Immaterialgüterrechte?, ZUM 2000, 710; Volker Beuthien, Was ist vermögenswert, die Persönlichkeit oder ihr Image?, NJW 2003, 1220; Horst-Peter Götting, Sanktionen bei Verletzung des postmortalen Persönlichkeitsrechts, GRUR 2004, 801; Münchener Kommentar/Rixecker, 6. Aufl., 2012, Anh. § 12, Rn. 29.

40) Peukert, a. a. O. (Fn.39); Götting, a. a. O. (Fn. 39) など。この構成では著作権法の諸規定が類推適用されるものとされることが多い。

第3節　人格権における信託設定可能性

には差異があるものの、人格権に関連する多種多様な問題場面を踏まえてその複合的構造を構想する点で共通し、そこから一定の範囲で譲渡性を認めるという立論過程を経ていることに注意すべきであろう。もとより、上記の議論はドイツにおける人格権概念や個別の権利範囲を前提としていることは否定できないものの、人格権の非譲渡性が「人格権」という性質決定のみから演繹されるものではなく、譲渡性の有無・範囲は具体的な権利内容や権利範囲の設定のしかたによって異なりうることを明らかにするものと言え、これはわが国の「非譲渡性ドグマ」に関しても、その自明性に対する疑問を抱かせるには十分であると考えられる。すなわち、わが国の解釈論としても、人格権一般につき「非譲渡性ドグマ」を維持すべきか、それとも一定の相対化ないし例外を承認すべきかは、わが国における人格権の権利範囲等を考慮しつつ慎重に検討すべき課題であると言えよう。

(b)　「人格権の譲渡」の構成可能性

そこで、果たして人格権の譲渡性を認めることができるかが問題となる。この点についてはさまざまな観点から検討することが可能であるが、今後の検討に向けた論点整理のために、人格権の譲渡性を肯定しうる根拠と、その場合にどのような法律構成の下で人格権の譲渡を認める可能性があるかを検討しておくことが有用である。そのため以下では、網羅的ではないが、「人格権の譲渡」を許容する根拠となりうる2つの考え方を示した上で、それぞれに対応する法律構成とその許容可能性につき若干の検討を加えておくこととしたい。

・権利の複合的性質に根拠を置く考え方

第1に、従来「人格権」として理解されていた権利の内部に人格権的要素以外の要素が含まれる場合、そのことを根拠に権利の一部または全部の譲渡を認める考え方がありうる。場合により人格権内部に「財産価値的構成要素」の存在を認める上記のドイツ判例・学説は、この考え方と方向性を同じくするものであろう。もっとも、ドイツの議論においては「最高度に人格的」な要素と「財産価値的」な要素の存在が指摘されているものの、この整理は従来の財産権・人格権の二元論をそのまま人格権内部に持ち込んだに過ぎないとも言え、さらに掘り下げた検討が必要である。すなわち、ドイツでも日本でも、従来はあらゆる権利が財産権と人格権のいずれかに

83

第3章　人格権の譲渡性と信託——ヒト試料・著作者人格権の譲渡性を契機に

明確に分類されるものとされ、双方の性質を有する権利やいずれの性質をも有しない権利の存在は、およそ想定されていなかったと考えられる[41]。しかし、ある権利が財産的価値に着目したものか否かと、それが人格的価値に着目したものか否かは、本来別個独立の問題のはずであり、財産的価値が希薄になれば必然的に人格的価値とのつながりが密接になり、その逆もまた成立する、というトレードオフの関係にあるわけではない[42]。わが国でも、人格権と財産権の区別に関しては、法人・団体の名誉毀損やパブリシティ権に関連して活発な議論が存在するが、これらの問題は財産権・人格権による二元論的分類法を前提とするがゆえに過度に複雑化していた側面が否定できないであろう。仮に、現在「人格権」に分類されている権利の中に、財産権とは異質であるが人格に関連するとも言いがたいものが含まれており、それはいわば「第三の領域」に属する権利として取り扱うべきであるとすれば、人格権概念の再検討と人格権に分類されていた諸権利の再整理が必要となると考えられ、単一の「人格権」内部の複合的性質に関しても同様の観点から検討がなされるべきことになろう。

　この考え方による場合、人格権譲渡の法律関係は次のように説明される。まず、従来は「人格権」に分類されていた権利がそもそも「人格権」以外の類型（「財産権」または「非財産的・非人格的権利」）に属するとされるのであれば、その時点で「非譲渡性ドグマ」の適用対象から外れ、当該権利全体の譲渡（全部譲渡）が正当化される場合がありうる[43] [44]。また、権利のうち明確に区分された一部分につき「人格権」以外の要素が認められる場合には、当該一部分の譲渡（一部譲渡）が正当化される場合があろう。

---

41) 民法総則の体系書などには、私権の分類として「財産権」「人格権」のほか「身分権」「社員権」などが挙げられることがあるが、後二者は問題場面の特殊な権利であって、一般的には「財産権」と「人格権」の二元的分類が前提とされていると言ってよい。

42) 公益法人法制の改正の際、「公益法人」と「営利法人」を単線的・二元論的に捉える従前の理解が批判の対象となり、公益性の有無と営利性の有無は分離して考えるべきことが主張されたが（中田裕康「公益法人制度の問題の構造」NBL767号12頁以下（2003）参照）、本文の分析はこれとパラレルな発想に基づくものとして説明される。

43) たとえば、最判平成18年3月30日民集60巻3号948頁の認める「景観利益」は、「非財産的・非人格的利益」に分類される可能性があり、そこから土地の譲渡等に伴う他者への移転も正当化されうると考えられる。環境権・環境利益に属するとされる権利・利益には、同様のものがいくつか存在する。

第3節　人格権における信託設定可能性

　ただし、一部譲渡構成においては、権利のどの部分が譲渡可能となるかがきわめて重要な問題である。これに関し、上記のドイツ法の検討からは、権利の「一部」を切り出す際に権利の客体に着目する考え方と権利の行使態様に着目する考え方が存在することが示唆される。権利の客体が異質な要素を内包するのであれば、多くの場合は客体の要素ごとに権利自体を分割することができ、分割後に生じた個々の権利間の関係もさほど複雑にはならないものと推測される。他方で、客体は同一で権利行使態様が異なるに過ぎない場合は、同一の客体に対する権利行使の一部のみを他者が行う形になるため、譲渡人に留保される権利部分と譲渡される権利部分は完全に独立なものとなりにくく、より詳細な権利間関係の調整と検討が必要となろう。既に述べた著作者人格権と著作権に関しては、元来、同一性保持権は著作物の内面形式を、翻案権・翻訳権は著作物の外面形式を客体とするものとして[45]、すなわち権利の客体による区別として理解されたようであるが、現実には改変行為の有無や程度など行使態様の側面で区別せざるを得ず、にもかかわらず両者間の関係を厳密に制度設計しなかったことが複雑な問題を生む原因の1つになっていたと考えられる。これに対して、近時のドイツ学説の提唱する「利用権」構成は、権利全体の一体性は維持しつつ、財産的価値を追求する行為態様部分のみの権利設定と譲渡を可能にするものであり、人格権につき限定的な「用益権」の設定・移転を構想する考え方として整理される。このような構成は、適正な範囲で原権利者の介入の余地を残しつつ他者への一部譲渡を可能にするものであり、権利間の調整も比較的容易であると考えられることから、「人格権」の一部譲渡の法律構成として十分検討に値しよう。

---

44) 全部譲渡の法律構成については、①譲渡された権利が内容の変容を来すことなく他者に移転する、②譲渡された権利のうち特に属人的要素の強い部分は消滅し、残部のみが他者に移転する、との2つの構成がありうる。②の構成は、権利の一部に強度の人格権的要素を含む場合に採用されるものであり、その場合の「全部譲渡」を認めるべきかは問題となるが、譲渡によって消滅する部分は権利放棄を行ったのと同様の結果となることから、②の全部譲渡の可能性については人格権の放棄可能性とパラレルに考えることができ、放棄可能性が肯定されるのであれば②の全部譲渡も肯定されうる。

45) 加戸・前掲注14) 176頁。

85

第3章　人格権の譲渡性と信託——ヒト試料・著作者人格権の譲渡性を契機に

・人格権の処分可能性に根拠を置く考え方

　第2に、人格権に属する個別権利の趣旨に鑑み、権利者に一定の処分権限が与えられていると解される場合に、当該処分権限の範囲で譲渡を肯定する考え方がありうる。これは、典型的な人格権に関してもその譲渡可能性を正面から認める考え方であり、少なくとも種々の限定を付した一部譲渡については、以下の理由からこれを許容する余地があると考えられる。

　まず、多くの人格権においては、そのままでは侵害行為となりうる他者の行為につき権利者が「同意」ないし「許諾」を与えることにより、権利侵害が否定され、もしくは違法性が阻却される、との解釈が採られている。これは、人格権は一般に権利者自身の利益を保護する趣旨を有することから、権利者自身が許容する場合は権利侵害ないし違法性を否定して良いとの考えに基づくもので、換言すれば一定の範囲で権利者による人格権の処分が認められた結果であると理解される。

　ところが、現在「同意」構成の下で許容されるとされている法律関係の中には、最初の侵害行為の許容に留まらず、その後に生ずる法律関係についても一定の帰結を許容する旨の「同意」がなされるとされ、実質的には「譲渡」を認めるのと同様の結果が意図されている場合がある。たとえば、生体臓器移植（生存者ドナーが自らの臓器の全部または一部を提供しレシピエントに移植させる行為）における「同意」は、臓器摘出手術に対する同意に留まるのであれば、純然たる侵害行為に対する同意であるが、移植後にはレシピエントが当該臓器を自らの臓器として取り扱いうる（法的には各種の処分権限を獲得する）と考えられており、ドナーの提供時の「同意」にはその点の「同意」を含むものと考えられているようである。しかし、これは侵害行為に対する同意に留まるものではなく、ドナーとレシピエントの合意により一定の法律関係が形成された結果であると見るべきであろう。ここでは、まさしく、ドナーの臓器に対する権利（人格権）の譲渡がなされたと説明すべきように思われる[46]。この種の場面を「同意」構成に含ませることは、臓器提供後の法律関係をいたずらに混乱させ、適切でないと言うべきであろう[47]。

　このことは、理論的には、上記で述べた通り、当該人格権の趣旨に照らし権利者に処分権限が与えられていることに由来すると考えることができ

る。すなわち、人格権の処分権限が権利者に与えられている以上、一般的に処分の法形式を「同意」のみに限定することは不合理であり、処分権限が与えられた趣旨によっては、「譲渡」という法形式の処分をも認める余地がある。「同意」と「譲渡」には、法形式の違いによる差異も存在することから[48]、常に両者とも認めるべきであるとまでは言えないが、およそ前者しか認めることができないという取扱いには合理性が乏しいと考えられるのである。

ただし、そのように解した場合でも、自己の生命を放棄する旨の同意にはそもそも違法性阻却の効果が認められないと考える余地があり[49]、また、同意の対象が過度に抽象的な「包括的同意」を中心に、公序良俗に反するものとして同意の効力が否定されるべきであるとされる場合もありうることから、譲渡についてもその許容範囲は慎重に検討する必要がある。直前で述べた人格権に対する「用益権」の設定・譲渡という形式による場合には、他者による人格権行使の範囲・目的が明確に定められるのが通常であ

---

46) ヒト試料の提供に関しては、提供後にも提供者に一定の「コントロール権」を認めるべきであるとの見解が強く、それを肯定するための法律構成として「人格権」構成が採られていた。しかし、臓器移植においては、臓器が移植された後にも提供者が当該臓器につき何らかの「コントロール権」を及ぼしうると解することは明らかに不当であり、この場合は、提供される臓器に関しては人格権の全部譲渡がなされると解しうる（身体に対する人格権は臓器ごとではなく身体全体に1つの権利が存在すると考えれば、当該臓器のみを客体とする権利部分を分離して譲渡する「一部譲渡」となるが、これは説明の違いに過ぎない）。このように、「最高度に人格的」な部分を含む人格権全体についても、場面により譲渡を肯定すべき場合が存在することを認めざるを得ない。

47) 臓器移植と同様に、「同意」という表現が法律関係の形成場面で用いられるものとして、個人情報の目的外使用や第三者提供に対する「同意」が挙げられる。個人情報保護法の規律がそのまま私法上の権利義務関係に反映されるかは問題であるものの、個人情報保護法における「同意」は、当該「同意」の相手方の目的外使用・第三者提供行為に対する同意のみならず、当該情報を取得したすべての関係者の同種行為に対する同意をも包含しうると解されており、同じ法律関係を私法上も実現する場合には、当該情報に関する（第三者効を有する）権利の設定・移転がなされたと説明すべきであろう。

48) たとえば、「譲渡」構成によった場合には譲受人が第三者に対し人格権侵害に基づく差止請求や損害賠償請求をなしうる一方、「同意」構成による場合にはこれが認められないとの差異が存在する可能性が高い。しかし、前述の臓器移植のような事例では、これらの請求が認められないこと自体が不当である。

49) 生命侵害については、刑事法上「同意」による違法性阻却を認めない考え方（刑法202条参照）が一般化しており、同様の解釈は民事法上も採用されうる。

ると考えられることから、同意による処分に近いものとして許容されやすいことが想定されるが、いかなる範囲で譲渡を認めうるかは個別の権利ごとに、また譲渡契約の内容に応じて、個々的に検討する必要があろう。

なお、以上のような解釈の可能性は、譲渡性を否定する旨の明文規定がある著作者人格権についても妥当する。すなわち、一般に著作者人格権についても「同意」等による処分が可能であるとされており、とりわけ同一性保持権に関する著作権法20条1項には「意に反して」改変を受けないことが権利内容として規定されていることから、著作者の「意に反し」ないことを裏付ける法律行為は著作権法により許容されていると解される。この場合に、譲渡契約をそのような法律行為の1つに位置づけることは可能であり、とりわけ「用益権」の設定・譲渡は、同法59条の定める著作者人格権本体の非譲渡性とも両立しうることから、解釈論として受け入れられやすいと考えられる。

(3) **人格権に関する信託設定の可能性**

以上を踏まえて、人格権に関する信託設定の可能性につき検討する。既に述べた通り、信託法学説においては、譲渡可能でない財産は信託財産とならないとする一般命題が承認されてきたが、種々の客体につき信託財産適性の有無を判断するには、この命題の意義と適用範囲を明確にする必要がある。そしてこの点については、旧法と異なり現行信託法には詳細な定めが置かれたことから、その内容を確認することが検討の出発点として重要である。

信託法3条1号および2号では、信託を設定する契約または遺言の内容として、委託者が受託者に対し「財産の譲渡、担保権の設定その他の財産の処分」をなすことが盛り込まれるべき旨が規定されている。ここで注目すべきは、条文上は財産の「譲渡」が不可欠の要件とはなっておらず、財産の「処分」があれば足りるとされている点である。このような規定の趣旨については、法案策定段階で立案担当部局により「『処分』には、既存の権利の移転のほか、いわゆる設定的移転も含まれ、前者の例示として『財産の譲渡』を、後者の例示として『担保権の設定』を掲げている」との説明がなされている[50]。この立案担当部局の説明をそのまま解釈論とし

第3節　人格権における信託設定可能性

て受け入れるとするならば、ここでの「設定的移転」とは、本稿で「設権的譲渡」と訳したドイツ法上の概念を指すものと考えられることも考慮すると、全部譲渡であれ一部譲渡であれ、受託者となるべき者に帰属が移転する権利ないし権利部分に関しては、譲渡を認める根拠や法律構成にかかわらず信託を設定しうることが明らかになると言えよう。(2)で検討した法律構成には、人格権そのものの一部譲渡や、譲渡人に留保される人格的権利部分との影響関係が残存する権利部分の一部譲渡も存在し、このような法律構成による場合は、権利内容に「人格性」が含まれることを理由に信託の対象から除外される可能性も否定できないものの（この点は(1)で検討した）、少なくとも譲渡性が認められる権利ないし権利部分について信託を設定することに法技術的な障害はないと言うべきであろう。

　もっとも、上記の信託法の規定には、さらなる問題が内包されている。「財産の譲渡」と「担保権の設定」がいずれも例示に過ぎず、何らかの意味で受託者に対する「財産の処分」が可能であれば信託財産適性が肯定されるのであれば、仮に一部譲渡すら不可能な権利であったとしても、何らかの処分行為を行う形で信託を設定する可能性がないかが問題となるのである。この点については、具体例としてどのような「処分」がありうるかを想定せず議論することには困難が伴うが、信託では受託者が信託財産の主体として行動することが予定されていることから、特定の行為に関する「同意」や「許諾」では信託の基礎となる「処分」には不十分であり、何らかの形で権利の帰属を受託者に移転できる「処分」であることが必要となろう。

50）法務省民事局参事官室・前掲注２）3頁。寺本昌広・前掲注２）33頁にも同旨の記述がある。

第3章　人格権の譲渡性と信託——ヒト試料・著作者人格権の譲渡性を契機に

第4節　補論

　以上の検討から、「人格権の譲渡」や「人格権の信託」を一律に否定する論拠となっていた諸点は、さらに厳密な限界設定を要し、その結果によっては、一定の範囲で「人格権」に分類される権利の譲渡や信託設定を許容できる余地があることが明らかになったと言えよう。しかし、「人格権の譲渡」や「人格権の信託」はきわめて射程の大きな議論であり、従来の種々の議論の前提を大きく揺るがすことにもなるため、その影響を十分に吟味する必要がある。本稿では、種々の周辺的問題のすべてにつき十分な検討を行うことはできないものの、今後の検討に向けた足がかりとして、補論としていくつかの問題を指摘しておきたい。以下、「人格権の譲渡」の関連問題と「人格権の信託」の関連問題に分けて述べる。

1　「人格権の譲渡」の関連問題

(1)　パブリシティ権の性質と譲渡可能性

　人格権の譲渡を限定的にせよ肯定する余地を認めた場合には、従来、人格権領域に属する権利として完全に譲渡性を否定すべきものとされていた権利につき、商業利用目的などによる譲渡の可否が問題となる可能性がある。その関連で問題となるのが、パブリシティ権の法的性質や譲渡性の問題である。

　パブリシティ権に関しては、長く権利の法的性質が論じられ、具体的には人格権に属する権利であるとする見解と、財産権に属する権利とする見解（以下、それぞれ「人格権説」「財産権説」という）が主張されてきた。また、この議論と連動する形で、パブリシティ権の譲渡性の有無が論じられ、人格権説に立った場合には譲渡性が否定されるとの議論が多くなされてきたところである。このような中、パブリシティ権が民法709条により保護されることを初めて明確に判示した最判平成24年2月2日民集66巻2号89頁が登場し、同判決をめぐる議論が活発化している。同判決において、パブリシティ権は「人格権に由来する権利の一内容を構成するもの」であるとされたことから、これをもってパブリシティ権の譲渡性が否定される

か否かが問題とされている。この点につき、同判決が人格権説に立ったとの理解を前提に、譲渡性も当然に否定されるとする立場[51]が存在する一方、「人格権に由来」する権利であるとしても、人格権と全く一体のものではないとの理解により、譲渡性を肯定する立場[52]も存在する。

上記平成24年最判が人格権説を採用したものであるか否かについては、本稿の検討課題を超えるものであり判断は控えたいが、仮に人格権説の立場を採用したものであるとしても、本稿の立論を前提とすれば、総体としては人格権に属する権利の財産権的な一部分であるパブリシティ権について、譲渡性を肯定することは可能と考えられる。もとより、それは、氏名・肖像に関する権利設定のあり方として、十分に財産的要素と人格的要素の「切り分け」がなされているかにも依存するため、容易に結論づけることはできないが、著作財産権と著作者人格権に関して問題となったような権利関係の交錯が生じないよう法技術的配慮がなされるのであれば、立法ではなく解釈によっても、パブリシティ権部分の譲渡性を肯定することが可能になろう[53]。したがって、この問題の行方は、今後の判例・学説においてパブリシティ権がいかなる内容を有する権利として展開するかに依存するものと考えられる。

(2) **人格権の相続性**

一般に、「帰属上の一身専属性」の問題として譲渡性と一体的に論じられるのが、「人格権の相続性」の問題である。この点につき、本稿の立場を採用した場合にいかなる分析が可能であるか、簡単に述べておく。

人格権の相続性の問題は、「死者の人格権」をどのように保護するかに

---

51) 奥邨弘司「判批」平成24年度重判274頁（2013）、内藤篤「判批」NBL 976号24頁（2012）など。中島基至「判批」曹時65巻5号1211頁以下（2013）も同様の立場のようであるが、譲渡性・相続性を肯定する各国の状況を引用した上で、譲渡性・相続性の問題を「立法的に解決する」ことも考えられるとする。
52) 竹田稔「判批」コピライト614号18頁（2012）。なお、譲渡性への言及はないが、斉藤博「判批」私法判例リマークス46号52頁（2013）も、人格権とは別個に法的性質を論ずるべきであるとする。
53) もっとも、権利内容や譲渡が生じた場合の法律関係等の明確性からは、立法により周辺部分を含むパブリシティ権関連の諸規範を網羅的に規定することが望ましいとは言えよう。

第 3 章　人格権の譲渡性と信託——ヒト試料・著作者人格権の譲渡性を契機に

関する問題であると言い換えることができる。この点につき、従来の学説・判例では必ずしも一般的な議論はなされず、かろうじて、「死者の名誉毀損」や「著作者死亡後の著作者人格権」の保護[54]など、いくつかの場面に限定して一定の議論がなされてきたに留まる。そしてこれらの議論においては、いずれも当該権利・利益本体は相続性が否定されることを前提に、名誉については生存する遺族の「敬愛追慕の情」に対する保護として、また著作者人格権については著作権法 116 条による法定の権利として、問題の解決を図る立場が多数を占めてきたと言えよう。ところが、これらの問題に関しても、本稿の分析を前提とすると、一定の範囲では直接的に人格権の相続性を肯定できる可能性があることになる。

　もちろん、一般論として、譲渡可能性と相続可能性が理論的に完全に連動する関係にあるかは問題であり、その点はなお検討が必要である。特に、権利主体の死後にも社会の側に何らかの保護すべき「公共的価値」ないし「公共的利益」が残存すると考える場合には、そのことを根拠に相続性を肯定する立場もありうることから、相続性の検討にあたっては一定の政策的考慮も必要となり、譲渡性の肯否とは判断を異にする余地がある[55]。

　しかしそうであっても、本稿で紹介したドイツの BGH 判決が人格権の「財産価値的構成要素」につき相続性を肯定したものであったことに表れるように、少なくとも本稿で人格権の譲渡性を肯定しうる根拠として挙げたいくつかの点が、人格権の相続性を肯定する根拠としても機能する可能性は否定できない。特に、人格権の一部に人格権的要素以外の要素が含まれ、当該部分が分割譲渡可能であると解する場合には、譲渡可能部分は相続も可能であると考えやすいであろう[56]。名誉に関しても、「法人の名誉

---

54) もっとも、「著作者死亡後の著作者人格権」の保護に関しては著作権法 116 条固有の解釈問題と理解されており、著作者人格権が人格権に含まれるかという理論的な問題とあわせ、「死者の人格権」の問題の 1 つに位置づけること自体が可能か、理解が分かれよう。

55) 前掲注 9）で掲げた、ヒト試料に対する「人格権」を根拠づける 4 つの考え方のうち、④の考え方に立った場合には、（市場規制の論理などを媒介して）公益目的の規制手段として私法的権利が活用されることになる。その場合、権利者の死亡により権利自体が消滅すると解すると、死亡という偶然の事情により規制手段が失われることになり、権利設定の目的に反することになろう。④の考え方からは、相続性を肯定するか、権利者の死後に別の法主体（相続人とは限らず、国や認定団体などもありうる）が同種の権利を行使できる制度を構築する必要がある。

毀損」類型で問題となるような人格的要素と切り離された「無形の損害」からの保護を内容的に含みうるのであれば、権利者の死亡によって権利のすべてが消滅するわけではなく、一部が残存し相続されると考える余地がある。このように、人格権の譲渡性を肯定しうるとする場合には、一般的に、「人格権の相続性」がいかなる場合に肯定ないし否定されるかをあわせて検討する必要が生ずるものと考えられるのである。

2　「人格権の信託」の関連問題

　次に、「人格権の信託」の関連問題につき述べる。その具体的な検討は今後の課題とせざるを得ないが、ここでは、仮に「人格権の信託」（権利の性質上「人格権」以外の要素が含まれるものとして信託設定が認められる場合を含め、カギ括弧つきで「人格権の信託」と表現する。以下同じ）が肯定された場合に生じうる解釈問題として、(1)第三者効・対抗要件の問題、(2)信託の基本的枠組み・ガバナンス等の問題、(3)人格権侵害の損害賠償請求権の信託、の各問題につき簡単に検討しておく。

(1)　第三者効・対抗要件

　人格権は一般に絶対権であるとされることが多く[57]、そうであれば、人格権の譲受人は第三者に対しても権利を行使できるのが原則となる。当該権利が人格権以外の要素を含むものとして譲渡性が認められる場合には、譲渡される権利部分は絶対権とならない可能性も残るものの、従来「人格権」に属するものとされてきた権利は不特定多数者の侵害から保護する必要性が認められてきたものが大半であり、権利保護の趣旨から言えば絶対権と捉えるべき権利が多数を占めることは否めないであろう。

　ところが、譲受人が第三者に対し権利を行使するには当該権利の譲渡を第三者に対抗できることが必要となるが、「人格権の譲渡」や「人格権の信託」に第三者効を認めることは容易でない。というのも、元来人格権に

---

56)　これに対し、「用益権」の設定・移転による一部譲渡がなされると考える場合には、権利者死亡により権利本体が消滅したにもかかわらず、当該権利の「用益権」部分のみが残存し相続されると構成することは、必ずしも容易でない。

57)　五十嵐・前掲注24) 13頁。

第3章 人格権の譲渡性と信託——ヒト試料・著作者人格権の譲渡性を契機に

ついては譲渡性が完全に否定されてきたため、人格権の帰属変更を公示する手段がなく、第三者対抗要件を具備することができないのである。もちろん、対抗要件具備を要求する明文規定がない以上は、帰属変更は誰にでも対抗できるという考え方もありえ、特に信託に関しては、信託法14条において登記・登録できない財産については信託の登記・登録なしに信託設定を対抗できると解釈されていることから[58]、「人格権の信託」は無条件に第三者に対抗できると考える余地もないわけではない。しかし、「人格権」とされる権利の内容は元来不明確性が大きい上に、「用益権」の設定を含む一部譲渡においては、どの一部分を譲渡対象とするかが事例ごとにまちまちとなることが予想されることもあり、何らの公示手段もなしに譲渡を対抗できるものとした場合には、譲受人と名乗る者から請求を受けた第三者の側で譲受人の真正性や請求内容の正当性を確認する手段がなく、社会的に無用の混乱を招く結果となることが危惧される。氏名権・肖像権などについては商業利用のニーズもあるとすれば、譲渡対象の明確化は円滑な取引のためにも必要であり、何らかの形で「人格権の譲渡」や「人格権の信託」を認めるのであれば、公示制度を整備した上で、第三者への対抗には対抗要件具備を要求することが望ましい。公示制度のない現行法の下では、譲渡や信託設定がなされても、原則として第三者には対抗できないと考えるほかなかろう。

　ただし、一般的に第三者に対抗することはできなくとも、個別の契約関係として「人格権の信託」の設定を対抗することは可能である。たとえば著作権信託の場合に、著作者人格権の一部（著作権管理団体から利用許諾を得た第三者の著作物利用に伴う改変行為があった場合の差止請求権など）が著作権とあわせて信託の対象となりうると解する場合には、このような信託契約の内容（約款等）を著作権管理団体が個別の利用許諾契約締結の際に利用者に告知することによって、著作者人格権信託の成立を契約上当該利用者に対抗できると考えられる。これは複合契約の論理に基づくものであり、事後的に著作者人格権信託の範囲に変更があった場合の処理などに問題は残るものの、現行法の下でもかなりの場合はこの手法で譲受人や受託

---

[58] 四宮・前掲注3）169頁など。現行法の解釈としては、寺本昌広・前掲注2）71頁。

者の第三者に対する権利行使を認めうると考えられる。

(2) 信託の基本的枠組み・ガバナンス等

「人格権の信託」を構想するにあたっては、現行信託法における基本的な当事者間の権利義務関係やガバナンスのあり方が適合的と言いうるかもあわせて考慮する必要がある。問題となるのは、主として受託者・受益者の権利義務や相互関係に関してである。

第1に、受託者の権利・義務については、「人格権の信託」においても特段の支障なく運用されるものと考えられる。受託者の負う善管注意義務（信託法29条）や忠実義務（同法30条以下）を中心とする種々の義務は、人格権の管理にあたっても当然に必要とされるものであり、この点において通常の信託類型と違いはない。受託者に任務懈怠が存在した場合の損失填補責任（同法40条）も当然に発生すると考えられる。他方で、人格権に関しては、第三者の行為によって人格権侵害が成立すると同時に原権利者（通常は委託者兼受益者）の名誉が毀損されるなどの形で損害が（信託財産ではなく）直接原権利者に発生する場合があり、受託者の任務懈怠行為により人格権侵害が発生した事例では、損失填補責任と受託者が原権利者に対して直接負担する損害賠償義務や原状回復義務（民法723条）との関係が問題となろう。この問題は、基本的には既述の複数権利の「切り分け」問題として理解されるが、単一の行為が複数の人格権を侵害する場面では各人格権の侵害による損害部分を明確に区別しにくいことも想定され、信託財産の受けた損失の算定方法を中心に、一般的な検討が必要である。

第2に、受益者の地位と権限行使についてはさらにいくつか問題がある。まず、そもそも、「人格権の信託」においては、信託財産たる権利につき「人格権」としての属性が完全に否定された場合を除き、信託財産たる権利は原権利者個人との一定の結びつきを有することに鑑み、原則として自益信託以外の信託は設定できないものとすべきであろう。同様の理由から、現行法では原則として受益権の譲渡性が認められている（同法93条）ものの、「人格権の信託」においては「その性質がこれを許さないとき」にあたり譲渡性は原則として否定すべきであると考えられる。もっとも、これは人格権の非譲渡性を厳格に維持するか否かと連動する問題であり、一定の場

面で人格権の非譲渡性に例外を認めるのであれば、他益信託や受益者不特定信託の設定も可能とする余地がある[59]。同様に、受益権の譲渡も例外的に許容することは可能であろう。具体的にいかなる場合が例外にあたりうるかは難問であり、個別権利ごとに「人格性」の内容や譲渡目的等を考慮しつつ判断するほかないものと思われる。

また、現行信託法においては受託者の信託違反行為に関し、受益者が差止請求をなすことができる旨が定められている(同法44条)。差止め自体は、人格権侵害の効果としてこれを認める見解が多く、信託の形態をとった場合にも認められるべきであるが、①44条の要件を充足しない場合(特に「信託財産に著しい損害が生ずるおそれ」がない場合)にも人格権を根拠に差止請求が肯定できるか、②受託者の信託違反行為のほか、第三者の侵害行為に対しても受益者が直接の差止請求をなしうるか、などの問題がなお存在する。いずれも、受益者が有する「人格権」部分の内容と効力の問題であり、これも権利内容ごとに個別的に検討せざるを得ないものの、大枠の方向性としては以下のように考えるべきであろう。まず、信託によって一定の権利範囲の帰属が受託者に移転した以上は、当該権利範囲に含まれる侵害行為の差止請求権は対外的には受託者に専属し、したがって第三者の侵害行為に対し受益者が直接の差止請求を行うことはできないと解される。ただし、その代償として、受託者・受益者間の内部関係において侵害行為が発生する前段階での(受託者の行為に対する)差止請求が認められるものと考えるべきではないか。この観点からは、44条の差止請求の要件は「人格権の信託」においては緩和されるべきであると考えられ、少なくとも、「信託財産に著しい損害が生ずるおそれ」がない場合にも差止請求を可能とすることが望ましい。

(3) 人格権侵害の損害賠償請求権の信託

「人格権の信託」に関連して、人格権侵害の損害賠償請求権を信託財産

---

59) 既に述べた通り、ヒト試料の研究利用を信託によって構成する場合、通常は公益信託ないし目的信託となる。また、特定患者への移植目的で臓器・組織を提供する場合(臓器・組織は、期間の長短はあれ医療機関で保管や加工を要するのが通常である)には、これを信託と構成するのであれば、他益信託となる。

第4節　補論

とする信託の設定可能性やその場合の法律関係も問題となる。従来の学説においては、人格権そのものは譲渡性が否定される一方、人格権侵害の損害賠償請求権については、少なくとも財産的損害部分に関しては譲渡性を認めるのが一般的であり、非財産的損害部分に関しても確定判決等による金額の確定などを条件にこれを許容するものが多い[60]。この場合、譲渡性の認められる損害賠償請求権については信託財産とすることも可能と考えられるが、ここからさらに、将来発生する人格権侵害の損害賠償請求権を（財産的損害部分のみ、もしくは場合により非財産的損害部分を含めて）一括して受託者に譲渡し信託を設定することができるか否かが問題となる。仮にこのような信託が一般的に認められるとすると、損害賠償請求権行使に限定されてはいても、人格権の行使権限を受託者に包括的に移転する形での信託設定をほぼ無条件に認めることになり、本稿でさまざまな角度から論じてきた「人格権の信託」の諸要件をも容易に乗り越えうることになろう。また、損害賠償請求権部分に限った信託設定では、原権利者に留保される権利部分と信託財産たる権利部分の内容的重複や影響関係が大きく、本稿で著作権信託に関連して述べた複数の権利の錯綜関係に起因する問題が、さらに拡大された形で発生しうることが懸念される[61]。そのような結論が果たして十分な合理性を有するものであるか、疑問なしとしない。

---

60) 伝統的な不法行為法学説において損害賠償請求権の譲渡性は、損害が財産的損害か非財産的損害かによって区別して論じられ、財産的損害賠償については通常の金銭債権としてほぼ無条件に譲渡可能であるとされてきた。したがって、人格権侵害でも人身損害事例のように財産的損害が発生する場合には、慰謝料部分の譲渡性を否定する限り、財産的損害賠償部分のみを分割譲渡できると解することになろう。譲渡性に関する学説の議論はもっぱら慰謝料請求権に集中し、これについては、慰謝料請求権の相続性を無条件に認めたように読める最判昭和42年11月1日民集21巻9号2249頁などの判例法理をどのように理解するかも関係し、複雑な議論が展開されている。全般的には、確定判決等による金額の確定後に限り譲渡性を認める見解が多いが（加藤一郎『民法における論理と利益衡量』309頁（有斐閣、1974）、幾代通『不法行為』246頁（筑摩書房、1977）、平井宜雄『債権各論Ⅱ』166頁（弘文堂、1992）など）、被侵害権利・利益ごとに区別するものもある（四宮和夫『不法行為』640頁（青林書院、1990））。

61) たとえば、著作権信託の場面とパラレルに考えれば、信託設定にあわせて、損害賠償請求権の財産的価値を保全する目的で原権利者が有する人格権の「不行使契約」を締結する慣行が広まる可能性があろう。しかしこれでは、原権利者が差止請求によって侵害行為を阻止できなくなることに加え、「不行使契約」が公序良俗違反等を理由に無効となる可能性もあり、ここでも法的安定性や当事者の予測可能性を害するおそれがあると考えられる。

第3章　人格権の譲渡性と信託——ヒト試料・著作者人格権の譲渡性を契機に

　この問題を考えるにあたっては、一般的に将来債権譲渡や将来債権信託を無条件に認めるべきか、何らかの限定を付するべきかも検討課題となりうるが、さらにそもそも、人格権侵害の損害賠償請求権は金銭債権であるがゆえに譲渡可能であるという命題についても再検討の必要があると考えられる。本稿はあくまで人格権本体に関する譲渡や信託設定につき論ずるものであり、損害賠償請求権の譲渡はこれと全く別個の問題として検討する必要があるものの、内容的な「人格性」がきわめて高度である人格権については、損害賠償請求権に転化しても容易に他者に移転しえないと考えることにも一定の合理性があろう。ここでも、人格権本体に関する「非譲渡性ドグマ」と同じく、個々の権利の趣旨や性質を考慮せず観念的・画一的に譲渡性の有無を論ずる傾向が存在したとすれば、本稿の問題意識はこの場面にも当てはまると考えられるのである。

第5節　結び

　本稿では、「人格権の譲渡性」や「人格権の信託」をめぐるさまざまな問題につき検討を加えた。上記でも述べた通り、これらの問題にはきわめて広い射程を有する複数の命題が関連し、本稿ではそれぞれの問題につきごく断片的な検討を行うことができたに過ぎない。しかしながら、このような雑駁な検討を通じても、従来「人格権」に属するものとされてきた権利に関して、複数の根拠・法律構成によりその譲渡を認め、また信託の設定を肯定する余地があることが示され、その具体的要件についてもいくつかの方向性が示唆されたものと考えられる。筆者自身、今後も本稿の検討をさらに深める研究を行いたいと考えるが、将来に向けて残された課題はきわめて多く、また多数の法領域にまたがる問題であることから、複数の法分野の専門家や実務家をも巻き込んだ対話や共同研究の必要性を痛感するところである。今後の法学研究がそのような形で発展することをも祈りつつ、筆をおくこととしたい。

第4章
いわゆるVIP株と後継ぎ遺贈信託について

松井　智予

序　問題の所在

　小規模な会社にとって、経営者はイコール株主であり、事業承継に際しては、経営者個人から事業に供されている資産や経営者が保有する会社の支配株式を、次世代の経営者に確実に受け渡し、意思決定者の分散を防ぐことが必要である。承継される議決権を特定の相続人に集中させ、相続人となる現経営陣に次世代への発言権を確保すれば、承継が確実になる一方、現経営陣も承継に前向きになるだろう。しかし、議決権の集中に際しては相続外株主への影響や相続税の支払いおよび各相続人の生活保障を考慮する必要がある。また、被相続人の発言権については、承継時点では彼の介入が合理的であっても、承継後時間がたち経営状況が変化すれば、次世代の努力によって維持されている企業価値部分が増え、そのような介入が不合理になる可能性が高い。重要な事業上の判断や経営者の指名、利益の配分をいつまでも先代が決定し、次世代に旨味がない状態では、事業承継候補者が現れないとか、相続放棄や相続人（あるいは被相続人）間の争いが起きるなどの不都合を招くだろう[1]。

　会社法上、閉鎖会社の株主間の権利配分は、定款と種類株式に関する規定により比較的自由に定めることができることとされている[2]。しかし、

---

[1] 例として、収益性が少ないが先代経営者の社会的地位に貢献する事業や取引先を手放さず、承継者相続人に債務保証を迫ったり、再生途上で支払い余力の少ない段階で事業を引き継いだり、承継者相続人の受け継いだ事業用資産には換金性がないのに他の相続人は金銭で相当額の分配を受けているといった場合が挙げられる。

第4章 いわゆる VIP 株と後継ぎ遺贈信託について

種類株式や 109 条 2 項の属人的定めによる有利な取扱いの導入に際して、①支配権の濫用、②相続人の権利の侵害、③非効率な資産運用を長期的に是正できない問題、の三つがどう解決されているかについては、意識的に検討されておらず、結果として問題のある提言も生じている。

特に③については、価値のある資産を受け入れ、その後長期にわたって「委託者の発言権を守りつつ」「当該資産の運用により社会的価値を生み出す」という二つの課題のバランスを取るという構造は、信託の基本であり、信託法理にはこうした初期の委託者の権利を事後的に制限する仕組みが備わっていると考えられる。本稿では、以下、第 1 節で問題状況を確認し、第 2 節以下で①属人的定めの濫用からの少数株主の保護、②事業承継から排除される相続人の権利保護、③長期にわたる経営コントロールの問題点について、順に検討する。

---

2) 会社法 29 条、会社法 109 条 2 項参照。

第1節　会社法における事業承継の処理

1　中小企業における事業承継の実態

　事業承継についての最近の調査によれば[3]、現行中小企業の69％は株式会社、29.4％は有限会社で、株式会社中株式譲渡制限なし（昭和41年商法改正前の会社と推測される）が28％である。職種は卸小売業（30.6％）、建設業（20.1％）、製造業（16.4％）が多く、従業員は9人以下が56.1％（常用雇用は4人以下が57.5％、9人以下で74.3％）であり、家族経営の色彩が強い。創業年は10年〜30年未満（高度成長期以降）が35.2％（情報通信業、不動産業、サービス業が中心）が多いが、30〜50年未満（1960年〜80年）が35.2％、50年〜70年未満が14.7％と、戦後から高度成長期を中心に創業した会社も約半数ある。現経営者の株式保有割合が50％を超える企業が61.4％であるが、製造業、運輸業、不動産業では50％を割っている場合が比較的高く、また従業員数が多くなれば持ち株比率は下がる（過半数以下保有の割合は、9人以下では約24％、20〜49人で38％、100人以上で約49％）。

　事業用不動産は、経営者または家族名義が30.5％で会社保有の33.5％と拮抗しており、一方で事業用不動産を持っていない、または賃借している企業も22.6％に上っている。情報通信業は不動産を持っていない、または賃借している割合が非常に高く、建設業、卸小売業、宿泊業では経営者や家族名義の比率が高く（平均約34％、自社保有は平均約31％）、運送業、不動産業、製造業は自社保有の割合が高い（平均約46％、経営者や家族名義は平均約20％）。これも、従業員規模が増えれば自社保有の割合が高まる（9人以下の場合、経営者および家族保有は約36％、20人〜49人では約19％）。

　経営者は創業者が多く（45.7％、2代目が33.6％）、その年齢は創業年に

---

[3]　以下の数字は中小企業基盤整備機構「事業承継実態調査報告書」（平成23年3月）を基礎としている。当該資料については以下を参照。http://www.smrj.go.jp/keiei/dbps_data/_material_/b_0_keiei/jigyoshokei/pdf/jittaichousa_houkokusho.pdf.

第4章　いわゆる VIP 株と後継ぎ遺贈信託について

対応して50歳代以下が約46％なのに対し、60歳代以上が約51％を占める。経営者の過半は、30歳代までに育成され（情報通信業を除き全部門で、20歳代までに約25％が、30歳代までに約50％が、後継者となることを伝えられている）、30歳代から40歳代で事業を引き継いでおり（57％、起業者は平均37.6歳、承継者は平均41.7歳）、多くは先代の子供か（64.2％）親族（14.6％）である。候補者の傾向は現在も変わっていない（事業規模別に見ても、家族・親族への承継を予定する企業は従業員20人以上の企業で約47％と、9人以下の企業よりむしろ高い。また、60歳代以上の経営者は家族・親族へ承継したい傾向が強く、実際に選定された後継者も家族親族が83％を占めている）ことを考えると、60歳代以上の経営者の子世代はすでに承継適齢期に達しており、中小企業の事業承継は進んでいないと考えられる。承継先の当てがない企業は全体の約29％にのぼり、19人以下の企業では廃業を選択肢に入れる企業が大幅に増えている。

　承継の進まない理由を探ると、まず業種でいえば、学術研究・専門業と情報通信業を除けば創業者率が高いのは建設業、不動産業、宿泊業（約49％）であり、製造業、卸小売業、運送業は2代目以降の割合が高い。これは、事業資産の保有者（企業か経営者か）と一定の関係がありそうである。一方、従業員規模と後継者を選定する年齢に明確な関連はないが（20歳代までに伝えられた割合は、9人以下では約28％、20～49人では約30％）、30歳代までに決定されなかった場合には、従業員数の多い企業で後継者が指名された時の年齢は大きく上がり、30歳代で指名される割合は9人以下の企業では約27％に対し、20～49人の企業では約19％となっている。より大きな企業では、早い段階で後継者候補である子供に明確な資質が見られなければ、より広く慎重に候補者を選定しようとする動機が働くのではないかと考えられる。経営の外部化を示すもう一つの指標として現経営者の株式保有率があるが、50％超の株式保有で約85％に対し、50％以下の株式保有でも約76％が子供や親族を後継者に選定しており、株式保有割合が低い場合には親族外の後継者が選ばれる率が高まるとはいえ、家庭内承継率はなお高い。さらに、M&Aにより事業を手放す選択肢について、創業者世代は抵抗感が比較的少ないのに（41.3％）、経営機構が固着化する2代目以降は抵抗感が徐々に高まっており、初期の事業承継には多様な選

択肢があっても、2代目・3代目と進むと受け継いだ家業を手放すことに対する様々な抵抗が生じてくる可能性がある。

事業承継を行った企業で実際に生じた課題としては、経営面（後継者教育が約20％、経営者、金融機関・取引先・従業員からの支持や理解が計約20％）のほかに、相続面（株式買取、相続税や贈与税の負担、役員や経営幹部の支持や理解、親族間の相続問題が計約10％）が挙げられている。一方、まだ承継を行っていない企業では経営者資産の保有割合が高いことに加え、予測されている課題では経営面に意識が集中しており（経営面については前記各課題が生ずるとの予想が累計144％であるのに対し、相続面については累計約50％にとどまる）、相続面でのトラブルが予想される企業の承継が遅れているという可能性もある。

2　会社規定の事業承継への適用？

会社を作り上げた世代に属する現経営者が子世代に経営権を委譲しようとする場合、彼らは将来の権限配分を自らコントロールすることを強く望むだろう。後継の経営者・支配株主が不在のまま現経営者が死亡すれば、企業価値が急速に劣化し、雇用にも影響するから、彼らの希望を満たすことは承継促進上意味がある。平成17年改正後の新会社法は、会社法上の制度として、種類株式（108条）および株主ごとの個別の取扱い（109条2項）を認める。閉鎖会社における株主権限の柔軟化の趣旨は、閉鎖社会には広範囲の投資家に投下資本回収を考慮した画一的な保護を与える必要がないことから、経営者と出資者との柔軟な交渉を可能とし、事業の発展を促すことにある。そのような交渉は、会社の起業の際だけでなく、事業の承継（相続やM&A）の場面でも発生する。しかし、特に相続の場面では、支配株主でもある現経営者とその他株主あるいは子世代の次期経営者との間で対等な交渉が成り立たないことに注意が必要である。こうした場面では、会社法規定による補充（種類株主総会の開催に関する109条3項や共有株式に関する106条など）が当事者の適正な交渉を有効に実現しているかが問題となる。

事業承継における会社法の活用については、事業承継協議会事業承継関連会社法制等検討委員会が作成した中間報告[4]が、「あらかじめ、株主の

第 4 章　いわゆる VIP 株と後継ぎ遺贈信託について

うちで取締役である者のみが議決権を有する旨を定款で定めておき、事業を承継させる者を取締役にしておく」という処理を提唱している。ただし、異なる取扱いの内容をどのようにするのか、特に株式の数によらず議決権数を定めるような場合に、どの程度まで差異を設けることができるかについては、なお検討を要するとの留保がついていた。

　実務書の提言の中にはより具体的に、株主ごとに内容の異なる取扱いを活用する場合について、①所有株式数によらず人数割りで配当する、②残余財産について所有株式数によらず人ごとに分配額を変える、③一定数以上の株式を有する株主については議決権を制限する、といったもののほか、④1株に総議決権数の3分の2以上の議決権を与える、たとえば後継者に「1株に総議決権数の3分の2以上の議決権を与える」との内容のストックオプションを与えるなどの提案が見られる[5]。①から③については有限会社の解釈論に近いが、④のように経営者が承継を不特定の時点で実行できるよう「総議決権の3分の2以上」のような曖昧な内容でストックオプション発行の権限を与えることには、相続外の株主の保護の点から問題がありそうである[6]。

　さらに、属人的定めをできる限り活用しようとする提言も現れている。ある本では、「ある特定の株主が持っている株式について、特別の権利をつけた株式」を「VIP 株」と呼び、さらに株主個人ではなくその属性に着目した権利の付与、「たとえば、社長が持っている株式は一株について一〇〇個の議決権がある VIP 株……社長をしていた人が社長を退任すれば、その人の持っている株式は一株について一個の議決権しかない普通の株式に戻ることになります」といった取扱いを提言する。これに対して「ある特定の株式に特別の権利を付けたもの」は「比重株」と呼んでいる[7]。

---

4) http://www.jcbshp.com/achieve/law_mid_01.pdf. なお、ガイドライン（http://www.jcbshp.com/achieve/guideline_01.pdf）においては種類株式の活用は提唱されているが、属人的記載についての記述はない。
5) 坪多晶子『成功する事業承継 Q&A〔平成 24 年 4 月改訂〕』（清文社、2012）236-237 頁。
6) 最判平成 24 年 4 月 24 日民集 66 巻 6 号 2908 頁参照。
7) 河合保弘＝LLP 経営360°編著『「種類株式プラス α」徹底活用法──中小・ベンチャー企業生き残りの切り札：経営の可能性を広げる新たな株式制度』（ダイヤモンド社、2007）22-23 頁。

106

たとえば、創業者が生前に引退した場合については、「株価が高くて後継者が創業者の株式を一度に買い取れない場合、創業者は後継者にとりあえず現時点で買い取れるだけの株式を譲り、その株式を議決権が増加する比重株やVIP株にしておくのです。……また、経営承継の場面では、いったんセットアップ・マネージャー（中継ぎ社長）を登場させるケースも考えられます。この場合は、セットアップ・マネージャーが持っている株式を、社長の座にいる間は議決権が増加するVIP株にします。……後継者がまだ若くて無茶な経営をするおそれがある場合、創業者は後継者に譲る株式を、役員の人事権を除いたその他の議決権が増加する比重株やVIP株にします。こうすると、創業者の手元に大半の株式が残っている状態であれば、創業者は役員の人事権を通じて後継者の経営を監督できます。……後継者が経営責任を果たせない場合には増加した議決権が元に戻るという条件を付けておくことも考えられます。」[8]と提案される。当該スキームは、代理権等の設定と異なり創業者が死亡しても引き続き有効なので、この手法を使えば中継ぎを介して次の社長へ支配権を引き継ぐいわゆる「後継ぎ遺贈」も可能となる。

　創業者が生前に認知症となった場合については、「ある会社の全株式を持っている一人オーナー社長が、一株だけを司法書士や税理士など信頼できる第三者にあらかじめ譲っておきます。そして、その一株を、オーナー社長が認知症や行方不明になるなど、株主として株主総会で議決権を行使できない状態になることを条件として議決権が激増するVIP株にします。」との提言がある。同書はこの条件付きのVIP株をヒーロー株と呼び、「もしオーナー社長が認知症や行方不明になっても、……その株主が株主総会を取り仕切ることが可能となります。また、……社長が認知症や行方不明の状態から回復した場合には議決権が元に戻るとしておけば、オーナー社長への権限復帰もスムーズに行えます。」とアピールする[9]。また、出資者間の仲たがい全般について、「株主が議決権をきちんと行使してくれないと、株主総会を開けなくなってしまうなどのリスクがあります。たとえ

---

8) 河合＝LLP経営360°編著・前掲注7) 82-83頁。
9) 河合＝LLP経営360°編著・前掲注7) 110頁。

ば、……後に社長と他の株主三人が仲たがいして、その三人と連絡が取れなくなってしまうと困ったことになります。……このようなケースに備え、「株主が経営参加」しなかった場合には他の株主の議決権が増加するというVIP株を設定しておくとよいでしょう。前述のケースでは、「社長の持っている株式を他の株主が株主総会に出席しないことを条件に議決権が激増するVIP株にする」のです。」[10]といった仕組みをも提案している。さらに、これらの株式の株価については、比重株は、株式に伴って効果が移転する（株価は一定）が、VIP株は、条件を満たす者に保有されている時だけ価値が高くなるので、それは株式そのものの価値ではなく、株価にも影響を与えることはないと説明されているのである[11]。

　この本の編著者はこの「VIP株」と「比重株」の活用を促しており[12]、同書の編著者以外にも、このような株式に言及する例が見られるようになっているとするが[13]、上記の仕組みは現経営者が次期経営者（息子）に金銭的コミットをさせずに会社の経営を任せたり、経営者を何代にもわたって指定したり、次期経営者候補が現経営者を認知症になったと認定して排除したり、あるいは経営者グループが仲たがいした場合に反対派閥を排除したりするのを可能とするスキームでもある。こうした仕組みが、将来の会社の経営を不安定あるいは過度に硬直的にするものとして、少数派の出資者や従業員（親族）・取引先・銀行に支持されないであろうことは、

---

10) 河合＝LLP経営360°編著・前掲注7）112頁。

11) 河合＝LLP経営360°編著・前掲注7）141頁。

12) 中村勧「はじめての種類株式の話　第3回　属人的株式とは（その1）」http://zenseishi.com/contents/data/stock_no3.pdf。
　　もともと中小企業の実情やニーズに敏感であり、定款変更のための株主総会議事録作成などを請け負う司法書士・行政書士にこのような提案がされていることは、注目すべきことといえる。司法書士が簡易裁判所における訴訟代理権を持つ一方で、仕事の領域が重なる弁護士が司法試験改革の一環として増員され、また登記実務がオンライン化されることで権利証などの体裁を整える従来の仕事に差異が生じにくくなっているなどの背景が、若手の司法書士の業域拡大志向につながり、法律が冒険的に解釈される可能性が生じているのかもしれない。

13) 河合＝LLP経営360°編著・前掲注7）2頁は、今川嘉文「中小企業の事業承継の法理——事業承継の新戦略の提案」THINK107号（2009）を挙げている。また、杉谷範子「種類株式、属人的株式の中小企業向け『ふだん着感覚』の活用」司法書士441号75頁（2008）（http://www.shiho-shoshi.or.jp/cms/wp-content/uploads/2014/03/200811_05.pdf）も参照。

想像に難くない。提案は、悪用を戒めつつも、属人的定めの新たな設定は、登記を要せず、定款記載のみでできることを利点として挙げるが[14]、そもそも少数株主がいる会社では定款変更がブロックされる可能性が高いし、取引先から隠すことにメリットがあるようなスキームは[15]、それ自体好ましいものといえないのではないか。会社法が関係者との交渉義務や関係各法律上の利益に照らして属人的定めが無効となる範囲について明示に規定していないので、一見経営陣がフリーハンドで既存の株式承継者を支配株主に設定できるように見えるというだけのことで、実際このような設定は相当難しいと思われる。

とはいえ、①属人的定めの発効を株式保有者の属性にかからしめること、②現経営者が特定の承継者にだけその資産の全部を移転すること、③現経営者が承継者にも経営権を確定的に渡さず、複数の代を通じて「院政」を敷くこと、といった処理が許される限度について、会社法からまとまった形で解答が示されてこなかったことはやはり問題だろう。たとえば、取締役に支配株式が属するような定めは、当該会社の株式の共益権部分の価値を資産として移転することをほぼ不可能にするし、支配権部分の価値の移転が租税法上完全に捕捉されない場合は脱税をも誘発しうるが、こうした定めは会社法上有効か。100％でない株主が属人的定めを定款に置いた場合、少数株主保護と定款規定の有効性の解釈論はきちんとした対応関係にあるか。100％株主が属人的定めを置いた場合も、発言権は弱いが経営には貢献してきた親族らには、機会均等の理念のもと均分相続を定める相続法の規定が適用され、これに反する限度で定款は無効となるのではないか。あるいは、あまりに長期にわたって支配権の拘束を招来するような定款の定めは無効となるのではないか。

会社法上、閉鎖会社においては相続や承継時点でのプランニングが存在しなかったからなのか、紛争に関する判例として従来注目を集めてきたの

---

14) 河合＝LLP経営360°編著・前掲注7）140頁。
15) 取引相手に支持されないスキームは、事前にある程度抑制されるだろう。もともと事業の価値は現経営陣だけでなく、その家族の株主や従業員、取引先等の関係者の経営へのコミットメントによっても維持されており、それゆえに事業を存続し雇用を守る責任が付随している。事業が関係者の支持を失えば相続するだけの価値も失われる可能性が高いからである。

第4章　いわゆる VIP 株と後継ぎ遺贈信託について

は、株式準共有者による議決権行使のほか[16]、複数の経営者が存在するにいたったのち、一方が他方を排除しようとして総会決議や新株発行を強行したようなケースでの、新株発行差止め[17]、取締役解任決議等の取消し[18]の訴えであった。例外的に、経営者があらかじめ経営権配分について契約を結んでいた判例が見られるが[19]、株主間契約の文言は紛争を避けて「協力」「支援」といった抽象的な文言を用い[20]、契約の終了時期や違反時の対応を想定しておらず[21]、有効なドラフティングの具体例とはなっていない[22]。

一方、中規模以上の会社では雇用の安定や経営上の発言権（持株割合）の維持を条件とした外部への承継（事業譲渡）が増えており、取引先の仲介契約の不備や[23]譲受会社の不祥事に抗議する少数株主の訴訟などの形で[24]紛争が生じている。また、こうした会社では、近年の株主構成の変

---

16) 遺言の不在や不備によって共同相続状態（民法898条参照）となり、遺産分割協議が必要となった場合である。判例の分析として、大野正道「株式・持分の相続準共有と権利行使者の法的地位」同『企業承継法の理論 I』（第一法規、2011）77頁参照。

17) 最判平成9年9月9日判時1618号138頁など。

18) たとえば、福岡地判平成16年4月27日金判1198号36頁、大阪高判平成20年11月28日金判1345号38頁など。

19) 東京高判平成12年5月30日判時1750号169頁、東京地判平成25年2月15日平成21年(ワ)第18771号、同第40999号（株券引渡等請求事件）。

20) 東京地判平成25年2月15日・前掲注19) は、平成16年に行われた会社間契約であり、比較的周到な内容であるが、違約時の対処についての多くの条項を欠いている。

21) 東京高判平成12年5月30日・前掲注19) 参照。

22) たとえば、東京地決平成23年3月30日金判1370号19頁、名古屋地決平成19年11月12日金判1319号50頁参照。なお、ベンチャータイプと閉鎖会社タイプの両者にわたり株主間契約を幅広く検討したものとして、森田果「株主間契約(1)～(6・完)」法協118巻3号396頁（2001）、119巻6号1090頁（2002）、同9号1681頁（2002）、同10号1926頁（2002）、同12号2319頁（2003）、121巻1号1頁（2004）がある。また、株式の譲渡禁止条項・譲渡承認条項および社員の除名条項にしぼり、定款ないし株主間契約に定めた場合に、その有効性を検討した論考として、小西みも恵「フランス簡易株式組織会社（SAS）における株式譲渡に関する定款自治の拡大と限界(1)・(2・完)」佐賀大学経済学論集42巻4号53頁（2009）、43巻1号47頁（2010）がある。それによるとSASにおいては法令により、定款上に株式譲渡禁止期間を定めることにも上限が設けられているなどの契約に対する制限がある一方で、株主間契約は、①確実な遵守を約束した会社代表者が株主間契約に署名した場合、②会社が当該会社が知っている定款外の株主間契約を遵守しかつ遵守させる義務を負うという定款の定めにより、株主間契約に服する場合、③株主間契約の署名者が、会社に株主間契約を一部送付した場合について、会社に対抗されうるという（小西・前掲43巻1号53頁）。

第1節　会社法における事業承継の処理

化により、経営者が自己の支配権維持を企業の経営成績より重視する場合には、少数株主から利益相反取引等を理由とする善管注意・忠実義務違反が問われやすくなってきている[25]。ただ、これらの例は、「承継の際のプランニングの余地」について示唆を与えるものとはなりにくい。

　そこで以下では、支配権を有する株式が相続の対象となる場面について、次節で相続人でない少数株主（以下「相続外株主」という）、第3節で株主であるが相続の結果支配株主とならない相続人（以下「相続人非承継者株主」という）[26]、第4節で相続の結果支配株主となる相続人のそれぞれの保護法益に焦点をあて、属人的定め等によるアレンジの限界について考察することとする。

---

23) 東京地判平成24年10月18日判タ1389号187頁、同控訴審東京高判平成25年3月27日判タ1389号184頁参照。
24) 雪印食品株主代表訴訟事件判決（東京地判平成17年2月10日判時1887号135頁）参照。
25) プラップジャパンと資本提携するWPPグループによる、2013年7月19日の株主提案。同社のプレスリリース参照。http://prtimes.jp/main/html/rd/p/000000002.000007886.html. http://prtimes.jp/main/html/rd/p/000000004.000007886.html.
　　事案としては、上場会社の経営陣の一部（支配株主を形成）が、自己の保有する株式売却を金融機関に依頼し、一方で当該金融機関と会社との間でFA契約を締結したが、利益相反に関する取締役会決議を経ていなかった。当該契約の適法性については売却当事者でない取締役・監査役から指摘があり、取締役会での検証が半年にわたり続いていた。そのさなかに、売却当事者であり契約を主導した新社長が、取締役会での意見対立解消をはかるためとして、同じく売却当事者であり急逝した旧社長の遺族らを取締役に追加選任することを議題とする臨時株主総会を開催した。当該臨時株主総会招集の取締役会決議が否決されると、経営陣と利害関係を同じくする遺族は当該取締役候補者選任を議案に含む臨時株主総会の招集許可決定を東京地方裁判所に申し立て、さらに、旧社長の退職慰労金支払いのための臨時株主総会開催が可決されると、そこに株主提案権を行使して上記と同様の議案を追加させた。資本提携先である少数有力株主は、売却当事者である新社長ら経営陣の解任を提案し（否決）、また臨時株主総会開催の差止め仮処分を申し立てた（却下）。この例での旧社長は、必ずしも相続対策としての売却を意図していなかった可能性があるが、その急逝により売却を必要とする相続人が支配株主となり、少数株主に利益相反を問われる構図となった。
26) 同意の可否を主体的に判断できない可能性はあるが、権利の縮減する株主は相続人であっても権利保護が必要であろう。

第4章 いわゆる VIP 株と後継ぎ遺贈信託について

第2節　事業承継と相続外株主の保護

1　二つの保護法益

　相続外株主は、相続に際して①議決権が増加するような属人的定めが置かれる場合には議決権の縮減、②そのような定めがなければ少なくとも支配権の移転の、二つの影響を被る可能性がある。これに対して会社法がどのように対処しているかを検討し、そのような効果を持つ属人的定めの設定可能性について考察しよう。

　「社員が会社の経営に関与し、不当な経営を防止しまたはこれにつき救済を求めることを内容とする共益権」については、閉鎖会社の株式（有限会社の社員持分）の移転が認められる以上はそれに伴って移転するとするのが、最高裁判例である[27]。相続される株式の議決権や配当の総量が一定である限り、これをだれに配分するかに関しては、相続法の範囲で相続人（遺留分や遺産分割協議）・被相続人（遺言）に裁量があるし、被相続人の意思の介在なくして（法定相続により）新たな支配株主が誕生することも相続法の想定内である。しかし、相続によって従前支配株主でなかった者が支配株主となると、会社法の観点からは、他の株主が事前に同意していなかった支配権の移転が生ずることとなり、問題となりうる。

2　有限会社法下での解釈

　有限会社法下では属人的定めの範囲は専ら解釈論にゆだねられていた[28]。日本においては、一定以上の口数の出資者の議決権を一律に制限することは容認するが[29]、出資口数の少ない社員の議決権をまったく剥奪することについては、有効とする学説も少なからず認められるドイツとは異

---

27) 最判昭和45年7月15日民集24巻7号804頁。
28) 平成17年改正前の有限会社法39条には、「各社員ハ出資一口ニ付一個ノ議決権ヲ有ス但シ定款ヲ以テ議決権ノ数……ニ付別段ノ定ヲ為スコトヲ妨ゲズ」との規定があった。会社法の定めはこの規定を引き継いでいる。
29) 大森忠夫＝矢沢惇編『注釈会社法9』217頁〔深見芳文〕（有斐閣、1971）。

なり[30]、認めないというのが学説の大勢であった。次に、特定の社員に対する別異の取扱いについては、出資口数と議決権がまったく比例しない定款の定め（たとえば、取締役である社員には他の社員よりも多くの議決権を与えるとか、他の社員は１口１議決権であるのに特定の者には１口につき２個あるいは３個の議決権、あるいは２口につき１個議決権を与えるなど）は学説の多くがこれを認めていたが、上記と同様議決権剥奪の結果に至るものは許されないとするもの（設定に関する事後規制）、既得権尊重のため、原始定款または総社員同意により変更した定款に限る（設定および別異取扱いの対象となった社員からの権利の移転や相続の可能性に関する事前規制）、また、ある社員に多数の議決権を与える場合には、社員の人的関係を重視する有限会社の性質上、持分そのものが多数議決権を帯有していわゆる優先持分となるのではなく、ある社員その人に多数議決権が帰属すると考えるべきであると主張するもの（一身専属権とすることによる相続を含めた移転の制限）[31]もみられた[32]。

　有限会社では持分譲渡に社員総会の承認決議を要する[33]にもかかわらず、学説は出資と比例しない議決権の設定または移転については、さらに強行法規的に無効としあるいは全員同意を要求してきた。その理由としては、持分譲渡の承認決議は議決権数は一定の場面で譲渡に伴う支配権移転をブロックする効果があるが、①出資口数と議決権を比例させない定款の定めの設定は議決権総数を変動させ、他の社員の出資割合を縮減する可能性がある、また、②権利の移転に承認請求の規定が適用されない場合があり（相続に伴って包括承継される場合が典型である）、こうした場合に支配権移転を阻止できないと少数株主の権利を奪う結果になる、という二つが考

---

30) 大森＝矢沢編・前掲注29) 218頁。
31) 大森＝矢沢編・前掲注29) 219頁。この点、大野正道「株式・相続の持分と企業承継法」同・前掲注16) 15頁は、「有限責任を認容することに対処する規定の整備に主眼を置いたため、……有限会社は小型の株式会社……しかしながら、会社契約（定款）の定め方如何によっては、有限会社の内部関係を合名会社のそれに類似したものに構成しうる」として、有限会社法で「持分が相続されうることを明瞭にするとともに、他方で、それと矛盾しない方法で、人的会社と同様に、……持分の相続が排除されうる旨の規定を明示的に設けなければならないはずであった」と指摘する。
32) 会社法109条3項の解釈運用によってはこのような運用が可能である。
33) 有限会社法19条2項。

えられる。出資数の少ない社員の議決権剥奪を学説が認めない理由については、「有限会社（会社法下の閉鎖会社）は、社員全員が間接有限責任であるため、債権者が害される結果となりやすく、一株一議決権の原則の例外を広く認める合名会社と比して、会社財産の維持保全から議決権設計の自由度を制限する必要がある」との説明がある[34]。債権者救済が必要との議論の妥当性は別として[35]、相続について考えると、有限会社の支配的社員たる地位を承継した相続人は、特に相続税や遺留分[36]の支払い等に迫られて有限会社を個人資産運用の一部をなすビークルとして扱う可能性が高い。そうすると、非承継者社員は、必ずしも自己の割合的持分の縮減を伴わない支配権移転の場合にもコミットを保証されるのでなければ、会社の存続・収益という目的が二義的なものとされてしまうおそれがあると考えられる。以上から、少なくとも有限会社法の下における学説は、特定社員の持分に関する属人的定めについて、議決権縮減と支配権移転に関する相続外株主の法益をともに保護すべく、厳しい手続を要求してきたということができる。

3　会社法下における議決権縮減に対する相続外株主の保護

　会社法は、閉鎖会社における非承継者株主のどのような利益を保護しているのだろうか。まず種類株式に関する規定をみると、非公開会社に限り種類株主総会において取締役または監査役の選任につき異なる内容の種類

---

[34] 大森＝矢沢編・前掲注29) 220頁。この指摘は、出資額に比例して株主に発言力を認めることは、会社財産の維持保全と決して無関係でないとする。その趣旨は、閉鎖会社に限って言えば、当該会社に対する出資は出資者の個人資産全体ともおおまかに比例関係にあり、出資額の多い個人は会社の業績にも関心を持つ、というところにあるのではないかと思われる。
[35] 銀行はしばしば支配的社員（株主）に個人保証を求めて、彼が個人資産を傾けて事業にコミットする状態を作り出し、他の債権者はこれに信頼している。また、債権者に交渉力があれば、少数派社員の議決権についてであれ支配的社員の出資額についてであれ、法的根拠がなくとも関連資料の開示を求めることができる。こうしたこともあり、支配権配分の変更と経営破たんによる債権者の損害との因果関係は密接でない。
[36] 遺留分減殺請求権自体は相続財産の上に発生する（民法1041条、1031条、最判平成9年2月25民集51巻2号448頁参照）。価額弁償が求められたとしても、義務ではない。また相続税は延納・物納（相続税法38条、41条）の制度を利用することができる。ただし、事業用財産や株式はこうした支払いになじまない。

の株式を発行することが許されている（108条1項9号）。また、議決権制限規定（同3号）について、公開会社においては議決権制限株式が発行済株式総数の2分の1を超えたときは直ちに発行済株式総数の2分の1以下にする措置を取らなければならないとされているが（115条）、非公開会社はこの規制を免れている。会社法は、種類株式としては複数議決権付株式を認めていないが、無議決権株式を発行できる限度で議決権は増幅され、また役員選任に関する種類株式は実質的に支配権を配分する機能を持つので、閉鎖会社においては複数議決権付株式と同等の効果を持つ株式が設計可能であるといえる。一方で、会社法109条は、有限会社法における属人的定めの規定を受け、非公開会社に限って、剰余金の配当・残余財産の分配・議決権について、株主ごとに異なる取扱いを認め、持株数に関係なく経済的利益や支配権について規定することを許しているが、一方で、複数議決権付株式などの属人的定めを導入・変更するにあたっては、種類株主総会決議に類する同意が必要であるとする（109条3項）。誰を同一の種類の株主と解するかという問題について保守的に考えれば[37]、少なくとも承継者に支配議決権を得させるような属人的定めが、他の株主の議決権割合や配当割合の縮減を伴う場合には、当該定めの対象となる株主が全議決権を取得する（100％株主）か、株主全員が同意することを要するとすべきではないか。

　会社法109条について以上のように解釈すると、108条1項3号および9号の定めを置く定款変更については、322条1項により、種類株式設定時の種類株主総会における承認が特別決議で足りること（324条2項4号）との平仄が問題となる。事前に決議を排除しようとするときは全員の同意

---

37) たとえば、葉玉匡美編著『新・会社法100問〔第2版〕』233頁（ダイヤモンド社、2006）には、相続人Aから株式を譲渡されたBが議決権を行使できないとする属人的定めの設定について、他の相続人Cが議決権を行使できる一方Bは議決権が行使できない前提の記述がみられる。しかし、株主間契約による場合、それが定款と同等に会社を拘束するには、総会決議と同等の全株主への周知と防御の機会の付与が必要であり、全株主が契約当事者となっていることが必要との解釈論がある。これは、閉鎖会社の一部株主が他の株主の権利を奪う内容の合意をするリスクが高い（しかもどの株主が害されるかを、種類株主のように定型的に特定できない）ことにかんがみて、定款変更に類似するにもかかわらず全株主同意を要求しているとも理解できよう。

を要するとする322条4項が特に存在することから、108条1項3号・9号についてのみ324条2項4号の適用がないとすることはできないので、事案に照らして決議の内容すなわち変更後の定款が株主平等原則違反等（法令違反）により無効となる可能性を認めるべきではないかと思われる。近年の最高裁は、新株発行に際して平成17年会社法改正後は閉鎖会社における株主の権利が重視されるとして、株主総会を欠く新株発行を無効とした[38]。議決権総数の変動を伴う支配権移転については、会社法は少数株主保護の制度を充実させつつあるといえるから、以上のような議論も不可能ではないだろう。

4　支配権移転に対する保護

では、そうした議決権割合の縮減を伴わない支配権変動（単純に被相続人の有する議決権を承継者に移転させる属人的定めや、遺言・法定相続による承継者の支配権取得）に際して、相続外株主はどのように保護されるか。会社法は、譲渡による支配権移転に関しては、承認決議の制度（136条以下）によって株主総会の単純多数決によりこれを阻止することを保証している。この際、譲渡等承認請求者は議決権を行使できない（140条3項）。

一方、相続による支配株主の発生は、同年改正に際して株式売渡請求権の設定により阻止する途が開かれた。この制度は、定款にあらかじめ定めておくことにより、相続・合併等による株式移転が生じてから1年以内に、株主総会特別決議を経て、承継者の承諾なく（162条参照）会社から売渡請求を行うことができるものである。

当該制度上請求を行う相続人株主の議決権は排除される（175条1項2号・2項）。請求対象者は株式を準共有する相続人全員と解することもできるが、準共有者の一部に対する売渡請求も可能とする最近の取扱いをも勘案すれば、議決権を排除される者は相続人中支配株主とならない株主に限られるとも考えられる。後者の場合、売渡請求の帰趨は相続人支配株主が決定する（相続人非承継者株主の保護法益については第3節で検討する）。前者の場合、支配株主兼経営者が死亡すると相続外株主に支配株主の決定権がゆだねら

---

[38] 最判平成24年4月24日・前掲注6）。

れる可能性があるが[39]、相続人が取締役となっていれば、経営の混乱が予想されるため相続外株主の行動の余地は限られてくるし、相続を機に支配株主を排除しようとしても、買取りに充てられる会社資産には制限があり（461条1項5号により、交付金銭の上限額が定まるため、減資等を行わなければ分配可能額を増やすことができない）、相続人株主の一部が支配株主として帰ってくれば相続外株主に不利であることから、いずれの場合も、相続外株主は支配権の移転に対して実質的発言権を持つことはできないといえる。

　相続外株主の議決権割合や配当を縮減させないが支配権が移転するようなアレンジメントとしては、属人的定めと種類株式が想定される。たとえば、被相続人の有する株式から支配議決権を失わせ、承継人に同数の議決権を得させるような定めについて、現経営者の議決権自体が（株式に伴っていたものであっても）一身専属権であると考えて全員同意がない限り無効とするのか、共益権を譲渡する権利を重視する最高裁判決の趣旨から[40]有効となったとしても定款規定の設定に際して種類株主総会における承認（109条3項のものを含む）を要するか、それとも譲渡承認ないし売渡請求の規定が適用されるにとどまるのかが問題となる。

　まず、一身専属性についてであるが、閉鎖会社においては、支配株式保有の基盤となっているコミットメントの内容（経営手腕、専門知識、労働力、

---

39) 175条1項2号・2項により、相続開始後遺産分割前の株式は相続人に準共有される。条文の解釈によれば準共有者は全員株主総会で議決権を行使できない（相続外で有する株式についても行使できない）と考えられ、相続外株主が売渡請求の是非・内容とも左右できることとなる。一方で、東京高判平成24年11月28日・後掲注73）は、相続人準共有者の一部に対する売渡請求をも可能とする。この最近の取扱いをも勘案すれば、175条1項2号及び2項により議決権を排除される者は、相続人中既にその準共有割合について売渡請求の対象者となった者に限られるとも考えられる。この場合、相続外株主が害を被らない場合も、相続人非承継者株主は法定割合で与えられるべき議決権を奪われる。その弊害は次節で検討する。

40) 最判昭和45年7月15日・前掲注27）は、共益権の一部であるが一身専属性の高い訴訟追行権であっても、有限会社持分を全部承継した相続人であれば例外的に行使できるとしており、有していた共益権を有効に移転できることは自明であるように見える。しかし、判旨は、経営監督是正権としての共益権を念頭に、移転の可否を譲渡人（被相続人）と譲受人（相続人）の地位の一体性から判断しており、他の社員への影響が重要である支配的議決権としての共益権移転について触れていないようにも読めないこともない。

第4章　いわゆる VIP 株と後継ぎ遺贈信託について

資本など）やその会社にとっての価値は、個人の資質・会社の経済状態などに依存するユニークなものであり、個々の会社の事情に照らせば、議決権につき既得権を主張することが適当でない場合があるかもしれない。しかし、被相続人経営者に株式の形で現在の支配議決権を与えている以上、それが一身専属権で他者に属させえないとの解釈は成立しえないように思われる[41]。株式に伴う支配権を一身専属権とすると、自己が現に作り出している将来の事業価値を株式移転を通じて家族らに享受させられなくなる結果、被相続人は会社の将来価値の増加に注力せず、現在の資産の収奪を行うようになる可能性がある。もともと被相続人は、株主の承認を得て自己の株式を有効に譲渡し、譲受人から配当相当額を受領する契約を結ぶこともできるはずである。さらに、相続外株主の保護を徹底すると、現状の議決権配分こそが株主の貢献度を正確に反映しており、支配権の帰属はその外で決定されるべきでないとの主張に至り、株主間の連携による支配議決権の形成まで規制すべきことになるが、こうした連携を会社法が感知することは困難である。

　以上を考慮すると、被相続人の従来有した議決権を承継者に移転するような定款の定めの設定自体は有効である。このような定めは、相続外株主の持分割合の縮減を伴わないが、定款の定めの設定の段階で支配株式の譲渡に類似する効果が発生し、相続の段階では株式自体は議決権のないものとして移転することとなる。種類株主総会類似の承認の必要な場合が問題となるが、取締役会で譲渡承認できる会社の場合には、相続人非承継者株主もいないのに、定款変更時に相続外株主による種類株主総会での承認を

---

[41] 本文の記述は一身専属権ができないことを意味するものではない。ただし、租税法上は以下の問題が残る。持株と別に配分された議決権や配当受領権が一身専属権であるとすると、当該権利は社員が死亡すると消滅し、相続外社員の議決権割合等を増やすことになるが、会社法は社員の人数に制限を設けない。そのため、一身専属的な属人的定めによって経営者の支配権を創出し、死亡時に承継者が支配議決権を得られるように配分しておけば、会社の支配株式は相続にかからない。このことは租税法上問題となりうる。租税法上は平成16年4月1日以後の相続または遺贈により取得した非上場株式を発行会社が取得する場合、みなし配当課税は行わないという特例があり、相続外の多数の株主に対しては持分が増えてもみなし配当課税を行わない判断がされているといえるが、相続人が相続した株式を会社に譲渡した場合と比較するならば、相続人に対して支配権プレミアム付きで株式を譲渡した場合の課税（譲渡益課税）ができないという効果はなお残る。

要するとの解釈は難しくなる。しかし、一方で、相続開始時には売渡請求権が用意されているにも関わらず、そこで相続される株式はもはや議決権を有しないので、売渡請求をしても支配権移転を阻止できない。定款変更の時点で次期経営者が配当を抑制したり利益相反行為を行っているならば、こうした属人的定めについても、その設定時に種類株主総会決議類似の承認を要求する（譲渡承認ないし売渡請求を通じた支配権移転より要件が厳しくなる）とすべきではないか。なお、このような定めの設定時点での株式の減価をどう捕捉するかについて、租税法上問題がありうるほか[42]、非承継者である相続人株主の財産権保護のため、彼らに、属人的定め設定時に金銭の補償を要求する制度ないし法定相続された株式を支配権プレミアムを含んだ価格で会社に対して売り渡す権利を、与えるべきではないかと思われる[43]。

---

[42] 相続税法9条により、対価を支払わずに利益を受けた場合、利益を受けた時点で当該利益に相当する金額の贈与を受けたとみなすことになる。属人的定めによる株式の減価時点で当該受益があったとされることになりうる。ただし、無議決権株式は普通株式と同様に評価される可能性があり、減価と受益の価値評価が難しい（福岡右武「みなし贈与」金子宏ほか編『租税判例百選〔第3版〕』（有斐閣、1992）109頁参照）。このほか、事業譲渡類似の有価証券の譲渡として所得税上の課税がなされる可能性もある。

[43] 支配権プレミアムを考慮すべきとの主張については、江頭憲治郎＝中村直人編著『論点体系会社法2　株式会社Ⅱ』（第一法規、2012）26頁（177条論点3）参照。なお、相続外で過半数の議決権を有する次期経営者は、遺産分割協議成立前にも支配権プレミアムを有しているように思われるが、売渡請求前の支配権は絶対ではない。ただし、売渡請求制度に自己をも加えられることとすると、すでに支配権を有する経営者が、支配権に影響しない自己の相続分を、支配権プレミアムを加えた価額で会社に買い取らせる形となるので、彼に対する支払いには上記の加算をするのは妥当ではない。

第4章　いわゆる VIP 株と後継ぎ遺贈信託について

第3節　相続人非承継者株主の保護

　非承継者株主が全員相続人である場合や、非承継者株主が存在しない場合、前節2および3にいう「株主全員の同意」は実現しやすいように思われる[44]。しかし被相続人と潜在的な将来の株主たる相続人の交渉力は平等ではない。会社法 109 条の規定は、株主が対等に交渉し合意できることを前提に、株主の出資と便益とが公正に配分されうる場合には、その一部の表現にすぎない株式について、制度的に内容が均一であることを担保する必要がないことを示しているにすぎず、「具体的な強行法規もしくは株式会社の本質に反し、または公序に反するものであってはならず、かつ、株主の基本的な権利を奪うものであってはならない」[45]。このような場合に、属人的定めの形をとって、相続人から議決権や支配権取得の可能性を奪うことは常に可能なのだろうか。会社法は、売渡請求制度の導入により相続人からの強制的な株式買取りを可能としたが、属人的定めや売渡請求制度が、相続法の理念と矛盾する形で運用されるおそれはないのだろうか。
　現在の民法の規定は、まず寄与分（当事者が主張し協議された場合）を相続財産から差し引き（904 条の 2）、次に遺留分を強行法規的に保証し（1028 条、ただし、1044 条により放棄可能）、その残りは 902 条における被相続人による相続分の指定に従うこととし（ただし、遺留分を超えた指定がある場合、相続人は 1031 条、1042 条により、積極的に遺留分減殺請求を行わなければその権利を失う）、それがなければ 958 条の 3 による特別縁故者の請求がない場合は 899 条の法定相続（900 条にある具体的な相続分による）とする。ただし、相続人は遺産分割協議を行うことができる（ただし遺産分割前に相続分を譲渡することができ（905 条）、また遺言により、あるいは資力が不足する場合に遺産に付属する債務者資力の担保を免れ（913 条、914 条）、さらに

---

44) 大野正道「企業承継法の展望――商法・有限会社法改正試案に関連して」同・前掲注 16）32 頁は、ドイツの実務として、100％株主が長男を入社させ持株の一部を譲渡したうえ、死亡時に持株が残存社員に移転するとの規定を定款に置くことが多く、その解釈論が発展してきたとするが、本文のような処理は同様の効果を持つものといえる。
45) 江頭憲治郎『株式会社法〔第 4 版〕』（有斐閣、2011）130 頁。

第 3 節　相続人非承継者株主の保護

相続放棄（915 条、938 条）あるいは限定承認（922 条）によって債務を負担しないことができる）。要するに、最初に相続人の利益の観点から、相続の有無（被相続人の遺産が魅力的でなければ相続は放棄されうる）、積極的に主張して保証される部分（寄与分）、次に消極的であっても放棄しなければ保証される部分（遺留分）が定まる。遺産分割協議（遺言がない、相続分の指定のみでそれに対応する相続財産が指定されていない、洩れている財産があるなど）で相続人全員の合意があれば、遺言による指定相続分や法定相続分、遺留分等の規定にすら従う必要はないが、遺留分や寄与分の権利によって、分割協議が成立するまでは、家族内で発言権の弱い構成員（年少者、女性、婚外子）も、分配に関する権利を保護されている。相続人間での公平な配分の保証が被相続人の意思に優越するので、被相続人の意思表明たる遺言は遺留分や寄与分を変える強制力はなく、事実上相続人や遺産分割協議の意思決定に影響するのみである。相続人・被相続人の意思が確認されなければ、デフォルトである法定相続割合が適用される。

　以上の規定の根底にある相続法の保護法益は何か。明治民法は、戸主以外の遺産相続につき共同均分相続を認めるが、戸主の財産については家督相続を定め、嫡出長男子単独相続を原則とした[46]。一方で、昭和 22 年の大改正によって現行民法が成立すると、家督相続は廃止され、死亡による遺産相続のみが残り、配偶者相続権が強化され（昭和 55 年改正によりさらに引き上げられた）、長子単独相続制から諸子均分相続制への移行が行われた。後述する農業資産相続特例法案の審議過程においては、均分相続について、新憲法が個人の尊重と法の下の平等を重視しているため、個別法も国民の機会均等を確保すべきであり、相続のあった場合は相続人の財産上の立場も機会均等、力も均等で進んで行くのが憲法の精神であると説明されている[47]。

---

46) 明治 6（1873）年太政官布告 28 号は華族・士族の家督相続について当主の意思による跡目相続を許していたが、同年太政官布告 263 号はこれを改めて長男相続制を宣言し、明治 8（1875）年の太政官指令でこれが平民にも拡大した。明治 31 年に成立した旧民法は上記を受けて長男相続制を徹底し、女性が戸主として相続した場合も婚姻や隠居により戸主は交代するとされた。さらに、相続した子は相続放棄をしてはならないとされた（限定承認は可能）。家督相続は明治民法 964 条、遺産相続は戸主以外の家族の死亡について同 992 条以下により定められていた。

第4章　いわゆる VIP 株と後継ぎ遺贈信託について

　機会の均等というのは、子世代が親の蓄積した資産により生活保障を受けあるいは事業を発展させることができる機会を、平等に保証する、具体的には、発言権の弱い年少者・女性等にも十分な保護を与えることである。民法は生活保障を必要とする切実度や当該金銭の使途が子世代の生活事情によって異なることは認めつつ、分配のスタートラインを均分の金額に定めて法の精神を示しているわけである。

　均分相続の思想は、明治憲法のもとでもすでにこれを志向する改正が検討されている一方[48]、戦後も農家など資産（土地）の細分化を防ぐべき産業について、均分相続を適用すべきかが大きな論争となったし[49]、昭和37年・55年の改正は共同体としての家族の単位が縮小し、一方で内縁などによる事実上の生活関係が発生したことを反映して、相続に際して均等な機会に与ることのできる家族の範囲を変更しており[50]、相続人の生活保障を超えた機械的な均分は普遍的なものではない。会社についても、家産の長子相続に似た形態が実態に即しているとの指摘が存在する[51]。

---

47) http://kokkai.ndl.go.jp/SENTAKU/sangiin/001/1604/main.html.
48) 昭和2年臨時法制審議会で決議された、民法相続編中改正の要綱においては、長子単独相続は維持されたが、兄弟への分配、女性・配偶者の戸主たる地位や相続権の改善などの導入がすでに提案されている。山本起世子「民法改正にみる家族制度の変化——1920～40年代」園田学園女子大学論文集 47 号 119 頁以下（2013）、島津一郎「民法（身分法）」一橋大学学問史（一橋大学創立百年記念）(1986) 625-642 頁（http://hermes-ir.lib.hit-u.ac.jp/da/bitstream/123456789/5893/1/HIT060083401.pdf）参照。
49) 中尾英俊「都市近郊における農家相続——福岡県青柳村水田地帯の事例」農業総合研究 7 巻 2 号 199 頁 (1953)。農業資産相続特例法案が出されたのは、自作農創設の趣旨にかんがみれば、均分相続を徹底することで農地相続者は兄弟に大きな負担を負うことになり、経営内容改善や資本の蓄積が進まず、農業の生産性が下がることを理由とする。もともと日本の耕地は増える余地がなく、農村はこれ以上の人口を吸収できない（細分化の余地がない）との現状認識に基づく。しかし、議員からはこれが憲法の精神に反すること、一方でその実現方法が遺留分が尊重されるという形で不徹底であり、相続がたびたび重なれば分割が進んでしまうことが指摘されている。また、一方で遺産の半分を受け取る相続人が長子等と確定していないため、均分相続より相続人間の争いが激しくなるとの指摘もあった。
50) 昭和37年の改正前には相続権は直系卑属にあり（代襲相続の区別がない）、また同55年改正前には兄弟姉妹の代襲相続の限定もなかった。昭和37年に限定承認・放棄における取消の方法が明記され（919条3項）、特別縁故者制度が新設された。昭和55年には寄与分制度が新設（904条の2）、年少者や心身障害者など発言力の弱いものに配慮して遺産分割基準が明確化された。
51) 大野正道「株式・持分の相続と企業承継法」同・前掲注16) 4 頁。

ある相続コンサルタントの実績データ（2012 年）は、同社の扱った案件は遺言がない場合が 9 割であるが、本家相続が 59％で、均分相続は 41％であるとしており、「家」なるものがかなりの割合で金銭で均等に分けきれない資産を包含していることを示している[52]。特に、事業を行っている家族においては、遺留分規定を構成員が主張すると、家業や不動産の分配を受けない（すなわち相続人との関係性の薄い）者への手厚い分配が必要になる一方で、相続される資産はしばしば稼働中の現物（不動産や個別性の強い動産）であり、雇用関係を伴い、換価に適さない[53]。そのため、相続人は、相続開始時に、当該承継資産を担保とした借入金により他の相続人への分配や相続税の支払いをしなければならず、承継者に対するファイナンス[54]が不備の場合、これは事業にとって大きなダメージとなる。家庭内の経済的弱者の扶助を重視しようと遺留分を確保させる運用を徹底するほど、小規模な事業の存続は犠牲にされることになる。事業承継協議会の「相続関連事業承継法制等検討委員会中間報告」[55]によると、中小企業経営者の個人資産は、事業用資産が 3 分の 2、自社株式の割合が 3 割を占めているという。遺言等は全体の 11.7％で作成されているが、これは

---

52) 全国統計に関するレガシィマネジメントグループのデータ「遺産分割はどのように行われたか」より（http://www.fpstation.co.jp/souzoku/souzoku-case/1_12.html）。
53) 戦後すぐから、理論的には我妻栄『近代法における債権の優越的地位』（有斐閣、1953）にあるような財の換金性の向上がいわれてきたが、現状では中小企業の資金調達は多様化してきているとはいい難い。商工総合研究所「平成 24 年度調査研究事業報告書　中小企業の借入構造」（平成 25 年 3 月）（http://www.shokosoken.or.jp/chousa/youshi/24nen/24-7.pdf）によれば、中小企業の借入全依存度は平成元年から数ポイント低下し、総資産に比した借入額はむしろ減少している。
54) この典型は MBO であり、上場会社を含めればいわゆるレバレッジド・リキャピタライゼーション（借入を伴う資本構成の変更）は頻繁に行われている。また、ある程度以上従業員がいる場合、（野村亜紀子「米国におけるレバレッジド ESOP の事業承継への活用」資本市場クォータリー 36 号（2006）120 頁、井潟正彦ほか「米国 ESOP の概要と我が国への導入――インセンティブの導入・持合崩壊の進展・割安銘柄の放置に対する検討課題」資本市場クォータリー 15 号（2001）137 頁参照）ESOP を利用することも考えられる。ただ、日本で裁判になった事例は、経営陣が家族経営を離れており、経営者も支配権を手放したくない事例であるため（東京地決平成 24 年 7 月 9 日金法 1969 号 93 頁、同控訴審東京高決平成 24 年 7 月 12 日金法 1969 号 88 頁）、うまくワークしているとの傍証はない。
55) 事業承継協議会相続関連事業承継法制等検討委員会「相続関連事業承継法制等検討委員会 中間報告」（平成 19 年 6 月）http://www.jcbshp.com/images/200706_in_middle.pdf。

第4章　いわゆる VIP 株と後継ぎ遺贈信託について

背景に紛争の火種を抱えている場合が多い。遺言等の作成があったが遺族がそれに従わず紛争が起こる割合は、3割近くに上り、そのうち遺留分減殺請求を行ったケースは10.2％、この約50％で、事業用資産の割合が高いために後継者にすべての事業用資産を集中できない帰結になると報告されている。株式の価値の大幅な上昇、それへの貢献に見合った報酬の不在といった背景が関係する[56]。

しかし、現行民法は以前の相続法と比較すれば家庭内の発言権の弱い者の保護に手厚い分配であり、その趣旨を貫徹するために、強行的な遺留分の規定を置いている。この権利を与えられた相続人は、本人の意思に反して経済的保証を奪われるべきでないという強い価値判断は、正面からは崩し難いものであった。

日本におけるこうした不都合の調整は、伝統的には租税法によって行われてきた。農家に対しては1964年および1975年の租税特別措置法改正により、農地相続時の相続税支払いの繰延べが認められたし[57]、支配株式については相続税法上10％の税率軽減が定められ[58]、また事業用不動産への課税にも80％の評価額軽減が適用された[59]。2004年に非上場株式の譲渡税の軽減[60]、2009年に贈与税の納税猶予が定められている[61]。もっとも、遺留分への支払いが相続税支払いの負担を超えて大きい場合は、租

---

56) 事業承継協議会事業承継関連相続法制検討委員会「事業承継関連相続法制検討委員会　中間報告」（平成18年6月）http://www.jcbshp.com/achieve/inheritance_mid_01.pdf.
57)「相続税・贈与税の納税猶予の特例」国税庁ウェブページ http://www.nta.go.jp/ntc/kouhon/souzoku/pdf/10.pdf.
58) 法人税法66条6項2号参照。
59) 被相続人の事業用（賃貸用を除く）の敷地のうち、被相続人の親族が取得し、その事業を申告期限までに承継・継続しており、かつ、申告期限までその宅地を保有しているものなどにつき、400m^{2}までの部分については、評価額を80％減額できる。実質上不稼働な不動産の事業保有を増加させる結果となっていた不動産課税については近年小規模宅地の特例適用が厳格化された。運用については国税庁ウェブページ http://www.nta.go.jp/taxanswer/sozoku/4124.htm.
60) 非上場株式に係る税率引下げ（26％⇒20％（所得税15％、住民税5％））。なお、平成16年4月1日以後の相続または遺贈により取得した非上場株式を発行会社に譲渡した場合には、みなし配当は行われないという特例が設けられている。したがって相続の開始があった翌日から、相続税の申告期限の翌日以後3年を経過する日までの譲渡であれば、譲渡益課税となる。
61) なお、平成25年度税制改正により、平成27年から相続税の納税猶予および免除の特例は事業承継特例法とセットで適用されることとなった。

税法上の措置があるからといってこの問題を回避し続けることは困難になる。

近年特例法として「中小企業における経営の承継の円滑化に関する法律」[62]（以下「承継特例法」という）が成立した。同法は、創業が古く価値の高い株式が相続財産の大部分を占め、遺産の代償分割が困難な場合には、当該遺族に株式を相続させざるを得ないという実情に応じて、承継者が支配株式を得るために、相続人全員の同意を条件として、現経営者から後継者に贈与等された自社株式について、遺留分算定基礎財産から除外、または、遺留分算定基礎財産に参入する価額を合意時の時価に固定することができる。手続が集団的申立てであることから、従来からあった遺留分放棄を手続的に簡便にしたといえる。しかし、この改正は、支配株式の移転の実現に伴う対価を縮減させることを目的とするという点で、遺留分の趣旨と対立する[63]。当該合意には経済産業大臣による確認手続[64]および家庭裁判所の許可が必要であり、特に後者は合意が当事者全員の真意によるものであることを許可要件としているので（承継特例法8条2項）、濫用は手

---

[62] 「中小企業における経営の承継の円滑化に関する法律」平成20年5月16日法律第33号。
[63] ドイツでは、支配株式の移転と金銭的価値の分配を別物とし、株式が直接承継者に移転しても後者は相続法の原則の適用を受ける（大野・前掲注44）同・前掲注16）33頁）。2009年の改正により、遺留分権利者に対する支払いのために家屋や生活基盤となる営業財産を手放さざるを得なくなるような苛酷な状況を改善するため、遺留分権利者に対する相続人の支払義務の猶予事由が拡大され、かつすべての相続人が主張できるようにされたという（山口和人「立法情報【ドイツ】相続法の改革」外国の立法242-2号12-13頁（2010）http://www.ndl.go.jp/jp/data/publication/legis/pdf/02420206.pdf）。この立法は、遺留分放棄に頼るのではなく、支払いについて相続人間での交渉の余地を広げている。ドイツでは、定款上の補償条項により株式の評価方法を定めることで支払いの予測可能性を高めてきたが、相続法上はその有効性について争いがあるといい（大野正道「定款による株式・持分の相続規制」同・前掲注16）74頁）、上記立法は、補償条項の運用に関する制約が強いことを意味していよう。
　日本でも、株式代金を分割払いするか、議決権がない代わりに配当や利子を確実に得られる社債・株式を当該相続人に取得させることが考えられるが、承継特例法が成立したこと自体によって、より強い譲歩を非承継相続人に迫って支払額を減らすという実務が誘発されるようにも思われる。大野正道「定款による株式・持分の相続規制と補償条項」同・前掲注16）148頁は、補償条項による株価の算定に否定的であった（改正法は民法特例法として、遺留分に関する法的評価自体を変えている）。
[64] 承継特例法7条4項により、濫用事例に対する確認の取消権限がある。なお、同法上、後継者が合意対象株式を処分したり、先代経営者生存中に後継者が代表者でなくなった場合に非後継者がとることができる措置についての定めをすることも求められている。

続上で防がれることが想定されている。とはいえ、経営者の存命中に、当事者の私的自治によって合意を形成するプロセスでは、家庭内弱者であることの多い相続人非承継者株主が害されないという保証はない。

会社法においては、遺産分割協議成立まで準共有状態となった株式（遺言による指定相続分の指定（民法 902 条、908 条）を欠き、あるいは指定のない相続財産があった場合）について、最高裁が、会社運営のデッドロックを回避するため、共有者の議決権行使における権利行使者を、持分過半数により決定し指定できるとした[65]。指定されたものは自己の判断に基づいて権利行使できる[66]。この判例については、閉鎖会社の運営について協議による合意から事業遂行の迅速性を重視する立場に移行した判決と説明される一方、相続人間の紛争の衡平な解決にも配慮すべきとの考慮から反対する学説もある[67]。最近の判例にも、支配権争いがある場合に権利行使者の指定を欠いた状態では全員一致でなければ議決権行使はできないとするものや（相続人が全員出席しても議決権行使が否定される[68]）、権利行使者を指定していても議案内容の重要性に応じて実質的な協議を行ったのでなければ、当該権利行使者による議決権行使を濫用として認めないといったものを、みることができる[69]。協議重視の判決は、承継された株式が議決権を有する場合、相続人非承継者株主の相続部分が遺産分割協議成立前に実質的に無価値にされるような運用を阻止する効果を持つ。こうした判例のもと、株式売渡しの強制がなければ、相続人非承継者株主は、承継者株主と株式売却につき交渉でき[70]、支配権移転プレミアムを得ることができるだろう[71]。

一方で会社法は、平成 17 年改正において売渡請求権の規定を導入し、

---

65) 共有者間において権利行使者を指定するに当たっては、持分の価格に従いその過半数をもってこれを決することができる（最判平成 9 年 1 月 28 日集民 181 号 83 頁）。
66) 最判昭和 53 年 4 月 14 日民集 32 巻 3 号 601 頁。
67) 大野・前掲注 16) 82 頁以下では、権利行使者の選定行為は、それによる共有物の管理委託上の管理または保存行為とは次元を異にし、全員の合意をもってする必要があると徳島地判昭和 46 年 1 月 19 日下民 22 巻 1・2 号 18 頁を引きつつ主張している。
68) 最判平成 11 年 12 月 14 日判時 1699 号 156 頁、会社側からの議決権行使の認容も許されない。
69) 大阪高判平成 20 年 11 月 28 日判時 2037 号 137 頁。
70) 最判平成 2 年 12 月 4 日民集 44 巻 9 号 1165 頁。

相続された株式を会社の負担において買い取れるようにした。相続時に相続人の一部が支配株主あるいは次期経営者として経営を実質的に支配している場合には、他の相続人に対してのみ売渡請求がされ、相続人間の経営争いが展開される可能性もある。現条文の解釈としても、全株式が相続財産になっている場合や分配可能額が当該額に満たない場合に、一部の株主（ないし相続割合の一部）についてだけ優先的に売渡請求してよいかという同様の問題が存在する。学説には、相続人に対する売渡請求権は、株式の売渡しだけではなく、株式の共有持分の売渡し（相続人の一部に対する請求）を含むとするものが見られた[72]。

この点について近時の判例は[73]、相続後遺産分割前に、一部の共有者に対してのみ、会社法175条1項に基づく「相続や合併等の一般承継により株式を取得した者に対し、本会社は当該株式を本会社に売り渡すことを請求できるものとする」との定款規定による株主総会決議がなされ、株式の売渡請求が行われた事例について、本件規定の文言上、「相続や合併等の一般承継により株式を取得した者」に準共有者の一部の者は含まれないと解すべき必然性はなく、少なくとも、被告会社が、準共有者の一部の者に対する売渡しの請求を排除する趣旨で本件規定を設けたとの事実は認められない、会社法174条から177条までの規定によっても、「株式の準共有者の一部の者に対して売渡しの請求をすることが法律上禁止されているとは解されない」と判示している。裁判所は、根拠として、一般承継人は当然に当該株式会社の株主となるが、一般承継人が当該株式会社の他の株主にとって好ましくないことがありえ、相続人のうち一部の者のみが他の株主にとって好ましくないという事態が生ずることは十分に想定し得るこ

---

71) 相続による支配権交代は、当然に事業価値を高める組織再編とは限らない。相続人承継者のプランニングによらない事業価値の減少は株主全員で負担すべきであるから、相続人のもとでの会社の価値が被相続人のもとでの会社の価値以上にはならない場合、非承継者が支配権株式全体の価値のうち自己に承継された割合を超える価値を受け取る権利は当然にはない。ただ、支配権争いがある場合には、互いに自分が承継した場合の自己にとっての株式の価値を高く見積もっているので、上記以上のプレミアムの支払いに会社が合意することは考えられる。

72) 葉玉・前掲注37) 232頁参照。

73) 東京地判平成24年9月10日資料版商事法務356号34頁および控訴審東京高判平成24年11月28日判タ1389号256頁参照。

第4章 いわゆるVIP株と後継ぎ遺贈信託について

とを挙げた[74]。

　上記判決を前提とすれば、会社法においては売渡請求権の決定者である相続人承継者株主の意思が絶対であり、承継人と対立している相続人非承継者株主は議決権を維持することは期待できない。さらにいえば、被相続人が承継者と考える者への株式の分配を遺言しても、その者が相続時点で支配株主あるいは経営者となっていなければ、その意図が実現しない可能性は高い[75]。このような制度のもとで、完全な家族会社における被相続人が、生前に属人的定めにより承継者に全議決権ないし支配株式を得させた場合、会社法の決議要件はいかに加重してもクリアされ、非承継者相続人株主は、承継者の意思に従って①議決権のない株式だけを相続して会社に残存させられるか、②株式売渡請求によって強制的に株式を売却させられ、売渡価格（177条）を低く評価されるといったリスクを負わされる。そのような場合、準共有者による議決権行使に関する判例の存在にかかわらず、売渡請求権の導入された平成17年改正後の会社法においては、相続人非承継者は、もはや、遺産分割協議の全員同意や遺留分の各制度をてこに、相続人承継者の譲歩を引き出すことはできない。そこで、相続人に経済的補償を与えるという相続法の趣旨から、生前の属人的定めの設定による支配株式の価値の喪失を、どう扱うべきかが問題となる。

　属人的定めの設定は被相続人が支配権を生前に贈与する効果を伴い、この時点で相続財産の価値は下落する。この属人的定めへの相続人非承継者株主の109条3項による同意（相続前に株主であった場合）には、民法特例法における家裁許可のような手続的担保がないにもかかわらず、遺留分固定合意におけるよりもさらに大幅な減価ないし換価の機会の喪失を招来する可能性がある。さらに、相続前に株主でなかった法定相続人にとっては同意の機会すら与えられていない。当該定めに従った支配権移転は会社法

---

74) 本件で売渡請求された原告は、死亡した先代経営者から遺言により全株式を取得したその妻で、売渡請求を受けなかった相続人は遺留分減殺請求で株式を共有するに至ったその娘であり、先代経営者（支配株主）が妻に経営権を委譲しようとしたにもかかわらず、「他の株主」がそれを排除した構図になっているが、娘自身が次期経営者やその妻である場合などには、相続人間の経営権争いとみることもできる。

75) 非承継者を監督者として参与させる場合、承継者を経営者とする場合のいずれも、相続ではなく生前に株式を譲渡するか、全株主の同意を得た属人的定めを置く必要がある。

上は有効と評価することができよう。しかし、支配権を含めた遺産の遺留分相当の価値を、各相続人が同意なく奪われないというのが民法上の高権的に保障する権利であるとすれば、そうした規定に大きく反する属人的定めの効力を相続法上認めるべきではない。したがって、こうした属人的定めにより移転した価値については、遺留分算定の基礎財産として持戻しを請求できる（支配権プレミアムが相続株式に含まれると擬制する）と考えるべきではないかと思われる[76]。

---

[76] 遺留分算定の基礎となる財産は相続開始前の1年以内になされた贈与（ないし無償処分・以下同様）（民法1030条前段）のほか、1年以上前であっても、遺留分権利者に損害を加えることを知ってなした贈与（民法1030条後段）を含み、また特別受益である場合には、特段の事情がない限りこれも加算される（民法1044条、903条1項、最判平成10年3月24日民集52巻2号433頁）。なお、負担付贈与であるとすれば負担分は控除される（経営者としてそれまで勤務していた会社を辞め、少ない報酬で働いているなど。民法1038条）。

第4章 いわゆる VIP 株と後継ぎ遺贈信託について

第4節　承継者株主と被相続人の合意の限界

　被相続人経営者と承継者株主のみが株主である場合、あるいは相続外の非承継者株主が全員被相続人の影響を受けずに承継に承諾を与える場合、承継者株主に支配議決権を与える属人的定めは、当事者のいずれをも害さず、一見問題がなさそうである。だが被相続人はしばしば支配権移転に条件を付けたり（期間の定めなく、被相続人の判断能力が一定以下になった時点で移転するとする、あるいは支配権付与対象者を何代にもわたって指定する）、問題が発生した際に支配権を取り戻すことを望んだりする。このような属人的定めを定款上設定したとしても、その効力は設定時点では争われないだろうから、当該定めに従った支配議決権の移転やそれによる株主総会決議も行われうる。したがって、その効力は事後的に法廷で争われることになり、裁判所は当事者が真正の同意を与えたか、当該合意の内容は明確だったかについて、判断を迫られることになる。こうしたスキームは、信託設定当時における委託者の意思を、委託者の意思能力喪失や死亡という個人的事情の変化が生じたとしても、設定当時の契約どおり長期間にわたって維持する「意思凍結機能」[77]を有する信託において、しばしば議論の対象となってきた。以下では、この問題を、被相続人および承継者のそれぞれの保護の観点から検討する。

1　支配権移転事由の判定者

　本論文が取り上げた書籍では「ヒーロー株」（経営者が認知症や行方不明になった場合に、あらかじめ定めた第三者の議決権が激増する旨の属人的定め）という仕組みが提唱されている[78]。支配株主も経営者も不在となる一方、相続も開始しない認知症や行方不明の場面では、株主総会も取締役会も成立しなくなり、問題が生ずるので、判断能力が一定の水準を下回るようになったら支配株式を譲渡するというスキームにニーズがあることを示唆し

---

77) 新井誠「高齢社会における個人信託制度の必要性」新井誠編『高齢社会における信託と遺産承継』282頁（日本評論社、2006）。
78) 河合＝LLP経営360°編著・前掲注7) 109頁、また杉谷・前掲注13) 78頁参照。

第4節　承継者株主と被相続人の合意の限界

ていよう[79]。現在の民法には任意後見制度が存在し、活用が提唱されているが[80]、登記や監督人選任などの手続の公正さの一方で、あらかじめ第三者と交渉しておく手間と時間がかかる[81]。逆に、属人的定めや条件付き贈与[82]などの私的なスキームにはそうした問題はないが、契約の拘束力が長期にわたる場合などに、後見人がオーナー社長の判断能力について判定する権限を持っていると、会社支配権移動の引き金を第三者が引けることになる。

　任意後見制度について、後見人が弁護士等である場合には、本人の判断

---

[79] 東京地判平成24年10月16日平成24年(ワ)19956号、最決平成25年9月10日（不受理）では、Yの前身である公認会計士事務所A（C個人経営）から解雇されたXが、解雇無効確認訴訟により取得した対C債権を回収するため（Cは自身の顧問収入をYの口座に入金させており、またYは税務代理に基づく収入約9000万円につき不当利得返還債務を負っており、債権回収が困難であった）、平成23年1月24日にBとCを社員として設立された税理士法人Yの設立無効確認の訴えを提起している。高齢のCは平成22年10月以降寝たきりとなり、廃用症候群、認知症の増悪によって、要介護5、成年後見制度適用のための平成24年の鑑定書によれば、意識・疎通性はほとんどなく、自己の年齢も日時場所も答えられず、計算力・理解力もなく、知能検査不能な状態となっている。Xは、Cは、Yの設立手続にも出資にも関与していないとするが、Yは設立当時Cに意思能力があったと主張している。この事件は、認知症発症と成年後見との間の期間における事業行為に異議が唱えられるリスクを示しているといえる。なお、この事件で、Xには、税理士法人であるYの設立の無効の訴えの原告適格はなく（税理士法48条の21第4項、会社法828条1項1号・2項1号）Yにつき、現在まで、設立の無効の訴え（形成訴訟。税理士法48条の21第4項、会社法839条）が提起されたことはないため、会社法832条2号を、税理士法人の設立に適用または類推適用することはできるかが問題となり、無効確認請求は特段の事情がない限り許されないとしてXの請求は否定されている。
[80] 認知症後に成年後見人選任の申立て（次注、なお行方不明については、家庭裁判所に失踪宣告の申立てをし、期間経過後に相続を開始することができる）をするのに比してあらかじめ任意後見契約をしておけば、従来会社と無関係であった第三者が後見人となって株主としての権利行使をすることを防ぐことができる。
[81] 法定後見の場合、開始は申立権者が家庭裁判所に対して申し立てる。本人の財産が親族等の第三者により勝手に処分されるおそれがある等、必要がある場合には審判前に財産の管理人を置くなどの保全処分の命令が出されるほか、申立ての際に申立書、財産目録、判断能力に関する医師の診断書等の書類の提出が求められ、家裁が本人の面接等による調査を行うこととされている。任意後見契約の場合、契約の存在自体は公正証書により証明できるが、本人能力の鑑定を欠くことから、監督人の選任が義務付けられている。
[82] オーナー社長が認知症や行方不明になるなど特定の条件を満たした場合、オーナー社長から後継者への株式贈与の効力を発生させる契約である。ただし、会社外の契約であり、存在を他の社員や従業員らに周知・承認させられないので、運用にあたってトラブルが発生しうる。

第4章 いわゆる VIP 株と後継ぎ遺贈信託について

能力が十分な間は任意代理契約とし、判断能力が落ちた場合にこれを終了させ任意後見契約を発効させる形式のものがしばしばみられるという。この場合、任意代理契約・任意後見契約の両方に、受任者の義務として的確な時期に監督人選任を申し立てるという条文が挿入され、申立て時期を徒過してしまうことを防いでいる。こうした移行型契約について、ある論文は、大要以下のように指摘する[83]。任意後見制度では、本人と任意後見受任者が本人の意思能力があるときに任意後見契約を結んだとしても、契約は本人の判断能力がない状態で発効するため、家族らが任意後見監督人選任の申立てをし、契約は家庭裁判所の同人の選任の時点以降しか発効しない[84]。一方、代理権は本人の意思能力がある時点で授与されれば（民法111条の代理権消滅事由に意思能力の喪失はない）、意思能力なきあとも存続する。法は意思能力のない本人の知らない間に財産が勝手に使われることを防ぐため、後見制度を利用する場合には手続要件を加重しているが、任意代理契約は後見とは区別され、任意後見監督人を選任する必要はない。一部業者はこれを濫用し、任意後見契約は非常に有用な制度であると言葉巧みに契約させながら、任意後見監督人の選任という公的な監督なしに、任意代理の範囲内で好き勝手なことをしている。この指摘は、翻って、受託者の厳しい忠実義務以外に受益者保護の仕組みのない信託についても、受託者監督機関が必要なのではないかという提言に結び付く[85]。

　任意代理契約の弊害が意思無能力者の信託においても指摘されうるならば、属人的定めによる承継者への支配権委譲にも同様の弊害があろう。ただし、経営者の判断能力が十分な時点で属人的定めを発効させるため問題が発生するのは、判断能力がないのに任意代理が続く上述のケースとは逆に被承継者に判断能力があるのに承継者が経営方針で対立し始めた場合であり、その場合被承継者側はその効力を裁判上で争う機会が与えられている。その際、経営者が支配権を委譲すべき判断能力の水準、および当該事由の発生を判断する手続が定款上どう定められているかが、属人的定めの

[83) 新井・前掲注77) 283頁。
[84) 大阪地堺支判平成25年3月14日金判1417号22頁は、成年後見制度において後見人が受託財産を横領した場合に、後見監督人の損害賠償責任を認めている。
[85) 新井・前掲注77) 282頁。

第4節　承継者株主と被相続人の合意の限界

有効性の解釈に影響を及ぼすだろう。裁判所の監督が及ばない属人的定めによる契約であることを考慮して[86]、当該定めにつき受任者による義務違反ないし権利濫用があるとの申立てができる程度の能力がある申立人に対しては、その主張を認めてやるべきではないだろうか。また、経営支配権を維持できる事業運営能力と、事業に携わらない者が自己のために財産処分を適正に判断できる能力とは違って当然であるものの、認知症や加齢による判断力低下は、日時や相手によって劇的に変化するので、一時的な能力低下によって判断を行ったり、能力回復時に経営権が元に戻ることを許すような属人的定めは却って会社経営を不安定にする。したがって、発効の基準の不明確を理由に属人的定めの効力自体を否定すべき場合もあると思われる。

2　被相続人による資産の長期の拘束

以上とは逆に、被相続人により承継者が数次にわたって指定されることによる経営の長期拘束は、相続人の権利を侵害しうる。資産の処分権者による管理方法の指定が、長期にわたって当該資産の運用に及ぼす悪影響という問題は、会社法特有のものではなく、むしろ非営利での資産運用の多い民法で発生しやすい。たとえば信託の主たる領域の一つである美術館のように、美術品や公文書など公益性の高いものを公開して恒常的に維持運営の資金を確保する非営利のスキームにおいては、委託者の支配による「美術品」「美術館」の社会的価値の毀損からの出口が用意されている。一つは、非常に重要な作品の改変や破壊に対する制限であり[87]、もう一つは時間の経過等により当該資産の価値に対する公共の認識が変化した場合の、受託の終了ないし受託者における換価等処分の許容である[88]。日本では、大阪府立国際児童文学館廃館に伴い寄贈者が寄贈資料の返還を請求した事例[89]

86）任意代理契約の議論が意思無能力者の信託に敷衍されうるならば、属人的定めにも同様の弊害があるとはいえよう。
87）こうした破壊は、作者やその遺族によって行われることもあれば、運営者側が行うこともある。前者の例についてはジョセフ・L・サックス『「レンブラント」でダーツ遊びとは――文化的遺産と公の権利』（岩波書店、2001）、後者については、東京地決平成15年6月11日判時1840号106頁（ノグチ・ルーム移築工事差止仮処分事件）参照。

第4章 いわゆるVIP株と後継ぎ遺贈信託について

のように、公益的な施設が公営であり、受贈した資産の価値を測定したり運用の将来にわたる収益性を考慮して処分・受入終了について交渉したりしてこなかった。また、横須賀市の谷内六郎館事件では、横須賀市が同氏の作品の寄贈を受け、同氏の子にアドバイザーとして報酬を払っていたものの、同館の収益性が低いこと等から報酬を打ち切ったところ、寄贈作品の返還が求められた事件であるが[90]、取引の性質が寄贈か売買かといったことはさておき、美術館の収益が恒常的に黒字（該館単体での収支も明らかでないが）であるか、または経時的に当該事業がどの程度負担となるかを考えて出口について交渉してあれば（アドバイザリー契約は年次更新とされていたが、当該贈与がこのアドバイザリー契約更新を前提としていないことを確認すべきであった）、こうした問題は生じなかったはずである。

しかし、こうした問題は日本に特有なわけではなく、たとえばアメリカでは多くの非営利事業が信託によって営まれているが、信託財産の拠出を奨励する州法の競争により、委託者による財産拘束の期間が伸びる傾向にあるほか[91]、「慈善目的で寄付された信託財産の運用に対して寄付者が制限を付することを好み[92]、当該制限に抵触する場合に従来原告適格を認められてこなかった訴訟をあえて提起する場面が、頻繁にみられるようになってきた」と指摘されている[93]。信託法制においては、委託者の信託財産支配を強制的に終了させる法理[94]や、信託変更の制度[95]が知られている。日本でも政府の財政に余裕がなくなる中、信託やPFIなど、公的性格を持つ資産運用の在り方とその出口については、今後多様なスキームの活用が提言されると思われるが、当初の保有者が大量の資産を公開による運用で

---

88) 美術館は一般に作品の寄託に関する規程を設けているが、受託中の美術品の保管に要する費用の負担等を考慮した返還事由は定められていないことが多い。寄託は「申請」「依頼」して「許可」「承認」された場合にのみ可能で、寄託期間終了時に双方が解除できる（短縮伸長は協議による）という構成である。受贈を受けた作品については同様の手続を経ない結果、同規定の類推適用はないと考えられる。

89) 大阪地判平成23年8月26日平成21年(ワ)3566号、平成21年(ワ)19419号、請求棄却。なお、萩市の事例として、広島高判平成24年5月23日平成23年(ネ)第574号。

90) 2010年6月18日付タウンニュース横須賀版。

91) 木村仁「委託者の意思と信託の変更について」信託法研究33号（2008）87-124頁参照。

92) Marion R. Fremont-Smith, GOVERNING NONPROFIT ORGANIZATIONS at 338, Harvard University Press (2004).

維持できない場合、ただそれを他のスキームで運営するだけでは赤字になる可能性が残るため、受贈（信託財産の拠出、委託等）に際しての使途拘束の制限や委託の終了事由等について、議論の深化が望まれる。

　日本で事業資産の運用に長期の制約を付する際に、信託を利用するとすれば、その方法は事業信託ないし受益者連続型信託であろうと思われる。平成19年の信託法改正により可能であることが明確化された事業信託は[96]、不慣れな分野の事業を当該分野に強い受託者に信託することで、その知見を利用して事業価値を増加できるほか、金銭の流れとしても委託者が相続時の一時的負担をファイナンスできるというメリットにより、受託者が委託者の債務と資産だけでなく、ノウハウや仕入れ先・得意先なども入手するようなスキームへの途を開いている。相続時のファイナンスを目的とした信託は、自己信託の形態をとってMBOやLBOに類似の取引を実現するのが目的であり、比較的実現可能性が高い。これに対して、第三者に経営をゆだねる信託は、合併等に類似の効果がある[97]。ただし信託が利用されるかどうかは、代替的スキームに対する手続・財務・税務上の優位性にかかってくるため、現実にはその実例は非常に少ないとされる[98]。

---

93) Reid Kress Weisbord, "Reservations about Donor Standing：Shoud the Law Allow Charitable Donors to Reserve the Right to Enforce a Gift Restriction?" 42 Real Prop. Prob. & Tr. J. Issue 2. アメリカにおいては、慈善目的トラストに関する伝統的な一般ルール（各州法及び判例法）は、慈善的寄付の条件に関して、州のattorney general以外の全寄付者の原告適格を許さないというものであった。しかし、それでは実際上訴訟提起者がいなくなるため、近年は特別利害関係者（Restatement（3rd）of Trusts§28）として地位を保った寄付者からの訴訟提起が増加しているという。

94) 永久支配ないし死手支配の禁止といわれる。内容としては、権利設定時に生存している者の死後21年以内に確定的権利となることが確実であるもの以外は設定当初より無効とされるなどが多い。

95) 委託者による信託財産の拘束が長期化することを認める場合は、信託の運用方法等の変更をより柔軟に認める必要がある。

96) 信託法21条1項3号において「信託前に生じた委託者に対する債権であって、当該債権に係る債務を信託財産責任負担債務とする旨の信託行為の定めがあるもの」を信託財産責任負担債務とすることができると定められたことから、「信託の設定時においても、信託行為の定めにより、委託者の負担する債務につき、受託者が債務引受けをすることによって、当該債務を信託財産責任負担債務とすることが可能であることが明らかとなった。

97) 早坂文高『「事業信託」について』トラスト60「トラスト60研究叢書　事業信託の展望」7頁（2011）参照。http://www.trust60.or.jp/business/pdf/download/20130215052313.pdf.

第4章　いわゆるVIP株と後継ぎ遺贈信託について

　一方で、信託のニーズの一つに、零細企業で血縁外に事業を承継させようとする場合が挙げられている[99]。たとえば、被相続人が事業用資産をすべて家族外のAに遺贈するが、自らの子Bに利益の一部を払う、あるいはB成人後には経営者たる地位を譲るといったアレンジメントを望むことが考えられる。後者はいわゆる跡継ぎ遺贈型の受益者連続信託を設定することが信託法上認められている。この制度は、民法上、被相続人は、遺贈に条件・期限・負担を付することができる（1002条）ことを背景とする。相続財産がある程度大きいか相続人が少なくて分割の弊害が少なく、長期にわたる利益が期待できる場合について、直接の相続人だけでなく、2代・3代先の相続人が遺産からどのように収益すべきかまでを指定する「後継ぎ遺贈」の需要は決して少なくないと説明される[100]。しかし、跡継ぎ遺贈により何代にもわたって被相続人の発言権が残ることは、均分相続の価値観にマッチしないとして学説でも賛否両論があり、最高裁判決[101]は一定の法律構成に基づく場合のみこれを認容した。これを受けて、関係法制の整備と並行して[102]、平成19年の信託法改正により、期間制限のもとで受益者連続型信託が許されることとなったのである。もっとも、後継ぎ遺贈自体に否定的な見解は、同制度に対しても、第1次受遺者の相続人に承継されるべき財産が、遺言者・被相続人があらかじめ指定する代理受遺者に帰属するという相続秩序の変更を意味し、家庭内の弱者の権利の侵害などを招きやすくするなどとして反対している。

　この後継ぎ遺贈ないし受益者連続型信託は、会社法における個別取扱い

---

98) トラスト60・前掲注97)「はしがき」参照。
99) 福井秀夫「後継ぎ遺贈型受益者連続信託の法と経済分析」日本弁護士会『知財信託について』（日本弁護士会中央知的財産研究所、2007）参照。http://www.jpaa.or.jp/about_us/organization/affiliation/chuuou/pdf/no21/no21-5.pdf.
100) 香取稔「条件・期限・負担付の遺贈についての相続税課税上の問題――後継ぎ遺贈を中心として」税務大学校論叢28号311頁（1997）（http://www.nta.go.jp/ntc/kenkyu/ronsou/28/210/hajimeni.htm）。
101) 最判昭和58年3月18日家月36巻3号143頁、最判平成5年1月19日家月45巻5号50頁。
102) こうした動きに対応し、租税法の側でもこうした遺贈に対して2回以上の課税をしたり、価額0と評価される利用権（相続財産からの収益を受け取る権利）と相続財産との関係を整理する必要が指摘されていた。

や種類株式と同じ方向性を持つ試みといえるが、これによる長期的な資産の拘束はどのように評価されているのだろうか。平成 19 年の新信託法施行により福祉型信託の活用の拡大が目指され、受益者連続型信託や目的信託等が導入された結果、受益者の権利の尊重[103]、受益者指定・変更権[104]、期間の制限などについて[105]議論が始まった。たとえば目的信託の期間制限（20 年、信託法 259 条、公益信託を除く）については、所有権または所有権以外の財産権の取得時効の期間（民法第 162 条第 1 項および第 163 条）、債権または所有権以外の財産権の消滅時効の期間（民法第 167 条第 2 項）、賃貸借の存続期間（民法第 604 条）などを挙げて民法が 20 年をもって、一定の目的での財産権の長期利用の区切りとなる期間と評価していると説明されるが[106]、同様に財産に対する長期の拘束の是非が問題とされる後継ぎ遺贈型受益者連続型信託（信託法 91 条）については 100 年程度の有効期間が想定されている[107]。前者は差押禁止財産の喪失、後者は財の固定化と、重視される保護法益は異なっているものの[108]、両者の差異について合理的な説明は難しいとの指摘があり、現行法上は目的信託の存続期間の上限を解釈によって延長することや、存続期間経過時に目的信託が終了したものと扱わずに更新すること（信託法 128 条）は認められないものの、跡継ぎ遺贈型の受益者連続型信託との整合性を考えれば延長するとの立法論はありうる、と整理されている[109]。

　また、受益者連続型信託が有意義であるとする主張は、以下のように述べる。

　「中小零細企業の事業創始者は、一般的には、自分が起業した事業に関する経営ノウハウ、関連技術、人脈その他一切の事業に関する情報に一番

103）たとえば岡根昇「『福祉型信託』の具体的スキーム」司法書士 445 号（2009）67-73 頁。
104）田中和明「新信託法制に関する実務的考察」(2009)（http://www.ics.hit-u.ac.jp/jp/phd/article_tanaka.pdf）12 頁。
105）後藤元「目的信託の存続期間の制限とその根拠の再検討」信託研究奨励金論集 34 号（2013）1 頁。
106）寺本昌広『逐条解説　新しい信託法〔補訂版〕』（商事法務、2008）452 頁（注 2）。
107）沖野眞已「受益者連続型信託について——信託法 91 条をめぐって」信託法研究 33 号 33 頁（2008）。
108）後藤・前掲注 105）6 頁（注 41）。
109）後藤・前掲注 105）16 頁。

第4章　いわゆる VIP 株と後継ぎ遺贈信託について

精通している。誰がその事業を将来にわたって最も繁栄させていくことができるかについて、最も思い入れと利害関心の強い者もやはり事業創始者であろう。したがって、差し当たり、事業創始者たる被相続人による事業承継の優先順位は、相続法や信託法の立法者、法の立案に当たる法制審議会や法務省の職員、他の私人の誰と比べても、彼が一番適切な判断を下す可能性が大きいと考えることには合理性がある。これについては、せいぜい被相続人が生きている間に直接確認できた存命の人物についてのみ当てはまるのではないか、という懸念がありうるかもしれない。このような懸念は、仮に受益者連続信託を正面から認める場合であっても、それに一定の期間の制約を付するべきであるという立法論につながる。しかし、最も事業に思い入れの強い事業者が、その事業についてかなりリスキーな、自分の知らない遠い将来についてまでわざわざ後継ぎ遺贈の制約を被せたいというケースは、国家がわざわざ心配しなくても実際には各人の意思に基づき設定される信託においては、それほど多くないはずである。受益者連続信託が明文化されるにしても、それを最長期限にわたって設定しなくてはならない、などという制約を私人に課すことはありえないからである。」[110]

しかし、一方で、「大株主経営者のいる企業では、廃業等によって退出する確率が低い上、廃業等に踏み切る企業のパフォーマンスが、それ以外の企業よりも大きく、かつ、早い段階から悪化している。……大株主経営者が企業の退出に伴う個人の損失を避けるために廃業の先延ばしをしているということであれば、業績が悪い企業といっても早期の退出を促すのは容易ではない」との指摘もあり[111]、創業家の利益が会社の効率的な運営に優先される傾向を示すデータが示されている。また、判例や報道を見る限り、支配株主や元社長が一度譲った、あるいは信任したはずの経営者の地位を後から剥奪する例は珍しくない[112]。これを踏まえれば、少なくとも事業上の支配権移転の決定に関しては、当初合理的と判断した決定が後

---

110) 福井・前掲注99) 50頁参照。
111) 植杉威一郎「非上場企業における退出は効率的か──所有構造・事業承継との関係」日本銀行ワーキングペーパーシリーズ（2010年3月）17頁。http://www.boj.or.jp/research/wps_rev/wps_2010/data/wp10j05.pdf.

になって不適切と再評価されるまでの期間が比較的短く、長期・数次にわたる承継者の指定については、被相続人の良識に信頼しきるべきではないのではないか。

　信託の形式をとった事業の第三者への委託が可能な期間については、明文のある信託法にゆだねるよりほかないため、ここでは、経営者を第三者にゆだねつつ長期にわたってコントロールするような属人的定めの有効性について、検討することとする。議決権を一時的に家族外の第三者にゆだね、一定期間経過後に家族に戻すような属人的定めは有効か。承継者株主らが経営の交代に異議を唱えなければ、当該定めで害される者はいなさそうである。しかし、裁判所は、兄弟経営者の間で将来にわたる支配権帰属を定める株主間合意の効力が争われた事例において[113]、支配権に関する合意の大部分を不明確として無効とし、また当該合意中、18年という期間を定めて、経営者双方に将来にわたり同額の報酬を得させるように議決権を行使する旨定めた合意につき、有効期間に関する文言が曖昧であるとして解釈を加えるのではなく、「議決権の行使に過度の制約を加えるものであって、その有効性には疑問があるといわざるを得ず、少なくとも、相当の期間を経過した後においては」合意に拘束されないとした。同判決が報酬支払いに関する議決権行使の合意の有効期限を10年としたところからすれば、継次的な経営者指定の合意の有効期間は10年程度に縮減されるのではないかと思われる[114]。

---

112) 平成26年4月24日付日経新聞によれば、老舗和菓子「赤福」を製造販売する赤福では、先代社長との意見齟齬により社長が代表権のない会長となり、母親が新社長に就任している。上場会社においてさえ、創業家株主による経営者の頻繁な解任ではないかと推測される事例がみられる。
113) 東京高判平成12年5月30日・前掲注19) 参照。
114) この点、大野正道「第三者による企業承継者の決定――受遺者の選定の委任」同・前掲注16) 184頁では、ドイツの実務として、相続人中から適切な承継者を見通せない場合に、適切な時期に候補者の中から次期経営者を選定するよう第三者に委任することが行われてきたが、最近は、当該選定があまりに硬直的にあるとの懸念から、第三者に後継者の決定を授権する場合は、遺言により定められた基準に従って選ばなくてはならない相続人の指定ではなく、遺贈の方法がとられるべきであるとされていると指摘する。ただし、具体的な年限の基準はない。

第 4 章　いわゆる VIP 株と後継ぎ遺贈信託について

結びにかえて

　以上、相続外株主、相続人、事業財産それぞれの保護の観点から、属人的定めの有効性について検討してきた。これを前提に、第 1 節以降に取り上げた、①取締役のみに議決権を制限する株式、②後継者に絶対多数決相当のストックオプションを付与する株式、③特定の株の議決権を 10 倍にする比重株、④社長となった者に 1 株 10 議決権を与える VIP 株の有効性を議論しよう。②は人に、③は株に、①と④は社員の属性（役職）に属人的扱いを紐づけており、②以外は特定承継者に限定せずに権限を与えるように見える。ただ、各スキームにおける支配権発生の契機は、③以外は社員の決議であるが、②と④は実質的には被相続人による後継者指名であり、特定の人物の裁量にゆだねられている。
　議決権再分配を伴う属人的定めの設定に株主全員の同意が必要であるとした場合、①は経営に影響力を持ちたい株主を全員取締役とし、彼らの議決権の分配を同数とするなど、交渉の余地があり、少数株主排除や支配株主による会社の私物化といった弊害を必ずしも伴わない。しかし、長期的にだれが支配権を握るか予測できない条項であるため、取締役交替時には当該定めが終了する（議決権は一身専属権となる、取締役は社員の全員一致または原始定款と同等の決議要件で選任する）等の条項を置く必要があるだろう。②や④の合意は支配権移転（場合により議決権の縮減）を伴い、さらに発効時点も、支配権付与対象者も、当該時点での総議決権数も不特定であり、非承継者株主の有する株式の価格を長期にわたり不安定とするので[115]、原則として無効となるのではないか。③は、権利が株式に伴い移転するので、「属人的定め」（会社法 109 条）の規定の範疇を超える。種類株式として規律したほうが適切であるように思われるが、議決権の縮減や株式の移転に承認決議や売渡請求が伴い、遺留分減殺請求を伴う限りであれば、非承継者株主の権利を害しないといえる。

---

115) 大量の議決権を有する新株予約権が存続することによる株式価値の抑圧効果については、ニレコ事件（東京高決平成 17 年 6 月 15 日判時 1900 号 156 頁）参照。

第5章
信託法3条における「その他の財産処分」の意義

中田　英幸

第1節　問題の所在

　信託法3条によれば、一般的に（信託宣言以外の方法によって）信託を設定しようとすれば、「財産の譲渡、担保権の設定その他の財産の処分」を約することが必要である（信託法3条1号・2号）。通常の信託は、不動産や動産の譲渡などの「財産の譲渡」か、信託法改正により明文化された、抵当権の設定などの「担保権の設定」を約することが多いであろう。ただし、厳密に考えれば、財産権の移転あるいは担保権の設定と異なる処分が行われている信託も存在する。例えば、金銭を信託財産とするために、委託者の有する口座預金から受託者の有する別の銀行の預金口座への振込を用いる場合である。この場合、振込によって、委託者の有する口座預金残高が減少し、受託者の有する口座預金残高が増加する。減少した委託者の財産は預金債権であり、増加した受託者の財産も預金債権であるが、両債権はそれぞれ委託者の仕向銀行との口座預金契約と受託者の被仕向銀行との口座預金契約によって内容が定まるので、減少した委託者の預金債権と増加した受託者の預金債権との間には同一性がなく、預金債権の譲渡とは言えない。ほか、受託者が銀行であり、委託者が別の銀行の預金口座から振込をした場合には、委託者の預金債権が減少し、受託者たる銀行の金銭が増加することになり、財産の種類としても異なる。さらに、委託者が受託者たる銀行に預金債権を有し、そこから信託財産が設定された場合には、帳簿上の付け替えがなされているにすぎず、委託者が受託者に金銭を譲渡したとは言い難い。

第5章 信託法3条における「その他の財産処分」の意義

　もっとも、信託行為において約された財産の譲渡の対象はあくまで金銭であって、振込はただその履行手段として用いられているにすぎないと解釈することもできる。また、振込は一般的に用いられている決済手段でもあり、価値的に見て金銭の移転に近い取扱いをされているので、委託者の預金債権の減少と受託者の預金債権あるいは金銭の増加は、価値の側面からすれば金銭の移転と同一であると考えられていよう[1]。しかし、売買契約のように対価の定めが契約の要素であって、具体的な履行の内容が厳密に限定されていない場合と異なり[2]、信託行為が財産の譲渡を約することまでを要件としている以上（信託法3条）、譲渡以外の処分をもってただちに財産の譲渡の履行と扱ってよいかには疑問がある。また、旧信託法1条では「財産権ノ移転其ノ他ノ処分」そのものが信託の要素であったことからも、振込や帳簿上の処理を用いた金銭的価値の移転を信託法3条の財産の譲渡に当たるかを検討する必要があり、譲渡に該当しないならば、さらに、「その他の財産の処分」に当たるかも問題となる。

　信託法3条の「その他の財産の処分」は曖昧な文言で、いかなる処分がそれに当たるか不明確であり、それを明らかにすること自体に意義がある。例えば、信託行為によって委託者が受託者に対して債務を負担することを約する場合に、信託は成立するだろうか[3]。委託者に対する受託者の債権を発生させることは、財産に関係しかつ権利発生という処分がなされたと言えようが、これは譲渡にも物権の設定にも当たらない。これを認めると、振込を待たず金銭の支払いを委託者が受託者に対して約した時点で信託財産が成立し、振込はその履行行為にすぎないと構成することも可能になる。もっとも、これは、明文で信託契約が諾成契約であることを定めた趣旨と

---

1) 振込を資金の移転とする見解と、決済システムとする見解との対立については、菅原胞治「振込理論はなぜ混迷に陥ったか(1)〜（3・完）――決済システムの本質論からみた誤振込、振り込め詐欺等をめぐる議論の問題点」銀行法務21・670号18頁(2007)、671号16頁(2007)、673号38頁（2007）を参照。

2) 一般に、代物弁済も可能であり（民法482条）、債務自体を変更せずとも、債務の具体的履行内容を契約後でも修正し得る。

3) なお、四宮は、賃借権の設定について、物権に準じるもののみ、旧信託法1条の「其ノ他ノ処分」に含まれるとし、受託者の委託者に対する債権を発生させることを一般に財産の処分とは認めていない（四宮和夫『信託法〔新版〕』（有斐閣、1989）138頁）。

齟齬が生じる（信託法4条1項）。信託法改正で諾成契約と定められた理由は、要物契約であるとすれば、財産の処分がなされる前は受託者の忠実義務がないため受益者の利益を損ないかねず、他方で財産の処分がなされる前ならば委託者がいつでも撤回できるというのでは受託者その他の関係者の利益を損ないかねないからとされる[4]。もし信託契約に基づく受託者の委託者に対する債権を信託財産とできるのであれば、その債権を受託者が信託財産として管理・処分する義務を負う限り、信託行為時にもはや財産の処分までなされたことになり、したがって、信託契約がたとえ要物契約であったとしても、ただちに受託者に忠実義務を課し、委託者の撤回を不可能にすることが容易に可能になる。この点から、信託法3条の「その他の財産の処分」は、他の規定の趣旨を踏まえて検討する必要がある。

　以下では、信託法3条の「財産の譲渡、担保権の設定その他の財産の処分」の解釈について、①振込の法的構成を見た上で、それが財産の譲渡に当たるか否かの検討、②「その他の財産の処分」の立法趣旨を含めた検討、③委託者に対する受託者の債権を発生させることが「その他の財産の処分」に当たるかの検討を行い、最後に、④「財産の処分」に当たらない場合について総合的に検討していきたい。

4）寺本昌広『逐条解説　新しい信託法〔補訂版〕』（商事法務、2008）41-42頁。

第5章 信託法3条における「その他の財産処分」の意義

第2節 振込取引と金銭的価値の移転

　近年の振込取引の法的メカニズムに関する研究によれば、振込とは、「被仕向銀行の入金記帳により振込依頼人の仕向銀行に対する預託した振込資金に係る金銭債権が消滅し、他方で、それに連動する形で、受取人の被仕向銀行に対する預金債権が成立する」行為と解されている[5]。このように解すれば、振込において法的に生じるのは債権の（一部）消滅と別の債権の成立であって、金銭的価値の移転は表に現れない。振込取引において金銭（あるいは金銭的価値）の移転が論じられるのは、振込が正常に行われなかった場合、すなわち誤振込のときである[6]。

　誤振込がなされたときの法律関係は、(a)受取人の預金が成立する、(b)預金は成立するがそれは振込依頼人に帰属する、(c)預金は成立しないという3つの見解があるとされる。(a)の見解はさらに、(a)(ⅰ)受取人の預金について振込依頼人は優先権を持たない、(a)(ⅱ)振込依頼人が優先権を持つという類型に分類される[7]。これらのうち、最後の(a)(ⅱ)について、金銭的価値の移転を論じるものがある[8]。後藤は、誤振込後、受取人が破産した場合に振込依頼人の取戻権を肯定する理由付けとして、「預金が成立しているとしても、実質的金銭価値は振込依頼人に帰属すべきものであるから、ちょうど問屋が顧客から委託を受けて自己の名前で取得した財産のごとく、破

---

[5] 森田宏樹「振込取引の法的構造――『誤振込』事例の再検討」中田裕康＝道垣内弘人編『金融取引と民法法理』（有斐閣、2000）181頁。今井は、「原因関係における債務者である資金移動人 Ci の資金移動銀行 Bi に対する預金債権が消滅し、これに代わり、債権者である資金受取人 Cj の資金受取銀行 Bj に対する預金債権が成立する」としている（今井克典「振込システムの法的構成(3)」名古屋大学法政論集162号153頁（1995））。ほか、振込を、振込依頼人と仕向銀行、仕向銀行と仲介銀行、仲介銀行同士、仲介銀行と被仕向銀行、被仕向銀行と受取人との間の個別契約のネットワークと捉える見解もあるが（岩原紳作『電子決済と法』（有斐閣、2003）73頁）、振込依頼人と仕向銀行の契約が、受取人口座への貸方記帳といった結果の実現を保証する請負契約的と考えられているので（同74頁）、振込依頼人の財産の減少と、受取人の財産の増加は強固に結びつけられている。

[6] 振込を送金方法とみなす見解の詳細については、後藤紀一『振込・振替の法理と支払取引』（有斐閣出版サービス、1986）9頁を参照。もっとも、それは法的構成に基づく定義ではなく、専ら振込の意義・機能に基づくものであるため、本稿では取り扱わない。

[7] この分類は、中田裕康「判批」法学教室194号131頁（1996）による。

産しても預金は破産財団に入らないと考えるべきである」ことを挙げている[9]。花本は次のように述べ、振込取引を金銭の引渡しの簡略化と見た上で、金銭の物権的価値返還請求権を肯定する。「金銭といえども占有と所有とが常に分離しえないわけではなく、所有者の意思に基づかずに金銭価値の移動が生じた場合には、『価値の同一性』が認められる限り（両替金や帳簿上の金銭に返還された場合など）、金銭価値の所有者には物権的価値返還請求権が認められる」。「振込取引は、いわば使者として金融機関が依頼人の金銭を預かって受取人に引き渡し、次いで受取人がその金銭を金融機関に預金として預け入れるという一連の行為を簡略化したものにすぎないと考える。そうだとすると、依頼人・受取人間に振込の原因となる法律関係が存在しない以上、振込金の『価値所有権』は依頼人に留まっていると考えられる」[10]。このほかにも、受取人の預金債権が成立しながらも、受取人の預金債権が受取人の債権者によって差し押さえられたときには、振込依頼人に第三者異議の訴えを認める見解がある[11]。その見解は、「金銭所有権を移転する意思がない状態で金銭が引き渡され、かつ、それが同一性を保った状態で存在している場合には、当該金銭あるいはそれが同一性を保ったかたちで転化した金銭債権につきX（筆者注：振込依頼人のこと）

---

8) もっとも、(c)の見解を採った場合においても、例外的に金銭的価値が問題となりうる。すなわち、預金債権の成立を認めない以上、預金債権への他の債権者の差押えは法的には意味がないが、被仕向銀行が受取人に払戻をすれば、民法478条により免責される可能性があることなどを考慮して、第三者異議の「転用」を許すという見解である（滝沢昌彦「判批」ジュリ1018号120頁（1993））。この見解は、金銭価値が実質的には支払人に帰属しているとも述べており（同120頁）、金銭の物権的価値返還請求権を認める見解と同趣旨であるとされる（森田・前掲注5）181頁）。ただし、同様の論点を扱う他の文献では、金銭的価値返還に関して述べていないこともあり（滝沢昌彦「判批」伊藤眞ほか編『民事執行・保全判例百選』（有斐閣、2005）48頁）、本文では(a)(ii)を中心的に取り扱う。

9) 後藤紀一「振込取引に関する最近の判例をめぐって（下）」金法1393号25-26頁（1994）。後藤は、別のところでも「実質的にみると受取人のお金でない」ことから、振込依頼人の取戻権を肯定している（小笠原浄二ほか「座談会　誤振込と預金の成否をめぐる諸問題」金法1455号24-25頁（1996）〔後藤紀一〕）。

10) 花本広志「判批」法学セミナー502号88頁、89頁（1996）。

11) 岩原・前掲注5) 347-348頁、牧山市治「判批」金法1467号12頁、18頁（1996）。ただし、前者は価値の上のヴィンディカチオを理由付けとして挙げているが、後者の理由付けは、差押債権者の棚ぼた式の利益を保護する理由がないという、専ら振込依頼人以外の者の利益を考慮したものであり、振込依頼人に金銭的価値があることは理由としていない。

の所有権を認めることができる、という見解」と評されている[12]。

　誤振込の場合に金銭的価値に基づく物権的価値返還請求権を認める見解に対しては、有力な批判がある。すなわち、決済性預金口座において、個別の預金債権は被仕向銀行の入金記帳によって特定性を喪失するので、物権的権利の目的としての特定性・同一性が保持されていないというものである[13]。この見解は、特に、誤振込後、預金口座において入金・支払いの記帳が繰り返されていた場合に特定性が維持されていないとする[14]。ただし、物権的権利の目的としての特定性の有無を疑問視しており、金銭的価値が振込依頼人に残っていることまで否定されているわけではない。解釈あるいは契約によって振込依頼人に先取特権類似の優先権を付与するべきという主張[15]の背景には、受取人のものとして成立した預金債権の価値（の一部）がなお、誤振込をした依頼人にあるという観念が存在しているからである[16]。立法論または立法的解釈論として誤振込をした振込依頼人に優先権を付与するべきという見解もあり[17]、誤振込における物権的価値返還を批判するとしても、契約・立法によって振込依頼人に優先権を認めるべきという点では共通するとされている[18]。

　このように、誤振込において金銭的価値が移転せず、それが振込依頼人に残っていると観念するならば、逆に、通常の振込においては振込依頼人

---

12) 道垣内弘人「判批」鴻常夫ほか編『手形小切手判例百選〔第5版〕』（有斐閣、1997）221頁。
13) 森田・前掲注5) 183頁。
14) 森田・前掲注5) 184-185頁。なお、この見解は、預金契約における入金記帳を、個別の預金債権の消滅と残高債権に預入金を組み入れた新たな残高債権の発生させる行為とするフランス法を参考にして、物権的権利の目的としての特定性が喪失しているとする（森田・前掲注5) 144-145頁、183頁）。ただし、誤振込において金銭的価値が振込依頼人に残ると観念するならば、入金記帳による預金債権の消滅および新たな預金債権の発生を、観念上の価値の特定性の喪失と必ずしも一致させる必要はなく、むしろ誤振込後の口座の変動によって特定性が喪失するという理由付けが決定的であろう。
15) 森田・前掲注5) 186-196頁。
16) 契約による優先権を付与する約款を定めた場合、その合理性について、「受取人の一般債権者は、そもそも預金債権のうち誤振込に相当する部分については、受取人の責任財産を構成すると期待すべきでないと応えることが可能である」としており（森田・前掲注5) 191-192頁）、これは物権そのものとしてではないにしろ、物権的価値がなお振込依頼人に残っていることを前提としているであろう。
17) 岩原・前掲注5) 344-353頁、渡邊博己「判批」金法1763号45頁（2006）。

から受取人に金銭的価値が移転していると観念できる。特定性の喪失により、誤振込をした振込依頼人の物権的価値返還請求権を否定するとしても、少なくとも入金記帳された瞬間においては、金銭的価値の移転を観念できよう。そうすると、振込によって信託を成立させる場合にも、金銭的価値の移転あるいは譲渡を観念することによって、「財産の譲渡」（信託法3条1号・2号）の要件を充たしていると考えることができる。しかし、法律構成としてはこのような「譲渡」があるわけではなく、実際に生じるのは、被仕向銀行の入金記帳により振込依頼人の仕向銀行に対する預託した振込資金に係る金銭債権の消滅とそれに連動するかたちでの受取人の被仕向銀行に対する預金債権の成立であり[19]、金銭的価値という表現は、振込依頼人の物権的返還請求権を導くための実質的な理由付けにすぎない。誤振込がなされたときに、振込依頼人の優先権を肯定するために金銭的価値を観念するのはともかく、信託財産を成立させるためにこのような金銭的価値およびその移転を観念する必要があるかは疑問である。振込依頼人と受取人との間の法的関係は、依頼人の財産の消滅と、それと連動する形での受取人の同一的財産の成立となることは確かである上、信託法3条の財産の譲渡は、信託の成立要件である財産の処分の約束の例示列挙である。したがって、振込が信託法3条1号・2号の「財産の譲渡、担保権の設定その他の財産の処分」を充足するかを考察するべきであり、財産の譲渡に該当するかどうかにこだわる必要はない。以下では、譲渡に該当しない設定方法、すなわち「その他の財産の処分」の解釈がどのように考えられてきたかを検討する。

---

18) 榊素寛「判批」落合誠一＝神田秀樹編『手形小切手判例百選〔第6版〕』（有斐閣、2004）223頁。これに対して、誤振込の振込依頼人を受取人の財務状況全般に対するモニタリング負担から解放するために優先権を割り当てるという専ら政策的な理由により優先権を割り当てると言う見解があるが（森田果「お前のものは俺のもの――優先権付与の理論的構造（3・完）」NBL877号49-50頁（2008）、その政策的判断は微妙であるとされる（同50頁）。

19) 森田・前掲注5）181頁。今井は、振込システムを、振込依頼人の資金を移動し、これに基づいて、振込依頼人と受取人との間の原因関係を決済するものとしながら、法的には預金債権を移転するシステムという（今井克典「振込システムの法的構成（5・完）」名古屋大学法政論集164号380頁（1996））。もっとも、この移転は通常の債権譲渡ではない。例えば、預金に関する利息、保険は、振込依頼人と受取人とが移転する意思表示をしたとしても、それぞれの口座預金契約によって定めることになろう。

第5章　信託法3条における「その他の財産処分」の意義

第3節　その他の財産の処分の要件について

　信託法3条の「財産の譲渡、担保権の設定その他の財産の処分」は、平成18年の信託法改正前の旧信託法1条「財産権ノ移転其ノ他ノ処分」を引き継いだものである。この表現の違いは、「旧法第1条における『財産権ノ移転』については、委託者がすでに有する権利を受託者に移転することのほか、新たに地上権、担保権等を設定して受託者がこれらの権利を有するものとすること（いわゆる設定的移転）も含まれるとの解釈が有力であることから、前者の例示として『財産の譲渡』を、後者の例示として『担保権の設定』（いわゆるセキュリティ・トラスト）を掲げたものである」とされている[20]。この考えによれば、財産の譲渡も担保権の設定も「財産権ノ移転」の一類型であり、旧信託法1条の「其ノ他ノ処分」は実質的にはほとんど機能していなかったことになる。

　しかし、このように旧信託法1条の「移転」を重視し、「その他の財産の処分」あるいは「其ノ他ノ処分」にほとんど意味を持たせない解釈がこれまで「有力である」という叙述は正確なものではない。旧信託法の制定過程の研究によれば、旧信託法1条の「其ノ他ノ処分」とは、担保権や地上権の設定を意味すると、衆議院における審議の中で池田寅二郎政府委員により説明されている[21]。さらに、その後の貴族院における審議においても、信託業法上、担保権の信託を信託会社が引き受けることができるかを議論する前提として、信託法上担保権や地上権の信託が可能であるかの確認がなされ、ここでも池田政府委員は「其ノ他ノ処分」が担保権の設定あるいは地上権の設定であると回答している[22]。旧信託法1条の「移転」が現信託法3条の「譲渡」と「担保権の設定」とを含んでいたのではなく、「移転」が「譲渡」に相当し、担保権の設定は「其ノ他ノ処分」と位置づけら

---

20) 寺本・前掲注4) 33頁。
21) 山田昭編著『信託法・信託業法〔大正11年〕日本立法資料全集2』（信山社出版、1991）31-32頁。正確には、1922年2月22日に衆議院に信託法案が上程され、その審議において、池田政府委員は、担保権や地上権の設定など主として財産権の移転設定を考えており、「移転」のみでは狭いため、「其ノ他ノ処分」をつけ加えたと説明している。

第 3 節　その他の財産の処分の要件について

れていたのは疑いようがない。

「設定的移転」の語を用いて担保権や地上権の設定による信託の成立を肯定する四宮においても、旧信託法 1 条の「移転」が譲渡と設定的移転を含むのではなく、旧信託法 1 条の「処分」が、「既存の権利の『移転』のほか、いわゆる『設定的移転』を含む」としており[23]、設定的移転の具体例は、地上権の設定、担保権の設定、物権に準じる賃借権の設定である[24]。この解釈は、信託法上、信託の要件になっているのは、あくまで「処分」であって、「移転」はむしろ例示にすぎないというものであり、移転が財産権の処分に含まれることを考えれば当然の解釈である。設定的移転という用語は、単に担保権・地上権・物権的賃借権の設定をまとめるものとして用いられているにすぎず、設定的移転は「其ノ他ノ処分」に該当するのであって[25]、設定的「移転」だから信託が有効に成立すると解釈されていたわけではない。

このように、設定的移転によって信託が成立する場合に、「移転」の用語だけが重要ではないとするならば、設定的移転が「その他の財産の処分」（あるいは旧信託法 1 条の「其ノ他ノ処分」）の要件をどのように充足しているのかが問題となる。信託法 3 条 1 号・2 号において、その他の財産の処分だけではなく、財産の管理・処分をすべき旨の契約が必要であるから、受託者において管理・処分可能な財産を成立させる処分が必要である。

---

22) 菅原通敬政府委員が「此『其ノ他ノ處分ヲ為シ』ト云フノハ擔保權ノ設定ヲスルトカ或ハ地上權ノ設定ヲスルトカ云フヤウナコトモ含ムト云ヤウナコトニ御説明ニナッテ居ルヤウデアリマスガ」、担保権の設定や地上権の設定によって財産の管理・処分がなされるということが実際に生じるのか、生じないのかと質問したのに対して、池田寅二郎政府委員は「此一條ニ於テ『其ノ他ノ處分』ト云フコトヲ書キマシタ、其趣意ハ只今菅原サンノ御質疑ニナリマシタヤウナ意味デアリマス」と回答し、担保付社債をその例に挙げている（山田・前掲注 21) 329 頁）。ほか、入江も「其ノ他ノ處分」とは、制限物権たる地上権、永小作権、地役権または抵当権を設定することであるとしている（入江眞太郎『信託法原論』（巌松堂、1928) 207-208 頁）。

23) 四宮・前掲注 3) 137 頁。

24) 四宮・前掲注 3) 138 頁。これに対して、入江は信託の成立の要件として、移転と処分とを並列し、信託財産は移転か処分に適するものでなければならないという要件のいずれか 1 つを具備しなければならないとする（入江・前掲注 22) 206-208 頁）。

25) 賃借権の設定について、物権に準じる限り「其ノ他ノ處分」に含まれるとしており、設定的移転をその他の処分で扱っている（四宮・前掲注 3) 138 頁）。

第5章　信託法3条における「その他の財産処分」の意義

したがって、債務の免除のような、利益は与えるがその利益が管理・処分の対象とならないような処分では足らず、受託者を主体とする権利が設定されることが約されることが重要である。それだけではなく、信託行為により受託者の権利に対応する財産的負担が委託者に生じることも重要であろう。それは、信託法3条が、委託者から受託者への処分がなされる信託（同条1号・2号）と、委託者が自己の財産を信託財産として管理・処分する受託者となる自己信託（同条3号）とを区別しているからである[26]。また、取立権のような一部の権能の付与と区別するためにも、委託者において負担が生じていることは重要である。このように考えると、設定的移転においては、受託者に設定される権利に相当する価値が委託者の財産から減少し、それと連動する形で、受託者の財産が増加することが、信託法3条1号の、「その他の財産の処分」という要件を充たしていることになる。

前述の通り、委託者の振込によって信託財産が成立する場合には、委託者の債権の減少と、それと連動した形での受託者の債権の成立によって、信託法3条1号・2号の「処分」の要件が充たされている。そして、設定的移転において、設定される権利に相当する価値が委託者の財産から減少し、それと連動する形で、受託者の物権が成立していることが同様に要件を充たすならば、受託者に設定される権利に相当する価値が委託者の財産から減少し、それと連動する形で、受託者に債権が成立することによって、信託法3条1号・2号の「処分」要件を充たすと考えられないかという問題が提起できよう[27]。すなわち、委託者が受託者を債権者とする委託者に対する債権を発生させることを約したとき、その債権自体が信託財産となる可能性である。このように考えると、委託者が受託者の預金口座に振込をする行為は、振込によって信託財産を発生させることと、振込の前にす

---

[26] なお、自己信託であるかどうかは、信託の設定に公正証書等が必要であるか（信託法3条3号）のほか、信託財産への強制執行ができる範囲（信託法23条2項）、受益者の定めのない信託の可否（信託法258条）など、要式性や効果について様々な違いが生じるので、重要である。

[27] なお、前述の四宮に従い、信託法3条1号の「財産の譲渡、担保権の設定」は、例示であり、要件はあくまで「処分」であることを前提としているが、財産の譲渡や担保権の設定も並列的な要件であると考えるならば、「その他の財産の処分」の要件を充たしているかという問題提起になる。

でに債権を内容とする信託財産が発生し、その債権に弁済をすることの2つの可能性として捉えられることになる。

　信託法は、委託者に対する債権を受託者に成立させることによって、その債権を信託財産とする信託を設定できるかについて明確に述べていない。旧信託法1条が、「財産権ノ移転其ノ他ノ処分ヲ為シ」と、処分行為を信託の成立要件としていたのに対して、信託法3条1号・2号は、財産の譲渡、担保権の設定その他の財産の処分をする旨の契約あるいは遺言で信託が成立するとして、信託の成立時期を早めている。これは、信託契約が要物契約であれば、財産の処分前においていつでも委託者が信託設定の意思表示を撤回できることになり、それが受託者その他の関係者の利益を損なうことになりかねないからであると説明されている[28]。しかし、これは契約の成立に関することのみであり、信託財産の成立時期についてまで定めているわけではない。むしろ、「信託契約をもって諾成契約であるとした場合であっても、信託財産の分別管理義務（信託法34条）、やその管理・運用に関する善管注意義務（信託法29条2項）、信託財産に係る帳簿作成義務（信託法37条1項）等については、現実に信託財産の処分がされない限り、実際上、適用される余地がないものと考えられる」という叙述からは[29]、信託財産自体は成立していないことを前提とするであろう。また、四宮が、旧信託法の解釈として、賃借権の譲渡による信託設定に際しては賃貸人の同意（民法612条）により可能としながら、賃借権の設定による信託財産の設定に際しては、物権に準じる賃借権についてのみ、旧信託法1条の「其ノ他ノ処分」に含めるとしていることは[30]、準物権ではない一般の債権を設定しても、それは「其ノ他ノ処分」に該当せず、その債権が信託財産とはならないという趣旨であるように見える。信託成立時において委託者に対する債権が信託財産とならないという解釈が果たして正当であるか、以下、比較法を交えて考察してみたい。

---

[28] 寺本・前掲注4）42頁。
[29] 寺本・前掲注4）42頁。
[30] 四宮・前掲注3）138頁。

第5章　信託法3条における「その他の財産処分」の意義

第4節　強制可能な債権の発生による信託の設定

　委託者に対する債権を信託財産として設定することによって信託が成立するかについて、アメリカ法においては一般に、肯定的に捉えられているようである。信託法リステイトメントは、信託の設定方法を、(a)財産権者の遺言によって1人もしくは複数の者のために受託者たる他の者への移転が為されること、(b)財産権者の生存中に1人もしくは複数の者のために受託者たる他の者への移転が為されること、(c)財産権者がその財産を受託者として1人もしくは複数の者のために保有すると宣言すること、(d)受託者たる者に権利の目的たる1人または複数の者のために権利取得者指名権を設定することによって権利取得者指名権を行使することのほか、(e)ただちにまたは後に、1人または複数の者のために、受託者として権利を保有する者またはその権利によって後に受託者として財産権を受領する者への、強制可能な権利を生じる約束または受益者の指図が挙げられている[31]。

　(e)の方法で信託を設定した場合、設定された債権が信託財産となる。「もし、ある者が受託者たる他の者に金銭を支払う又は財産を移転する強制可能な約束を生じ、または生じさせられ、その他の者が（明示又は黙示に意図された受託者の引受を伴って）即座に受約者の権利の信託を設定する意思を表示するならば、信託は債権（chose in action）（契約上の権利）が受託者によって受益者のために保有される状態で契約の時点で設定される」[32]。その具体例は、委託者が受益者に対する約因を有する状態で、受託者に土地を信託として移転する約束をし、受託者にそれによって信託を設定する意思を文書により通知した場合、受託者は契約を特定的に強制する権利お

---

31) Restatement Third, Trusts §10.
32) Restatement Third, Trusts §10, Comment on Clause (e). なお、信託の設定には約因が不要であるので（Restatement Third, Trusts §15）、受託者に債権を発生させればそれが常に信託財産となるわけではない。例えば、株式を移転する徳義上の約束があるにすぎない場合には、それを受託者に移転して初めて信託が設定される（Restatement Third, Trusts §10, Illustrations：8）。強制可能かどうかは契約法の問題であるが、例外的にもともと約因がある場合のほか、捺印契約（sealed contract）によって約束がなされた場合にも強制可能な債権が生じる（Restatement Third, Trusts, §10, Note to Comment g, re：Clause (e)）。

152

第4節　強制可能な債権の発生による信託の設定

よび、もし委託者が不履行をした場合には損害を回復する権利を取得し、それらの権利は受益者のために信託として保持するとされている[33]。信託財産がない状態で信託が設定されるわけではなく、信託行為により設定された債権が即座に信託財産となることは明らかである[34]。

　古いものではあるが、ノースカロライナ州最高裁判所1915年5月25日の、Rousseau v. Call 判決[35]においても、委託者が信託行為により受託者に負った債務が信託財産として認められている。判例集にまとめられた事実関係によれば、原告は受託者の管財人（receiver）であり、被告はウィルクス郡の市民で、委託者の1人である。被告を含むウィルクス郡市民は、ノースウィルクスボロの鉄道駅からウィルクスボロの郡庁舎までの未完成の道の建設を希望し、そのために次のような文言で、文書による寄付の約束をした。「ノースカロライナ州ノースウィルクスボロの地点からウィルクスボロの郡庁舎への砂利道又はマカダム舗装道[36]の建設の目的で、政府の専門家の意見を踏まえ、ノースカロライナ州ウィルクス郡市民である我々は、道路基金会計担当 J. L. Hemphill の求めるとおり、この文書により寄付し、我々の各名前の反対側に書かれた額を現金で払うように拘束される」。その後、Hemphill および管理人は目的にしたがって道路の半分を建設する契約を締結し、実際に建設したが、被告を含め、寄付に同意した者のうちかなりの者が寄付の全部または一部を支払わなかったため、会計担当らの債権者が、資金を業務の遂行によって生じた債務の弁済に充てる

---

33) Restatement Third, Trusts §10, Illustrations 12.
34) このほか、Fratcher, Scott and Ascher on Trusts, 5th ed., p. 147-148；Bogert and Bogert, Trusts and Trustees, rev. 2nd ed., §115 on p. 334-335 も、受託者に強制可能な債権を生じさせた場合、その債権を信託財産として信託が成立することを肯定している。もっとも、反対の見解がないわけではなく、コロラド、コネティカット、マサチューセッツ、ニューヨーク州法では、否定的見解を支持する立場が採られているとされる（Restatement Third, Trusts, §10, Note to Comment g, re：Clause (e)）。また、信託宣言において、委託者が受託者として受益者のために将来金銭を支払うと約束した場合、「債務者と債権者との同一性は、信託財産を虚偽とさせるように見えるであろう」とされており（Bogert and Bogert, Id., §115 on p. 335）、自己信託の場合には強制可能な債権の設定をもってそれを信託財産とすることは否定されている。
35) Rosseau v. Call, 1915, 169 N.C. 173, 85 S.E. 414. なお、この判決は Fratcher, supra note 34, p. 149；Bogert and Bogert, supra note 34, §115 on p.334 に引用されている。
36) マカダム舗装とは、アスファルト舗装などの道路舗装方法の一種のことである。

第 5 章　信託法 3 条における「その他の財産処分」の意義

よう訴訟を提起し、管財人が指名された結果、本件の委託者に対する寄付金の請求・取立訴訟が提起された。

　Hoke 裁判官の判決は次の通りである。「当裁判所において、人的財産 (trust in personalty) における信託が口頭によって設定されることがあり、そのために特別な文言は必要ではなく、信託が意図され、目的物、目的、例えば財産の処分、受益者が合理的程度の確実性を持って指定されたことが意思表示されたときは、常に同様のことが認容され強制されることは確立している」。「そして、財産の移転が通常伴われるけれども、それは不可欠の要件では全くない。人的財産における信託は、しばしば、ある者が他人のために特定された債務を負うこと、その一部を保有すること、信託として支払うことまたは自己の小切手を同様の目的のために与えることを債務者が指定したときにも設定されうる」。結論として、寄付表が道路建設を目的とする信託財産であること、それが受託者に対して債権を有する債権者の干渉に服することが認められた[37]。寄付の債権者の強制執行を可能とするだけならば、寄付の強制可能性を認定すれば足りるけれども、この判決はあえて、財産の移転との対比で、委託者が債務を負うこと自体によって信託が設定されることを認めており、信託設定の柔軟化につながっている。

　このように、委託者が受託者のために強制可能な債務を負担することによって、信託が成立し、かつその債権がただちに信託財産となることが認められるならば、信託の成立と信託財産の発生は、(a)信託行為および信託財産の処分があって初めて信託が成立する[38]、(b)信託行為によって信託が成立するが、信託財産は委託者が財産を受託者に処分して初めて発生する[39]、(c)信託行為自体によって委託者に対する受託者の債権が生じ、それ

---

37) なお、この判決では、委託者が受託者に対して負う債務が信託財産となりうるかという論点のほか、信託財産を債権者の干渉から保護する他の理由の有無、債権を強制可能とする約因の有無、文書以外の事情から強制執行を制限する他の約束の有無を判断できるか（口頭証拠原則）なども問題となったが、本文で設定した問題と離れるので、省略する。
38) もっとも、旧信託法においては、信託契約が信託財産の移転によって成立するという要物契約であるという見解が有力であったが（四宮・前掲注 3）91-92 頁）、改正信託法は諾成契約としているので（信託法 4 条、寺本・前掲注 4）42 頁）、信託財産の処分がなされて初めて信託が成立する場合は、明確にそれが定められているような場合に限られるだろう。

第4節　強制可能な債権の発生による信託の設定

が信託財産を構成する[40]、という3通りに分類できる。これらの分類は、互いに排他的であるわけではないので、当事者の意思表示の内容により、いずれに当たるかが定まることになる。(a)の場合、委託者が信託財産を処分するまで信託の設定の撤回が可能である点が他の場合と異なる。(b)と(c)とでは、信託行為によって受託者が有する債権が受託者の固有財産であるか、それとも信託財産であるかが相違点になろう。(a)および(b)の場合、すなわち特定物が実際に譲渡されるまで信託財産が生じないのであれば、特定物の譲渡が実際に行われる前に、受益権を販売した後、特定物の引渡債権が履行不能になったとき、信託を終了させ、委託者・受託者・受益者間の処理を契約法によって行うことになり易い[41]。それに対して、(c)の場合、債権が信託財産を構成するならば、損害賠償請求権やそれによって受託者が得た金銭も信託財産を構成し、受益者との調整も信託事務として行われることになる。特に、振込取引の場合では、(a')信託行為および振込があって初めて振り込まれた金銭を信託財産とする信託が成立する、(b')信託行為によって信託が成立し、振込があって初めて振り込まれた金銭が信託財産を構成する、(c')信託行為によって信託が成立しかつ委託者に対する受託者の金銭債権が発生し、それが信託財産を構成し、振込がその債権の弁済としてなされるという場合に分けられよう。後者になるに従い、信託行為時から委託者に対する拘束が強まり、受益者の保護が強化される。

　委託者に対する受託者の債権がただちに信託財産となるかは、(b)と(c)とを分ける基準であり、(c)の類型を認めたからといって(b)の類型を排除することにはならない。当事者の意思が明確ではないときにどちらに解するべきかは問題ではあるが、信託行為を諾成契約とした趣旨からすれば[42]、信

---

39) 旧信託法下における諾成的信託契約の可能性を論じるものとして、能見善久『現代信託法』（有斐閣、2004）22-24頁がある。(a)と(b)の区別の問題はもとから生じており、少なくともその区別の基準を検討する必要はある。

40) この場合、振込によって受託者が得た預金債権は、信託財産に属する財産の処分によって受託者が得た財産に当たり（信託法16条1号）、信託財産を構成する。

41) 旧法下での議論であるが、最終的にも信託財産が生じず、財産権を移転せずに単に権利行使を第三者に委ねる仕組みである場合には、信託ではなく委任契約であるされている（能見・前掲注39）24頁）。委任契約として考えるならば、当事者間の法律関係も当然契約法によって扱われることになろう。

第5章　信託法3条における「その他の財産処分」の意義

託行為により発生する委託者に対する債権を信託財産として管理・処分する旨の合意が信託行為上明確なときのみその債権を信託財産とする信託が成立するとして、(c)の類型を例外的に考えるべきである。

---

42) 諾成契約の趣旨については、寺本・前掲注4) 42頁を参照。

第5節 「財産の処分」に当たらない場合

　以上のように、委託者による振込が、委託者の仕向銀行に対する預金債権の消滅と、それに連動する形での、受託者の被仕向銀行に対する預金債権の成立であり、それによって信託法3条1号・2号の「財産の処分」という要件が充たされていること、設定的移転においては、受託者に設定される権利に相当する価値が委託者の財産から減少し、それと連動する形で、受託者の物権が成立し、それによって同様の要件を充足していることから、アメリカ法における信託行為自体によって委託者に対する受託者の債権が生じ、それが信託財産を構成する可能性を紹介した。この場合でも、委託者の財産は生じる債権の価値分減少し、同時に受託者の債権が発生している。これらの場合には、委託者の財産の減少と受託者における財産権の発生が連動、すなわち必然的に結合している。

　もし、信託法3条1号・2号の「財産の処分」要件が、ただ自己信託（同条3号）との区別を目的としているならば[43]、連動している場合に限らず、因果関係があるときも「財産の処分」となる可能性がある。もちろん、委託者の財産の減少と受託者の財産の増加が移転・権利の設定以外の処分によってなされることはまれであろうが、例えば、委託者が金銭債権の権利行使を受託者に委ね、その権利行使の結果として受託者が得た金銭または預金債権を信託財産とする場合に、信託法上、委託者がその財産を処分したとできるか、「財産の処分」要件の緩和の問題となる。この場合、受託者が金銭債権の行使につき代理権を有しているとは言え、金銭債権自体が譲渡されていない以上、委託者もなお金銭債権の権利行使が可能であり、委託者の財産の減少が必然的に生じるとは言い難い。他方で、この場合に信託法3条1号の「財産の処分」の要件が充たされておらず、受託者は債務者から得た財産を信託宣言によって信託財産とするしかないならば[44]、自己信託は設定方法や効果において通常の信託より制限的であるので[45]、

---

43) 旧信託法の一般的解釈は自己信託を認めていなかったので（能見・前掲注39) 16頁）、旧信託法においては信託として成立するかという観点から、現行信託法においては設定方法の区別の観点から、いずれにしても自己信託であるかどうかを判断する必要がある。

第5章　信託法3条における「その他の財産処分」の意義

委託者にとって不利である。債権の権利行使を受託者に委ねることが信託法3条の「財産の処分」に当たるだろうか。

しかし、これについては現在のところ緩和する必要がなく、委託者の財産の減少と受託者の財産の増加が連動している場合のみを信託法3条1号・2号上の「処分」とするべきである。その理由の1つは、「処分」の要件の機能が、単に自己信託との区別だけではなく、委託者が誰かを決めることにもあるからである。誰の財産が減少したか、言い換えれば、信託財産の出捐者が誰であるかは、預金の帰属者について客観説を採る判例の出捐者確定ルールに変容が見られる通り、一義的に決まるものではない[46]。委託者の財産の減少と受託者の財産の増加との結びつきを緩和すればするほど、委託者の主体が曖昧になる。委託者の違いは、信託の目的を定めるなどの権限の主体や（信託法2条4項、3条、145条）残余財産が生じた場合の帰属権利者の確定（同法182条2項）などに関係するので、不

---

[44] 債権の管理・回収を委託された債権管理回収会社等（サービサー）の回収金支払不能リスク（いわゆるコミングリングリスク）を回避するために活用を提言されている信託は、自己信託が想定されている（道垣内弘人ほか「パネルディスカッション　新しい信託法と実務」ジュリ1322号30-31頁（2006）〔吉元利行〕、天野佳洋ほか編著『一問一答　改正信託法の実務』（経済法令研究会、2007）33頁〔天野佳洋〕、寺本振透編代『解説　新信託法』（弘文堂、2007）11頁、井上聡編著＝福田政之ほか著『新しい信託30講』（弘文堂、2007）186-199頁、福田政之ほか『詳解　新信託法』（清文社、2007）103-104頁、金融法委員会「サービサー・リスクの回避策としての自己信託活用の可能性」金法1843号24頁（2008）、実務研究会編『信託と倒産』（商事法務、2008）16頁〔小野傑・有吉尚哉〕）。それに対し、銀行を受託者とする信託を設定する可能性を指摘するものとして、道垣内弘人「さみしがり屋の信託法(3)シュシュトリアンは有言実行」法学教室333号77頁（2008）がある。そのほか、サービサーのコミングリングリスクは預金債権の帰属の問題であり、自己信託によって解決されないと主張するものがある（新井誠『信託法〔第3版〕』（有斐閣、2008）141-143頁）。

[45] 公正証書を必要とするか否かは実務上要点であり、自己信託の要式性については、「受託者名義であっても受託者の固有財産ではないという実質的判断に基づく救済法理である以上、要式不具備を問うことは妥当ではない」という主張がある（小野傑＝深山雅也編『新しい信託法解説』（三省堂、2007）18頁〔小野傑〕）。この考えに対しては、解釈論としては困難であるとの批判がある（道垣内・前掲注44）77頁）。

[46] 預金の帰属の問題について従来から学説の対立があったが、最判平成15年2月21日民集57巻2号95頁および最判平成15年6月12日民集57巻6号563頁の出現によって判例法理に変容が生じている点に関して、内田貴＝佐藤政達「預金者の認定に関する近時の最高裁判決について（上）（下）」NBL808号14頁（2005）、809号18頁（2005）、岩原紳作＝森下哲朗「預金の帰属をめぐる諸問題」金法1746号24頁（2005）を参照。

安定にするべきではない[47]。

　もう1つの理由は、例に挙げたような権利行使を受託者に委ねた場合には、他の法律構成によって自己信託ではなく通常の信託として設定できる可能性があり、委託者にとって不都合はないからである。債権者が債権の権利行使を他者に委任した場合、受任者が権利行使の結果得た物は、委任事務を処理するに当たって受け取った金銭その他の物であるから、それを委任者に引き渡さなければならない（民法646条）。委託者が受託者に権利行使を委任し、受託者が得た財産を信託財産とする場合において、委託者は民法646条に基づく受託者に対する財産の引渡請求権を喪失している。なぜなら、受託者が権利行使の結果有した財産を信託財産とするならば、その財産をその後委託者に給付するとしても、それは受益権の効果にすぎないからである。したがって、委託者が受託者に対して有する財産の引渡請求権を、信託財産として受託者に（予め）譲渡し、その債権が信託財産を構成しているとするならば、譲渡がなされている以上、信託法3条1号上の「処分」がなされていることになる。信託財産に属する債権の債務者が受託者である場合であっても、その債権が混同により消滅しないことは、信託法20条3項1号により定められている[48]。このように、受託者に対する債権が（場合によっては唯一の）信託財産となることを認めるならば、例に挙げた場合は、信託宣言によらずして信託を設定することができ、「処分」の要件を緩和する必要がない[49]。受託者が債権の権利行使によって取得した財産は、信託財産に属する財産の処分によって受託者が得た財産（信託法16条1号）に該当し、信託財産を構成する。まとめると、受託者が委任を受けて受領した金銭は、受託者の固有財産となると同時に

---

47) 四宮は、処分により、財産権が委託者の財産圏から分離することが可能でなければならないという（四宮・前掲注3）37頁）。財産圏という表現は曖昧であるが、委託者の財産管理が及ばなくなることと解すれば、委託者の財産の必然的あるいは確定的減少と言い換えられよう。

48) 旧信託法18条は、同一物について所有権と他の物権とが受託者に帰属した場合に混同が生じない旨を定めており、債権の混同が生じた場合に適用できなかった。解釈上、債権と債務が受託者に帰属した場合においても、旧信託法18条を類推適用することによって混同を生じないという見解はあったが（四宮・前掲注3）192頁）、信託法20条が「旧法の規定の趣旨を維持しつつ、その対象範囲を拡大し」たとすれば（寺本・前掲注4）82頁）、改正によって、受託者に対する債権を信託財産とする可能性は増大したと言えよう。

第 5 章　信託法 3 条における「その他の財産処分」の意義

予め受託者に譲渡された民法 646 条に基づく引渡請求権の行使の結果として信託財産となり、信託行為に定められた目的のため、管理・処分されることになる。なお、委託者が受託者に権限行使を委ねたにもかかわらず、なお自ら権利行使した場合には、信託として管理する財産が存在しえないことによる目的不達成（信託法 163 条 1 号）として、信託が終了する。

---

49) なお、受託者の委託者に対する債権とは逆に、委託者の受託者に対する債権を信託財産とすることができるかについて、アメリカ法ではかつては疑問が呈されていたが、現在では認められているとされる（Restatement, Third, Trusts §2, Reporter's note on §2 Comment i)。これは、「信託を明確な法主体として扱う傾向」(Restatement, Third, Trusts §2, Reporter's note on §2 Comment i) あるいは「信託を法人と扱う見解」と「個人としての (as an individual) 受託者と、信認された者としての (as a fiduciary) 受託者との相違が明瞭となった」ことの結果（Fratcher, supra note 34, p.580-581）と説明されている。ほか、委託者が受託者に対する委託者自身の権利を信託財産として受託者に移転することは、かつては共同受託者間の債権として構成したが、近年の立法においては受託者が自己に対する債務を信託として保有することになったとされる（Bogert and Bogert, supra note 34, §115 on p. 336）。このような受託者の二面的法主体性については、今後の課題としたい。

第6節　まとめ

　以上の通り、振込の法的構造および信託法3条1号・2号の「その他の財産の処分」に関して検討した結果、信託行為自体によって委託者に対する受託者の債権が生じ、それが信託財産を構成することも、「その他の財産の処分」に該当すると結論づけた。また、その「処分」要件の緩和の限界を画する中で、委託者の受託者に対する債権を受託者に譲渡することによって信託財産を生じさせることも肯定した。このように信託の設定方法を多様化した場合、どの設定方法に該当するかが問題となる。もちろん、すでに述べた通り、当事者の意思が優先するが、意思表示の内容が明確であるとは限らず、その場合にはどのような方法によって信託が設定され、何が信託財産となっているかを解釈によって補う必要があろう。

　委託者に対する債権を信託財産とすることのメリットは、損害賠償請求権やそれによって受託者が得た金銭も信託財産を構成し、受益者との調整が信託事務として行われることにある。受託者は受益者に対して契約上の義務のほか信託法上の義務も負うのであるから、債権が信託財産を構成しない場合と比べ、受益者にとって有利になる。したがって、受益者を保護する必要が高い、すなわち他益信託でありかつ、受益者が有償で受益権を取得している場合には、委託者に対する債権自体を信託財産として構成すると解釈することに結びつき易い。それに対して、委託者の自由意思を尊重すべきである場合、すなわち自益信託や相続目的の信託の場合には、信託財産の譲渡があって初めて信託が成立するか、信託財産が発生する方向につながるであろう。

　それに対して、受託者に対する債権を受託者に譲渡することによって信託を成立させる場合については、それほど区別は難しくない。それは、それと区別される方法が信託宣言であり、自己信託の設定方法は明確だからである。もちろん、公正証書によって信託を設定した場合には、どちらの設定方法もあり得るが、特にそのような厳格な文書を用いた場合には、その内容を尊重することが当事者の意思に適うであろう。したがって、受託者に対する債権を受託者に信託財産として譲渡することによる信託は、そ

第5章　信託法3条における「その他の財産処分」の意義

れが明確に示されていることを要する。

　処分という言葉は多様な意味を有しており、財産のあらゆる処分が信託法上の設定要件を充たすわけではないことは確かである。改正信託法の立法者のように、「譲渡」あるいは「移転」の有無を重要視することは、委託者・信託財産の確定と自己信託との区別の点からすれば適切な解釈である。しかし、信託法3条1号・2号の要件は、「財産の処分」であって、譲渡や（設定的）移転に固執する必要はなく、契約または遺言によって信託を設定する場合において、委託者・受託者間の債権を信託財産として構成することは許容されるべきであると考え、以上の考察をしてきた。ただし、自己信託において委託者が自己に対する債権を設定し、それを信託財産として構成できるかなど、なお疑問点は残っており、今後の課題としたい。

参考文献

天野佳洋ほか編著『一問一答 改正信託法の実務』（経済法令研究会、2007）。
新井誠『信託法〔第3版〕』（有斐閣、2008）。
井上聡編著＝福田政之ほか著『新しい信託30講』（弘文堂、2007）。
今井克典「振込システムの法的構成(1)〜（5・完）」名古屋大学法政論集160号1頁(1995)、161号271頁(1995)、162号149頁(1995)、163号175頁(1996)、164号347頁(1996)。
入江眞太郎『信託法原論』（巌松堂、1928）。
岩原紳作『電子決済と法』（有斐閣、2003）。
岩原紳作＝森下哲朗「預金の帰属をめぐる諸問題」金法1746号24頁（2005）。
内田貴＝佐藤政達「預金者の認定に関する近時の最高裁判決について(上)(下)」NBL808号14頁（2005）、809号18頁（2005）。
小野傑＝深山雅也編『新しい信託法解説』（三省堂、2007）。
後藤紀一『振込・振替の法理と支払取引』（有斐閣出版サービス、1986）。
後藤紀一「振込取引に関する最近の判例をめぐって(上)(下)」金法1392号30頁(1994)、1393号24頁（1994）。
榊素寛「判批」落合誠一＝神田秀樹編『手形小切手判例百選〔第6版〕』（有斐閣、2004）222頁。
四宮和夫『信託法〔新版〕』（有斐閣、1989）。
菅原胞治「振込理論はなぜ混迷に陥ったか(1)〜（3・完）――決済システムの本質論からみた誤振込、振り込め詐欺をめぐる議論の問題点」銀行法務21・670号18頁(2007)、671号16頁（2007）、673号38頁（2007）。
滝沢昌彦「判批」ジュリ1018号118頁（1993）。
滝沢昌彦「判批」伊藤眞ほか編『民事執行・保全判例百選』（有斐閣、2005）48頁。
寺本振透編代『解説 新信託法』（弘文堂、2007）。
寺本昌広『逐条解説 新しい信託法〔補訂版〕』（商事法務、2008）。
道垣内弘人「判批」鴻常夫ほか編『手形小切手判例百選〔第5版〕』（有斐閣、1997）220頁。
道垣内弘人「さみしがり屋の信託法(3)シュシュトリアンは有言実行」法学教室333号72頁（2008）。
道垣内弘人ほか「パネルディスカッション 新しい信託法と実務」ジュリ1322号14頁（2006）。
中田裕康「判批」法学教室194号130頁（1996）。
能見善久『現代信託法』（有斐閣、2004）。
花本広志「判批」法学セミナー502号88頁（1996）。
福田政之ほか『詳解 新信託法』（清文社、2007）。
牧山市治「判批」金法1467号12頁（1996）。
森田果「お前のものは俺のもの――優先権付与の理論的構造(1)〜（3・完）」NBL875号29頁（2008）、876号33頁（2008）、877号39頁（2008）。
森田宏樹「振込取引の法的構造――『誤振込』事例の再検討」中田裕康＝道垣内弘人編『金融取引と民法法理』（有斐閣、2000）。

第 5 章　信託法 3 条における「その他の財産処分」の意義

山田昭編著『信託法・信託業法〔大正 11 年〕日本立法資料全集 2』(信山社出版、1991)。
渡邊博己「判批」金法 1763 号 40 頁 (2006)。
金融法委員会「サービサー・リスクの回避策としての自己信託活用の可能性」金法 1843 号 24 頁 (2008)。
小笠原浄二ほか「座談会　誤振込と預金の成否をめぐる諸問題」金法 1455 号 19 頁 (1996)。
実務研究会編『信託と倒産』(商事法務、2008)。
Bogert and Bogert, Trusts and Trustees, rev. 2nd ed. (1984).
Fratcher, Scott and Ascher on Trusts, 5th ed. (2006).
Restatement Third, Trusts, §2；§10；§15.
Rosseau v. Call, 1915, 169 N.C. 173, 85 S.E. 414.

第2部

信託の意義と比較法

第1章
財産権・契約・信託

森田　果[*]

第1節　はじめに

　信託は、財産権的な側面と契約的な側面との、少なくとも2つの性格を有している。すなわち、信託は、設定者・受益者からも、受託者からも分離された――「財産分離」――1つの信託財産を作り出すことを中心的な効果として持つという側面では、財産権（property right）に関わる法制度であるという側面を持っている。それと同時に、信託においては、そのように分離された信託財産については、設定者や受益者ではなく、受託者がこれらの者から管理を委託されており、その内容については当事者間の契約によって規律されるアレンジメントであるという側面をも持っている。筆者はかつて、信託の有するこの財産権的な側面について、財産分離という機能に着目した分析を加えてみたことがある[1]。本稿は、この分析を拡張して、信託の契約的な側面と財産権的な側面との双方について整理を行うことを目的とするものである。

　本稿のこのような試みは、しばしばドグマティーク――信託法の場合で言えば「信託法理」というキーワード――で語られてきたものを、個別具体的な場面に応じた利益衡量へと解体し、相対化しようとする筆者のこれまでのさまざまな試み[2]の1つとして位置づけることもできる。

---

[*] 2010年1月21日脱稿。本稿の執筆にあたっては東北信託研究会参加者から多くの有益なコメントを得た。深く感謝したい。
[1] 森田（2006）。
[2] その最近のものとしてたとえば、森田（2009）や小塚＝森田（2014）を参照。

第1章　財産権・契約・信託

　近時、米国のアカデミック法学においては、財産権の果たす機能についての論争が展開されてきた。そこでは、財産権——日本法的に言えば物権——が対第三者効ないし対世効を持つのに対し、契約は原則として当事者間をしか拘束しないという点に着目して、そのことから、財産権および契約について、それぞれどのような法制度を設計することが望ましいのか、という分析がなされている。筆者はかつて、この論争の一端について紹介したことがある[3]ので、本稿は、それを簡単に要約した上で（第2節）、そのような分析視角からすると信託という法制度はどのように見えるのかについて、これからの信託法——これは、法典としての信託法だけに限定されず、信託を扱うさまざまな他の法をも含む、広義の信託法である——の設計においてどのような基本的視座で望むべきかについて検討する（第3節）。

---

[3] 森田（2009）。

第 2 節　財産権法の機能

　本節では、森田（2009）において紹介した、米国アカデミック法学における 2 つの議論とそれら相互の関係について簡潔にまとめておきたい。
　第 1 の分析枠組みは、「契約 contract」と「財産権 property right」の違いに着目する、Thomas W. Merrill と Henry E. Smith によるアプローチである[4]。Merrill and Smith（2000）は、契約とは異なって財産権には物権法定主義 numerus clausus という標準化スキームが存在するのはなぜだろうか、という問題を設定する。そして、契約が「人に関する in personam 権利」であるのに対し、財産権は「物に関する in rem 権利」であって、「あらゆる人」に対して財産権を対抗できるという違いに着目し、このような対世効のもたらす財産権の外部性を制約するために、物権法定主義という形での財産権の標準化が設定されているのだ、と説明する。Merrill and Smith（2001a）は、このアイデアを拡張し、権利の保護の仕方として、資源の利用の仕方を特定する戦略（人に関する権利の場合）と、他者による資源の利用に対する妨害排除権を設定する戦略（物に関する権利の場合）との、いずれがどのような場合に効率的なアレンジメントになりうるか、そして両者の中間的な状況においてはどのような戦略が望ましいか、を分析している。
　第 2 の分析枠組みは、このような Merrill and Smith（2000, 2001a, 2001b）の分析枠組みに対して、Henry Hansmann と Reinier Kraakman とが反論として提示したものである[5]。Hansmann and Kraakman（2002）は、財産権の特徴は、Merrill and Smith（2000, 2001a, 2001b）が指摘するような「あらゆる人」に対して対抗できるところにあるのではなく、「財産に付着する」点にあると主張する。その上で、財産権法は、標準化フォーマットを提供しているというよりはむしろ、権利の分割によって発生する利害関係者間の調整と執行の問題を解決するために、権利内容の検証のための手段を提

---

4) Merrill and Smith（2000, 2001a, 2001b）.
5) Hansmann and Kraakman（2002）.

供しているのであり、その検証ルールのあり方は、当該検証ルールがもたらすコストと当該財産権を承認することのベネフィットで決まるとしている。

1 対世効を持つ権利としての財産権

(1) 物権法定主義の機能

　Merrill and Smith (2000) の分析の出発点は、財産権 (property right) の特徴は、物に関する (in rem) 権利であり、あらゆる者に対して対抗可能である、という点である。この特徴ゆえに、新たな財産権カテゴリの創設を自由に認めてしまうと、外部性によって非効率な状態がもたらされてしまう。

　すなわち、新しい財産権カテゴリの創設によって影響を受ける可能性のある当事者を、①当該財産権を設定した取引の直接の当事者、②当該財産権の設定された財産を、将来取得する可能性がある者（当該財産権自体を取得する場合と、当該財産権の留保の付いた財産の残余的な所有権を取得する場合との双方を含む）、③それ以外の他の市場参加者、の3つのクラスに分類する。すると、取引の直接の当事者(①)と潜在的な財産(権)取得者(②)については、新たな財産権カテゴリの創設による問題はあまりない。なぜなら、それによって、財産の持つ価値の一部が分割されることや、その分割のされ方が不確実になることによるコストは、売買取引時の価格におけるディスカウントという形で反映される。すると、新たな財産権カテゴリの創設によって発生するコストとベネフィットの全てを、これらの当事者たちは内部化することになる。この結果、これらの者による社会的に最適な意思決定が期待できるからである。

　これに対し、この財産権が設定された財産をめぐる一連の取引とは全く関係のない市場参加者たち(③)については、新たな財産権カテゴリが創設されると、既知のさまざまな財産権のいずれかが設定されていないかどうかのみならず、未知の財産権が設定されていないかどうかについてまで調査する必要が生ずる。にもかかわらず、このような市場参加者たちに発生する追加的な調査コストは、取引の直接の当事者(①)や潜在的な財産(権)取得者(②)によっては負担されない。このような外部性を放置しては、新

たな財産権カテゴリが過剰に創設されてしまい非効率な結果が発生してしまう。

　以上のような新たな財産権の創設による外部性に対処するために財産権法が設けているのが、物権法定主義だと位置付けられる。すなわち、財産権カテゴリを強行法規として標準化してしまえば市場参加者が財産取引を行う際に必要となる調査コストの削減効果が期待できる。とりわけ、財産取引の際に必要となる調査のうち、法的な側面についての調査は、当該財産自体の観察からは容易には判別しにくく、可視性の低い側面に関する調査になる。それゆえ、この部分を標準化することによってもたらされる調査コストの節減効果は特に大きくなる。

　もっとも、物権法定主義による標準化が、このような外部性の内部化というメリットだけを持つのであれば、財産権カテゴリは１つに限定すべきことになるが、実際にはそうなってはいない。これは、標準化を進めると、市場参加者たちが、自らが望む目的を実現するための特定のアレンジメントを契約を利用して組成するのに要するコストが次第に増加するという、標準化によるマイナス面もあるからである。そうすると、物権法定主義による標準化は、そのメリットとデメリットのトレードオフを念頭に置いてなされなければならないことになる。具体的には、調査コスト・柔軟なアレンジメントの阻害コスト・財産権の管理コストの総和を最小化するような財産権カテゴリ数を持つ物権法定主義が最適だということになる。

(2) 財産権と契約

　さらに、Merrill and Smith（2001a）においては、財産権対契約という対立図式の相対化が図られた。まず、権利の相手方のあり方に着目して、問題状況を４つに分類した上で（図表１）、それぞれの場合にどのような法ルールが望ましくなるかを検討している。

[図表1]　Merrill and Smith（2001a）における4分類

	相手方が少数	相手方が多数
相手方が特定	特定・少数（*in personam*） (e.g., 二当事者間契約)	特定・多数 (e.g., 約款)
相手方が不特定	不特定・少数 (e.g., 債権譲渡)	不特定・多数（*in rem*） (e.g., 物権)

　まず、相手方が特定少数である場合（*in personam*）には、財産の利用者を特定した上で、その利用者による財産の利用について制約を設定する「管理戦略」で規律がなされる。ここでは、利用制約の設定を柔軟にすることで、財産の活用方法を当事者が柔軟にカスタマイズできるというメリットがあるが、利用制約の内容についての情報を収集するためのコストは大きくなる。ただ、相手方が特定少数なので、このコスト面は無視してよい。これに対し、相手方が不特定多数である場合（*in rem*）には、財産の権利者を特定した上で、その権利者に他者を排除する権利を与えるという形で財産のコントロールを委任する「排除戦略」で規律がなされる。この場合、財産の内容や境界の画定が標準化や外形的徴表の活用などによって低コストで実現できさえすれば、財産に対する潜在的な請求権者の数が多数に上ったとしても、情報コストの総和を節減できるが、他方で柔軟性はその分犠牲にされる。

　次に、相手方が特定多数の場合は、相手方一人一人の利得が小さいために、権利内容に関する情報を生成するコストを払うことが見合わない合理的無関心の問題が発生しがちである。そこで、当事者間の関係を強行的に標準化し、情報生成インセンティヴを持たない相手方を保護しようとする「保護戦略」で規律がなされる。最後に、相手方が不特定少数の場合には、そのまま放置していたのでは、情報を有している権利者が、適切に情報を生成・開示しようとする十分なインセンティヴを持っていないことがあるので、情報開示を促す「通知戦略」——情報開示規制やいわゆる情報強制デフォルト[6]——で規律がなされることになる。

　以上をまとめると、状況に応じて図表2のような法ルールが採用される

傾向があることになる。

[図表 2] Merrill and Smith（2001a）の 4 分類に対応する法ルール

相手方の状況	採用される法ルール
特定少数	(a)当事者間の明示的な合意は全てエンフォースし、(b)明示の合意がなければ当事者の合同利得を最大化する多数派デフォルト
特定多数	合理的無関心に基づく、情報の不十分性の問題を緩和するための保護のルール
不特定少数	不特定の当事者に対する情報提供の問題を解決するため、情報の通知を要求するルール
不特定多数	財産を簡便な方法で画定し、形式的で明確な排除権を設定する、強行的なルール

2 検証ルールから見た財産権

以上のような Merrill and Smith の分析枠組みにおいては、財産権の *in rem* 的な側面——あらゆる者に対して当該財産権を対抗できる側面——に焦点が当てられていたのに対し、Hansmann and Kraakman（2002）においては、財産権が財産に随伴する側面——財産（または当該財産権以外の当該財産に関する権利）の事後の承継者に対しても当該財産権を対抗できる側面——に焦点が当てられる。

1つの財産に対して権利が1つしか存在しなければ複雑な問題は何ら発生しない。しかし、1つの財産に対する権利が分割されていると、複数の権利者間で権利内容についての共通理解を確認し、かつ、それを裁判官等の第三者に対して客観的に理解可能なようにするために、権利内容について検証する手段が必要となる。この検証手段は、契約の場合には、契約それ自体が複数の権利者間の共通理解を検証するための手段となるのに対

---

6) この概念については、Ayres and Gertner（1989）を参照。

し、財産権の場合には、複数の権利者が直接の取引当事者関係にはないので、契約を検証手段として活用することができない。そこで、財産権に、直接当事者間を越えた財産に随伴する効力を持たせるために、権利内容について実効的な通知を確保するためのルールを確保しようとするのが財産権法の機能だということになる。

そして、この検証ルールの設定の仕方としては、①財産権の有無を法が固定する、②契約によってデフォルト・ルールからの逸脱を認める、③財産に付したラベルによって財産権の有無を決める、④登録によって財産権の有無を決める、という4つの方法と、それぞれについてデフォルトとして(a)財産権がない、または、(b)財産権があるを組み合わせることによって、8通りのメカニズムがあり得ることになる。この8つの検証ルールのうちどれが望ましいかは、当該権利を作出した両当事者に発生する「利用者コスト」、当該権利の付着していない財産を売買しようとする者に発生する「非利用者コスト」、当該権利をめぐる検証ルールを創設・維持するためにかかる固定費用である「システムコスト」の総和を、当該権利を承認することによって生じるベネフィットから差し引いたネットを最大化するように決めるべきことになる。

3　小括

以上の2つのアプローチは、いずれも、契約とは異なって財産権という形で直接当事者以外の第三者へと何らかの法的な効力を及ぼしていこうとする場合に、不可避的に発生させてしまう負の外部性に対して法ルールがどのように対処すべきかという点に着目して展開された議論であるという点では共通している。Merrill and Smith のアプローチは、新たな財産権カテゴリの創出が、権利を創出した直接の当事者や当該財産(権)の潜在的承継人のみならず、それ以外の市場参加者一般に対して及ぼす、調査コストの増加という外部性に焦点を当てており、Hansmann and Kraakman のアプローチは、直接の当事者間以外の者の間で権利内容を検証するためにかかるコストという外部性に焦点を当てている。

しかし、Merrill and Smith のアプローチで扱われている場面は、必ずしも財産権という法システムに特有の局面とは言えない。たとえば、相手方

が特定多数である場合とは、約款のような契約の拡張類型の1つに過ぎないし、相手方が不特定多数である場合とは、不法行為の局面に過ぎない。いずれも、財産権のロジックと同じロジックで分析がなされる分野ではない。財産権であるがゆえに特別に発生する問題というのは、相手方が不特定少数の場合のみであり、それはまさに Hansmann and Kraakman のアプローチが扱おうとしている局面なのである。

　これは、Merrill and Smith（2001a）が行った権利の相手方の特定性・数という2つの次元に基づく「4分類」が、重要性の高い次元と重要性の低い次元とを一律に扱っていることによっている。すなわち、相手方が特定しているか否かは、権利内容についての合意を取り付けるのにどのようなメカニズムが必要かについて大きな違いをもたらす。これに対し、権利の相手方の数の次元は、その多寡によって特定性の場合のように決定的な違いをもたらさない。相手方が特定しさえしていれば、権利内容についての合意を契約の形で取り付けることが可能であり、その数が多いか少ないかは、合意のしやすさ——それは契約の有効要件（場合によっては消費者保護法的な問題をも含む）という形で反映されることになる——に影響を与えるに過ぎない。相手方が不特定の場合も、相手方の数の多寡は、通知などを通じた情報取得にかかるコストに影響を与えるに過ぎない。

　もっとも、このことは、Merrill and Smith（2001a）が行った作業が無意味だったということを意味するわけではない。彼らの行った作業は、「契約」「財産権」といったラベルの下で一括して扱われがちな問題は、利害調整の状況が異なる複数の局面が混在しており、それらの局面ごとに分類してルール設計を図ることが必要とされていることを明らかにしてくれている。これまで「契約法理」「所有権法理」などと呼ばれてきた局面を、1つの「法理」の下に統一的に説明しようとする試みよりもむしろ、「法理」の垣根を越えて、それぞれどのような局面を扱っているものであるのかを明らかにした上で、それぞれについて個別に最適なルールの構築を考えた方が望ましい、ということである。いわば「横割り」の法学を指向したものと言え、Merrill and Smith（2001a）の行った作業には、一定の意義が認められる。本稿との関係で言えば、信託のさまざまな側面を記述していくのに、有用な視点を与えてくれるであろう。

第1章 財産権・契約・信託

第3節　信託へのあてはめ

　本節においては、前節までにおいて展開してきた分析視角を活用することで、信託法がどのような要素から構成されているのかを明らかにしていきたい。以下では、Merrill and Smith（2001a）の展開してみせた局面の分類に基づいて、信託をめぐるさまざまな法律関係が、それぞれどの局面に属するのかを分類した上で、それぞれについて、（広義の）信託法がどのようなルールを採用しており、そしてそれがどのような政策判断に基づいているのか、さらには、その政策判断が妥当なものと評価できるのかを、検討していきたい。

1　特定少数

　まず、権利の相手方が特定少数である場合には、その権利の内容については、当事者による自由なアレンジメントを認めた方が合理的なはずである。立法者・行政府や裁判所よりも、当事者の方が、どのようなアレンジメントが最適になりうるかについて豊富な情報を持っていることが一般的だと考えられるからである。この意味で、権利の相手方が特定少数である場合には、信託法の中でも、契約的な側面が強く働く場面であると言える。委託者・受託者・受益者の三者相互間の関係については、基本的にはこのような当事者自治尊重の考慮が働く局面だと言ってよいであろう[7]。

(1)　デフォルト・ルールとしての信託法

　もっとも、このことは、何らの法規整も不要だということを意味するわけではない。まず、当事者が権利内容のアレンジメントを実現していく際に、低コストでその実現を可能にするためには、当事者が権利内容の細かい部分についてまで交渉する手間を省くようなデフォルトルール（いわゆる多数派デフォルト）があったり、情報を有している当事者にその情報を

---

[7]　もちろん、委託者や受益者が多数に上る場合には、次に見る、権利の相手方が特定多数になる場合の法規整のあり方において検討するので、ここでは扱わない。

第3節　信託へのあてはめ

開示するようなインセンティヴを与えるようなデフォルトルール（いわゆる情報強制デフォルト）があった方が望ましい場合が多いだろう。このことは、一般の契約法の場合と同様である。

そして、そのようなデフォルトルールの内容は、1個の典型契約としての側面を持つことになる。すなわち、信託は、委託者が、受益者のために財産の管理を行うことを受託者に依頼して財産を譲渡する契約であるから、そのようなアレンジメントに特有の合理的なデフォルトルールを信託法に設けておくことが望ましくなる。そのようなルールの典型例が、信託法第3章の大部分の規定である。たとえば、受託者の権限の範囲（26条）、受託者の権限違反行為の取消し（27条）、信託事務の処理の第三者への委託（28条・35条・36条）、受託者の注意義務（29条）、忠実義務（30条）、利益相反行為の制限（31条・32条）、公平義務（33条）[8]、分別管理義務（34条）、信託事務の処理に関する情報提供義務（36条・37条・38条・39条）などは、いずれも、典型契約としての信託を利用する当事者であれば、多くの場合において合理的なルールとして受け入れるであろうと考えられるものだと言うことができる[9]。

(2) 強行法規性1——忠実義務等を具体例として

しかし、そうだとしても、実際の信託法は、一般の契約法以上に、当事者による自由なアレンジメントに対する制約を施しているように見える。たとえば、受託者の資格制限（7条）や、前述した忠実義務や利益相反行為の制限に関する規定を（一定の範囲において）強行規定と解釈するのであれば、それらは、委託者・受託者・受益者による当事者間の内部関係に関する自由なアレンジメントを認めるものではない。では、このような形での当事者の自由なアレンジメントに対する制約も、それが合理的な制約

---

[8] 旧信託法における公平義務の解釈については、森田（2004a, b）を参照。そこで展開した解釈は、基本的には新信託法においてもそのまま適用できると考えている。

[9] もっとも、情報提供をどのような形で行うかは、当該信託財産に関する情報の準備にかかるコストなどによって、どのようなアレンジメントが合理的となるかはさまざまであるから、情報提供義務の具体的内容については、それぞれの信託アレンジメントごとに操作できると考えるべきである。
　なお、特定多数の場合には話が異なってくることについては、第3節2において後述する。

第1章 財産権・契約・信託

であり得るというシナリオはあり得るのだろうか[10]。

　たとえば、実際にアレンジメントを仕組んでいく当事者の中には、修正されたアレンジメントの持つ効果を十分に理解できない者がいるかもしれない。そのような者が間違って不利益を被るリスクと、特定のアレンジメントを禁じることによって、その特定のアレンジメントが望ましいと考える当事者がそれを利用できなくなることによって得られるコストとを比較して、前者の方が大きければ、その特定のアレンジメントを禁ずることによって得られるベネフィットの方が失われるコストよりも大きいということになって、それを強行規定として設定することに合理性が出てくる場合はあり得る[11][12]。

　もう1つのシナリオとしては、後述する権利の相手方が特定多数のケースにおいて、合理的無関心のような問題に対処するために、強行規定が必要となる場合も考えられる。しかし、このような場合については、最初のシナリオとは異なる理由に基づくものとして扱うべきであろう。

　では、前述した2つの具体例は、このような場合に当てはまると言える

---

[10] なお、強行法規性一般に関する議論としてはたとえば、神田＝藤田（1998）を参照。
[11] より厳密に言うと、ここで言う「ベネフィット」や「コスト」には、それぞれのアレンジメントが全ての当事者にとって有益なのか、それとも、一部の当事者にとって有害であるにもかかわらず、「間違って」事前にそのようなアレンジメントに合意してしまったのか、を裁判所が判定するためにかかるコスト（裁判所の誤謬の可能性のコスト）をも含んだ概念である。

　すなわち、もし、裁判所が、コストをかけずにどちらの場合かを判断できるのであれば、それぞれの場合について裁判所が最適なルールを適用すればよいわけであるから、一律にそのようなアレンジメントを無効とするような強行規定は望ましくないことになる。しかし、裁判所に最適なアレンジメントが何であるかを判断するのに十分な能力が備わっているとは限らない。また、裁判所が不十分な能力しか有していないことを見越して、事前の段階では全ての当事者にとって望ましいアレンジメントだったにもかかわらず、事後的には一部の当事者にとって不利なアレンジメントになるような場合に、その事後的に不利になった当事者が、アレンジメントの無効を求めて事後的に裁判所に提訴するという戦略的な機会主義的行動をとるインセンティヴがある場合もある。これらの場合には――それが現実的であるような状況は相当にもっともらしいのではないかと考えられる――、当事者による自由なアレンジメントを認めた上で、望ましくない場合に裁判所が介入するというシステムよりも、有用性が高くなる蓋然性の低いようなアレンジメントを事前に強行規定の形で規制してしまうことの方が、合理的である可能性が出てくる。

[12] このほか、より一般的に、裁判所の能力（あるいは訴訟手続の非効率性）が規制を生み出すというシナリオを提示するものとして、Shleifer（2010）を参照。

第3節　信託へのあてはめ

のだろうか。まず、受託者の資格制限について言えば、未成年者や制限行為能力者を受託者としたいというニーズを持つ当事者はあまり多くはないであろう。信託は、委託者ないし受益者よりも受託者が信託財産を管理した方が好ましい場合に、受託者に財産管理を委ねた上で報酬支払いを行うというスキームであるから、受託者が、委託者や受益者よりも当該信託財産の管理について比較優位を持っている場合に初めて合理的となる仕組みである。とすれば、よほど特異な能力を持っている未成年者や制限行為能力者の場合でない限り、その者に対して信託財産の管理を預けることに合理性が出てくることはない。

　このため、当事者がこのようなアレンジメントを自発的に行った場合には、間違ってそのような合意に到達してしまったのだという推測が強く働くから、そのような合意を修正した方が合理的である蓋然性が高くなるだろう。また、仮にそのようなアレンジメントに合理性があったとしても、信託財産の管理のために必要な能力を有する者が、その未成年者や制限行為能力者に限られるということはまずあり得ず、その代替者を容易に見つけられることが多いであろう。そうだとすれば、これを強行規定としても、そのことによって発生するコストは大きなものではない。この意味で、受託者の資格制限に関するルールは、強行規定とすることに一定の合理性があることになる。

　では、忠実義務や利益相反行為の制限についてはどうだろうか。忠実義務や利益相反行為の制限については、しばしばそれが強行規定であると位置づけられることが多い。確かに、後述（第3節2）する権利の相手方が特定多数の場合には、合理的無関心や公共財問題を解決するために、強行規定を導入する必要が出てくるというシナリオがあり得る。しかし、権利の相手方が特定少数である場合には、そのような問題は発生しない。この場合にはむしろ、当事者が交渉によって事前段階において望ましいアレンジメントをしたならば、それをエンフォースすることが合理的である蓋然性が高いであろう。一定の忠実義務違反行為や利益相反行為を行わせることの方が、そのような行為についての受託者側の人的投資のインセンティヴを高め、そこから得られた余剰を委託者・受益者にも配分できるというシナリオが成り立ち得ないわけではないのであれば、忠実義務・利益相反

179

行為に関する当事者間の合意をエンフォースすることの方が効率性の改善に役立ち、全ての当事者にとって有益だということになりそうである。

そうだとすると、忠実義務や利益相反行為に関する規定を強行規定だと考えるのであれば、別の理由によらなければならない。この点については、前述した受託者の資格制限の場合と同様の考慮をすることが1つの解決策になるだろう。すなわち、忠実義務違反や利益相反行為に該当するような行為を行うことによって効率性が改善できる場合というのは、必ずしも多くはない。また、仮にあったとしても、そのような行為は類型化してくくり出すことができることが多いだろう[13]。この意味で、強行規定と位置づけることによって失われるベネフィットは大きくない。

他方で、この規定を任意規定と位置づけた場合に、間違って効率的でない契約に合意してしまうリスクがある。すなわち、忠実義務違反や利益相反行為は、それを発見することが難しい場合が多く、これを認めてしまうと、委託者・受益者の被る損害が大きくふくらんでしまう危険性があり、受託者の行うことのできる行為を事前に明確に特定しておくことができない限り、――少なくとも立証責任を委託者・受益者の側にとどめたままでは――合理的なアレンジメントを事前に作ることは容易でないことが多い。にもかかわらず、そのような契約に事前に同意してしまっていたとしたら、それは何らかの誤解に陥っていたためである蓋然性がかなり高いと言えよう。そうだとすると、このケースも、強行規定とすることによって発生するコストよりも、それによって守られるベネフィットの方が大きいということから、正当化できる可能性があると言えよう。

(3) 強行法規性2――消費者契約法的要因と信託業法

信託法の規定の一部が強行法規として把握される可能性のあるもう1つの理由は、消費者契約法的な要因である。信託というアレンジメントにおいては、受託者が幅広く信託を引き受ける事業者である一方、委託者や受益者は、信託を単発的に利用する個人であることが多い。これは、信託に

---

[13] 実際、会社法の利益相反取引の禁止規定に関する解釈論においては、定型的に利益相反のおそれのない行為については、外形的には利益相反取引規制に該当するように見えても、実質的にはそれにあたらないとする解釈論が展開されてきたことは、よく知られている。

おける受託者というビジネスが、規模の利益が強く働く事業モデルであるために、単発的に受託者ビジネスを引き受けても、受託者としての投資に見合った収益を得ることが非常に難しい。これに対し、多数の委託者・受益者から受託者ビジネスを引き受ければ、追加的な費用はごくわずかですみ、固定費用を多数の委託者・受益者に対して分散することができるから、受託者ビジネスを効率的に引き受けることができる。これが、信託における受託者というビジネスが事業者になりがちな主要な原因である。

そのような傾向が類型的に認められるのであれば、ちょうど現在企画されている債権法改正[14]プロジェクトが、民法典の中に消費者契約法的な側面を取り込もうとしているのと同様に、信託法の中に消費者契約法的な側面を取り込んでしまうことには、一定程度の合理性を見込むことができそうである。前述したような、信託法において強行法規と一般に考えられている規定は、このような現れの1つとして理解することもできるかもしれない[15]。

そして他方で、このように、信託における受託者ビジネスが、事業として営まれる蓋然性が高いことに鑑みると、その事業者性に着目して、信託業法という形で規制をかけていくことにも、一定の合理性があることになる。契約内容についての契約法的なコントロールだけでは、不利益を受けた相手側が訴訟を使うなどして行動を起こさない限り、事業者の側の契約法ルールを遵守しようというインセンティヴは過小になりがちである。訴訟には大きなコストがかかり、全ての合理的な当事者にとって利用可能であるとは言えないからである。これに対し、そのような過小なインセンティヴによって損害を受ける当事者の数が多くなるのであれば、当事者による個別的な民事訴訟を通じたインセンティヴ設定ではなく、行政庁に事業者をコントロールする権限を与え、包括的にインセンティヴ設定をすることの方が、費用対効果の点で望ましくなってくることがあり得るのである。

---

14) http://www.shojihomu.or.jp/saikenhou/indexja.html、および、簡単な解説として内田（2009）を参照。
15) なお、消費者契約法的なルールを根拠づけようとする1つの試みとして、Thaler and Sunstein（2008）を参照。

2 特定多数

続いて、権利の相手方が特定多数となる場合について、広義の信託法がどのような法規整を行っているかを見ていきたい。権利の相手方が特定多数となる典型的な場面は、多数の同種の受益者が存在している、ミューチュアル・ファンド（投資信託）や証券化など、いわゆる商事信託のケースである。

権利の相手方が特定多数となる場合には、2つの問題が発生する。それは、それら多数の権利者の間で統一的な意思決定を行うことが望ましい場合——典型的には、個別的な意思決定を認めると集合行為問題が発生してしまうようなケース——と、合理的無関心が原因で権利の相手方が権利内容についての調査を怠ってしまう場合とである。前者の問題状況は、社債権者集会の必要性を根拠づける問題状況と類似しており、それゆえ、信託法も社債権者集会の規定に対応する形で規定を設けている（信託法106条以下）。この問題については、会社法においてこれまで十分な議論の蓄積があるから、以下では後者の点に絞って検討を行いたい[16]。

(1) 合理的無関心と通知戦略・保護戦略

前述したように、相手方が特定多数の場合には、権利内容に関する情報の取得について、合理的無関心の問題が発生しがちである。そのような状態を放置してしまうと、権利内容を決定する側の当事者が、自己に有利な権利内容の設定をしてしまったり、あるいは、自己にとって不利な情報の開示を抑制したりすることによって利益を得ようとする余地が存在する。そして、そのような可能性があることを予測する（特定多数の）相手方たちは、そのような不利な地位に置かれることを恐れて、取引に入ることをためらうことになるだろう。それでは、結果的に過小な取引しか実現され

---

[16] なお、この後者の合理的無関心の問題についても、社債における社債管理者が必要となる事情と、問題状況が共通するところがある。このため、信託法は、受益者代理人の制度を設けている（信託法138条以下）。この点についても、社債管理者の場合と類似した議論が妥当するので、本稿では分析を省略する。受益者代理人について詳しくはたとえば、寺本 (2007) 194頁以下を参照。

ず、企業の資金調達行動、ひいては企業の実物投資行動にまで歪みを与え、社会的に見て望ましくない結果が招来されてしまうことになる。

　もっとも、合理的無関心の問題が存在するからといって、ただちに法ルールが「保護戦略」という形で介入することによって社会的に見てより望ましい結果が実現されるか、さらには、そもそも法ルールが介入することが望ましいことになるのか、は明らかではない。なぜなら、合理的無関心によって効率的な取引が実現されにくいとしても、権利内容を決定する側の当事者としては、他の者と違って、自らは適切な権利内容のメニューを提供しているとか、合理的無関心につけ込むようなことはしていないとかいった情報を、何らかの信頼できる形——たとえばシグナリング——で提供することができるのであれば、このような非効率性は、ある程度改善されることが見込まれるからである。

　たとえば、受託者——あるいは信託契約の内容の設計・販売者——に関する評判の市場が確立していれば、受益権の購入者は、受託者の販売する受益権の内容について、さほど詳細な内容を調査することなく、その主要な部分だけ調査すれば、安心して取引に入ることができるだろう。また、受託者等が市場への新規参入者であって、そのような評判機能を活用することができないような場合であっても、特定多数の当事者を、特定少数の当事者へと「落とし込む」ための情報仲介者が実効的に機能していれば、やはり、合理的無関心の問題は、かなりの部分が解決できる。

　すなわち、受託者等が設計して販売する権利内容について、情報仲介者が詳細に審査した上で、審査コストをかけることのできない受益権の購入者に対して、権利内容を簡潔にわかりやすい形で提供できるのであれば、受益権の購入者は、受託者等の提供する権利内容を調べるコストをかける必要はなく、情報仲介者の提供する要約された情報を参照するだけで、受益権購入に関する適切な意思決定ができることになる。

　もちろん、このような情報仲介者が実効的に機能できるためには、情報仲介者自身について、適切に行動する——受託者等が設計して販売する権利内容を適切に要約する——インセンティヴを持っていなければならない。一般的には、絶えず入れ替わる可能性のある受託者等の市場に対して、より安定的なプレーヤが情報仲介者として活動しているのであれば、情報

第1章 財産権・契約・信託

仲介者自身が、受益権の購入者たちからの評判を形成していくインセンティヴがあるから、情報仲介者に適切なインセンティヴが設定され、必ずしも情報仲介者の行動に対する規制は必要ではなくなってくるであろう[17]。

このような場合には、保護戦略のような形で、権利内容について強行法規的な制約をかける必要はない。保護戦略という形で強行法規的な制約を加えることには、それによって個別の当事者のニーズに応じた柔軟なアレンジメントが実現できなくなってしまうという非効率性が発生しがちである。ことに、権利の相手方が特定多数になることの多い金融商品の場合には、その個別具体的内容については多様性が高く、その具体的内容を強行法的に一律に規制してしまうことには、新たなイノベーションを阻害してしまうことを含めたコストが非常に大きい[18]。

だから、保護戦略を採用するのは、柔軟性を欠くことによる非効率性よりも、当事者の自由なアレンジメントを認めることによって非効率的な取引が実現されたり、そもそも取引がなされなくなる過小取引に陥ったりするといった非効率性の方が大きな場合でなければならない。しかるに、このような場合には、当事者の自由なアレンジメントを認めても、それによって発生するかかる非効率性は限定的なものとなるから、保護戦略は望ましくないアプローチとなるのである。

もっとも、だからといって、何らの規制もなくてよいかというと、そうとは限らない。松村（1998）が情報開示規制が必要となりうるさまざまなシナリオを想定しているように、当事者の自発的な行動だけに委ねたのでは、必ずしも適切な情報生産がなされるとは限らず、その生産された情報に基づいて情報仲介者が適切に行動することができなくなってしまう蓋然性が高い。そうだとすると、保護戦略とはいかないまでも、何らかの形で適切な情報が伝達されることを確保するように情報開示の方法・内容につ

---

17) もっとも、情報仲介者が、情報仲介者以外の機能を営んでいて、受託者等の販売者と何らかの共通する利益構造を有して、購入者との間で利益相反状況を作り出すような場合には、この限りではない。
18) この点は、金融危機後に金融商品に対する規制について各国当局が頭を悩ませている原因の1つでもある。

いて一定の枠をはめることが、社会的に望ましい政策であり得るだろう。

そして、実際、情報仲介者が存在し、そのインセンティヴ設定とが実効的に行われている分野においては、そのような政策が採用されている。実際、投資信託や証券化商品については、その商品の内容についての情報開示が金融商品取引法において強制的に要求されているだけであり、それぞれの金融商品の具体的な中身についてまで、強行法規的な規制が設定されているわけではない[19]。これは、投資信託や証券化商品をめぐるマーケットが十分に大きいため、格付け会社やファイナンシャル・アドバイザーなどの情報仲介業、さらには、投資信託や証券化商品の会計的な側面について監査を行う監査法人に対する需要が大きい。このため、情報仲介者が、自発的に、あるいは、受託者等の委託に基づいて、情報を収集して、情報非対称を解消していき、その対価として報酬を得るスキームが、ビジネスモデルとして成立しうる。そして、このような情報仲介者は、情報仲介市場において継続的に活動するから、通常、投資信託や証券化商品の購入者のために適切な情報収集をするインセンティヴを持っていると言えるからなのである[20]。

もっとも、このように情報仲介者が十分に機能する環境が、常にそろっているとは限らない。たとえば、401(K)プランのような従業員年金を信託という形で運用する場合を考えてみよう。この場合、一般の投資信託をそのまま流用するのであれば、前述した一般の投資信託や証券化商品の場合と同様に、情報開示規制だけあれば、基本的には十分である。しかし、この信託が、当該企業ごとのテーラーメードのものである場合には、情報仲

---

[19] もちろん、昨今の金融危機の影響により、金融商品の内容についてまで規制を及ぼしていこうという風潮が一部に見られることは確かである。しかし、本文で述べたような理由から、金融商品について保護戦略を採用することは、効率的でない選択肢である蓋然性が高い。

[20] もっとも、証券化商品は、テーラーメードの金融商品であることも多く、「多数の同種の受益者」が存在せず、権利の相手方が、特定多数ではなく、特定少数になる場合がある。しかし、そのような金融商品を購入するのは、少数のプロ投資家に限られるであろうから、合理的無関心による問題は、個々の投資家のモニタリング・コストを上回るほど大きなモニタリングによるベネフィットがあったり、そもそも専門的な投資能力があるためにモニタリングにあまりコストがかからない、といった事情によって緩和されることになる。金融商品取引法が、私募制度やプロ投資家制度を使って、情報開示規制を緩和しているのは、まさにこういった事情を反映しているからにほかならない。

介者が実効的に活動することをあまり期待できない[21]。

　一般の投資信託の場合には、それを購入する投資家のマーケットの規模が大きい（投資家の数が多い）ため、格付け会社のような情報仲介者が、投資家に代わって情報を収集・伝達する事業を営むのに十分な需要が存在する。これに対し、従業員年金においては、当該企業の従業員だけが購入者層となるため、企業規模によっては情報仲介サービスに対する十分な需要が存在しない可能性がある。かといって、受益者一人一人の利得は小さいから、個々の受益者が事前の個別的な契約によって保護を実現していくことは、コスト倒れに終わる。このような場合には、情報仲介者が自発的に登場してこないから、単なる情報開示規制だけでは足りず、実体的な権利内容までについて規制——保護戦略——が必要になってくる可能性が出てくる。実際、米国においては、従業員退職所得保証法（Employee Retirement Income Security Act of 1974、ERISA法）が従業員年金について制定されており、受託者責任や支払保証などにまで踏み込んだ形での規制がなされている。

　ただし、米国におけるこのような保護戦略の採用は、必ずしもこのような理由によったものではないかもしれず、異なる説明も可能である。すなわち、Küblerの仮説によれば[22]、ドイツ型福祉国家では、企業における労働者参加・従業員参加の形で社会福祉を実現しようとしているから、会社法が社会福祉をまで取り込んだものになっているのに対し、米国型福祉国家においては、年金基金が民間会社によって運用されるために、投資家＝従業員を保護するための証券取引規制などが厳しくなっている。そうだとすれば、米国のERISA法において、単なる情報開示規制にとどまらない、実体的な内容規制までもが採用されているのは、単なる情報仲介業に対する需要の大小だけではなく、社会福祉政策までをも目的としているからなのかもしれない。

---

21) Merrill and Smith（2001a）, pp. 845-847.
22) Kübler（1984）. その紹介として広渡（2009）15頁以下も参照。

(2) 「商事信託」と「民事信託」

　以上のように、信託において、権利の相手方が特定多数になる場合には、特別な法ルール設計の必要性が出てくる。このような状況というのは、従来、「商事信託対民事信託」という対比が語られる[23]場合の、商事信託の場合とほぼ重なっている。すなわち、商事信託においては、集団的な投資スキームが問題になることが多いが、それはまさに、権利の相手方が特定多数の状況である。そうだとすると、商事信託に特徴的なさまざまな法ルール（の1つ）は、この合理的無関心の問題に対処するためのものであると位置づけることができる。

　これに対し、民事信託においては、多数の相手方に対して同種の受益権を販売するような状況は頻繁には起こりえず、一人一人の相手方のニーズに応じた権利内容の設計をしていく必要がある。そうだとしたら、これは、権利の相手方が特定多数の状況なのではなく、特定少数の状況だということになる。となれば、前述したように、この場面は、基本的には契約法的なルールが妥当する領域だと評価すべきであろう。このため、第3節1において述べたことと同様の分析が妥当する[24]。

(3) 信託業法の構造との関係

　このように、一口に信託といっても、権利の相手方が特定多数となる場面が出てくる信託とそうでない信託とがあることになると、それを相手方として営まれる受託者ビジネスについても、それに対する規制の必要性は一様ではないことになる。受託者において問題となるのが、消費者契約法的な側面だけに限られるのか、それとも、それを越えた合理的無関心の問題の側面にも及ぶのか、に応じて、どのような監督規制を及ぼすべきかは、違ってくる可能性がある。

　ただ、現行信託業法は、このような観点からの区分を行っていない。信託業法はむしろ、管理型信託業（信託業法2条3項）とそれ以外のいわゆる運用型信託業とに分類し、後者については内閣総理大臣の免許が必要だ

---

23) この概念については、鴻（1998）および商事信託研究会（2001）を参照。
24) なお、信託が、金融商品として販売される場合には、金融商品販売法の規制も適用されてくることは、言うまでもない。

が（信託業法3条）、後者については免許は不要で登録を受ければよい（信託業法7条1項）という形での区分を行っている[25]。信託業法がこのような区別を設けているのは、受託者の裁量権限が小さいから、受託者に要求される能力もあまり高度なものではない上、信託財産に損害を与える恐れが小さいことによっている[26]。この区別は、権利の相手方が特定多数であることか否かによって左右される問題ではなく、権利の相手方が特定少数の場合であっても問題になる、消費者契約法的な問題の深刻さの程度に着目したものだと理解することができる。

では、なぜ、信託業法は、問題の性質に応じた区別を採用していないのか。それはおそらく、権利の相手方が特定多数であることによって生ずる問題については、信託業法が取り扱うべき問題ではなく、金融商品取引法——そして、市場における情報仲介者の活動——が取り扱うべき問題だと仕分けされたためであろう。金融商品取引法によって対処しきれない問題があるにしても、米国において一部の信託に対して社会福祉的機能が期待されているのとは異なり、わが国においては、信託は未だそこまで活用されていないから、さらなる対処は必要はないと考えられたのかもしれない。

3 不特定少数

相手方が不特定少数の場合には、そのまま放置していたのでは、情報を有している権利者が、適切に情報を生成・開示しようとする十分なインセンティヴを持っていないことがあるので、情報開示を促す「通知戦略」による規律がなされることになる。これによって、権利の相手方が情報収集をするコストを低下させ、社会的に望ましい結果を導こうとすることになる。

このような局面をめぐる信託法の規律については、権利の相手方が特定多数の場合のような特殊な問題はあまりない。受益権の譲渡性に関する信

---

25) このほか、多数の者を相手方として行う自己信託についての信託業法50条の2、同一の会社集団に属する者の間における信託についての信託業法51条、そして、特定大学技術移転事業に係る信託についての信託業法52条、という特例もあるが、例外的（ものによっては政策的）な規定であるので、分析の対象から外す。
26) 小出（2008）21頁。

託法 93 条以下の規定は、譲渡人からの通知あるいは受託者の承諾という形で情報開示を促す「通知戦略」が採用されているし（信託法 94 条）、受託者が権限違反で行った行為を受益者が取り消すためには、権限違反行為の相手方が悪意または重過失でなければいけないから（信託法 27 条）、受益者としては受託者の権限内容について、何らかの方法で情報開示をしようとするインセンティヴが設定されている。そうすると、ここでも「通知戦略」が採用されていることになる。

4　不特定多数

最後に、権利の相手方が不特定多数の場合を考えてみよう。この場合こそが、信託が財産権的な側面を最も強く発揮する場面だと言える。もっとも、この局面においても、信託財産の所有権が、設定者から受託者に移転してしまっている点については、信託であるかどうかは問題処理にあまり影響を与えることはない。この場合には、通常の単独所有権の場合と同様の処理がなされるからである。信託に特有の問題は、財産分離がなされる状況である。すなわち、一見受託者の所有物のように見えながらも、実際には受益者の所有物のように処理される場合がある点である。

このような財産分離がなされる場合には、それにともなって、財産権特有の負の外部性が生ずることになるから、適切な検証ルールを導入することによってその外部性を緩和する必要が出てくることになる。この点、信託法は、Hansmann and Kraakman（第 2 節 2 を参照）に言うルール③(a)あるいはルール④(a)を基本的に採用することによって、負の外部性の緩和を図っていると言える。

すなわち、信託財産であることを対抗するためには、登記登録をすべき財産については信託の登記登録が必要とされており（信託法 14 条）、ここではルール④(a)が採用されている。これは、たとえば不動産のように、既に登記登録のための制度が存在している財産については、それについて信託の登記登録というオプションを新たに追加したとしても、それによってシステム全体に追加的に発生するコストは、ごくわずかなものにしか過ぎない。また、中央集権化された登記登録を参照することは比較的容易であるから、それを活用していくことについての利用者コストも非利用者コス

第1章 財産権・契約・信託

トも、大きくはない。したがって、このような財産についてルール④(a)を採用することには合理性があると言えよう。

　他方、受託者の権限について加えた制約——いわゆる「信託の目的」（信託法26条）——については、信託という定型的な権利内容ではなく、その内容については、個別的なケースごとに多様であり得る。そのような場合に、登記登録のようなシステムを活用することには、追加的なコストが相対的に大きくなる可能性があるし、その内容を調査しなければ権利を対抗されるということでは、非利用者の側に大きなコストが発生してしまう。信託の目的をどのように設計し、活用するかについては、権利内容の設定者が決定するのであり、その情報についてもその者が最もよく知悉している[27]。とすれば、ルール③(a)を採用することによって、利用者の側に権利内容を周知させる負担を負わせるのが合理的な制度設計だということになろう。このような観点から、信託法27条1項・2項は、ルール③(a)的な制度[28]を採用しているのである。

　もっとも、どのような検証ルールが最適であるかは、検証ルールをめぐる法技術・情報技術の進展によっても左右される。それらの技術が、システムコスト・利用者コスト・非利用者コストの大小に対して影響を与えうるからである。この意味で、会計ルールの発達や、コンピュータ・ネットワーク技術の発展により、低コストでの権利内容の確認が、システム全体、あるいは利用者や非利用者について可能になれば、検証ルールは変容しうる。従来、信託をめぐる検証問題を解決するために、「特定性」の要件が要求されていたが、ひょっとするとこの点は、より緩和できる可能性もある[29]。

---

[27] これは、権利の相手方が特定少数の場合であれば問題がないが、これをそのまま第三者に対抗するには大きな外部性が発生してしまうのである。
[28] ここでルール③(a)そのものではなく、ルール③(a)「的」な制度としているのは、財産にラベルを付することによって権利を対抗するルール③(a)ではなく、明示的なラベルではなく、権利内容を知らせるための何らかの手段を使って、相手方を悪意または重過失に陥らせれば、権利内容を対抗できるとするのが、信託法27条1項・2項の構造だからである。
[29] この点についての1つのあり得る考察例として、森田（2009）第4章を参照。
　なお、Hansmann and Kraakman（2002）が、「単一」の財産の境界は、検証可能性によって画されるとしているのは、このことを意味していると理解することもできよう。

5　小括

(1)　信託の多面性

　以上のように、信託については、さまざまな側面を観察することができ、それぞれについて異なった理由から異なった規律が必要になってくる。信託がこのように多面的な存在であるとすると、その多面性を認識した法規範の設計を考えて行くべきことになる。

　たとえば、当事者間の合意を典型契約の1つである信託契約として性質決定すべきか否かという問題と、財産権的な効力——財産分離——を発生させるべき信託として認定すべきか否かという問題とは、異なる考慮要素が働く別種の問題である。前者については、(仮定的な) 当事者意思として、信託と想定されるものを発生させる旨の合意があるか否かが問われるだけであるのに対し、後者については、財産分離を通じた効率性改善効果が認められ、それが財産分離のもたらす負の外部性を上回るのか否かが評価されるべきことになる。この意味で、両者の評価を異なる基準で行うことには十分合理性があるのであり、両者を一致させようと務めることは、望ましくない結果をもたらす可能性がある。

　もちろん、(仮定的な) 当事者意思の認定において、財産分離を当事者がもくろんでいることこそが中核的なのだと考えるのであれば、両者の基準は限りなく一致することになる。しかし、当事者が信託を利用する動機は、財産分離に限らず、単なる財産管理や相続法ルールの回避など、さまざまなものがあり得よう。そうだとすると、両者の基準が一致する保証はない。この意味で、信託の成立要件——あるいは信託の「中核部分」と呼ばれるもの——は、信託の機能する局面 (信託の効果) ごとに違えて構築することは十分に可能なのではないかと思われる。

(2)　信託のベネフィットとコスト

　筆者はかつて、信託がもたらす財産分離の側面に焦点を当てた分析をしたことがある[30]。そこでは、信託のような形で財産を分離することによっ

---

30) 森田 (2006)。

て、信託財産と受託者の固有財産とのそれぞれに対する債権者の間で、効率的なモニタリングの分担を実現でき、それによって全ての当事者の改善につながるからこそ、信託は社会的に望ましい制度として存立しうるのだ、という可能性を提示した。

　もっとも、それと同時に、本稿で見たように、信託は、財産分離を実現することによって、誰に対しても主張可能な、あるいは、財産に随伴して移転していく権利を生み出す、という点で、信託を設定した外部の当事者に対する一定の外部性をもたらす可能性のある「財産権」的なメカニズムである。そうであるとすれば、そのような負の外部性を持つ信託を、より「望ましい」形で機能させるためには、信託の持つ外部性のもたらすコストをできるだけ小さくするような形で、信託に関する検証ルール（第3節4を参照）を設計していく必要があることになる。

第4節　結語

　本稿において検討してきたように、(広義の) 信託法は、さまざまな側面を有する法ルールの集合体であって、それをたとえば「信託法理」と名付けて一括して扱うことは、害をもたらす危険性の高い行為である[31]。それは、たとえば、会社法ルールを「会社法理」と一口にまとめて論ずることが不適切であり、株主対債権者・株主対経営者・多数派株主対少数派株主、という少なくとも3つのエージェンシー問題に分解して会社法ルールについて考察すべきこととよく似ている。

　個別的な局面に応じて、どのような利益がどのように対立しているのかを直視した上で、望ましい法規整を探究していくことがより生産的な活動である。本稿は、そのような探究に向けた視点の整理と、その具体的な仕分けを試みてみた。もちろん、本稿で提示した視点は唯一のものではないし、本稿で提示した視点を前提とした上でも、どのような要素をどのように取り込んで最終的な政策決定を行うべきかについては、複雑な考慮が必要であろう[32]。しかし、そのような不断の努力の未熟な一歩として捉えていただければ幸いである。

---

31) 同様のことは、「有価証券法理 (手形法理)」についても言えるであろう。「有価証券法理 (手形法理)」を解体する試みとして、小塚＝森田 (2014) を参照。
32) Levmore (1987), p.44 を参照。

第1章　財産権・契約・信託

参考文献

Ayres, Ian, and, Robert Gertner, 1989, *Filling Gaps in Incomplete Contracts：An Economic Theory of Default Rules*, YALE LAW JOURNAL 99：87-130.

Hansmann, Henry, and Reinier Kraakman, 2002, *Property, Contract, and Verification：The Numerus Clausus Problem and the Divisibility of Rights*, JOURNAL OF LEGAL STUDIES 31：S373-S420.

Kübler, Friedrich, 1984, *Verrechtlichung von Unternehmensstrukturen*, FRIEDRICH KÜBLER (HRSG.), VERRECHTLICHUNG VON WIRTSCHAFT, ARBEIT UND SOZIALER SOLIDARITÄT：VERGLEICHENDE ANALYSEN 167-228 (Nomos Verlagsgesellschaft).

Levmore, Saul, 1987, *Variety and Uniformity in the Treatment of the Good-Faith Purchaser*, JOURNAL OF LEGAL STUDIES 16：43-65.

Merrill, Thomas W., and Henry E.Smith, 2000, *Optimal Standardization in the Law of Property：The* Numerus Clausus *Principle*, YALE LAW JOURNAL 110：1-70.

――, and――, 2001a, *The Property/Contract Interface*, COLUMBIA LAW REVIEW 101：773-852.

――, and――, 2001b, *What Happened to Property in Law and Economics*, YALE LAW JOURNAL 111：357-398.

Shleifer, Andrei, 2010, *Efficient Regulation*, NBER WORKING PAPER 15651.

Thaler, Richard H., and Cass R. Sunstein, 2008, NUDGE：IMPROVING DECISIONS ABOUT HEALTH, WEALTH, AND HAPPINESS (Yale University Press).

内田貴、2009、『債権法の新時代――「債権法改正の基本方針」の概要』（商事法務）。

鴻常夫編、1998、『商事信託法制』（有斐閣）。

神田秀樹＝藤田友敬、1998、「株式会社法の特質、多様性、変化」三輪芳朗ほか編『会社法の経済学』453-477頁（東京大学出版会）。

小出卓哉、2008、『逐条解説 信託業法』（清文社）。

小塚荘一郎＝森田果、2014、『支払決済法――手形小切手から電子マネーまで〔第2版〕』（商事法務、2014）。

商事信託研究会編、2001、『商事信託法の研究――商事信託法要綱およびその説明』（有斐閣）。

寺本振透編代、2007、『解説 新信託法』（弘文堂）。

広渡清吾、2009、『比較法社会論研究』（日本評論社）。

松村敏弘、1998、「ディスクロージャー問題」三輪芳朗ほか編『会社法の経済学』365-392頁（東京大学出版会）。

森田果、2004a、「受託者の公平義務（上）」NBL780号35-40頁。

――、2004b、「受託者の公平義務（下）」NBL781号54-59頁。

――、2006、「組織法の中の信託――Henry Hansmann & Reinier Kraakman, *The Essential Role of Organizational Law* をめぐって」東北信託法研究会編『トラスト60研究叢書 変革期における信託法』1-30頁（トラスト60）。

――、2009、『金融取引における情報と法』（商事法務）。

第2章
日本相続法の特徴について

水野　紀子

第1節　信託法と民法

　信託は、被相続人の意思を柔軟に実現できる手法として期待されている。しかし大陸法系の法体系と信託との間に相克が存在するという問題は、四宮和夫『信託法〔新版〕』（有斐閣、1989）はしがきにある「水に浮かぶ油」という有名な表現に代表されるように、指摘されてはいたが、旧信託法はその利用領域が限定されていたために、その衝突はあまり問題にならなかった。また学説においても、その相克を実際にどのように克服するのかという議論は、十分には論じられてこなかった。旧信託法は制定以来80年余りにわたり実質的な改正が行われなかったが、法人を設立せずに財産を独立させることができる便利さを利用して、信託を用いた金融商品が活用されるようになったため、信託法をより整備する必要が言われるようになり、さらに、福祉・扶養などのための民事信託のニーズも強調されるようになった。このため2004年10月1日より2006年1月20日まで法制審議会信託法部会において審議された後、2006年2月8日に同審議会総会より法務大臣へ答申（信託法改正要綱）が提出された。この答申を受けて2006年3月13日に国会提出された信託法案は可決・公布され、2007年9月30日に新信託法が施行された。
　筆者は新信託法立法前から、信託法が民事信託に対象を拡大した場合、大陸法系の民法と衝突することを危惧していた[1]。物権法の領域では、信託は、所有権の排他性・絶対性、一物一権性と衝突する。信託は、一物にそれぞれ独立したlegal rightとequitable rightが二重に成立する制度を前

第2章　日本相続法の特徴について

提とする。しかし大陸法の民法は、これらの権利が二重に成立するシステムと整合しない。大陸法の所有権の絶対性は、他物権の制限を受けたとしても潜在的に存在し続けるとされ、永久の他物権は存在し得ず、贈与における処分禁止の特約も受贈者の死亡時まで処分を禁じる条項は無効とされている。また法主体と結びついた責任財産概念が、信託と両立しがたいことも指摘されている[2]。たしかにフランス法も民法に信託契約（fiducie）を導入し、現在では一人の法主体に二重に責任財産が成立する場合を承認するようになっているが、会社の営業資産などの場合に限定的に認められているだけであり、相続法への影響は排除されている。具体的には、フランス民法 2013 条は、信託契約は、受益者のために恵与の意図で行われた場合には無効であり、この無効は、公の秩序に関わるものであると定めて、相続法との衝突を回避している。

とりわけ相続法体系、同時存在の原則や遺留分制度などと信託との構造的矛盾は、深刻である。新信託法は、その 91 条で同時存在の原則を正面から否定する受益者死亡後の連続信託を規定するとともに、「当該信託がされた時から三十年を経過した時以後に現に存する受益者が当該定めにより受益権を取得した場合であって当該受益者が死亡するまで又は当該受益権が消滅するまでの間、その効力を有する」とした。大陸法体系の相続法は、「すべての制度の上に強力な刻印を刻む強制的な通行場所」[3]といわれる。信託は、もともとイギリス相続法を免脱するために発祥した、この「強

---

1) 水野紀子「信託法改正要綱試案に対するパブリックコメント」（2005 年 8 月提出）http://www.law.tohoku.ac.jp/~parenoir/shintakuhou-kaisei.html、同「信託と相続法の相克——とくに遺留分を中心にして」東北信託法研究会編『トラスト 60 研究叢書 変革期における信託法』103 頁以下（トラスト 60、2006）など。また立法後に信託法学会シンポジウム「民法から信託を考える」において次のような報告を行った。同「日本における民法の意義」信託法研究 36 号 107 頁以下（2011）。
2) 物権と信託、責任財産と信託との衝突については、横山美夏「財産——人と財産との関係から見た信託」NBL791 号 16 頁以下（2004）、同「信託から、所有について考える」信託法研究 36 号 67 頁以下（2011）、同「財産概念について——フランス法からの示唆」早稲田大学比較法研究所編『日本法の中の外国法——基本法の比較法的考察』47 頁以下（成文堂、2014）など。
3) Jacques Héron, Le morcellement des successions internationales, Economica, 1986, pp.134-135.

第1節　信託法と民法

制的な通行場所」をすり抜ける制度である。信託設定時から30年後に存在する受益者の死亡時まで有効とする新信託法91条の規定は、この「強制的な通行場所」をすり抜けることを意図したのだろうか。しかし同時に新信託法は、遺留分を否定していない。

　遺留分は、大陸法系の相続法体系全体を背景にして構築されている制度である。遺留分を算出するためには、被相続人の死の瞬間に被相続人の責任財産の総体が把握されなくてはならず、贈与財産も持ち戻されなくてはならない。すなわち被相続人の死の瞬間に被相続人という法主体の所有財産および彼が家族のために維持の義務を負っていた財産は、「強制的な通行場所」を通過すべくまとめられて、相続法という公序に従って配分される。その配分の決定方法を定める相続法は、一国の価値体系といわれるものであり、家族の一貫性と連帯性を保障することによる社会の一般利益と被相続人の個別利益の調整である[4]。被相続人が信託を設定していた場合も、被相続人の死亡時に、この強制的な通行場所を通ることになる。しかしそのときに信託財産がどのように相続財産に参入されるのか、新信託法は解決を与えていない。もっとも自然な解釈は、信託財産そのものが持ち戻されることであろうが、当事者にとっては受益権が持ち戻されるという構成が望ましい場合も少なくないであろう。あるいは信託設定行為そのものをそもそも形式的な名義変更にすぎないと性質決定して、信託財産が被相続人の責任財産にとどまっていると評価される構成も不可能ではない。遺留分の行使対象や算定方法についても、解釈上の疑問はつきない。たとえば、相続人の権限についても、民法では遺留分算定のために相続財産を覚知する権利と義務が保障される必要があるが、新信託法88条2項ただ

---

[4] ミシェル・グリマルディ（北村一郎訳）「フランスにおける相続法改革（2006年6月23日の法律）」ジュリ1358号68頁以下（2008）。グリマルディは、将来の相続に関する約定の禁止の原理を定めたフランス民法722条について、次のように説明する。「一方では、被相続人は、遺言により、それゆえ撤回の自由な単独行為によってでなければ相続財産を処分しえず、撤回不能な形で相続人を選定して契約を結ぶことはできないという意味で、これは、被相続人の遺言自由の保護の問題です。他方では、推定相続人は、未だ開始していない相続における権利を譲渡することも、放棄することもできない、ということです。これは、推定相続人の同意の保護の問題であり、将来の相続財産を『買い漁る』者と契約して買いたたかれたり、家族の圧力のもとに放棄に同意したりするのを防ぐ趣旨です。」同70頁。

197

し書は、受益者に受益権取得を知らせないことが可能であることを前提としている。

しかし本稿は、新信託法と相続法の併存によるこの矛盾を解決する解釈を模索するという困難な課題に取り組むものではない。もともと日本相続法の状況には大きな問題があった。そして、そのような相続法の状況が新信託法の立法を許すに至った一因でもあったように思われる。本稿は、そういう相続法の状況を概観しようとするものである[5]。

いったん生存配偶者の老後の保障に相続財産を用いるとしても、生存配偶者の死後は、生存配偶者の血族ではなく、被相続人の血族へ渡したいという順次相続のニーズは、相続法に古くからある伝統的なものである。信託法改正においては、このニーズに応えるという理由が強調された。たしかに信託制度は、順次相続のニーズのみならず、死後にいたるまで、被相続人に自分の財産について大胆に自由な制度設計を許すものである。しかし英米法の信託制度は、もともと相続法の潜脱手法を起源とするものであり、処分者の意思が最強であって遺留分を知らず、遺言の自由を貫徹するとともに、その弊害に対しては裁判所の強力なコントロール権能に依存するという、およそ大陸法や日本民法とは異質な法体系である。信託法を改正して民事信託を可能にするという劇薬を導入する必要があったのだろうか。

大陸法にも伝統的にこのニーズに対処する方法が存在した。ドイツ民法は、夫婦の共同遺言（ベルリン式遺言）、先位・後位相続、相続契約などによってこのようなニーズを処理してきた[6]。また、フランス民法は、継伝処分の禁止や相続契約の禁止を原則としたが、生存配偶者の用益権構成によってこのニーズに応えてきた。さらにフランス民法ももともと継伝処分の禁止に例外を設けていたのであり、2006年6月23日の法律は、さらに

---

[5] なお、水野紀子「日本相続法の現状と課題——贈与と遺贈の解釈を素材として」論究ジュリ10号2頁以下（2014）は、本稿と重複するもので、本稿のダイジェストに近い。
[6] ドイツ相続法については、太田武男＝佐藤義彦編『注釈ドイツ相続法』（三省堂、1989）が有益で網羅的な業績である。ドイツ法の最近の動きについては、藤原正則「ドイツにおける生前処分と死因処分の傾向」新井誠編『高齢社会における信託と遺産承継』199頁以下（日本評論社、2006）など。

遺留分の放棄制度を創設し、段階的恵与などの継伝処分の例外も拡大する改正を行った。しかしこれらの立法は、相続法体系内の調整として行われたものであり、被相続人の処分の自由と遺族の保護という対立する要請を両立させると同時に、対外的な関係との調整も行うものであった[7]。このような柔軟化は、相続法の公序を放棄したものではなく、相続法の公序とは、要するにこの調整の体系をいうのであろう。

　二十世紀初めから今日までの欧米諸国の相続法改正における最大の特徴は、配偶者相続権の拡大傾向であった。産業構造の変化と高齢化によって、相続財産の必要性は、子どもの生存や職業の保障から生存配偶者の老後の生活保障へと、主たる任務が変わったからである。フランス民法も、2001年12月3日法によって非嫡出子の相続分差別を撤廃するとともに配偶者相続分を大幅に強化した。配偶者相続権の強化によって、順次相続のニーズ、すなわち生存配偶者から子への確実な移転のニーズも、より強いものとなる。日本法においても、非嫡出子の相続分差別を違憲と判断した最決平成25年9月4日民集67巻6号1320頁を受けて、主に配偶者の相続権をより配慮する法改正作業が始まっている。このニーズを信託法によらず相続法内で実現することも考える必要があろう。しかしここでは、まず日本民法の立法時点に遡ってその後の展開を考えてみたい。

---

[7] フランス相続法の近年の動きを紹介する業績として、金子敬明「相続財産の重層性をめぐって(5)」法協121巻6号（2004）、宮本誠子「フランス法における遺産の管理(1)(2・完)」阪大法学56巻4号・5号（2007）、足立公志朗「フランスにおける信託的な贈与・遺贈の現代的展開(1)(2・完)――『段階的継伝負担付恵与』・『残存物継伝負担付恵与』と相続法上の公序」民商139巻4・5号466頁以下、6号607頁以下（2009）、石綿はる美「遺言における受遺者の処分権の制限――相続の秩序と物権の理念(1)-(3)」法協131巻2号1頁以下、3号41頁以下、4号109頁以下（2014）など。フランス信託法の動きについては、金子敬明「大陸法系における信託の可能性？――フランスにおける信託（fiducie）の動向」新井編・前掲注6）135頁以下など。

第2章　日本相続法の特徴について

第2節　民法の継受とインフラの相違

　明治民法が立法されたのは、1898年である。そしてその7年後、1905年に担保付社債信託法が制定された。その後、投資家保護のため1922年に信託業法が制定され、これに伴い1921年に信託一般に関する実体法として信託法が制定された（旧信託法）。

　この頃の日本は、まだ貧しい発展途上国であった。明治政府は諸外国との不平等条約を改正するために西欧法を継受して明治民法を立法し、明治民法は、個人の法主体性を確立し、所有権を定めて、法的に近代化の準備を整えた。明治以降、江戸期に確立していた近世の社会構造は、日本社会の近代化によって大きく変容し崩壊していった。産業構造の変化、第一次産業から第二次・第三次産業への労働人口のシフト、都市化など、いわゆる近代化・資本主義化といわれる日本社会の変化は、あるいは民法がなくても進行したのかもしれないが、民法が個人主義の契約社会に必要な法的なインフラを準備して近代化を促進したことは間違いない。民法は、西欧社会において形成されてきた近代法であり、西欧社会においては、民法が必要とする裁判所などの司法体制が機能するように整えられていたが、異なる社会である日本がその民法を受け入れたとき、日本にはそのような条件がなかった。そして民法の条文を翻訳して立法することよりも、民法が前提とする司法体制を構築することの方が、いうまでもなくより困難である。

　明治民法の起草者は、立法にあたって、これらの制度的相違を自覚して、ある程度対応していた。つまり「家」制度を創設し、西欧民法を日本社会に合わせて変容させて受容することをはかった。「家」制度は、近世の日本社会を構成していたイエ制度を、明治初期に整備された戸籍制度を媒介として、明治民法の中に「家」制度として取り込んだものである（明治民法が創設した「家」制度と区別するために、「イエ」とカタカナ表記する）。イエ制度が確立したのは、明治維新前の長い武家政権の間であった。近世の日本は、「家職国家」（渡辺浩)[8]であり、すべての日本人は、一種の「機構」あるいは「法人」としてのイエに帰属し、武士も町人も百姓もそれぞれイ

エの家業を営んで生きた。明治民法の家族法は、イエの自治を大幅に取り入れ、家族を「家」の自治に委ねた。ドイツやフランス等の母法の民法は、離婚をすべて裁判離婚とするなど、家族を守るために司法が法的に家族に関与する条文を多くもっていたが、それらを元老院等の民法立法段階で徹底的に削除し、日本民法においては、母法と異なり、裁判所を経由しない協議離婚、養子縁組と離縁が立法されている。また親権者の親権行使を制限して裁判所の許可を入れた条文を削除し、親権者の権限を非常に大きくして子の財産の処分権限をももたせた。

明治政府は、不平等条約を改正するまでは、裁判所を設置する努力を重ねたが、条約改正が成立するとその努力は続かなかった。その結果、日本社会は、西欧民法が予定するような司法インフラが圧倒的に不足している。裁判官の養成は簡単なことではなく、十分な司法インフラを運営するには恒常的な国費がかかるが、当時の日本にはこのような制度的条件はなかったし、戦後、日本が豊かになっても司法関連予算の少なさは変わらなかった。裁判所はその利用に高額な費用がかかる希少な存在となったため、民法が母法にならって裁判所の関与を定めた規定をおいていても、たとえば禁治産制度のように使われない場合が少なくなく、事実上の代理人が契約を締結する慣行が行われた[9]。

また母法国が民法を機能させる前提としていた司法インフラは、裁判所のみではない。フランス法は、公証人慣行をもち、すべての不動産登記に、そして遺贈か贈与か不動産の遺産があるすべての遺産分割にも、公証人が関与するが、日本の公証人にはこのような機能はない[10]。日本民法は、婚姻秩序維持や親権喪失などにおいて検事が民事的に活躍することを前提と

---

8) 渡辺浩『日本政治思想史——十七〜十九世紀』（東京大学出版会、2010）70 頁以下は、近世日本を「家職国家」として描く。
9) 水野紀子「日本における家族・地域の変容と制度設計のあり方」実践成年後見 50 号 24 頁以下（2014）では、成年後見制度に重点をおいて日本法の展開を振り返った。
10) 金子敬明・前掲注 7)「相続財産の重層性をめぐって(5)」法協 121 巻 6 号 44 頁以下に、公証人（ノテール）による相続財産の処理の紹介がある。「相続税の申告がなされるケースは、年間約三〇万件に上るが、その大多数においては、約七八〇〇人のノテールの手によって相続財産の処理が行われている」同 44 頁。また相続財産が不動産を含んでいる場合、遺言がある場合、被相続人が生前贈与をしていた場合においては、必ず公証人を介入させる必要があることについて、同 52 頁。

する条文を母法にならって設けたが、日本の検事は被告としてやむを得ず訴訟参加する場合以外、民事的には機能しない。

　代わりに母法国にはなくて日本には存在するインフラや条件もある。インフラの最たるものは、日本人すべての住所と親族関係の完璧な身分登録簿である戸籍という存在であろう。戸籍は比類のない身分登録簿であり、日本人は戸籍の形作る世界に、一対一対応のいわばアバターをもって身分行為を行っており、ある人の住所と氏名がわかれば、その人の全親族関係と全員の住所が判明する[11]。日本の不動産登記簿は、中間省略登記などによって契約の経緯や権利関係を確度高く証明することはできず、また不実登記の可能性がある程度あるとはいえ、不動産の現況を示すことができる。抵当権がついているかという不動産の現況を簡単に確認できることが、もっぱら不動産担保によって債務者の信用を供与してきた、いわば土地本位制ともいうべき日本の金融取引運営のひとつの条件であったろう。また旧信託法のもとで、限られた領域とはいえ長年安定的に信託が行われてきたのは、信頼性が非常に高く資力に不安のない信託銀行のみが受託者になっていたからであり、この条件も、他国にはないものであった。さらに判例の作り上げてきた相続時の債権債務の帰属ルールと異なり、銀行実務が相続時の預金債権処理を約款によって自衛的に対処してきたことも、相続法運営の事実上の条件あるいは結果になっていたかもしれない。ともあれ、このようなインフラや条件の相違は、民法の運営において、母法には見られない日本法独特の問題や矛盾、さらにその一定の解決策をもたらしてきた。

---

11) 水野紀子「日本の戸籍制度の沿革と家族法のあり方」アジア家族法会議編『戸籍と身分登録制度』13頁以下（日本加除出版、2012）。

第3節　戦後改正後の相続法の運営

　相続法領域では、このインフラや条件の違いがもたらす作用は、どのように現れてきただろうか。日本民法は、厳格な平等要請を実現する遺留分を継受した。しかし同時に、明治民法は、家督相続というおよそ遺留分の理念と相反する一子相続制度を創設した。明治民法起草者には平等相続の原則性という意識がなかったため、母法にはない現行民法 902 条の指定相続分制度も思いつきで立法している。家督相続という平等相続に反する相続法を原則としていたから、遺贈は、兄弟間で取り分を変更するものというよりも、相続人以外の第三者を受贈者とするものと想定されるのが一般であった。家督相続は、被相続人から一人の相続人へ承継されるにすぎなかったから、共同相続人間で特別受益を持戻し債権債務の承継を整理して、複雑な遺産分割をする必要はなかった。共同相続の手続きよりも、家督相続ははるかに問題が生じることが少ない簡便な相続手続きであり、人々は、新戸主名義で新しい戸籍を編製したときに家督を承継し相続が行われたと意識したようである。実質的な財産を持っているのは戸主であったから、遺産相続の複雑な手続きはほとんど問題にならなかった。

　戦後の改正は、配偶者相続権の改正を除けば、主に家督相続部分を削除したいわゆる「引き算の改正」である。遺産相続のみとなったとき、本来であれば、遺産分割手続きの制度的な構築が考えられるべきであったろう。相続法は、単に積極財産の分配問題ではない。責任財産を持つ法主体がさまざまな取引を行っている市民社会の私法体系の中で、所有権のみならず債権債務や契約上の地位など多くの権利義務の帰属点である法主体が、突然消失するという事態を消化する、複雑な仕組みである。その手続きは、相続開始時から速やかに進められる必要がある。ドイツ民法においては、遺産を合有として相続人の処分を禁じ、遺産債務があるときは遺産裁判所が介入して、遺産分割手続きを運営する。フランス民法では、合有概念はとっていなかったが、19 世紀後半に判例が作り上げて 1976 年 12 月 31 日の法律で立法化された手続きが、合有的処理に近いものとなっている。つまり、複数の財産を包括的に共有する状態をいう遺産共有 indivision 状態

第2章 日本相続法の特徴について

として遺産分割までは運営され、実際には公証人が遺産分割手続きを進めるため、特別受益の計算も遺留分の減殺請求もまとめてその手続き内で行われる。不動産の持分譲渡は公証人が必ず関与するから遺産分割との問題は生じないし、遺産分割前に相続人が債権を譲渡しても、その債権譲渡は無効になる[12]。日本相続法は、共有規定をもちながら、遺産分割手続きや遺留分減殺請求などを束ねている公証人慣行をもたないため、いわば扇の要の部分が外れてばらばらになったような状態である。

しかし戦後改正の起草者は、このばらばらになった規定を実効的にまとめる遺産分割手続きを構築するよりは、共同相続人が遺産分割前に取引をした場合にその相手方が遺産分割の遡及効によって権利を奪われることを心配し、民法909条ただし書を立法して取引安全を守ろうとした。そしてこの立法によって、遺産合有という解釈は難しくなった。遺産は、対外的には相続開始直後から処分の自由な共有財産として存在することになる。相続開始後、短期間の間に遺産分割手続きを進める公証人慣行のような法的保障がないため、長期間の遺産共有状態が続きうることになり、実際に死者が名義人となったままの不動産が数多く存在する[13]。

一方、相続人間の遺産分割においては、民法906条の柔軟な遺産分割基準を設け、相続人間の合意における広範な自由を認めて、民法1043条の遺留分放棄も利用して、できるだけ共同相続人間の不平等を寛容に実現

---

[12] フランス法の遺産共有が、実際には遺産をまとめて管理する実体があったこと、所有権は共有として分割帰属させても管理権限によって相続財産のまとまりを保って処理されることなどについては、以前からの比較法研究の蓄積がある。有地亨「共同相続関係の法的構造(1) (2・完)」民商50巻6号3頁以下、51巻1号32頁以下(1964)をはじめ、伊藤昌司、丸山茂らの業績である。宮本・前掲注7)阪大法学56巻4号128頁は、「一個又は複数個の特定物を複数人に集合的に帰属させる物権」で「意思による状態」である物権法上の共有 copropriété と対比して、indivision 概念を紹介する。
[13] 一筆の土地に数十人の権利者が存在することもまれではない。実際にはかつての家督相続人にあたる相続人が他の共同相続人との合意のもとにその不動産を占拠している場合が多いが、登記名義変更の費用と手間が理由となって他の共同相続人と明示的に遺産分割協議を行って登記名義を書き換えているわけではないので、バブル期には、それを利用して地上げが行われた。東京の下町などで、死者が名義人となっている不動産については、地上げ業者が、共同相続人を回って持ち分を買い集めてから、居住者に明け渡しを請求したのである。東日本大震災後の被災地においては、権利者の多さ故に土地の区画整理に困難を来している。人数の多さのみならず、戸籍で住所がたどれず、生死すら定かでない権利者もいるからである。

しうるように設計した[14]。そして遺産分割は、創設された家庭裁判所の管轄として、共同相続人間の互譲の精神による柔軟な解決をはかった。この遺産分割手続きには、被相続人という法主体の消失を処理して取引社会の安定的な運営をはかる相続法というよりは、被相続人の遺したプラスの遺産を相続人間で分け合う仕組みという認識が主となっている。この仕組みは、戦後しばらくの間、共同相続人の合意によって家督相続を再現することを可能にした。しかし高度成長期以降、不動産が高騰すると合意形成が困難なケースが増加し、被相続人が死後の相続人間の紛争を予防するとともに老後生活の支援を期待して遺言を遺すことが増加した。

戦後の最高裁判例も、戦後改正の起草者と同様に、対外的には相続分によって取引安全を処理してきた。債権債務の相続は、それぞれ債務者・債権者という相手方があるため、遺産分割の対象財産からはずして相続分通りに直接相続人に帰属するとし、不動産の相続については、昭和期の「相続と登記」に関する判例によって、登記を信頼した第三者を相続分の限度で救済することによって取引を安定化しようとした[15]。ここでの相続分は、特別受益などを加味した具体的相続分ではなく、戸籍によって第三者にも明示的にわかる法定相続分を前提に、取引安全を構築しようとしていたように思われる。しかし遺言が増加することによってこの取引安全は崩壊した。遺言執行者がつくと相続人は処分権限を失うから、法定相続人から相続分通りを買い受けても無効となる。さらに指定相続分について最判平成5年7月19日家月46巻5号23頁、「相続させる」旨の遺言について最判平成14年6月10日家月55巻1号77頁は、自由相続によって不動産を取得した相続人は、登記なくしてその権利を第三者に対抗することができ

---

14) フランス民法では、相続分の平等が害された遺産分割は過剰損害として取り消されてきたが、2006年6月23日の法律による相続法改正は、この取消しを廃止した。しかし依然として相続分の平等が害された遺産分割を認めるものではなく、フランス民法889条による均衡回復請求権を創設した。

15) この不動産取引をめぐる判例理論については、水野紀子「相続回復請求権に関する一考察」星野英一＝森島昭夫編『現代社会と民法学の動向（下）——加藤一郎先生古稀記念』409頁以下（有斐閣、1992）、同「相続財産の取引安全における『相続と登記』判例と表見理論」トラスト60『トラスト60研究叢書 信託と信託法の広がり』195頁以下（トラスト60、2005）、同「『相続させる』旨の遺言の功罪」久貴忠彦編代『遺言と遺留分 第1巻 遺言〔第2版〕』199頁以下（日本評論社、2011）などで分析した。

るとする決定的な判断を下した。もっとも判例は、債権債務については、自由相続によって相続分が変更されても債権者や債務者には対抗できないとして、債権者や債務者が法定相続分通りに相続人に請求できるとしたうえで、共同相続人間では遺言に従って承継するものとさせ、後は共同相続人間の清算に委ねることにするようである（最判平成16年4月20日家月56巻10号48頁、最判平成21年3月24日民集63巻3号427頁）[16]。また戦後民法改正の起草者のみならず、最高裁も、均分相続の要請を原則とする感覚はもっていなかったから、遺産分割方法の指定と性質決定して「相続させる」旨の遺言を承認して公証人の遺言実務を追認したが、民法908条は本来は遺贈と異なり、均分相続を害さない分割指定を予定する条文であったためもあって、必要な条文が準備されていない[17]。

　債権債務の清算、特別受益の持戻し、遺言の実行、遺留分減殺請求、遺産分割などの諸手続きは、相互に前提となっているものであり、本来であれば相続開始後のほどない時期にまとめて行われるべきものである。しかし日本法ではこれらがばらばらに行われ、管轄も地方裁判所と家庭裁判所

---

16) たとえば、最判平成16年4月20日は、共同相続人が、相続財産中の可分債権について相続分以上の行使をしたときは、他の共同相続人に対する不法行為ないし不当利得になるとした。また、最判平成21年3月24日は、共同相続人の1人に全部遺贈された場合について、「相続人間においては、当該相続人が指定相続分の割合に応じて相続債務をすべて承継する」としつつ、「相続債権者に対してはその効力が及ばない」とし、そのうえで、「相続債権者の方から相続債務についての相続分の指定の効力を承認し、各相続人に対し、指定相続分に応じた相続債務の履行を請求することは妨げられない」とする。

17) 最判平成23年2月22日民集65巻2号699頁では、「相続させる」旨の遺言の受益相続人が被相続人より先死した場合に、遺贈のように代襲相続を否定する規定がないために、代襲相続が認められるかどうかが争点になった。判旨は、この遺言は「当該『相続させる』旨の遺言に係る条項と遺言書の他の記載との関係、遺言書作成当時の事情及び遺言者の置かれていた状況などから、遺言者が、上記の場合には、当該推定相続人の代襲者その他の者に遺産を相続させる旨の意思を有していたとみるべき特段の事情のない限り、その効力を生ずることはない」と判示した。「代襲者その他の者」という表現は、被相続人が受益相続人である長男の遺族、すなわち代襲者のみならず長男の妻も含むものと意図していた場合を想定させ、実際に本件においても遺言者はそのつもりであった可能性が高い。このような遺言者の意思を認定することに肯定的な見解もある。浦野由紀子「判批」法学教室372号48頁など。しかし本文で後述するように、遺言の意思解釈を広範に柔軟に認めるべきではない。本件判旨の射程距離においても、よほど明示的な補充規定がない限り、代襲は行われないと理解すべきであろう。

に分断される。遺産分割は家庭裁判所の専属管轄とされているものの、審判に既判力がないので遺産帰属性を確定するために遺産確認の訴えが必要となる。遺産分割紛争がこじれると、家庭裁判所の審判手続きの途中で地方裁判所で遺産確認の訴えを確定させてまた家庭裁判所へ戻るような往復をしたり、相続人が遺留分減殺請求権を行使して地方裁判所へ提訴する事態となり、このような訴訟は、当事者に高額な費用負担をもたらす。一方、家庭裁判所の調停で共同相続人の合意さえ成立すれば、諸手続きをまとめた遺産分割も可能とされているから、当事者は「妥協による合意」を強制されて権利が画餅に帰しがちであるが、そのことはあまり問題視されず、むしろ当事者の合意によって家庭裁判所で「柔軟な解決」をはかることが推奨される[18]。当事者の自治に紛争の解決を委ねることのもたらすこのような問題性は、日本法では離婚法でも同様にみられる[19]。おそらく家族間紛争は、法によって解決されるよりは互譲の精神による話し合いによって解決されるべきであるという伝統的な感覚が背景にあると思われるが、法の支配という原則からは、許容できない問題性であって、再考される必要があろう[20]。

　家庭内暴力の被害者を守れないというような人権侵害が生じうる離婚法

---

18) 塩月秀平「相続させる遺言と遺留分減殺——相続における訴訟事項と審判事項の交錯　最三小判平成21.3.24を契機に」金法1877号6頁（2009）など。
19) 離婚法との共通性について、水野紀子「共同相続にかかる不動産から生ずる賃料債権の帰属と後にされた遺産分割の効力（平成17.9.8最高一小判）」判例評論572号（判時1937号）202頁以下（2006）で触れた。
20) 家庭裁判所における紛争解決は、調停が大きな柱となっている。昭和28年に日本調停協会連合会によってまとめられた「調停いろはかるた」には、次のようにある。「論よりは義理と人情の話し合い」「本訴より手がるで安い話し合い」「理詰めでは出来る調停角が立ち」「るいのない調停制度で世を守る」「権利義務などと四角にもの言わず」。これらの表現では、訴訟は高価な近づきがたい手段であることを前提として、調停では法による解決が目指されていないことが明らかである。調停委員は、健全な常識人であることが求められ、法律知識はかつてはむしろ不要とされた。このような調停のあり方は、「法の支配」概念と相容れない。トム・ビンガムは、「法の支配」の内容を8つの原則に分けて描く。「法的権利と責任の問題は、通常、裁量の行使ではなく、法の適用によって解決されるべきである」（第2原則）、「当事者が自分では解決できない善意の民事紛争は、法外な費用や過大な遅延なく解決できる手段が提供されなくてはならない」（第6原則）。Tom Bingham, The Rule of Law, Penguin Books, 2011. 第2原則は、48頁以下、第6原則は85頁以下。家事調停は第2原則に反し、民事裁判は第6原則に反するだろう。

の私事化よりは、相続法におけるそれのほうが、問題の深刻さは少ないかもしれないが、理論的な難点は、おそらく相続法においては、離婚法におけるよりも、さらに大きい。相続法では、相互に前提となっている一体の手続きを無理に分断しているからである。判例実務は、この分断のもたらす難問にひとつずつ回答を与えてきた。遺留分減殺請求の効果が物権的に生じるとされたことから、遺留分減殺請求は地方裁判所の管轄と解されている。寄与分と遺留分の関係も理論的には難題であるが、減殺請求の場面では寄与分は配慮されないとされた。遺産分割紛争の激化を背景に、被相続人が自衛のために遺言することが増えたので、それに対応して遺留分減殺請求権の行使も多発し、近時は、遺留分減殺請求に関する多くの最高裁判例が相次いだ。しかしこれらの判例実務によって、相続法が矛盾なく構築できているかというと、疑問である。

　特別受益などの計算をしなければ、相続人が最終的に取得する相続分はわからない。債権債務は遺産に含まれないとされているが、遺留分の計算の基礎財産とはなるはずである。多額の遺贈や生前贈与があっても、残余財産が遺留分権利者に配分されたら、遺留分が満たされる可能性がある。

　相続分という用語は多義的に用いられる。債権債務を除いた遺産分割対象となる積極財産の法定相続分をいう場合も、特別受益を加味して計算した具体的相続分をいう場合も、債権債務も含めた包括的な相続分つまり相続人たる地位をいう場合もある。遺産確認の訴えは、家裁で行われる遺産分割の前提として分割対象財産を既判力をもって確定するためのもので固有必要的共同訴訟とされているが、相続分を譲渡した相続人は、「積極財産と消極財産とを包括した遺産全体に対する割合的な持分を全て失うことになり、遺産分割審判の手続等において遺産に属する財産につきその分割を求めることはできない」から訴訟当事者に含まれないとされている（最判平成13年7月10日民集55巻5号955頁、最判平成26年2月14日裁時1598号1頁）。それでは、債権債務は帰属しているが、遺産分割対象財産の持分のみの相続分を譲渡した相続人は、訴訟当事者に含まれるのだろうか。特別受益を得ていた相続人が相続分を譲渡した場合は、訴訟当事者に含まれるのだろうか。手続きの分断と管轄裁判所の分裂は、不明瞭な理論的課題を続出させる。相続財産をまとめて清算する比較法的な視点は、学

者の相続法研究業績においては、古くからずっと示唆されてきたが、地方裁判所と家庭裁判所の管轄調整に苦心する裁判所実務は、このような示唆にあまり関心を示さず、法定相続分による共有という処理を貫徹する方向で、相続法を形成してきた。

第2章　日本相続法の特徴について

第4節　最高裁判例に見る負担付き贈与・死因贈与・遺言の解釈

　地方裁判所と家庭裁判所の分断がもたらす理論的難点は、とりわけ法定相続分と具体的相続分の相違、つまり特別受益の扱いに現れるように思われる。特別受益となる遺贈や贈与、また死因贈与について、判例の蓄積は薄く、学説の議論の蓄積もない。

　母法国では、贈与は生前相続として扱われ、それにふさわしい重い要式行為となっている。フランスでは、公証人が、遺留分を侵害しない自由分の範囲であるかどうかを確認しながら、贈与手続きを行う。しかし日本法では、旧民法と異なり、贈与契約は簡単なものとされ、その結果、その後の学説においては、契約一般の議論が及ぼされる傾向にある。また母法では生前相続という意識から認められていた忘恩行為による撤回などの規定も、明治民法は立法しなかった。もっとも贈与行為という性格から忘恩行為に類似するケースでは、判例も贈与の撤回を信義則上認める傾向にあり、この傾向に対して「個別裁判官の倫理的（その他の実践的）価値判断によって無媒介に結論が導かれるような裁判」つまりカーディ裁判になることを危惧する学説（廣中俊雄）もある[21]。しかし遺留分がなく遺言自由の原則をとる英米法では、裁判官が遺族のために強大な裁量権を行使して遺言を無効化することが許されている。おそらく被相続人の自由をはるかに尊重する英米法であっても、相続には、遺族の生活と被相続人の遺言の自由の均衡をはかるために公序的性格が内在するのであろう。

　贈与のうちでもとりわけ死因贈与は、死者の手から贈与されるものであり、限りなく遺贈に近い。明治民法起草者は死因贈与を遺贈と考えていたのであり、死因贈与は贈与から除外されることを明らかにするために民法554条の規定をおき、方式も含めて遺贈の規定に依らしめることにしたが、その後、この起草者意思は維持されなかった。学説においては、単独行為と契約の相違を重視して、方式は遺贈の規定に依るべきではないとする説

---

21)　広中俊雄「解釈上の贈与撤回権の要件構成」法学セミナー212号129頁（1973）は、「受遺欠格の規定（民法九六五条・八九一条）を類推して問題を処理する解釈論」を提唱する。

210

第4節　最高裁判例に見る負担付き贈与・死因贈与・遺言の解釈

が通説化し、判例も同様の解釈をとる。しかし遺贈としての要式性を欠くものが、受遺者の同意があるとされたとたんに契約として有効になるという解釈は、いかにも均衡を欠く結論である。反対説が、「通説判例のいう死因贈与は契約で、遺贈は単独行為だから、方式は遺贈の規定に依るべきでないというのは、形式的なきらいがある」（来栖三郎）[22]と批判するのも無理はない。

　最高裁判例は、方式の点のみならず、さらに進んで、契約であることを理由に撤回権を制限するに至っている。最判昭和47年5月25日民集26巻4号805頁は、遺言者の最終意思を尊重して、「死因贈与については、遺言の取消に関する民法一〇二二条がその方式に関する部分を除いて準用される」としたが、最判昭和58年1月24日民集37巻1号21頁は、訴訟における和解によって所有者となった者が処分をしないことと死因贈与を約した事案において、死因贈与を取り消すことはできないと判示した。この事案は、所有者名義を与えながら一切の処分権を行使しないことを約した和解契約そのものに問題があったといえ、事案の結論としての妥当性はあるケースであったが、同様に死因贈与を取り消せないとした最判昭和57年4月30日民集36巻4号763頁は、事案の結論としても妥当なものではなかった。この事案は、被相続人が長男との間で、負担を履行した場合には全相続財産を与えるとの死因贈与契約を締結し、遺言では二男と三女に遺贈したものである。長男の負担はそれほど多額ではなく、扶養義務の履行と評価できる程度の負担（毎月3000円とボーナスの半額）であった。しかし最高裁は、「負担の履行期が贈与者の生前と定められた負担付死因贈与契約に基づいて受贈者が約旨に従い負担の全部又はそれに類する程度の履行をした場合においては、贈与者の最終意思を尊重するの余り受贈者の利益を犠牲にすることは相当でない」として遺言の取消しに関する民法1022条、1023条の準用を否定したのである。

　フランス法であれば、死因贈与の問題以前に、負担が先履行とされるこのような贈与は、そもそも贈与と性質決定されないであろう。負担付き贈与は、贈与された受贈者が贈与者に年金を支払うような場合に行われるも

[22) 来栖三郎『契約法』（有斐閣、1983）228頁。

211

のであって、負担の先履行によって贈与される権利を確実に獲得するものではない。ドイツ法であれば、このような負担付き贈与は混合贈与とされるだろうか。いずれにせよ、双務契約と性質決定して、負担の先履行によって贈与の履行義務が生じるという解釈はとりえないであろう。最高裁の結論は、贈与や死因贈与、ひいては相続に対する理解が薄く、あまりに形式的な双務契約概念でのみ解釈されたと言わざるを得ない。

　ドイツ民法においてもフランス民法においても、死因処分は、限定的にしか認められない。死者が自らの死後を指示できることは遺言事項によって限定されている。たしかに、フランスには、フランス民法791条、同1130条という相続に関する契約の禁止を明示する条文があるが、日本民法にはこのような条文はない。しかし相続放棄を家庭裁判所への申述にかからしめた民法938条、遺留分の事前放棄を家庭裁判所の許可にかからしめた民法1043条などから、論理的には、同様の原則が相続法に認められるだろう。将来の相続に関する契約を許すと、遺言の自由、最終意思を実行する自由は失われる。遺言の自由は、近親者が身近にいて関与してくれるために、法が高齢者に与えた「控えめな武器」だともいわれる[23]。そして将来の相続財産に関する契約の禁止はこれらの要請に応じた公序則であるために、絶対無効とされる。

　むしろ日本法では、双務契約の解釈と異なり、遺言は単独行為であるから、相手方の信頼保護という問題がないので、遺言の解釈においては、真意の探求が追求できるという論理がいわれる。

　最判昭和58年3月18日家月36巻3号143頁は、一般に「後継ぎ遺贈」といわれる遺言に関する判決で、この判決を契機にして「後継ぎ遺贈」に関する議論が活発化したと評価される[24]。この遺言は、受遺者を妻、妻死亡後は弟妹とする内容の遺言で、妻が単独名義で登記したあと、弟妹から遺言の意味が不明であるから遺言は無効であると提訴された事件であった。原審は、弟妹に対する第二次遺贈の条項は、遺言者Aの単なる希望

---

23) François Terré, Yves Lequette, Droit Civil Les successions Les libéralités, 3e éd. 1997. Dallz. pp.,486-487.
24) 石綿はる美・前掲注7) 法協131巻2号1頁以下。この判例をめぐる学説などについては、この論文に譲る。

を述べたものにすぎないと判示して、弟妹を敗訴させた。つまり、この種の遺贈は、受遺者に一定の債務を負担させる負担付き遺贈とも異なり、現行法上これを律すべき明文の規定がないため、この遺贈を有効とした場合には、第一次受遺者の受ける遺贈利益の内容が定かではなく、また、第一次受遺者、第二次受遺者および第三者の相互間における法律関係を明確にすることができず、実際上複雑な紛争を生ぜしめるおそれがある、従って関係者相互間の法律関係を律する明文の規定を設けていない現行法のもとにおいては、第二次受遺者の遺贈利益については法的保護が与えられていないものと解すべきである、とする論理である。

　しかし最高裁は、原審を破棄して次のように判示した。「右遺言書の記載によれば、Aの真意とするところは、第一次遺贈の条項は被上告人に対する単純遺贈であつて、第二次遺贈の条項はAの単なる希望を述べたにすぎないと解する余地もないではないが、本件遺言書による被上告人に対する遺贈につき遺贈の目的の一部である本件不動産の所有権を上告人らに対して移転すべき債務を被上告人に負担させた負担付遺贈であると解するか、また、上告人らに対しては、被上告人死亡時に本件不動産の所有権が被上告人に存するときには、その時点において本件不動産の所有権が上告人らに移転するとの趣旨の遺贈であると解するか、更には、被上告人は遺贈された本件不動産の処分を禁止され実質上は本件不動産に対する使用収益権を付与されたにすぎず、上告人らに対する被上告人の死亡を不確定期限とする遺贈であると解するか、の各余地も十分にありうるのである」。この判例は、遺言の全趣旨から遺言者意思を探求すべき旨を判示した判例と位置づけられている。判旨が示した4通りの解釈については、これらすべてを有効とする趣旨であるか、それとも無効な解釈を含むのかについては、判旨の趣旨は定かではなく、学説も分かれる。負担付き遺贈あるいは条件付き遺贈として、処分を禁止して所有権を移転する義務を所有権者に負わせることが所有権概念との関係で許されるのか、またその義務は債権的義務なのか物権的効果が生じるものか、などの論点が対立している。

　はじめに述べたように、民法における相続は、「すべての制度の上に強力な刻印を刻む強制的な通行場所」である。被相続人の死の瞬間に被相続人という法主体の所有財産および被相続人が家族のために維持の義務を

負っていた財産は、この「強制的な通行場所」を通過すべくまとめられて、被相続人の意思の自由という個別の利益と家族の維持という社会の利益を調整する、相続法という公序に従って配分される。もし最高裁が例示したすべての解釈が可能であるとすると、相続時点における相続財産の把握や遺留分の計算は、どのように行われうるのか、説明は至難である。

　相続法のいわば公序感覚が、日本法に薄かったのはなぜだろうか。ひとつは、単純な原則のもつ理念の力であろう。契約自由の原則をはじめ、単独行為である遺言は撤回自由であるが、相手方のある契約は拘束力があるというような民法の原理的な発想が、母法国以上に、大原則になってしまう傾向がときとしてあるように思われる。たとえば、契約は相手方保護のために拘束力はあるが、単独行為はそれがないという単純化された議論のように。また過失責任主義から導かれる責任無能力概念が、母法であるドイツ民法やフランス民法よりも極端に立法化されたように[25]。そしてそれらの概念に比べると、背景にある制度的な保障によって担保されている法益保護のしくみや、慎重な法益衡量によって複雑にバランスをとって線を引かれている制度などは、より理解が難しかったのかもしれない。

　また、背景にある制度がもたらす常識が、その制度をもたない日本人にはぴんとこないということもある。生前贈与は、公証人によって行われる半ば公的な行為である。遺贈の要式性とその意味も、近年に至るまで遺言の習慣をもたなかった日本人にはなじみがない。公証人が関与して贈与や遺言執行や遺産分割が行われることの意味は無視できない。フランスの2006年改正法が遺留分の放棄を承認して被相続人の自由度を増したことについて、障害者である相続人などに手厚く遺すことを可能にするためであったと言われる。日本法の遺留分に対しても、被相続人による弱者保護を可能にするべきであるという観点から立法論的な批判が行われることがある[26]。しかし英米法のように遺留分を一挙に廃止するには、大陸法はまだまだ遠いようであり、最近、ドイツ連邦憲法裁判所は、子の要扶養性に

---

[25] 水野紀子「精神障害者の家族の監督者責任」岩瀬徹ほか編代『刑事法・医事法の新たな展開（下）――町野朔先生古稀記念』249頁以下（信山社、2014）。

[26] 信託法立法にあたってもそのような配慮の必要性が主張された。能見善久『現代信託法』（有斐閣、2004）11頁など。

第4節　最高裁判例に見る負担付き贈与・死因贈与・遺言の解釈

かかわりなく、平等な遺留分を憲法上の権利として認めた[27]。フランスにおいても、2006年改正法が事前の遺留分放棄を認めたことを危惧し、公証人は被相続人が遺留分権利者に不当な圧力をかけるのを抑制することはできないと心配する声はある[28]。しかしプロフェッショナルである公証人が権利義務を説明して関与するとき、自ずから無法なことは行われない。明治民法起草時に起草者たちが「家督相続人ト云フ者ガ立派ナ人間デアッテ、親ノ跡ヲ継イデ十分子供ヲ養育シテ往ク丈ケノ権能ノアル者ナラバ、ソレデモ宜シウゴザイマセウガ、サウ云フ者ハ割合ニ少ナイ」「馬鹿者ガアッテ愛妾ニミンナヤッテ仕舞ウコトガアルカモ知レヌ」[29]と危惧したようなことは生じないだろう。家族の自由に完全に委ねると危険なことが少なくない。裁判所や公証人慣行という家族への重い介入手続きによって守られている法益がある。

---

27) これを批判的に紹介するライナー・フランク（神谷遊＝且井佑佳訳）「ドイツ相続法における遺留分の現代的意義——子の遺留権は時代に適合しているか」同志社法学65巻1号269頁以下（2013）。
28) 足立・前掲注7）民商139巻6号623頁は、遺留分放棄について要求される厳しい手続きを紹介するが、「公証人が関与することにより、ある程度内容のチェックは行われる。しかし、遺留分への負担を事前に承認することが可能となった上に、公証人は道徳の監督までなし得るわけではない以上、立法当初の理想に反する処分がなされてもそれを抑制することはできない。そういう意味で制度設計に不安が投げかけられている」同631頁。また、グリマルディ・前掲注4）71頁は、自由化によって障害者に手厚く遺すことばかりがいわれるけれど、本当にそういうことがされる保障はない、と改正への危惧を述べる。
29) 法務大臣官房司法法制調査部監修『法典調査会民法議事速記録7』854頁（句読点は筆者）、857頁（商事法務研究会、1984）。

第 2 章　日本相続法の特徴について

第 5 節　親子法と相続法

　前掲・最判昭和 58 年 3 月 18 日は、筆者に、実親子法における最判昭和 34 年 5 月 12 日民集 13 巻 5 号 576 頁を連想させる。民法体系との関係で同じような構図がみられるように思われるのである。この昭和 34 年判決は、血縁上の親 X から戸籍上の親 A（血縁上は祖母・死亡）と子 B（死亡）の親子関係不存在確認請求を、確認訴訟は過去の関係を対象としないとして棄却したが、次のように述べる。「論旨は、原判決は、不自然不真実の公簿の記載を是正する利益と必要を看却するものであるというが、現に生存する B の子の C と上告人 X との間の戸籍上の伯父姪の身分関係についてその不存在なることを確定し右に関連する不実の戸籍記載を是正することは不可能ではないから、所論の点は格別懸念する必要のないものであり、未だもつて右の解釈を左右する理由とするには足らないものである」。その後、実際に下級審では、傍系の親族関係の確認訴訟で戸籍訂正がなされたが、やがて最高裁はこの判例を変更し、最大判昭和 45 年 7 月 15 日民集 24 巻 7 号 861 頁において、当事者死亡後の親子関係存否確認請求を承認した。しかしこの判例変更は、傍系の親族関係に関する存否確認訴訟という迂回路を封じたわけではなく、単に直接、親子関係の存否を確立することがふさわしいとしたにすぎない。またこの大法廷判決における村上判事の少数意見は、親子関係存否確認請求訴訟そのものを否定し、戸籍の訂正許可審判で足りるという理由であったのであり、そもそも法律上の親子関係概念の存在そのものを否定するに等しいものであった。

　民法は、法律上の実親子関係について、嫡出推定や認知制度などの法的な仕組みを設計している。嫡出推定制度にしろ認知制度にしろ、親の法益や子の法益などの微妙な調整のうえに成立している制度であって、それによって定められる親子関係が人の身分を決定する。傍系などの親族関係は、いうまでもなくその親子関係に基づいて決まるはずである。たしかに親子関係訴訟以外の傍系の親族関係によって身分関係を決定することの禁止規定はないが、それを認めてしまっては、親子関係訴訟の複雑な制度保障の意義が失われてしまう。その後、最判平成 18 年 7 月 7 日民集 60 巻 6 号

2307 頁は、民法の実親子関係法も必ずしも血縁上の親子関係と一致するわけではないということを理由にして、親子関係不存在確認請求訴訟を権利濫用として棄却したが、この判決においても、民法の親子関係法と親子関係存否確認請求訴訟の関係については整合的な説明がされていない。

相続法においても、親子法においても、このような最高裁判例が示す混乱の背景には、日本法が抱える継受法としての宿命的な限界がみられるように思う。すなわち民法を継受したものの、比較的単純な法原則はともかくとして、民法の複雑な法益衡量の考え方を理解しにくかったという限界である。実親子法にみられる血縁関係と社会的親子関係のバランスの複雑な衡量、相続法における被相続人の意思の自由と家族を維持する社会的利益の複雑な衡量について、その全体像を理解するのは、決してたやすくない。さらにそれぞれの社会が前提としているインフラの相違は、想像力の限界をもたらしがちである。とりわけ判例が主導する実務の領域においては、日本社会における目の前の事件の解決という視野に拘束されるのも、いたしかたのない傾向であったろう。

最大決平成 25 年 9 月 4 日民集 67 巻 6 号 1320 頁は、非嫡出子の相続分差別を違憲と判断し、「本決定の違憲判断は、A の相続の開始時（筆者注：2001 年 7 月）から本決定までの間に開始された他の相続につき、本件規定を前提としてされた遺産の分割の審判その他の裁判、遺産の分割の協議その他の合意等により確定的なものとなった法律関係に影響を及ぼすものではない」という遡及効制限を工夫することによって、法的安定性を確保しようとした。多くの問題を抱えて混乱している日本相続法が、それでもかろうじて回っているのは、相続開始時の相続分という帰属割合そのものははっきりしているので、紛争を生じるとそこに戻り、不都合な点は表見法理による第三者保護などの微調整をするからである。しかしこの決定は、相続開始時での権利関係確定という必須の基点を壊してしまった。その思い切った決断に筆者は驚いたが[30]、本決定が背後にもっている相続法イメージは、人の死によって日々絶えず生じている相続という事象を秩序づける体系ではなく、そのごく一部の裁判所にあがってくる遺産分割紛争をどのように裁くかという問題であったのかもしれない。

ばらばらに分断されて混迷の中にある日本相続法を、制度的にどのよう

に構築していけば良いのかという問題は、悩ましい難問である。被相続人の遺産の半ば公的な清算過程として遺産分割を組み直す制度的準備は、日本には今のところない。しかし遺産分割にはじめから中立的な法的プロフェッショナルが介入して、紛争化を未然に防ぐ必要性は、日本でも少なくないのではなかろうか。現在の遺産分割紛争は、係争当事者にそれぞれ弁護士がつき、一人の弁護士が同調する複数の共同相続人を代理すると利益相反の問題が生じる。家庭裁判所の調停制度を再構築し、素人の調停委員が互譲の精神を説く制度ではなく、法的なプロフェッショナルである調停委員が鑑定人の協力も得て法的な結論を客観的に整理する場にするような改革がされれば、ひとつの手がかりに成長していくかもしれない。いずれにせよ、問題の所在を共通認識とするところから、すべては始まるであろう。

---

30) この最高裁決定に対する筆者の見解は、水野紀子「婚外子相続分差別違憲決定（平成25.9.4最高大決）」法時85巻12号1頁以下（2013）、同「日本における家族法の変容」法律のひろば66巻12号4頁以下（2013）、同「最高裁婚外子相続分差別違憲決定と婚姻制度」東北ローレビュー1号9頁以下（2014）などを参照されたい。

第3章
イギリス法における信託違反に対する第三者の幇助責任——不正の認定基準を中心に

櫻井　博子

第1節　はじめに

　受託者が信託違反となる行為を行う際に、第三者の関与を伴うことがある。関与した信託違反に対し、第三者も何らかの責任を負うべきなのだろうか。

　イギリス法は、受託者に忠実義務を課し、その義務違反によって生じた損失の賠償責任と、利益の吐き出し責任を課している[1]。そして信託違反に一定の関与を行った第三者に対しても、受託者や受認者の忠実義務違反に対する責任から派生した二次的責任として、受益者からの責任追及を認めている。対象となるのは、受託者からの信託財産やその代位物を受領している第三者（knowing receipt）と、受託者の信託違反行為の誘導や幇助を行った第三者（dishonest assistance）である。

　日本法では、現行の信託法が、以下のように規定している。受託者に対しては、受益者の利益となる行動を要求する忠実義務の一般規定（信託法30条）を課して信託違反を禁じ、その義務違反については、損失だけではなく、利益に対しても、損失と推定して賠償責任を課している（信託法40条3項）[2]。

　信託違反に関与した第三者についても、受託者が信託財産を第三者に処分した場合については、当該第三者が、信託関係及び受託者の行為が信託

---

1) イギリス法の利益の吐き出し責任は、忠実義務違反によって受託者が得ている金銭の清算と、信託財産であったことの追及を要件として、特定物やその価値代替物の優先的な回復が可能な擬制信託の2つの救済法理によって実現されている。

第 3 章　イギリス法における信託違反に対する第三者の幇助責任——不正の認定基準を中心に

違反であることを知っていたあるいは知らなかったことにつき重大な過失があったならば、受益者は当該処分行為を取り消しうるとの規定がある[3]。これに対して、信託違反行為を第三者が幇助した場合の責任については、信託法の規定はなく、学説で論じられることもほとんどない状況にある。

イギリス法の第三者の幇助責任は、信託関係の実効性と違反に対する救済を確保するために、受託者に課される忠実義務と、その義務違反に対する責任の厳格性が、信託違反の幇助を行った第三者にも及んでいるものである。そこで本稿では、日本法ではあまり知られていない第三者の幇助責任について、基本構造や認定の基準を明らかにすることを課題とする。その目的は、日本法における忠実義務と義務違反に対する責任の在り方を包括的に考察するための基礎となる視座を得ることにある。

---

2) 同条は、英米法において忠実義務違反に対して認められている利益の吐き出し責任とは異なるものと理解されている（寺本昌広『逐条解説 新しい信託法〔補訂版〕』131-134 頁（商事法務、2008））。
3) 信託法　第 27 条（受託者の権限違反行為の取消し）
受託者が信託財産のためにした行為がその権限に属しない場合において、次のいずれにも該当するときは、受益者は、当該行為を取り消すことができる。
　一　当該行為の相手方が、当該行為の当時、当該行為が信託財産のためにされたものであることを知っていたこと。
　二　当該行為の相手方が、当該行為の当時、当該行為が受託者の権限に属しないことを知っていたこと又は知らなかったことにつき重大な過失があったこと。
2　（以下略）
星野豊『信託法』（信山社、2011）200 頁参照。

第 2 節　第三者の幇助責任の基本構造

1　責任の生成

　イギリス法において、信託違反に関与した第三者の責任に初めて言及したのは、1874 年の Barnes v. Addy 事件判決[4]である。遺言信託の受託者に指名された Addy が、自身の顧問弁護士の助言に従い、遺産を濫用したため、相続人が Addy とその顧問弁護士を提訴したというものであった。

　財産受領の事案の傍論であったが、Selbourne 大法官は、第三者である Addy の顧問弁護士が責任を負うのは、「受託者側の不正かつ詐欺的な目的を認識して」[5] 幇助行為を行った場合であると判示した。これにより、第三者の責任は、信託違反を幇助しているとの第三者の認識を要件とする、「知りながらの幇助 (knowing assistance)」として確立した。その後の判例は、信託違反の認識の程度をめぐって様々な見解を示してきた[6]。

　Baden, Delvaux and Lecuit v. Société Générale pour Favoriser le Développement du Commerce et de l'Industrie en France 事件判決[7]において、Peter Gibson 卿が、被告に信託違反の認識に関する 5 つのカテゴリーを提示した。5 つのカテゴリーとは、「①実際に認識している場合、②故意に事実から目をそむけた場合、③誠実かつ合理的な人物ならば行うであろう調査を故意にかつ配慮不足により行わない場合、④誠実かつ合理的な人物に事実を示す状況を認識している場合、⑤誠実かつ合理的な人物が調査を行うであろう状況を認識している場合」である。さらに Peter Gibson 卿は、①とそれ以外のカテゴリーを区別し、②～④のカテゴリーは、黙示あるいは擬制的な認識であると述べている[8]。この見解は、信託違反の認

---

[4]　(1874) 9 Ch. App. 244.
[5]　*Id.* at 252.
[6]　G.J. Virgo & E.H. Burn, Maudsley and Burn's Trusts and Trustees: Cases and Materials 983 (7th ed. 2008).
[7]　(1983) [1993] 1 W.L.R. 509.
[8]　*Id.* 575-576.

第3章 イギリス法における信託違反に対する第三者の幇助責任——不正の認定基準を中心に

識を擬制によって満たせば足りると解するものであり、判例でも有力な見解であった[9]。

その後、認識に代えて、誠実さ[10]や不正[11]を要求する判例も出現し始めたが、依然として5つの認識のカテゴリーが用いられ、その性質も議論されるようになった。Agip（Africa）Ltd v. Jackson 事件判決[12]で Millett 卿は、以下のように述べている。

「認識の擬制（constructive knowledge）と悪意の擬制（constructive notice）は同じものではなく、……商取引において悪意の擬制が機能するのは、ごく限られた状況のみである。」[13]

Millett 卿は、その上で、5つのカテゴリーのうち、①のみならず②③のカテゴリーも擬制ではなく、実際の認識として幇助責任の要件を満たすものであり[14]、④⑤のみが悪意の擬制であると解した[15]。また④⑤のカテゴリーは、過失の精神状態と同様に、不正を前提条件にしている、と述べた[16]。

しかし Baden 事件判決が示した5つのカテゴリーは、いずれにせよ擬制に依拠するという理論的な問題を孕んでいた[17]。この状況を打開したのは、1995 年の Royal Brunei Airlines v. Tan 事件[18]の Nicholls 卿の見解であ

---

9) Virgo & Burn, *supra* note 6, 983. によると、以下の判例が同様の見解を示している。Selangor United Rubber Estates Ltd. v. Cradock (No. 3) [1968] 1 W.L.R. 1555；[1968] 2 All E.R. 1073；Karak Rubber Co Ltd v. Burden (No 2) [1972] 1 W.L.R. 602.
10) Carl Zeiss Stiftung v. Herbert Smith & Co. (No. 2) [1969] 2 Ch. 276；[1969] 2 W.L.R. 427；Belmont Finance Corporation Ltd. v. Williams Furniture Ltd. [1979] Ch. 250；Lipkin Gorman v. Karpnale Ltd [1991] 2 A.C. 548；Polly Peck International Plc v. Nadir (Asil) (No.2) [1992] 4 All E.R.769.
11) Re Montagu's Settlement Trusts [1987] Ch. 264, 286.
12) [1990] Ch. 265.
13) *Id.* at 292-293.
14) Lipkin Gorman v. Karpnale Ltd 事件の Alliott 裁判官も同様の理解を示している。[1987] 1 W.L.R. 987 at 1005-1006.
15) [1990] Ch. 265, at 293.
16) *Id.*
17) Charles Mitchell, *Assistance* in BREACH OF TRUST, 140-142 (PETER BIRKS ed., 2002).

る。Nicholls 卿は、「種類ではなく程度が異なり、徐々にあいまいになってゆく領域に適用される基準として、『認識』は不適切」であり、被告が有していた認識の「種類」を要求するのは「誤った状況」であると指摘し、これまでの判例法理を批判した[19]。Nicholls 卿は、第三者の幇助責任の名称についても、「知りながらの幇助（knowing assistance）」は不適切であり、第三者の幇助行為が不正であることに基づき「不正な幇助（dishonest assistance）」[20]とすべきであると述べ、以降の判例・学説では後者が用いられるようになった[21]。次項では、不正な幇助責任の性質を明らかにする。

2 幇助責任の性質

(1) 擬制受託者としての人的責任

「不正な幇助」を行った第三者に課される責任は、2つの特徴的な性質を有している。

1つ目の特徴は、第三者に課されるのは、信託違反の結果として生じた損失を清算する人的責任（personal liability）であるにもかかわらず、擬制受託者として責任を負うことである。

Selangor United Rubber Estates Ltd. v. Cradock（No.3）事件判決[22]の Ungoed-Thomas 裁判官が、以下のような説明を行っている。

「(1)自己の責めによる受託者（trustees de son tort）の様な、受託者から指名されてはいないが、受託者のように振る舞うことを引き受け、受益者のために信託財産を保持・管理する者、(2)訴訟を提起されたエクイティ裁判所によって、その者の行動を理由に、受託者として扱われることになる者、とい

---

18) [1995] 2 A.C. 378.
19) Id. at 391.
20) Royal Brunei 事件までは、認識の要件や責任の基礎は、「知りながらの受領」と「知りながらの幇助」は同一であるべきと考えられていた。(A.J. Oakley, Parker and Mellows：The Modern Law of Trusts 431 (9th ed.2008). これに対し Royal Brunei 事件以降は、異なる要件が課されることにより、原状回復を根拠とする「知りながらの受領」と、過失責任とされる「不正な幇助責任」では、責任の基礎も異なるものと解されるようになった。(Philip H. Pettit, Equity and the Law of Trusts 162 (12th ed. 2012).
21) Oakley, supra note 20, at 414, Alastair Hudson, Equity and Trusts 963 (7th ed. 2012).
22) [1968] 1 W.L.R. 1555.

第 3 章　イギリス法における信託違反に対する第三者の幇助責任――不正の認定基準を中心に

ういわゆる擬制信託の 2 つの全く異なる種類を区別することが不可欠である。」[23]

　Ungoed-Thomas 裁判官の文言は、イギリス法において、擬制信託は、信託違反によって取得した財産を受益者のために保有する、物権的な救済を課すために適用される場合と、信託違反を幇助した第三者に、受託者と同様の人的責任を課すために適用される、2 つの場合があることを明らかにする。
　(2)の場合には、信託として保有する財産も追及可能な信託財産からの収益も存在していないことから[24]、エクイティ裁判所が、信託違反の幇助を行った第三者に、受託者と同様の清算責任を課すための、エクイティ上の救済の定式にすぎないと考えられている[25]。
　なお、このような擬制信託がエクイティ上の救済の定式に含まれるようになったのは、19 世紀の裁判において、裁判官が、明示信託の受託者と同様の責任を課そうとするあらゆる事案において、擬制信託の文言を用いたことに起因する、との指摘がある[26]。
　さらに、Westdeutsche Landesbank Girozentrale v. Islington 事件判決[27]の Browne-Wilkinson 卿は、擬制信託の 2 つの種類の関係について以下のように判示する。

　「信託を設定するためには、特定可能な信託財産が必要である。このルールの明らかな唯一の例外が、特定可能な信託財産を受領していないにもかかわらず、信認義務の影響を受ける、信託違反を不正に幇助した人物に課される擬制信託である。」[28]

　これらの判例により、不正な幇助を行った第三者に擬制信託の文言を用

---

23) *Id.* at 1579.
24) Hudson, *supra* note 21, at 962.
25) [1968] 1 W.L.R. 1555 at 1582.
26) Geraint Thomas & Alastair Hudson, The Law of Trusts 878 (2nd ed. 2012).
27) [1996] A.C. 669.
28) *Id.* at 705.

いることは、救済の性質が一般的な用法とは異なるにもかかわらず例外として認められていること、エクイティ上の救済の定式が適用されることにより、不正な幇助も、信託違反などと並ぶエクイティ上の違法行為と解されていることが明らかとなった[29]。

救済の内容が異なるにも関わらず、同一の文言を用いることは、混乱を生じさせる原因になるとして、批判的な見解も存在している[30]。判例でも、Dubai Aluminium Company Limited v. Salaam 事件判決[31]において、Millett卿が「擬制受託者として責任を負う」との文言ではなく、「エクイティ上の責任を負う」との表現を代わりに用いるべきであると述べている[32]。

(2) 民事上の人的責任

第三者の幇助責任は、受託者や受認者の信託違反を前提とする民事上の二次的責任（civil secondary liability）であり[33]、信認義務違反の従たる責任と解されている[34]。

責任の内容を明らかにするのは、Ultraframe (UK) Ltd. v. Fielding & Ors 事件判決[35]である。

民事上の二次的責任としての特徴は、犯罪行為の補佐や幇助を行った者に課される刑事上の責任と同種でありながら[36]、義務違反を幇助した受託者あるいは受認者と共に連帯責任（jointly and severally liable）となる点が挙げられており[37]、一次的な違法行為者である受託者や受認者と同様の責

---

29) THOMAS & HUDSON, *supra* note 26, at 877. GRAHAM VIRGO, THE PRINCIPLES OF THE LAW OF RESTITUTION 533 (2d ed. 2006), The Law Commission, Aggravated, Exemplary and Resitutionary Damages, Law Commission Report 247, at 185 (1997), Abou-Rahmah & Anor v. Al-Haji Abdul Kadir Abacha & Ors [2006] E.W.C.A. Civ. 1492.
30) A.J. OAKLEY, CONSTRUCTIVE TRUSTS 186 (3d ed. 1996); Lionel Smith, *Constructive trusts and constructive trustees* [1999] C.L.J. 294, 298-301.
31) [2003] 2 A.C. 366.
32) *Id.* at 404.
33) [1995] 2 A.C. 378 at 382.
34) VIRGO, *supra* note 29, at 533.
35) [2005] E.W.H.C. 1638 (Ch).
36) *Id.*at para [1506].
37) *Id.*at para [1550].

任を負うことになる。

　すなわち、違法行為の幇助行為自体が受益者に損失を生じさせていなくとも、第三者が幇助した受託者や受認者の信認義務違反行為によって受益者に損失が生じていれば、受託者や受認者と連帯して賠償責任を負うことになる[38]。これが、二次的責任であることの帰結である。幇助責任の認定においても、幇助行為と受益者が被った損失との因果関係の立証は不要であり、要求されるのは、損失を生じさせた受託者の信認義務違反の存在である[39]。

　なお、判例は二次的責任であると解しているのに対し、学説では、連帯責任となっていることを批判して、一次的責任や複合責任であるとの解釈も存在している[40]。

3　責任の根拠

　信認義務違反の不正な幇助を行った第三者に対して、これまでに述べたような性質の責任が課される根拠について言明した判例は存在していない。学説では、第三者の幇助責任が課される実質的な根拠として、以下の2つの点が挙げられている。

　すなわち、不正な幇助を行う第三者は、アドバイザーや専門家、企業の従業員、弁護士などであり[41]、高い支払い能力を有していることがほとんどである。したがって、仮に信託違反に対する訴訟において、受託者自身が支払い能力を有しておらず、賠償を行うことが難しい状況であっても、第三者に対する請求が可能となることで、受益者・本人の保護に資する、というのが1点である[42]。

　もう1点は、義務違反行為を幇助した第三者にまでも責任が及ぶことに

---

38) Graham Virgo, THE PRINCIPLES OF EQUITY & TRUSTS 697-698.
39) Grupo Torras SA v. Al-Sabah (No.5) [1999] C.L.C. 1469, 1667.
40) Steven Elliot & Charles Mitchell, *Remedies for Dishonest Assistance* (2004) 67 M.L.R. 16, 42 ; Pauline Ridge, *Justifying the Remedies for Dishonest Assistance* (2008) 124 L.Q.R. 445, 450.
41) Alastair Hudson, *Liability for dishonest assistance in a breach of fiduciary duty*, 1 available at <http://www.alastairhudson.com/trustslaw/DAMar07.pdf>.
42) HUDSON, *supra* note 21, at 955 ; VIRGO, *supra* note 38, at 697.

より、信託・信認関係に基づいて受託者・受認者が信託行為を行う際の誠実性を高め、違反行為を抑止する役割を果たすことが期待される点である[43]。

---

43) DAVID HAYTON & CHARLES MITCHELL, HAYTON & MITCHELL：COMMENTARY AND CASES ON THE LAW OF TRUSTS AND EQUITABLE REMEDIES 762（13th ed. 2010）.

第3章　イギリス法における信託違反に対する第三者の幇助責任——不正の認定基準を中心に

第3節　不正の認定基準

1　第三者の幇助責任の要件

　第三者の不正な幇助の認定には、①受託者あるいは受認者の信認義務違反[44]、②第三者の信託違反に対する幇助行為、③不正が要件とされている[45]。3つの要件の中で議論の中心となるのが、③不正の要件の認定である。判例では、枢密院と貴族院がそれぞれ異なる解釈を提示していたことから、錯綜した状況となっていた。本節では、枢密院と貴族院それぞれの見解を提示した判例を扱う。

2　Royal Brunei Airlines v. Tan 事件

　枢密院の見解を最初に示したのは、不正な幇助責任のリーディングケースでもある、1995年のRoyal Brunei事件[46]である。
　事案は、原告の航空会社Royal Brunei AirlinesはBorneo Leisure Travelと、航空券の売却に関する旅行代理契約を締結した。Borneoは、航空券の売上金を、原告のための明示信託として途中勘定（current account）に保有し、30日以内に原告に対して清算することになっていた。ところがBorneoは、信託違反をして収益の支払いを行わず、収益金をBorneo自身の業務に利用していた。さらに、Borneoの代表取締役であり、主要株主でもある被告Tanの個人口座に、当該途中勘定からの入金も幾度か行われていた。やがて、Borneoが破産したため、Borneoの信託違反を幇助していたことを理由として、Tanを提訴したものである。

---

[44] 受託者および受認者は、仮に善意であったとしても信託違反に対する責任を免れることはできないことから、受託者の認識は不要であると解されている。Royal Brunei Airlines v. Tan [1995] 2 A.C. 378 at 385.

[45] 上記の3つの要件は常に共通して挙げられているが、論者によっては、その他の要素を挙げることもある。例えば、ROBERT PEARCE & JOHN STEVENS, THE LAW OF TRUSTS AND EQUITABLE OBLIGATIONS 827-830 (4th ed. 2006) は、前述のBaden, Delvaux事件を引用し、上記に加えて信託の存在を挙げている。

[46] [1995] 2 A.C. 378.

第3節　不正の認定基準

　Nicholls 卿は、幇助責任であっても、被告の行為が不正であるとの認識を要件とする、刑事上の幇助責任とは全く異なるものであるとする[47]。その上で、不正の認定基準について、以下のように述べる。

　「……不正を行うこと、あるいは誠実さを欠くことは、同意語であり、特定の状況において、誠実な人物が行うであろう行動をとらなかったことを単に意味する。これは客観的な基準である。一見、これは意外に思われるだろう。誠実さは、客観的な過失とは異なる、主観性を含意している。事実、誠実さは、合理的な人物が認識あるいは理解していたであろうものとは異なる、その時に実際に認識していたことを踏まえた行為類型の説明であるという点で、強力な主観的要素を有している。さらに、誠実とその逆の不誠実は、ほとんどの場合、不注意な行為ではなく、注意深い行為に関係している。不注意は不誠実ではない。したがって、不誠実の大部分は、故意の不正と同一視されるものである。
　しかし、それらの誠実さの主観的な性質は、特定の状況において、個人が不正の基準を自由に設定することを意味するものではない。誠実な行動となるものの基準は、主観的なものではない。誠実さは、個人の道徳的な基準に応じて評価が異なる、任意の基準ではない。
　他人の財産と知りながら盗んだ場合に、そのような行為を悪いことだと思わなかったからと言って、不正であるとの認定を免れることはないだろう。」[48]

　Nicholls 卿は、上記のように、第三者個人の主観は問題とせず、同一の状況に誠実な人物が置かれたならば行ったであろう行動を行うことが求められ、第三者がそのような行動を行っていなければ、不正であったと認定されることになる[49]、とする客観的な基準を用いるべきであると述べる。

　この基準では、裁判所が、客観的に誠実な人物を想定し、そのような人物が行うであろう振る舞いを考えなければならないことになる。しかし、客観的に誠実な人物というのがいかなる人物であるかは、判決から明らかになるものではないため[50]、結局のところ、誠実な人物ならば行った行動

---

47) [1995] 2 A.C. 378 at 387；Thomas & Hudson, *supra* note 26, at 883, Hudson, *supra* note 21, at 963.
48) [1995] 2 A.C. 378 at 389.
49) Hudson, *supra* note 21, at 969.

とは、具体的な状況のもとで行われるべきであったと、裁判官が考えた行動になってしまう、との指摘がある[51]。

現に Royal Brunei 事件の事実状況において Nicholls 卿は、被告 Tan には、「航空会社に（売上金の）支払いを行うことが望まれており、おそらく期待されていた」[52]と考え、許容されていない方法で金銭を利用した Tan の行動は、誠実な人物が行ったであろうものではないとして、不正な幇助責任を認容した[53]。

このような Nicholls 卿の見解は、不正の基準を、主観性を排除した「完全に客観的」性質を有するものとして解している[54]。これに対し、さらに Nicholls 卿が以下のように述べていることから、主観性を完全に排除してはいないとの理解も存在する[55]。

　「誠実な行動を行っていたかを判断することが求められた場合、裁判所は、その時に第三者が認識していたあらゆる状況を検討するであろう。さらに裁判所は、経験や知能、そのような行動をとった理由といった個人的特性も考慮するだろう。」[56]

2つの文言を総合すると、客観性が主たる認定要素であるとしながらも、誠実さという概念自体が本質的に主観的であることから、完全には排除されず、ある程度考慮されるべき、と解されることになるが、その場合には、どのように考慮すべきか、が問題となる[57]。

---

50) THOMAS & HUDSON, *supra* note 26, at 882.
51) HUDSON, *supra* note 21, at 974.
52) ［1995］2 A.C. 378 at 393.
53) HUDSON, *supra* note 21, at 969, THOMAS & HUDSON, *supra* note 26, at 881.
54) HUDSON, *supra* note 21, at 971.
55) HUDSON, *supra* note 21, at 970-971.
　　Hudson は、個人的特性に関する段落が傍論であるといった形式面や、判旨全体が完全に客観的な基準であることを強固に意図していることから、不正の概念の判断に、相容れることのない個人的特性を取り込むべきではない、客観的な基準として理解すべきとしながら、判旨に着目して異なる解釈の余地があることを示している。
56) ［1995］2 A.C. 378 at 391.
57) HUDSON, *supra* note 21, at 971.

3 Twinsectra v. Yardley 事件

　枢密院の Nicholls 卿の見解が、一般的に理解されているように、完全に客観的な基準を採用したのか、あるいは、主観的な要素も考慮しうるのか[58]、という2つの解釈の可能性を示すものであった一方で、貴族院が不正の認定の問題を扱ったのは、2002年の Twinsectra v. Yardley 事件判決[59]である。

　その事案は次のようなものである。Yardley は、ある不動産を購入するために、原告 Twinsectra から融資を受けることになった。融資の条件は、融資金を不動産購入目的のためにのみ用いること、融資金は弁護士が信託として保有し、返済の保証人となることであり、弁護士の Sims がこれを請け負った。Sims は受け取った融資金を、もう一人の Yardley の弁護士 Leach に渡したところ、Yardley は融資金を不動産の購入ではなく債務の支払いに充て、原告への返済も行わなかった。Twinsectra が、Leach に対し、Sims の信託義務違反を不正に幇助したことを理由とする訴訟を提起した。

　これに対し、多数意見を述べた Hutton 卿は、「『不正』の文言を議論する際、裁判所は主観的な不正と客観的な不正とを区別しており、ある者が不正に行動したかどうかを判断するために適用される基準には、3つの可能性がある」[60] として、完全に主観的な基準、完全に客観的な基準、主観的な基準と客観的な基準とが複合した基準をあげる。3つめの「複合基準」とは、被告の行為が、合理的かつ誠実な人物の一般的な基準に照らして不正であるかを客観的に認定し、さらに被告自身が、そのような基準に照らし、自身の行為が不正なものであると認識していたか、という主観的基準を要求するものである、と説明する。

　Hutton 卿は、以下のような理由から、当該事案には複合基準が適切であると判断する。

「……被告が不正であったことの裁判官による認定は、重要な認定であり、弁

---

58) OAKLEY, *supra* note 20, at 415.
59) ［2002］2 All E.R. 387.
60) *Id.* at 377.

護士のような専門家に対してはとりわけ重要である。……信託の設定とその信託違反の事実を認識しているが、自身の行っていることが、誠実な人々から不正なものであるとみなされることを認識していなかった場合に、被告が『不正に』信託違反を幇助していると認定することを許容するべきである」[61]。

Royal Brunei 事件判決の Nicholls 卿の見解を、客観的基準を採用したものと理解する立場からは、客観的な基準だけではなく、他の人々が、被告の行為を不正なものとみなすであろうと、被告が認識していたか、という主観的な要素も取り込む、異なる立場を示した判決、と理解されることになる。これに対し、Royal Brunei 事件判決自体が、主観性の考慮を認容していたと解する立場からは、さらに明確に、主観的要素の取り込み方を示した判決と位置づけられると解されることになる。

Hutton 卿の多数意見に対して、Millett 卿は反対意見を述べ、Royal Brunei 事件判決の、客観的基準を採用する。多数意見と Millett 卿の見解との違いは、多数意見の主観的基準は、自身の行為が、他人から不正なものとみなされると認識していたか、という形式をとり、当該事案において被告は責任を負わないと結論付けたのに対し、Millett 卿は、考慮すべき主観的基準とは、第三者の実際の認識に焦点を当てるべきであり、当該事案で Yardley の状況を把握して行動していた被告 Leach は責任を負うべきであると解した点にある[62]。

4 Barlow Clowes v. Eurotrust International 事件

Yardley 事件とほぼ同時期の、Dubai Aluminium Company Limited v. Salaam 事件[63]では、貴族院の Nicholls 卿が、Royal Brunei 事件の客観的な基準を適切であること、幇助をエクイティ上の違法行為の1つとすることを述べているが、同判決は Yardley 事件判決に言及しておらず、パートナーシップ間の特殊な信認関係であったためか、その後の判決にもほとんど引用されていない[64]。したがって、Yardley 事件判決の次に重要な判決

---

61) [2002] 2 All E.R. 387.
62) [2002] 2 All E.R. 393 ; Jill E. Martin, Modern Equity 339 (19th ed. 2012).
63) [2002] 3 W.L.R. 1913.
64) Thomas & Hudson, *supra* note 26, at 879.

となるのが、枢密院の 2005 年の Barlow Clowes v. Eurotrust International 事件判決[65] である。

海外投資スキームを用いた犯罪を行った者の銀行口座を管理している金融サービス会社とその取締役の幇助責任が問われた事案において、満場一致の多数意見を述べたのが Hoffmann 卿である。

Hoffmann 卿は、まず、Royal Brunei 事件の Nicholls 卿の見解から大きく示唆を得たことを明らかにする。その上で以下のように述べる。

「不正な幇助責任は、信託違反を幇助した側の人物の精神状態を要求する。そのような精神状態とは、(たとえば、他人の金銭の横領のような)取引が、誠実に関与し得ないものであるとの認識、あるいは認識をもたらすであろう照会を行わないとする意図的な選択と関連した疑いにある。……不正の精神状態は、主観的であるにもかかわらず、法が不正かどうかを判断する基準は、客観的なものである。」

このように述べ、再度、完全に客観的な基準を評価する。ただし、誠実な人物の行動を仮想した Nicholls 卿の見解とは異なり、基準とするのは客観的な「一般的基準」とすべきであると解する。一方で不正の認識を主観的な心理状態と解し、一般的な基準に照らして不正とみなされるならば、被告が不正ではないと考えていたという事実は不適切であった、ということになる。

この Hoffmann 卿の客観的な基準は、「誠実」とみなされることと、「不正」とみなされることの間に幅を持たせることを許容するものである、と評価されている[66]。

さらに Hoffmann 卿は、Yardley 事件の Hutton 卿の見解は、不正の複合基準を採用する意図を有するものではなかったと解することにより、Yardley 事件の Hutton 卿の見解とも、整合性を保とうとした[67]。

---

65) [2006] 1 All E.R. 333.
66) [2005] UKPC 37, at para 10.
67) [2005] UKPC 37, at para 14.

第 3 章　イギリス法における信託違反に対する第三者の幇助責任——不正の認定基準を中心に

第 4 節　その後の展開と新たな問題の出現

1　判例の展開

　Barlow Clowes 事件判決において、Hoffmann 卿が、Loyal Brunei 事件と Yardley 事件との整合をさせ、判例法理を確立しようと試みていた。しかしその後も、被告が、誠実な人物の基準に照らして不正な行動を行っていたか、という客観的要素と、被告自身がその行為が不正であると認識していたのか、という主観的要素の 2 つの要素を用いる事件が、控訴院や高等法院では多数存在している[68]。

　例えば、Abou-Rahmah v. Abacha 事件[69]でも、Barlow Clowes v. Eurotrust 事件判決の基準を評価する裁判官と、Yardley 事件判決の基準を評価する裁判官とで、見解が対立した。

　このように、不正の認定基準をめぐっては、未だに判例法理は確定していない状況にある。しかし、Royal Brunei 事件以降は、同判決で Nicholls 卿が提示した、誠実な人物の一般的な行動を行っているのか、という客観的な基準を用いる点では一貫している。その背景には、不正の客観的な基準は、政策的な理由からも正当化され得るものであることが指摘されている[70]。すなわち、同様に幇助の文言を用いるが、刑事法刑罰によって正当化される刑事上の責任では、道義的な違法行為の認識に焦点が当てられている。これに対して民事責任は非難によっては正当化されず、その目的も刑罰ではなく、損失の填補にある。その結果、心理状況ではなく、被告の行為の不正に焦点が置かれることになる。

　一方、主観的要素は、自身が生成・促進・助力した取引に対する認識や疑いに対するものと、第三者自身の経験や知識、行動の理由といった個人的な事情が、これまでの判例で不正の認定に取り込むべきとされている。

---

[68] 近年の控訴院判決などの傾向については、THOMAS & HUDSON, *supra* note 26, at 987-999 を参照した。
[69] [2005] E.W.H.C. 2662：[2006] 1 All E.R. 247.
[70] VIRGO, *supra* note 38, at 708.

234

主観的要素では、どのように取り込むかが課題となっている。

2　新たな問題の出現

不正な幇助に対する救済が問題となる事案は、ほとんどが信認義務違反によって生じた損失に対するエクイティ上の損害賠償が問題となっていた。これに対し、近年のイギリス法において、わずかではあるが、利益を基準とする幇助責任が問題となった判例が生じてきている[71]。

利益の場合に問題となるのが、違反行為によって受託者は利益を得たが、幇助者は何ら得ていない場合にも、責任を負うべきか、という点である。連帯して負う二次的責任という性質からは、被告にも責任が課されることになるが、学説上の反対もあり、現時点では、幇助者自身が利益を得ている、支払い能力に問題がないといった、一定の条件を満たした場合にのみ、正当化されうると解されている[72]。

---

71) Fyffes Group Ltd v. Templeman [2000] 2 Lloyd's Rep. 643 ; Ultraframe (UK) Ltd. v. Fielding [2005] E.W.H.C. 1638 ; [2006] F.S.R. 17 ; Sinclair Investment Holdings SA v. Versailles Trade Finance Ltd [2007] E.W.H.C. 915 ; [2007] 2 All E.R. (Comm) 993.

72) Ridge, *supra* note 40, at 452-457.

第5節　おわりに

　イギリス法において、信託違反を幇助した第三者には、受託者と連帯して清算を行う人的責任が課されている。かつては、信託違反となることの認識を要求していたが、1995年のRoyal Brunei事件判決以降は、第三者の幇助行為が、同一の状況におかれた誠実な人物ならば行った行為であったか、という客観的な基準に照らして判断される不正さが要求されてきた。Nicholls卿も述べているように、不正さという概念自体が主観的な認識と結びつきやすい概念であることなどから、完全に客観的に判断すべきか、客観的な基準を中心とするのを前提としたうえで、一定の形で幇助行為の違法性を認識していたことを――主観性――も認定基準に取り込むべきかをめぐっては議論があり、判例法理はいまだ確立していない。

　イギリス法の幇助責任は、信認関係の確保から導かれるものであり、関与した第三者にも責任を課すことで、違法行為を抑止する機能を有している。

　日本法においても、信託法ではすでに受託者の忠実義務の一般規定が置かれている。一方で日本法は、義務違反に対する厳格な責任の導入には消極的である。信託関係の信頼の確保の確実性を高めるために忠実義務が導入されたのであれば、イギリス法の様に、義務違反を抑止するための責任構造も整備することが不可欠であるように思われる。

　本稿は、第三者の幇助責任を概説的に扱ったにすぎない。主観的要素の取り込みをめぐる最近の動向や、財産受領事例との関係、吐き出し責任の条件については、詳細な検討を行っていない。これらの問題については、今後の課題として検討を行いたい。

第4章
コモン・ロー体系におけるトラストが フランスのフィデュシに及ぼす影響

ヴァレリオ・フォルティ
訳・中原　太郎

【訳者まえがき】
　本稿は、フランス・ポワティエ大学准教授〔Maitre de conférences〕のヴァレリオ・フォルティ氏（mail：valerio.forti@univ-poitiers.fr）の論文 L'influence du *trust* de *common law* sur la fiducie française, *in* D. Ginocchi〔dir.〕, *Les modèles juridiques français et américain : influences croisées*, L'Harmattan, 2009, p.63 の翻訳である。訳者は、脱稿当時、フランス・パリで在外研究に従事しており、氏と友人関係にあったのであるが、氏は、東北大学法政実務叢書の信託法企画（本書）に興味を示し、自身の論文の翻訳・掲載を提案して下さった（なお、氏と相談のうえ、原論文の内容をより明確に伝えるため、可能な限りにおいて字句を補充・修正したことを付け加えておく）。
　氏の経歴は、以下のとおりである。フォルティ氏は、1982 年にローマで生まれ、2004 年にローマ第 3 大学を卒業した後、同大学とポワティエ大学との交流プログラムに基づき、両大学で修士号を取得した。2006 年からは本格的にポワティエに居を移し、同大学でエリック・サヴォー教授の指導のもと博士論文執筆に従事し（この間、ハーバード大学及びケンブリッジ大学に短期間滞在）、2011 年 12 月 2 日、博士号を取得した。『債権の証券化の比較法的検討——所有権の研究への貢献』と題する氏の博士論文は、ヴァレンヌ財団賞を受賞し、商業出版されている〔*La titrisation des créances en droit comparé. Contribution à l'étude de la propriété*, préf. E. Savaux, Coll. Fondation Varenne, LGDJ, 2012〕。2012 年より現職に就くとともに、ローマ第 3 大学・ポワティエ大学のダブル・ディグリー・プログラム「ヨーロッパ契約法」の共同責任者を務めている。
　博士論文のタイトルが示唆するとおり、氏の関心は、金融法分野を主たる題材として民法の基礎的概念を検討することに向けられている。その際、自身の経歴をも反映して、比較法（とりわけ、イタリア法とフランス法、さらには大陸法と英米法の比較）のアプローチが採用される。本稿もまた、「信託」という素材をもとに、アメリカ法とフランス法を比較するものである。タイトルから

第4章 コモン・ロー体系におけるトラストがフランスのフィデュシに及ぼす影響

受ける印象とは異なり、理論・実務における具体的な影響関係を真正面から論証するわけではないが、それでも、アメリカ法とフランス法の規律の相違を要領よく概観するものであり、わが国で必ずしも十分には知られていないフランス信託法（あるいはさらに、フランスにおけるトラストの理解）の一断面を示すものとして、その翻訳には少なくない意義があると思われる。

本稿は «trust» と «fiducie» という2つの「信託」概念を論じるものであるゆえ、翻訳にあたっては、それぞれ原語をカタカナ表記した「トラスト」と「フィデュシ」をそのまま訳語として用いた。また、フランス信託法の特徴を明らかにすることに主眼が置かれているため、わが国の信託法における通常の用語法にあえて引き直さなかったものもある（たとえば、「信託財産」ではなく「フィデュシ資産」など）。原論文自体が小稿であるため、フランス信託法に初めて触れる読者にはきわめて不親切なものとならざるをえないが、続く拙稿「フランス民法典における『信託』について」（第2部第5章）において、本稿の内容理解にも資する情報提供ができれば幸いである（ただし、個々の分析内容は必ずしも同一ではない）。

1．この約1世紀、経済の国際化現象が著しく進展してきた。市場のグローバル化に伴う国家間の競争激化は、法的レベルでは、法体系相互の激しい対抗関係として表れる。そもそも、今日では、外国資本を自国に引きつけるために、あるいは国内資本の流出を防ぐために、最も効率的なモデルの選択を志向する実務のニーズに合わせて、法秩序を適応させる傾向が見られる。これにより、法的な道具立ての一種のグローバル化がもたらされる。

2．トラスト〔trust〕は、こうした現象の好例である。トラストは、ある者（受託者）に対し積極財産が移転され、その者が、設定者（委託者）が定める目的に従って、それらを管理し、場合によっては使用し、（最終的に委託者ないし受益者に）引き渡す義務を負う法的関係と定義することができる。ここでいう目的は、公益的な性質を持つものであっても、特定の者（受益者）のためのものであってもよい。中世イングランドにおいて飛躍を遂げたトラストは、今日では、コモン・ローの体系の中で最も普及した法的メカニズムの1つとなっている。もっとも、ローマ＝ゲルマン法の伝統を持つ国々では、基本的に知られていない[1]。たしかに、ローマ法に

おいては、フィドゥキア〔fiducia〕という制度が認められ、それはいくつかの面でトラストに類似していた。しかし、フィドゥキアによっては問題となる諸利益の十分な保護が達成されなかったため、フィドゥキアは消滅へと向かうことを余儀なくされた。フランスに関して言えば、フィデュシ〔fiducie〕が暗闇から抜け出したのはつい最近のことであり[2]、それは、アメリカの商事トラストがフランスの体系に挑んだ競争への反応としてであった。そして、実際、アメリカのビジネス・ローにおけるトラストの利用態様こそが、フランス法に刺激を与えたのであった[3]。

具体的には、1990年代前半における度重なる失敗の後[4]、2005年に、議員提出法案によりフィデュシが再び議論の俎上に載せられた。この法案をもとにして2007年2月19日に成立した法律により、民法典に新たな章が設けられた。こうして創設されたフィデュシの制度は、ハーグ条約（1985年）の第2条が掲げるトラストの定義に呼応するものであり、トラストの基本的性質を引き継ぐ法的な道具立てを提供することにより、トラストと並び立つに至った。

3．仔細に観察すれば、フランス法は、現実にはすでに、トラストに類似する仕組みを、間接的に、しかもこっそりと、受容していたと見ることができる[5]。とりわけ、無名フィデュシ〔fiducies innomées〕、すなわち、フィ

---

1) この点に関して、参照：R.G. Patton, «*Trust Systems in the Western Hemisphere*», *Tul. L. Rev.*, 1944-1945, n°19, p.398；«*Common Law Trusts in Civil Law Courts*», *Harv. L. Rev.*, 1954, n°6, p.1030；J. Mayda, "*Trusts" and "Living Law" in Europe*», *U. Pa. L. Rev.*, 1955, n°8, p.1041, 1955；K.W. Ryan, «*The Reception of the Trust*», *ICLQ*, 1961, n°2, p.265；L. A. Wright, «*Trusts and the Civil Law-A Comparative Study*», *W. Ontario L. Rev.*, 1967, n°6；M. Lupoi, «*The civil Law Trust*», *Vand. J. Transnat'l.*, 1999, n°32；M. J. de Waal, «*In Search of a Model for the Introduction of the Trust into a Civilian Context*», *Stellenbosch L. Rev.*, 2001, n°19.
2) C. Witz, *La fiducie en droit privé français*, Economica, 1981.
3) 古くにこのことを指摘するものとして、参照：L. T. Bates, «*Common Law Express Trusts in French Law*», *Yale L. J.*, 1930-1931, n°40.
4) より詳しくは、参照：Ph. Rémy, «*National Report for France*», in D. J. Hayton, S. C. J. J. Kortmann, H. L. E. Verhagen〔eds.〕, *Principles of European Trust Law*, Kluwer Law International, 1999, p. 131.
5) J. -P. Béraudo, *Les trusts anglo-saxons et le droit français*, LGDJ, 1992.

デュシと呼称されこそしないが、その規律はフィデュシの全特徴を備える取引[6]が、そのことを証言する。より詳しく言うと、アメリカ・モデルの影響が深く浸透した金融・銀行分野の実務家は、2007年法成立までフィデュシに近い仕組みの利用を控えていたわけではなかったのである。

4．フィデュシ的譲渡のために用いられる有名契約や銀行・証券分野の慣習・実務に関わる取引を挙げていくと、そのリストは長大なものとなる[7]。たとえば、買戻条項付売買〔réméré〕、有価証券の繰越取引〔report en bourse〕、金銭質〔gage-espèces〕、ポルタージュ取引〔convention de portage〕、担保付又は無担保での証券貸借〔prêt de titres〕、ダイイ債権譲渡〔cession Dailly〕、証券交付による融資〔pension livrée〕、証券取引における保証寄託〔couverture〕及び追加保証〔appel de marge〕、合意指定期日付証券取引〔instrument financier à terme de gré à gré〕の担保、債権共同ファンド〔fonds commun de créances〕、あるいはさらに、支払い〔paiement〕及び決済＝引渡し〔règlement-livraison〕のシステムにおける担保が思い浮かぶ。これらの取引手法のうちいくつかの起源が民法典そのものに遡るのは事実であるが、大部分は、20世紀末に、アメリカの金融手法に触発されて、初めは銀行取引において、次いで証券取引において登場したものである。

5．そこで、トラストが実際にフランスにおいて受容されたかを見てみよう。もちろん、外国の制度がそのまま輸入されたかを検討しようというのではない。フィデュシという、トラストの同等物とされる制度によって、どの程度、現実にトラストが摂取されたかを分析することが、われわれの課題である。当該問題に関してアメリカ・モデルがフランスの体系へ与える影響は、2段階に分けて検討される。第1に、無名フィデュシの検討により明らかとなる間接的影響であり(I)、第2に、民法典に導入されたフィデュシ契約の分析により明らかとなる直接的影響である(II)。

---

6) F. Barrière, *La réception du trust au travers de la fiducie*, Litec, 2004.
7) F.-X. Lucas, *Les transferts temporaires de valeurs mobilières. Pour une fiducie de valeurs mobilières*, LGDJ, 1997.

I　間接的影響：無名フィデュシ

6．フランスにおいては、ビジネス法の分野が、トラストとフィデュシの実験場の役目を担った。すなわち、フィデュシ契約が民法典上承認される前から、フランスの銀行・金融法は、すでに、アメリカの商事トラスト(A)から示唆を得た道具立てを用いていたのであり、それらは時として無名フィデュシ(B)と形容される。

A．アメリカにおける商事トラスト

7．英米の法文化において、トラスト法［トラストに関する法――訳者注］は、伝統的に、無償譲渡に関する法の一分野として捉えられている[8]。トラストは、中世末に家族内で資産〔patrimoine〕を移転する手段として生まれ、今日でも、重要な積極財産や複雑な家族内取引が問題となる場面において、世代間での資産移転を実現させるための特徴的な仕組みとしての地位を保っている。しかし、現在トラストに供されている積極財産の大部分は、無償譲渡ではなく、取引上の理由に基づくものである。トラストに供される金銭の90％以上は、個人的トラストと対置される商事トラストによるものであるとのことである[9]。

8．トラストの重要な意義は、現実には、契約に関するデフォルト・ルールに基づいて主要三当事者の関係を規律することにあるのではなく、むしろこれらの者と取引相手方たる第三者の関係を規律することに見出される[10]。取引費用の高さゆえに、契約によって後者の関係を整備することは、

---

[8] J. Dukeminier, S. M. Johanson, Wills, *Trusts, and Estates*, Gaithersburg, Virginia：Aspen Law & Business, 6ème éd., 2000；J. Ritchie *et al., Decedents' Estates and Trusts, Cases and Materials*, University Casebook Ser., 1995；E. F. Scoles, E. C. Halbach jr., *Problems and Materials on Decedents' Estates and Trusts*, Aspen Publishers, 7ème éd., 2006；L. W. Waggoner *et al., Family Property Law : Cases and Materials on Wills, Trusts and Future Interests*, Foundation Presse, 4ème éd., 2006.

[9] J. H. Langbein, «*The Secret Life of the Trust : The Trust as an Instrument of Commerce*», *Yale L. J.*, 1997, n°1, p.165.

容易ではないのである。
　したがって、トラスト法が定める契約に関するデフォルト・ルールの中で最も重要なのは、債権者の権利を左右する、第三者に関わる規律である。これらの規律により、主要三当事者が積極財産の集合を分離するための実用的手段が提供されるところ、こうした手段は、当該積極財産の分別管理を実現するだけでなく、一定の債権者のために当該積極財産上に担保を設定するという目的をも有しているのである。
　アメリカにおけるトラストの現代的な商事利用、とりわけ、年金ファンド、投資共同ファンド、あるいは証券化は、トラストに関して金融法が演じる決定的役割を、非常に明確に例証する。

9．まず、年金ファンドを見よう。アメリカの年金ファンドの典型は、企業従業員の退職年金の支払いに用いられる、積立金形式の共同資金である。その出資・管理は、当該ファンドによる恩恵を受ける従業員が勤務する会社によって行われる[11]。
　1974年のエリサ法〔Employee Retirement Income Security Act〕によれば、このファンドの積極財産は、トラスト形式によって集められなければならない[12]。これにより、当該積極財産が会社債権者による取戻しを免れるという、重要な帰結がもたらされる。もしそうでなければ、すなわち、たとえば、年金ファンドがペーパー・カンパニーを通じて会社が保持する資産にすぎないということになれば、従業員の年金は、絶えず会社の支払不能のリスクにさらされることになろう。そのことにより、会社の倒産の

---

10) J. H. Langbein, «*The Secret Life of the Trust : The Trust as an Instrument of Commerce*», op. cit. ; H. Hansmann, U. Mattei, «*The Functions of Trust Law : A Comparative Legal and Economic Analysis*», *N.Y.U. L. Rev.*, 1998, n°73, p.434 ; S. L. Schwarcz, «*Commercial Trusts as Business Organisations : Unraveling the Mistery*», *Bus. Law.*, 2003, n°58, p.560 ; S. L. Schwarcz, «*Commercial Trusts as Business Organisations : an Invitation to Comparatists*», *Duke J. Comp. & Int'l L.*, 2003.

11) J. H. Langbein, «*The Secret Life of the Trust : The Trust as an Instrument of Commerce*», op. cit., pp. 168-170 ; H. Hansmann, U. Mattei, «*The Functions of Trust Law : A Comparative Legal and Economic Analysis*», op. cit., pp. 466-467.

12) より詳しくは、参照：S. Montagne, «Le trust, fondement juridique du capitalisme patrimonial», *Recherches & Régulation Working Papers*, 2006, n° 3.

際には、従業員が、自らの職だけでなく、退職に向けた貯蓄までも奪われてしまうおそれがあろう。

　同時に指摘すべきは、エリサ法におけるトラスト形式の要求は、退職年金ファンドの管理者に対しトラスト法上受託者に課される伝統的な諸義務を負わせる機能を何ら果たさないことである。エリサ法は、そうした諸義務を明確に定義したうえで、トラスト法とは独立して直接にこれらの義務を負わせているのである。

10.　次に、ファンド管理者が債権者に対して責任を負わないことは、アメリカにおいてトラスト形式が投資共同ファンドのために用いられる本質的理由ともなっている[13]。もしファンド管理者が投資者の受任者にすぎないならば、投資ポートフォリオは常に受任者の支払不能のリスクにさらされることになるが、投資者がそのリスクを監視することは非常に困難であろう。それゆえまた、トラスト形式に拠らない共同ファンドにおいても、典型的には、ビジネス・コーポレーション、すなわち株式会社が設立され、これにより、トラスト形式の場合と同様、投資ポートフォリオは管理者の支払不能の影響を免れる。

　年金ファンドと同様、トラスト法に特徴的な受託者の諸義務を課す目的でトラストが投資共同ファンドに用いられているわけではないことは、明らかである。投資共同ファンドのほぼ半数が、言わばより緩やかな諸義務（大体においてエージェンシー法・会社法の諸義務）のひな形を擁する会社形式を採っているという事実は、このことの証左である。投資共同ファンドを規律する 1940 年の投資会社法〔*Investment Company Act*〕が、投資会社の管理者に同法特有の義務を課している点も、このことを物語る。

11.　最後に、アメリカ型の証券化においては、資金調達を意図する会社は、私益トラストを設定したうえで、トラストに一定の積極財産の名義を移転する。それに対し、トラストは、当該積極財産により担保される有価証券

---

13) J. H. Langbein, «*The Secret Life of the Trust : The Trust as an Instrument of Commerce*», op. cit., pp. 170-171 ; H. Hansmann, U. Mattei, «*The Functions of Trust Law : A Comparative Legal and Economic Analysis*», op. cit., pp.467-468.

を投資者に発行し、会社に対して譲渡費用を償還する。

　自前での有価証券発行ではなくトラストへの依拠が好まれるのは、トラストによって、当該会社の積極財産が部分集合にはっきりと分割され、それらが様々な債権者のグループに対し担保として提供されるのが可能となるためである[14]。これにより、会社債権者の総監視費用、したがって与信費用が減少する。こうした目的ゆえ、トラストは、「倒産隔離」、すなわち、会社の倒産による影響を受けないという性質を有する。この方法により、債権者にとって相対的に高いリスクを示す会社でも、高い質の有価証券の発行による資金調達ができることになる。ここでも、割り当てられた資産が譲渡人（会社）及び管理者（トラストに依拠しない場合は会社自身）の倒産の影響から免れることに、トラストの決定的寄与が求められる。他方、トラスト法により課される受託者の諸義務は、トラスト・アグリーメント上のきわめて詳細な条項により広く取って代わられる以上、あまり重要ではない。

　以上のようなアメリカにおけるトラストの商事利用に触発されて、フランスにおいても、様々な法的構築が行われた。

B. フランスの銀行・金融法における無名フィデュシ

12. アメリカのビジネス・ローが提案するモデルに感化される法秩序は数多い。フランスにおけるトラストの受容に関して言えば、トラストというわれわれの法的伝統には存在しなかった仕組みに基づく諸現象を移し替えるためには、それに代わる道具立てを作ることがどうしても必要となった。それゆえ生まれたのが、フィデュシ的譲渡と資産の割当て〔affectation de patrimoine〕である[15]。もっとも、間接的な影響を受けたにすぎないゆえ、元のモデルに沿った帰結がもたらされたわけではなかった。

---

14) J. H. Langbein, «*The Secret Life of the Trust : The Trust as an Instrument of Commerce*», op. cit., pp. 172-173 ; H. Hansmann, U. Mattei, «*The Functions of Trust Law : A Comparative Legal and Economic Analysis*», op. cit., pp.468-469.

15) H. de Vauplane, «La fiducie avant la fiducie : le cas du droit bancaire et financier», *JCP E*, 2007, n° 36.

13. 所有者の法的地位は単なる債権者のそれとは同一でない、ということが、銀行・金融法における担保目的での無名フィデュシ的譲渡の大部分の源となっている。たとえば、金融取引を担保する様々な手法、すなわち、買戻条項付売買、有価証券の繰越取引、ダイイ譲渡、証券交付による融資、担保付証券貸借、証券取引における完全所有権での交付、そして、それらほどではないものの、金銭質が想起される。ただし、実務上も立法上も、質形式での通常の担保手法が用いられたわけではない。むしろ、金銭又は証券の債権者が、債務者が債務を完済するまで、その物を自己の資産中に保持するという仕組みが志向された[16]。

しかし、これらの手法は、同じく担保目的での所有権移転を実現させるものであるとしても、なお重要な一点において、トラストと明確に異なる。アメリカのトラストの主要な機能が、被移転財産を受託者の資産と分離して割り当てることにあることを、思い出そう。それとは異なり、フランス銀行・金融法上の譲渡の仕組みは、債権者の資産とは区別される資産に被移転積極財産を隔離するものではない。より正確に言えば、譲渡の目的は、被移転積極財産の一時的所有者たる債権者に、担保として引き渡される財産の使用可能性を与えることにすらある[17]。このようなトラストと異なる目的が存在することは、担保目的で受領した財産の使用権能を担保負担付財産に拡張する、金融担保に関するEU指令2002/47/CEが、申し分なく例証するところである[18]。

これらの事例は、トラストから示唆を得た無名フィデュシの例として、しばしば紹介されてきた。しかし、アメリカ・モデルの流通は表面的なものであったにすぎないゆえ、こうした見方は奇妙である。

14. 銀行・金融分野でフィデュシの手法が活用されてきたもう1つの領域が、管理目的フィデュシである。数多くの例の中で最も頻繁に引き合い

---

[16] *Ibid.*
[17] ただし、このような、銀行・金融法における資金調達目的での譲渡の特殊性は、保証寄託の場合には、あてはまらない。
[18] より詳しくは、参照：H. de Vauplane, «La fiducie avant la fiducie : le cas du droit bancaire et financier», op. cit.

に出されるのが、投資共同ファンド、及び、証券化のための手段たる債権共同ファンドである[19]。トラスト類似の仕組みに依拠することができない中、これらのファンドは共同所有財産〔copropriété〕であると性質決定された。被移転債権又は被移転積極財産は、持分出資者の資産からも、資金管理会社及び積極財産受託会社の資産からも、分離される。被移転債権又は被移転積極財産の管理は、管理会社ではなく出資者の利益に資するよう行われる。それゆえ、フィデュシの趣旨に沿った管理がなされるだけでなく、割当資産〔patrimoine d'affectation〕の存在が認められ、これにより商事トラストと同様の機能が果たされる。

見出付口座〔compte à rubriques〕及び特別割当口座〔compte à affectation spéciale〕にも、言及する価値がある[20]。これらの口座は、単一名義人の名で開設されつつも、第三者の名での見出しを冠することにより、名義人と受益者を区別するものである。受益者は、ファンド受託者たる銀行に対し、当該口座の貸越額の返還について直接的な権利を有する[21]。この手法も、トラスト法が果たすのと類似した機能を実現するものであることに気付かされる。

15. 以上のように、アメリカのビジネス・ローにおいてなされるトラストの利用は、フランス法に対し強い引力を及ぼした。しかし、同じ帰結をフランスで実現するために行われた代替的解決策の探求は、必ずしも満足のいくものであったわけではない。それゆえ、実務上、トラストの直接的な受容が切に求められた。

---

19) *Ibid.*
20) より詳しくは、参照：E. Dirix, «La propriété fiduciaire, outil de gestion. Les comptes rubriqués», *in* J. Herbots, D. Philippe, *Le trust et la fiducie. Implications pratiques*, Bruylant, 1997, p. 175.
21) H. de Vauplane, «La fiducie avant la fiducie : le cas du droit bancaire et financier», op. cit.

Ⅱ　直接的影響：民法典におけるフィデュシ

16. フランスの体系へのトラストの導入の圧力は古くに遡るが[22]、経済の国際化が進むにつれそれは勢いを増した。もっとも、真のトラストを設けることには様々な障害があり(A)、フィデュシという競合的な手法を選択することに解決策が求められた(B)。

A.　フランス法において真のトラストを設けることへの障害

17. 多くの論者は、フランス法においてトラストを創設することは不可能であると主張した。こうした主張は、所有権の概念、物権及び物的担保の法定主義〔numerus clausus〕、一般担保権の原則、あるいはさらに資産の概念という、民法の様々な支柱に関わる論拠に依拠し得るものであったことから、優位を占めた[23]。

18. トラストの承認に反対する主要な論拠は、2種の法源に由来する所有権の二元性が、フランスにおいては存在しないということに求められた。受託者にコモン・ロー上の所有権〔legal ownership〕を帰属させつつ、受益者にエクイティ上の所有権〔equitable ownership〕を与えるというコモン・ロー体系における規律は、所有権を分肢するものである。ここから、これがフランスでも可能であると認めることへのためらいが生まれる[24]。というのも、トラストという制度と符合する物権の類型が存在しないからである。当事者が自らの意思によりトラストの性質を有する権利を創出することは可能であるとの立論も想定しえたが、このような考え方は、物権法定主義ゆえに不可能であると見られた。

---

22) Lepaulle, *Traité théorique et pratique des trusts en droit interne, en droit fiscal et en droit international privé*, Rousseau, 1932.

23) より詳しくは、参照：A. -M. Toledo-Wolfsohn, «Le trust et le droit civil français», *RLDC*, 2004, n°s 8 et 9.

24) H. Motulsky, «De l'impossibilité de constituer un trust anglo-saxon sous l'empire de la loi française», *Rev. crit. DIP*, 1948, p. 451；H. Batiffol, «*Trusts, The trust problem as seen by a French lawyer*», *Choix d'articles*, LGDJ, 1976, p. 239.

19. 実際、物権法定主義は、トラスト特有の複合的性質を伴う権利を合意によって創出することを妨げる。民法典543条は、「財産については、あるいは所有権を、あるいは単なる収益権を、あるいは単に主張されうる土地役務を、有することができる」と規定するからである。物権を定め、それに内容を与える法規範は、第三者、一般公衆、財産、財産の移転方法、合意の法的安全性と、このうえない関わりを有する。しかるに、これらの事項についての法規範は、公序に関わる。そして、当事者は、公序に関わる法規範を、合意によって変更することはできない[25]。

20. さらに、トラストは、担保として用いられることにより、物的担保の新たな類型を創設することになる。しかし、古典的学説によれば、物的担保は、物権と同様、法律に限定列挙される。それゆえ、トラストは禁じられる[26]。すなわち、設定者がある財産の所有権を受託者に移転する場合、設定者の債権者は、優先弁済権を有するとしても、トラストに供された財産に対して差押えの権利を行使することができない。その点で、トラストは、民法典2285条（旧2093条）、2323条（旧2094条）との関係で問題を生じる。トラストは、一方で、債権者平等の規律に反し[27]、他方で、条文が存在しないにも関わらず、一種の超越的な優先事由を債権者に認めるのである。

21. 補足的な論拠ではあるが、トラストにより設定者が自己の資産から一定の財産を逸出させるのが可能となるため、それにより、民法典2284条（旧2092条）によって保障されている、設定者の債権者の一般担保権が減じられることになることも挙げられる。一部の学説によれば、当該条文は公序に関わり、いかなる財産も債権者の一般担保権から逃れることはできないため、フランス法においてトラストは認められない。しかも、民事執行法典L. 112-2条（1991年7月9日の法律第650号第14条）に規定されるもの

---

[25] Demolombe, *Cours de Code Napoléon*, IX, p. 447.
[26] ただし、このような議論は、担保のために用いられるトラストのみを念頭に置くものである。
[27] 参照：P. Crocq, *Propriété et garantie*, LGDJ, 1995, n° 235.

Ⅱ　直接的影響：民法典におけるフィデュシ

のみが差押禁止財産である以上、差押不能という性質は法律上認められるものである。当該条文が規定する場合を除いては、財産は債権者の差押えから免れえないはずである。しかし、トラストに供される財産は当該条文が列挙する財産と一致する必然性はないにも関わらず、設定者の債権者は差し押さえることができないとされてしまうのである。

22. 他方、トラストで集められる財産は割当資産を構成するが、この割当資産の概念は、資産の古典的理解[28]と相容れない。資産の古典的理解は、オーブリ＝ローの理論[29]に由来すると一般に理解されているところ、この理論は、次の3つの命題に分解される。第1に、すべての人が資産を有する。第2に、すべての資産が人に帰属する。第3に、すべての人は資産を1つしか有せず、したがって資産は不可分である。しかるに、設定者は、トラストに依拠することによって、ある財産の集合を自己の資産から抜き出し、それにより財産を異なる2つの集合に分割する。そして、受託者は、言わば、2つの資産を有することになってしまう。自己の個人資産と、トラストに供された財産により構成される資産である。

23. 以上のような様々な論拠がトラストの受容と真っ向から対立したが、それでも、コモン・ロー体系のモデルがフランスで採用されるのを妨げるのに十分ではなかった。それは、フィデュシという競合的な手法に依拠することによって、実現された。

B. 民法典へのフィデュシの導入

24. 今日では、民法典がフィデュシを定義する。それによれば、フィデュシとは、設定者が、財産、権利又は担保を、受託者に移転し、この者が、これらを自己の固有資産と分別して保管し、定められた目的のもとに受益者又は設定者自身のために行為する契約である[30]。

---

28) 反対：Saleilles, *De la personnalité juridique*, Rousseau, 1922, p. 478 et Duguit, *Traité de droit constitutionnel*, t. Ⅲ, 2ème éd., Sirey, 1913, p. 309.
29) Aubry, Rau, *Cours de droit civil français, d'après la méthode de Zachariae*, 4ème éd., Librairie générale, 1869.

第 4 章　コモン・ロー体系におけるトラストがフランスのフィデュシに及ぼす影響

　紹介に代えて、フィデュシが所有権を一時的に移転させるものであることに触れよう。すなわち、受託者に移転される財産はもはや設定者の資産の一部をなさず、設定者はもはやそれらに対して所有権を有しない。それゆえ、契約の約定に従ったフィデュシ契約の履行についての債権のみが、設定者に残る。フィデュシに割り当てられる財産は、受託者の資産に入り、その内部において、分離された財産の総体を形成する。これにより、設定者の資産とのあらゆる法的関係が切断される。一見したところでは、これにより、受託者の資産内部において、被移転財産は、絶対的自律性を獲得することになる。つまるところ、フィデュシは、法人格を有しない、割当資産である。

25.　先に、トラストの魅力は、主として、受益者の権利が確保されることを通じて、トラストに供される権利の総体が不浸透な〔imperméable〕ものとなるのを可能にする点にあることを見た。別の言い方をすれば、フィデュシの仕組みによっても、フィデュシに供される財産が、こうした効果を付与される自律的な総体へと隔離されなければならないはずである。しかるに、フィデュシを創設する法律［フランス民法典にフィデュシを導入する 2007 年 2 月 19 日の法律——訳者注］は、この点で欠陥がある[31]。すなわち、民法典 2025 条 2 項は、フィデュシ資産の保存又は管理から生じる債権を有する者は、当該資産が不足する場合には、設定者の資産に対して訴権を有し、あるいは、フィデュシ契約においてその旨の約定がなされた場合には、受託者の資産に対して訴権を有する旨を規定する。したがって、フィデュシ資産は、現実には、不浸透性を持たない。すなわち、その他の資産に対する補充的訴権が、原則として行使可能である。割当資産のロジックに反している。とりわけ、フィデュシから生じる債務を設定者が負うことがありうるのは問題である。当該債務は、受託者への帰属ゆえにもはや彼の所有物ではない財産、しかも、第三者たる受益者という他人にいずれは帰属しうる財産から、他人である受託者の行為を通じて、生じるもので

---

30)　民法典 2011 条参照。
31)　同旨：F. Barrière, «La loi instituant la fiducie : entre équilibre et incohérence», *JCP E*, 2007, n° 35.

Ⅱ　直接的影響：民法典におけるフィデュシ

あるからである。

26. このようなフィデュシ法［フィデュシに関する法——訳者注］の規律を、次の点を指摘して弁明することも考えられる。すなわち、英米法においても、トラストの管理から生じる債務について、受託者が自己の財産上に義務を負うとされているではないか。しかし、こうした弁明の試みは、無駄である。すなわち、この規律が適用されるアメリカの諸州においては、自己の権限の範囲を超えずに行為した受託者は、当然に、トラストに供された積極財産から償還を受け、あるいは債権者への支払いのためにそれを使用することができるということも、予定されている[32]。受託者は、トラストの目的の実現のために生じる債務を、個人で負担する必要はない。アメリカで提案されているモデル法、すなわち統一トラスト法典〔*Uniform Trust Code*〕は、今日では、その10条において、受託者とトラストの権限内で取引をした債権者は、トラスト財産からのみ、自己の債権の弁済を受けうる旨を規定する。それゆえ、フランスのフィデュシには、アメリカのトラスト法には対応するものが見られない規律が含まれていることが、確認されるのである[33]。

27. 本稿をまとめよう。フランスにおいて、フィデュシの仕組みは、主としてビジネス法の分野で用いられてきた。したがって、この問題に関して、アメリカ・モデルがフランスの体系に及ぼす影響を評価するためには、商事トラストの検討へと向かう必要がある。この制度の枠組みを魅力的なものとするのは、この制度によって課される受託者の義務ではなく、むしろこの制度によって実現される資産の割当てである。しかるに、フランスの無名フィデュシは、一部のものしか、真の資産の割当てを実現しない。そして、民法典上のフィデュシ契約に関して言えば、資産の割当ては不徹底である。したがって、フランス・モデルは、今のところ、アメリカ・モデルを不完全に再現したものでしかない、と言うことができる。

---

32) F. Barrière, «La loi instituant la fiducie : entre équilibre et incohérence», op. cit.
33) *Ibid.*

第5章
フランス民法典における「信託」について

中原　太郎

はじめに——本稿の目的

　2007年にフランス民法典に「信託」が導入されてから、早7年余りが経過した。本稿は、その経緯及びその後の状況ないし展望を通覧することを目的とするものである。

　フランス信託法に関しては、従来から、ある程度大きな動きがあるたびに、わが国でも紹介が行われてきた。しかしながら、率直に言えば、二つの理由から、それらをつなぎ合わせてフランス信託法について十分に明確な像を描くのは、きわめて困難であったといわざるをえない。第一に、従来の諸研究の多くは、断片的・速報的な性格が強く、また、時として論者の興味関心に大きく引きつけられていたために、個々の題材を前後の文脈に適切に位置付ける姿勢が希薄であったように思われる。「信託」という制度ないし法理そのものに関するフランス法の展開を、ある程度包括的な文脈に位置付けて扱う必要があろう。第二に、より重要な点として、多くの研究が、大陸法系国において英米法由来の制度が議論ないし承認されることへの抽象的な関心を出発点におきつつも、それが具体的に何を意味したのか、何を意味しているのかを明確に記述してこなかったように思われる。大陸法系国（さらにはわが国の民法の母国の一つ）ゆえに注目するのであれば、彼の地における民法理論・民法体系との関係を問う姿勢が必須であろう。なお、「信託」に関連しうる諸分野でのフランス法への関心は従来にも増して強いところ（このことは、フランスがわが国と異なり「信託」に消極的であったことを考えると、矛盾とは言えないまでも奇異な印象を与え

第5章 フランス民法典における「信託」について

うる)、以上の二点を補うことは、そうした研究の正統性を（間接的にではあるが）補強することにもつながるだろう。

とはいえ、以上の問題点を一つの論稿で完全にカバーするのがきわめて困難であることも、また事実である[1]。本稿は、個々の問題点に関する検討を最小限に抑えつつ、同国の民法理論・民法体系との関係を意識しながら、フランス信託法の展開を、とにもかくにも包括的に描こうとするものである。このような総花的な検討に対するアプリオリな批判は必定である。しかし、大陸法体系において「信託」は本来的に多くの基本概念・分野に関わるものであること、にも関わらずわが国では、実務的な熱狂の一方で、このことに関する認識が十分に成熟していないように思われることからすれば、やはり未成熟な面は多いが、それでも民法理論との整合性ないし民法体系への位置付けに重要な価値を見出すフランス法を題材として、あえて危険を冒すことにも、少なくない意味があろう。個々の問題点に関する観察・議論の深化（あるいは本稿に含まれうる誤りの是正）は、今後の研究に委ねざるをえない。

フランス信託法の展開を通覧するにあたっては、フランス民法典への「信託」の導入（狭い意味でのフランス信託法）を指標とするのが簡明である。フランス信託法の全体像（広い意味でのフランス信託法）は、関連する素材をその周辺に配置・把握することを通じて、描かれることになる。以下では、フランス民法典における「信託」の前史（第1節）・到達点（第2節）・展望（第3節）に分けて検討したうえで、まとめを行う（おわりに）[2]。

本論に入る前に、「信託」の語に関して一言しておく。すぐ後に述べるように、フランス信託法の出発点は、トラストの拒絶とフィデュシの再生にあり、両者を一つの語で言い表すのは、本来的に不適切である。他方で、とにもかくにもわが国の信託に対応する事柄をさしあたり「信託」と言い

---

[1] フランス信託法の包括的検討の試みとして、すでに、小梁吉章『フランス信託法』（信山社、2011）があり、本稿も多くを負う。もっとも、同書は、主として、フランス民法典への「信託」の導入を出発点としつつ、金融実務上の関心を重んじて論じるものであり、フランス信託法の理論的展開過程を十分に記述したものとは言えないように思われる。
[2] 本稿はフランス信託法の検討を目的とするゆえに、また、筆者が執筆当時在外研究中であったという事情ゆえに、邦語文献の引用は最小限にとどまらざるをえない。

はじめに——本稿の目的

表すことには、読者の理解の便宜に適う面もある。それゆえ、見出しないし本文において、カギカッコ付きで「信託」という表現をすることもある。そのこととの関連で、本稿の末尾に付録として掲載したフランス民法典の関連規定の邦語訳では、その沿革及び原語に忠実に「フィデュシ」の語を用いたが、それがわが国の信託や英米法上のトラストと概念的に完全に一致するわけではないという注釈が付される限りで、「信託」と読み替えてもよいだろう。

第5章　フランス民法典における「信託」について

第1節　前史──フランス民法典における「信託」の沿革

　フランス民法典における「信託」の内容・意義を適切に理解するためには、立法に至るまでの経緯を把握する必要がある。フランスにおいて「信託」はすんなりと受け入れられたわけではなく、その概念規定に多くの労力が費やされた(1)。しかも、これを前提に把握される実定法の状況も、主要分野たる金融法分野(2)と家族財産法分野(3)とで、また各分野内部で、一様ではない。新規の（あるいは再生された）法技術への憧憬が深まる中で、既存の民法秩序と緊張関係をはらむ、きわめて複雑な状況が生じていたと言える。

1　「信託」の概念──トラストとフィデュシ

　一口に「信託」と翻訳されうる制度・法理の中にも、英米法由来のものと大陸法由来のものとがある[3]。フランス法においては、英米法由来の「トラスト〔trust〕」が明確に拒絶される一方で((1))、大陸法に根ざした「フィデュシ〔fiducie〕」を再生させることが試みられ、一般に受け入れられた((2))。もっとも、この「フィデュシ」の概念には、単に「トラストの同等物」にとどまらない、一定の特徴があったことに注意しなければならない((3))。

(1)　トラストの拒絶

　現代フランス信託法の出発点をなしたのは、19世紀半ば以降（とりわけ第一次世界大戦以後）に浮上した、「英米法上のトラストはフランスにおいて効力を有するか」という問題であった。人々の生活ないし経済活動が地理的に拡大する中、トラストという法技術も国境を越えた広がりを示す。

---

3) 英米法におけるトラストとドイツ法におけるトロイハントを対比させた検討は、まさにこの点に着目するものである。四宮和夫「信託と信託行為」同『信託の研究』（有斐閣、1965）3頁以下（初出：1941）、加毛明「受託者破産時における信託財産の処遇──二つの『信託』概念の交錯(1)-(4)」法協124巻2号394頁以下、11号2387頁以下（2007）、125巻1号65頁以下、12号2645頁以下（2008）（ただし、前者はトラストに「信託」、トロイハントに「信託行為」という訳語を充てる）。

第1節　前史——フランス民法典における「信託」の沿革

それに伴い、フランスの裁判所も、自身が管轄を有する事件において、英米法のトラストにならって行われた行為の効力を認めてよいか、という問題に直面することとなった。こうした国際私法上の問題は、20世紀前半に至り、フランスの実務家により意識的に取り上げられるテーマとなる[4]。

四宮博士の信託法理論に多大な影響を与えた学説として、わが国で（本国におけるよりもはるかに）注目を集めるルポールの見解も、ここに位置付けられる。その主著『国内法・租税法・国際私法におけるトラストの理論的・実務的概論』（1932年）[5]は、トラスト自体の再構成から出発する。受託者にコモン・ロー上の所有権が、受益者にエクイティ上の所有権が分属するというトラストの伝統的理解は妥当でなく、トラストの本質は、当事者のいずれにも帰属しない、一定の目的に割り当てられた資産（「割当資産〔patrimoine d'affectation ; patrimoine affecté〕」[6]）の創出にあるとし、その正当性を、「目的財産〔$Zweckvermögen$〕」に関するドイツ学説をも援用しつつ、資産と人格とは密接不可分ではないとの理解に求める[7]。そして、トラストは、この割当資産性ゆえに、フランス法では他の様々な制度・法理によって達成される事柄を実現することを指摘したうえで[8]、トラストの具体的分析に入る[9]。著書の終盤では、トラストのフランス法上の効力の問題に戻り[10]、国内又は国外で設定されたトラストの国内法上の効力を

---

4) すぐ後で取り上げるルポールの著作のほか、M. Travers, «De la validité, au point de vue du droit français, des *trusts* créés par des étrangers sur des biens soumis à la loi française ou par des Français sur des biens situés hors de France», *Rev. crit. DIP* 1909, p.521 ; R. L., «Question 187. Quelle est l'opinion de la jurisprudence française sur l'institution juridique anglo-saxonne des *trusts* ou fidéicommis ?», *J. dr. int.* 1911, p.134 ; T. Lion, «Un Anglais constitue un *trust*, conformément à sa loi, sur des biens situés en France. La loi française doit-elle en reconnaître la validité ?», *J. dr. int.* 1923, p.677 ; R. Aghion, *Le Trust juridique anglo-saxon,* Bruxelles, 1932 等。

5) P. Lepaulle, *Traité théorique et pratique des trusts en droit interne, en droit fiscal et en droit international,* Paris, 1932. 同書の紹介として、大村敦志「信託の理論」同『学術としての民法Ⅰ　20世紀フランス民法学から』（東京大学出版会、2009）262頁以下（初出：2000）、小梁・前掲注1）49頁。

6) «patrimoine d'affectation» には「目的資産」ないし「充当資産」の訳語が充てられることが多いが、前者はドイツにおける「目的財産」概念と混同するおそれがあり、また、後者は他の用語法（債務の充当等）を連想させる危険がないわけではない。本稿（及び本稿に先立つフォルティ論文の翻訳）においては、より中立的な、「割当資産」の語を用いることにする。

7) P. Lepaulle, supra note 5, pp.9-51, spéc. pp.23-40.

257

第5章 フランス民法典における「信託」について

認めることはフランス法上の公序に反しない旨を力説し[11]、国際私法上の諸問題（管轄、準拠法等）を論じる[12]。ルポールの著書は、フランスの法律家に向けられたものでありながら英米法の制度の再構成を説く点できわめて大胆なものであったが[13]、いずれにせよ、そのタイトルが端的に示すとおり、トラストという外国の制度の存在を所与としつつ、その国内的効力を論じたものである（トラストに対応する法理の国内での開発を主張したわけではない）ことに注意する必要がある[14]。

こうした国際私法上の議論は、「トラストの効力の承認はフランス法上の公序に反しないか」という問題の限度で、国内法秩序と接点を生じる。ルポールの見解が批判にさらされたのも、この文脈においてであった。モチュルスキーは、ルポール理論に依拠してトラストの効力を認めた一判決を契機として、次のように論じる[15]。ドイツ法上、「目的財産」（割当資産）は、一定の団体への法人格付与を正当化するために援用される説明概念に

---

8) P. Lepaulle, supra note 5 pp.53-114. 具体的には、トラストは、フランス法上の、①割当資産概念を前提としていると捉えうる諸制度（財団、相続権主張者不存在の相続財産、不在者財産等）、②割当財産（特定の目的に充てられる個々の財産）に関する諸制度（各種担保物権、用役権、継伝処分等）、③その他の諸制度（定期金、第三者のためにする要約等）を代替するものであるとし、その射程の広さを指して、「アングロ・サクソンの守り神（ange gardien de l'Anglo-Saxon）」と表現する。

9) 具体的には、トラストの諸類型を概説し（P. Lepaulle, supra note 5, pp.115-143）、トラストの本質的要素を詳論したうえで（pp.145-180）、諸々の具体的規律を位置付ける（pp.181-327）。

10) 加えて、租税法に関する検討も行われる（P. Lepaulle, supra note 5, pp.329-352）。

11) P. Lepaulle, supra note 5, pp.353-400. ここでは、自らの打ち出すトラストの新たな理解を前提に、トラストは新たな物権を創出するものではない（それゆえ物権法定主義に反しない）こと、割当資産の概念はフランス法上も受け入れられていることが主張されるほか、トラストはフランス法上禁止される譲渡禁止条項や将来の相続財産に関する約定、継伝処分等には該当しないこと、ただし遺留分を侵害してはならず処分任意分を超える場合には減殺の対象となる等の制約には当然服すること等が指摘される。

12) P. Lepaulle, supra note 5, pp.401-442.

13) ルポールは、著書に先駆けて、自身の見解をトラストの本拠地（アメリカ）に発信する試みも行っていた。P. Lepaulle, «Civil Law Substitutes for Trusts», *Yale L. J.* 1927, p.1126 ; du même auteur, «An Outsider's View Point of the Nature of Trusts», *Cornell L. Rev.* 1928, p.52.

14) ルポールは、著書の序論末尾において、英米法とフランス法の「共通法（droit commun）」の礎を築くことを目標として掲げるが（P. Lepaulle, supra note 5, p.7. 大村・前掲注5) 266頁はこの点を強調する）、本論での記述を見る限り、その真意は、本文で示したところにとどまると解さざるをえない。

第 1 節　前史——フランス民法典における「信託」の沿革

すぎず、法人格を付与する法律が存在して初めて認められる。また、ルポールが説くトラスト理解はイギリス法上支持されていないところ、トラストは、受託者と受益者にそれぞれ物権的要素を備えた特殊な権利[16]を付与するものであり、当事者の合意によってそれらを創出することは、フランス民法典 543 条が規定する「物権法定主義〔principe de *numerus clausus des droits réels*〕」に反する[17]。トラストはどの既存のフランス法上の制度にも帰着しないゆえ、意思解釈による救済が不可能な場合には[18]、フランスの裁判所がその効力を認めることはできない。

　以上に対し、「英米法におけるトラストのような制度をフランス法にも導入すべきではないか」という純粋国内法上の問題が真剣に考えられるようになったのは、20 世紀後半である。そこでは、「トラストそのものをフランス法に導入することはできるか」がまず問われうるところ、上述の議論経過が、より洗練ないし定式化された形でよみがえる。すなわち、モチュ

---

15) H. Motulsky, «De l'impossibilité juridique de constituer un *"Trust"* anglo-saxon sous l'empire de la loi française», *Rev. crit. DIP* 1948, p.451. 大村・前掲注 5）272-273 頁、小梁・前掲注 1）49-50 頁の紹介も参照。

16) モチュルスキーは、コモン・ロー上の所有権とエクイティ上の所有権の分属という古典的理解に対しては、すでに大陸法的な視点が混入しているとして懐疑を示すが、受託者の権利は所有権と他人の財産管理の混合である一方、受益者の権利は債権と所有権の性質を同時に備えた権利であるとして、本文で述べた結論に到達する（H. Motulsky, supra note 15, n°12 et 15）。

17) 邦語訳は、以下のとおり。なお、フランス民法典の条文の訳出にあたっては、法務大臣官房司法法制調査部編（稲本洋之助訳）『フランス民法典——家族・相続関係』（法曹会、1978）、同編（稲本洋之助訳）『フランス民法典——物権・債権関係』（法曹会、1982）の該当条文を参考にしつつ、適宜修正を加えた（以下同じ）。

　　　フランス民法典第 543 条　財産については、あるいは所有権を、あるいは単なる収益権を、あるいは単に主張されうる土地役務を、有することができる。

18) フランス判例の大勢は、トラストの効力をそのまま認めることはせず、（時として強引な）当事者意思の解釈により、当事者が設定した「トラスト」にできる限りの効力を与えようという解決を志向する。この問題に関する文献として、たとえば、B. Oppetit, «Le *"trust"* dans le droit du commerce international, *Rev. crit. DIP* 1973, p.1 ; J. -D. Bredin, «L'évolution du *trust* dans la jurisprudence française», *Trav. Comité fr. dr. int.*, 1973-1975, p.137 ; E. Seel-Viandon, *La fiducie en droit comparé et en droit international privé français*, Th. Paris II (dactyl.), 1979 ; F. Barrière, *La réception du trust au travers de la fiducie*, Litec, 2004, n° 138-242, pp.115-191 ; Le J. -P. Béraudo et J. -M. Tirard, *Les trusts anglo-saxons et les pays de droit civil*, Genève, 2007, pp.329-363.

第 5 章　フランス民法典における「信託」について

ルスキーが指摘した、[1]物権法定主義への抵触及び[2]割当資産の原則的不許という二点が、大多数の学説により、否定の結論を導くために援用される。具体的には、[1]コモン・ロー上の所有権とエクイティ上の所有権の分属というトラストの古典的理解を前提に、このように所有権を法的・形式的側面と経済的・実質的側面とに分肢するような物権類型はフランス法上存在せず[19]、物権法定主義に反して認められない[20]。また、[2]オーブリ＝ロー以来、「資産〔patrimoine〕」とは、一人の人に帰属する金銭的な価値を有する財産（消極財産も含む）の集合たる「法的な総体〔universalité de droit〕」を構成するものと理解され、人格との結び付きにその本質が求められるのが一般的である（それにより、相続や債権者の一般担保権[21]が説明される）[22]。これによる帰結の一つとして、「資産の単一性〔unicité du

---

19) M. Grimaldi, «La fiducie : réflexions sur l'institution et sur l'avant-projet de loi qui la consacre», *Defrénois* 1991, art. 35085 et 35094, n°4 ; A. -M. Toledo-Wolfsohn, «Le *trust* et le droit civil français», *RLDC* 2004, n°8, p.29, n°9, p.24, spéc. n°8, p.30 ; R. Libchaber, «Une fiducie française, inutile et incertaine», *in Mélanges Ph. Malaurie,* Defrénois, 2005, p.303, spéc. n°12, p.316 ; Ph. Rémy, «*National Report for France*», *in* D. J. Hayton, S. C. J. J. Kortmann et H. L. E. Verhagen, *European Trust Law,* Kluwer Law International, 1999, p.131. これに付随して、コモン・ロー上の所有権とエクイティ上の所有権の分属という構成は、コモン・ローとエクイティという二つの法系の存在という英米法に特殊な事情も作用していることが指摘される。

20) C. Witz, *La fiducie en droit privé français,* Economica, 1981, n°8, pp.5-6 ; A. -M. Toledo-Wolfsohn, supra note 19, n°8, pp.32-33.

21) フランス民法典旧 2092 条・2093 条（現 2284 条・2285 条）に基づく。邦語訳は以下のとおり。

　　フランス民法典旧第 2092 条（現第 2284 条）　自ら債務を負った者はいかなる者であっても、その現在及び将来のすべての動産及び不動産によって、その約務を履行する義務を負う。

　　同旧第 2093 条（現第 2285 条）　債務者の財産は、その債権者の共通の担保である。その代価は、債権者間で按分して配当される。ただし、債権者間に正当な優先事由がある場合は、この限りでない。

22) オーブリ＝ローの資産理論に関する邦語文献として、横山美夏「財産——人と財産との関係から見た信託」NBL791 号（2004）17-18 頁、原恵美「信用の担保たる財産に関する基礎的考察——フランスにおけるパトリモワーヌ（patrimoine）の解明」法学政治学論究 63 号（2004）359-364 頁、同「フランスにおけるパトリモワーヌ論の原型——オーブリ＝ローの理論の分析」法学政治学論究 69 号（2006）357 頁以下、片山直也「財産——bien および patrimoine」北村一郎編『フランス民法典の 200 年』（有斐閣、2006）194-195 頁、川村力「法人・資産・会社分割——フランスにおける部分出資をめぐる議論」岩原紳作ほか編代『会社・金融・法（下巻）』（商事法務、2013）280-282 頁等。

第 1 節　前史——フランス民法典における「信託」の沿革

patrimoine〕」（すべての人は一つの資産しか持たない）が導かれ、それゆえ、トラストが創出するような、特定の目的に結び付けられた財産の総体たる「割当資産」を認めることはできない[23]。

　ただし、[1]に関しては、異なる見方も示されている。そもそも、物権法定主義自体に対する懐疑的な見方が強いのである[24]。543条自体、同条が列挙する物権のみを認めるとは明確に言っていないし、すべての物権を列挙しているわけでもない（担保物権、地上権等）。法律が新たな物権を創出することがあるが（永代不動産賃借権、建築用地賃借権等）、だからといって法律でしか創出できないことにはならない。第三者の安全は守らなければならないが、それは物権の限定列挙ではなく公示の規律によって対応すべきである。何より、契約自由の原則により物権の自由な創出が要請される。以上のように考えるならば、民法典に規定されていない所有権の分肢態様を契約により創出することは可能であり、[1]はトラストを拒絶する論拠とはならなくなる。もっとも、法律の規定にない物権を創出すること自体は認められるとしても、[1']法律の規定にない物権により特定の債権者に優先事由を付与するのはなお許されないとして（旧2092条ないし2094条、現2284条・2285条・2323条[25]）、「物的担保法定主義〔principe de *numerus clausus* des garanties réelles〕」を説く見解もある[26]。これによれば、担保目的で利用される限りで、トラストのような所有権の分肢は認

---

23) Ph. Rémy, supra note 19, p.131 ; A. -M. Toledo-Wolfsohn, supra note 19, n°9, pp.25-26.
24) 判例も、物権法定主義を否定していることが指摘される。古いものとして、Req., 13 février 1834, *DP* 1834, 1, 118, *S*.1834, 1, 205 ; 直近のものとして、Civ. 3ᵉ, 23 mai 2012, *Bull. civ.* III, n°84, *D.* 2012, 1934, note L. d'Avout, 2128, obs. B. Mallet-Bricout, *JCP G* 2012, 930, note W. Dros, 1186, n°2, obs. H. Périnet-Marquet, *RTD civ.* 2012, 553, obs. Th. Revet. 最近の学説で物権法定主義に批判的なものとして、F. Terré et Ph. Simler, *Droit civil. Les biens*, 8ᵉ éd., 2010, Dalloz, n°52, p.63 ; Ch. Atias, *Droit civil. Les biens*, 11ᵉ éd., Litec, 2011, n°76, pp.58-62 ; Ph. Malaurie et L. Aynès, *Droit civil. Les biens*, 5ᵉ éd., Defrénois, 2013, n°355-361, pp.93-97等。
25) 邦語訳は、前掲注21) のほか、以下のとおり。
　　フランス民法典旧第2094条（現第2323条）　正当な優先事由は、先取特権及び抵当権である。
26) P. Crocq, *Propriété et garantie*, LGDJ, 1995, n°235-256, pp.189-206. この分析に依拠するものとして、F. -X. Lucas, *Les transferts temporaires de valeurs mobilières. Pour une fiducie de valeurs mobilières*, LGDJ, 1997, n°588-594, pp.301-303. そのほか、Ph. Rémy, supra note 19, p.147 ; A. -M. Toledo-Wolfsohn, supra note 19, p.33.

第5章　フランス民法典における「信託」について

められないことになる（[2]の問題は別途残る）。

(2)　フィデュシの再生

　以上のように、英米法上のトラストは明確に拒絶されるが、そのことは、フランス法においてトラストに匹敵する法理が必要でないことを意味するわけではない。フランスにおけるトラストの同等物の探求は、ローマ法に淵源を持つ大陸法的法理としての「フィデュシ」の再生を通じて行われた。

　フィデュシは、民法典上に規定を有するわけではなく、長らく忘れられた存在であったが[27]、それに改めて光を当てたのが、ヴィッツのテーズ『フランス私法におけるフィデュシ』(1981年)であった[28]。ヴィッツは、トラストの受容は不可能であるという前提を確認したうえで、大陸法系国でも、ローマ法のフィドゥキア〔*fiducia*〕に淵源を有するフィデュシに活路を求めることが可能であり、現にドイツでは「フィドゥキア的法律行為〔*fiduziarisches Rechtsgeschäft*〕」ないし「トロイハント〔*Treuhand*〕」が生成・活用され、ドイツ法系諸国でも同様の展開が見られる旨を指摘する[29]。そして、フランス法上、限定的な局面においてのみ使われていたフィデュシの概念に対し[30]、「ある者（受託者）が財産権の主体となり、それを一連の義務の制約のもと行使するという法律行為であり、それらの諸義務

---

[27] ただし、1937年には、パリで開催された「国際法律週間」におけるテーマの一つとしてフィデュシが取り上げられ（*Travaux de la semaine internationale de droit Paris 1937, t.5. La fiducie en droit moderne*, Sirey, 1937)、ベルギー、ブラジル、カナダ、フランス、日本、ポーランド、スイス、ルーマニアの各国代表者による報告が行われた。もっとも、フランスの報告においては、もっぱら、後述する「恵与目的フィデュシ」（の一部）が想定されていた（R. Demogue, «Rapport général», p.1；R. Savatier, «La fiducie en droit français», p.57)。背景としては、すでにフィデュシを民法典に導入していたケベック法がそれのみを規定していたことのほか（後掲注224）参照）、後述するヴィッツ論文以前においてフィデュシの語がその文脈においてのみ用いられていたこと（後掲注30）参照）が挙げられる。

[28] C. Witz, supra note 20. 同書の書評として、G. Cornu, *RTD civ.*, 1982, p.362. 同書の紹介として、西澤宗英「フランスにおける『信託』序説——Witz論文を契機として」信託135号(1983) 13頁以下、同「クロード・ウィッツ著『フランス私法における信託』（1981年）」信託法研究9号(1985) 141頁以下、同「Claude Witz氏のfiducie（信託）論——比較信託法学の一視点」信託法研究11号(1987) 77頁以下、同「フランスにおけるfiducie（信託）立法の試み」青山法学論集38巻3・4号(1997) 621-623頁、小梁・前掲注1）50-51頁。

[29] C. Witz, supra note 20, n°4-13, pp.2-12.

の中には、通常、一定期間の後に、設定者又は第三者たる受益者に対し、当該権利を移転する義務が含まれる」との定義を与え[31]、以下の分類を提示する[32]。第一に、受託者が受益者（設定者又は第三者）のために財産を管理する「管理目的フィデュシ〔fiducie-gestion〕」であり、ローマ法の「友人とのフィドゥキア〔*fiducia cum amico*〕」及びドイツ法の「管理目的トロイハント〔*Verwaltungstreuhand*〕」に対応する。その中にも、[1]第三者たる受益者への無償処分（恵与）を最終目的とする「恵与目的フィデュシ〔fiducie-libéralité〕」と、[2]設定者自身のためのものとがある。第二に、[3]債務者たる設定者が債権者たる受託者兼受益者に財産を譲渡して債務の担保とする「担保目的フィデュシ〔fiducie-sûreté〕」であり、ローマ法の「債権者とのフィドゥキア〔*fiducia cum creditore*〕」及びドイツ法の「担保目的トロイハント〔*Sicherungstreuhand*〕」に対応する。ヴィッツは、各分類につき、フランス実定法の状況を分析し、フィデュシはそれと異質ではなく（場合によってはすでに存在し）、さらに活用されるべきものであることを説いた（具体的な法状況は2・3で扱う）。

　フィデュシ概念の再生というヴィッツの意図は、その根幹において成功したといってよく、立法への機運の高まりも相まって、フィデュシ研究は活況を呈する[33]。もっとも、具体的内容に関連して、以下の二点を指摘する必要がある。

　第一に、ヴィッツの示すフィデュシの定義は、細かな相違こそあれ、その後の議論でも前提とされる。その要点は、設定行為による、受託者への対象財産の所有権移転（さらに設定者ないし第三者たる受益者への再移転）、及び、受託者への義務の賦課ないしその権限の設定にあり、トラストとの相違もここから演繹される（(3)参照）。

　第二に、フィデュシの分類に関しては、若干の注意が必要である。まず、①ヴィッツは、管理目的フィデュシとして、[1]恵与目的フィデュシと[2]

---

30) ヴィッツによれば、フィデュシは、フランス古法及び19世紀においては、一定の相続人に相続財産を管理させる旨の遺言を指す語として用いられていた（C. Witz, supra note 20, n°29-53, pp.31-51）。
31) C. Witz, supra note 20, n°14-18, pp.12-18.
32) C. Witz, supra note 20, n°55, p.54.

第5章　フランス民法典における「信託」について

設定者自身のためのフィデュシを想定するが、[2]に関しては、第三者のためのものもありうる。また、呼称上の便宜を考えてであろう、[2]のみを指して「管理目的フィデュシ」と呼ぶものも多い（その結果、恵与目的フィデュシ・管理目的フィデュシ・担保目的フィデュシの三分類となる[34]）。本稿では、第三者のためのフィデュシも含む形で、[2]を「狭義の管理目的フィデュシ」と呼ぼう。次に、②（恵与目的フィデュシを含む広義の）管理目的フィデュシと担保目的フィデュシの区別は、財産移転の目的の相違に基づく基本的分類として受け入れられている。ただし、これにより受託者の義務・権限が根本的に相違するわけではない[35]。管理目的フィデュシでは財産管理上の諸義務が課されるが、担保目的フィデュシであっても、被担保債務の弁済による設定者への再移転の可能性がある以上、その確保のための諸義務を課されうる。また、特に有価証券を対象とする場合、管理目的フィデュシにいう「管理〔gestion〕」は処分行為も含みうるところ、担保目的フィデュシでも、代替物の取得を条件として処分行為を許すことが可能である。受託者の義務・権限は、あくまで設定行為の内容に依存する。最後に、③フィデュシの目的は設定行為により定められる以上、恵与目的フィデュシ・狭義の管理目的フィデュシ・担保目的フィデュシという分類は、それ以外

---

[33]　一般的検討を行うテーゼとして、R. Family, *L'acte de fiducie (Étude de droit interne et de droit international privé)*, Th. Paris II (dactyl.), 2000；C. Kuhn, *Le patrimoine fiduciaire. Contribution à l'étude de l'universalité*, Th. Paris I (dactyl.), 2003；F. Barrière, supra note 18 等。とりわけ最後のもの（タイトルの邦訳は『フィデュシを通じたトラストの受容』）は、フィデュシという器を使ってのトラストの受容を語るものであり、従来の議論の経緯からすると大いなるパラドクスを抱えるが、(3)で述べるフィデュシ概念の内在的特徴（ないし限界）を体現する点で興味深い（同書の紹介として、大村敦志「信託受容の特性に関する小考——フランスと韓国を素材として」信託研究奨励金論集34号（2013）124-125頁）。さらに、同じく大陸法系に属する国々（「フィデュシ」を語るべき国々）を巻き込んだ比較法的検討が積極的に行われるようになったことも、注目に値する。ヴィッツの主導によるものとして、C. Witz (dir.), *Les opérations fiduciaires : pratiques, validité, régime juridique dans plusieurs pays européens*, Feduci - LGDJ, 1985；du même auteur (dir.), *La fiducie et ses applications dans plusieurs pays européens. Allemagne, Angleterre, Lichtenstein, Luxembourg, Suisse* (*Bull. Joly* 1991, n°4 bis).

[34]　ヴィッツ論文の書評である G. Cornu, supra note 28, p.362 も、このように整理する。そのほか、三分類を前提に分析するものとして、R. Libchaber, supra note 19, n°2, pp.305-306. 他方、ヴィッツと同様の分類をするものとして、M. Grimaldi, supra note 19, n°1 et 3.

[35]　C. Witz, supra note 20, n°278, 280, pp.270-272.

を排斥するわけではなく、また、重畳を許す[36]。以上の分類は、あくまで典型類型（しかしながら、非常に重要なそれ）を提示するものでしかない。

(3) フィデュシ概念の特徴

以上のように再生が目指されたフィデュシであるが、その概念的特徴に関しては、次の二点に触れておかなければならない。

第一に、フィデュシは、その経緯からして、当然、トラストとの差別化を意識したものである。設定行為による、受託者への対象財産の所有権移転（さらに設定者ないし第三者たる受益者への再移転）、及び、受託者への義務の賦課ないしその権限の設定（のみ）を本質的要素とすることから、以下の具体的相違点が見出される。①フィデュシは、相手方の存在を前提とする法律行為によるものであり、トラストが委託者の一方的意思や法律等を淵源とするのとは異なる。その結果、設定者が自ら受託者となる旨を宣言することによっては成立しない[37]。反対に、受託者が受益者を兼ねることは妨げられない（担保目的フィデュシ）[38]。②受託者が所有権を取得するゆえ、所有権の分肢＝物権法定主義違反の問題は生じない[39]。のみならず、受益者は受託者に対し債権を有するのみであり、受託者による不当処分に際して物権的な追及権を有しない[40]。③受託者の義務ないし権限は、フィデュシであることそのものから外在的に導かれるのではなく、基本的には設定行為によって定められる[41]。④対象財産は受託者の資産に属し、割当

---

36) 民法典への導入後の文献であるが、R. Libchaber, «Les aspects civils de la fiducie dans la loi du 19 février 2007», *Defrénois* 2007, art.38631 et 38639, n°2.

37) C. Witz, supra note 20, n°17, p.15；Ch. Larroumet, «La fiducie inspirée du *trust*», *D.* 1990, p.119, n°3. 設定者・受託者間に所有権移転が必要であるから、という説明も可能であろう。

38) Ch. Larroumet, supra note 37, n°3；du même auteur, «La loi du 19 février 2007 sur la fiducie», *D.* 2007, p.1350, n°3.（なお、後者に関しては、クリスティアン・ラルメ（野澤正充訳）「フランス信託法の制定——2007年2月19日の法律」信託235号（2008）49頁以下、同（同訳）「信託に関する2007年2月19日の法律（フランス）」立教法務研究2号（2009）63頁以下を参照するのが簡便である。）

39) C. Witz, supra note 20, n°246-247, pp.242-243.

40) C. Witz, supra note 20, n°295, p.282；Ch. Larroumet, supra note 37, n°3；M. Grimaldi, supra note 19, n°6. また、広くヨーロッパの大陸法諸国及びケベックを念頭においた議論として、M. Cantin Cumyn, «Réflexions autour de la diversité des modes de réception ou d'adaptation du *trust* dans les pays de droit civil», *Rev. dr. McGill* 2013, n°4, p.811, spéc. pp.822-823.

第 5 章　フランス民法典における「信託」について

資産が創出されるわけではない。当該財産は受託者の債権者の一般担保となり、受託者死亡の場合はその相続財産として扱われる[42]。

　第二に、その反面、フィデュシ概念には、内在的な特徴ないし限界もある。①既存のフランス法の体系に適合することを意図するものであるゆえ、トラストよりも抵抗は少ないが[43]、そのままでは、「フィデュシである」との性質決定によって既存の民法理論からの帰結を超える効果が生じるわけではない[44]。たとえば、ヴィッツによれば、受益者の利益は、受託者の支払不能に際しては、設定行為に含まれうる譲渡禁止条項が差押禁止効を有すると認められる限りで、受託者による対象財産の不当処分に際しては、やはり譲渡禁止条項を前提として、設定者による解除訴権又は受益者による不法行為訴権若しくは無効主張の限りで、守られるにすぎない[45]。こうした帰結に満足せず、「フィデュシに何を盛り込むか」「フィデュシによって何を実現するのか」という動的視点がプラスされることで初めて、新規の立法という、その後実際にとられることとなる手段が正当化される。また、②フィデュシは、様々な類型を内包した総称的概念である[46]。このことは、当該概念の重要性と正統性をアピールするのに大いに役立った一方で、類型相互でのありうる相違をどのように考慮するかという困難な問題を生じせしめる危険をはらむことになる。

　以上のように、フィデュシ概念は、正負両面を併せ持っていた。それでは、民法典への導入以前のフランス実定法における具体的な法状況はどのようなものであったか。ヴィッツも含め、フィデュシの再生を説く論者は、「フィデュシ」の呼称こそ与えられないもののその性格を備える諸制度・

---

41) C. Witz, supra note 20, n°275-286, pp.269-276.
42) C. Witz, supra note 20, n°289, p.278 ; Ch. Larroumet, supra note 37, n°4 ; du même auteur, supra note 38, n°5 ; M. Grimaldi, supra note 19, n°6 ; M. Cantin Cumyn, supra note 40, pp.822-823.
43) C. Witz, supra note 20, n°17, p.15 は、法律の規定がなくともフィデュシは承認されうると主張する（もっとも、現実の法状況はそうではない。2・3参照）。
44) このことを指摘するものとして、F. -X. Lucas, supra note 26, n°595-608, pp.304-311.
45) C. Witz, supra note 20, n°287-304, pp.277-290.
46) G. Cornu, supra note 28, p.362 は、ヴィッツの試みをまとめて、「様々な用途を持った総称的な仕組み、多様な目的を伴う基礎的道具、複数の機能を持つ抽象的なテクニック」をフランス法に導入しようとするものであると評する。

諸法理（「無名フィデュシ〔fiducies innommées〕」）の存在に注目した。もっとも、実定法の現実は単純ではない。以下では、フィデュシの活用が説かれた二大分野に限定して[47]、フィデュシが要請される理論的背景を明らかにしつつ、どの程度フィデュシが現に存在していたかを見ていこう。

2 具体的法状況（その1）——金融法分野

フィデュシの活用が論じられた一つ目の領域が、金融法分野である。具体的には、一方で、所有権移転の仕組みによる担保としての担保目的フィデュシ（(1)）が、他方で、専門家による財産運用を可能とする狭義の管理目的フィデュシ（(2)）が、希求された。それぞれの状況について概説したうえで、まとめを行おう（(3)）。

(1) 担保目的フィデュシ

金融法分野が担保目的フィデュシの主戦場であることは、想像に難くない[48]。典型的な担保目的フィデュシは、以下の形をとる（設定者＝A、受託者＝受益者＝B）。AがBに対して債務を負っているところ、Aは当該債務の担保のために自己の財産をBに移転し、被担保債務が弁済された場合にはBは当該財産をAに再移転しなければならないが、弁済されなかっ

---

47) それら以外にも、フィデュシが問題となる領域はある。重要なものを二つ挙げよう。第一に、公益フィデュシ（恵与目的フィデュシの一種）であり、アソシアシオンや財団への寄付やそれらの設立の法的規律等が論じられる。第二に、法人格を有しない団体の財産管理方法として、フィデュシが論じられることもある。第一のものに関しては、C. Witz, supra note 20, n°88-94, pp.79-85；A. Gobin, «Fiducies sans la fiducie», JCP N 1994, I, 315, n°25-34；Ph. Rémy, supra note 19, p.143；大村・前掲注 33) 122-124 頁を、第二のものに関しては、C. Witz, supra note 20, n°136-147, pp.127-136 を参照。
48) 金融法分野における担保目的フィデュシに関する一般的文献として、C. Witz, supra note 20, n°168-217, pp.155-206 のほか、C. Witz, «La fiducie sûreté en droit français», RJ com. 1982, p.67；du même auteur, «Les transferts fiduciaires à titre de garantie», in Les opérations fiduciaires, supra note 33, p.55；M. Grimaldi, supra note 19, n°3；Ph. Rémy, supra note 19, pp.137-139；P. Crocq, supra note 26, n°33-44, pp.25-36；du même auteur, «Dix ans après : L'évolution récente des propriétés-garanties», in Mélanges M. Gobert, Economica, 2004, p.347；A. Cerles, «La propriété, nouvelle reine des sûretés ?», in Mélanges G. Vasseur, Banque éditeur, 2000, p.39；H. de Vauplane, «La fiducie avant la fiducie : le cas du droit bancaire et financier», JCP E 2007, 2051, n°8-11, pp.9-10；F. Barrière, «La fiducie-sûreté en droit français», Rev. dr. McGill 2013, n°4, p.869, spéc. pp.876-882.

第 5 章　フランス民法典における「信託」について

た場合には B は当該財産を確定的に取得する。

　担保目的フィデュシが推進される背景には、民法典上の既存の物的担保の場合には法定の実行手続や倒産手続に依拠しなければならないところ、債権者に担保目的物の所有権を直接取得させる強力な担保手段を認めたいという、実務的要請があった。質権によらなければならない動産（有体動産のほか、債権や有価証券等の無体動産を含む）に関しては、以下の二つの事情により、この要請が倍加する[49]。第一に、質権設定は占有移転を伴う必要があり、債務者に有体動産の使用・収益を継続させたい場合には不都合がある。第二に、被担保債務の弁済がない場合に質権者が質物を領得又は処分することを許す旨の約定、すなわち「流質契約〔pacte commissoire〕」は禁止され（旧 2078 条）[50]、法定の実行手続がとられなければならない。フィデュシによれば、以上の不都合は回避される。

　ところで、所有権移転という観点から古典的に考えられるのは、売買に依拠する方法である。債務者 A が自己の財産を債権者 B に対して売却するとともに、買戻権限を留保するというものであり、B は、A による買戻権限の行使（代金の返還）に仮託した債務の弁済がなされない限り、当該財産の所有権を保持する。民法典自体が認める買戻条項付売買〔vente à réméré〕はまさにこの典型であるほか（1659 条以下[51]）、実務上行われる

---

[49] 不動産に関しては、比較的有用な担保手段である抵当権が使えるために、また、フィデュシを認めても高い租税が課せられるであろうために、当初から担保目的フィデュシが論じられることは少なかった（C. Witz, supra note 20, n°191, pp.177-178 ; Ph. Simler et Ph. Delebecque, *Droit civil. Les sûretés. La publicité foncière*, 6ᵉ éd., Dalloz, 2012, n°353, p.334）。

[50] 条文の邦語訳は、以下のとおり（不動産質に関する旧 2088 条もあわせて掲げておく）。流質契約の禁止に関しては、G. Wiederkehr, «Pacte commissoire et sûretés conventionnelles», in *Études A. Jauffret*, Aix-en-Provence, 1974, p.661 参照。

　　フランス民法典旧第 2078 条（2006 年 3 月 23 日のオルドナンス第 346 号による改正前のもの）①　債権者は、弁済がない場合でも、質物を処分することができない。ただし、債権者が、質物を弁済として、かつ、鑑定人が行う評価にしたがって相応の限度で債権者に帰属する旨又はそれを競りによって売却する旨を裁判上命じさせることを妨げない。

　　②　前項の方式によらないで、債権者が質物を領得し又は処分することを許す条項はすべて、無効である。

　　同旧 2088 条（同上）　債権者は、合意した期限に弁済がないだけでは、なんら不動産の所有者とならない。反対の合意はすべて、無効である。その場合には、債権者は、法律上の方法によってその債務者の強制徴収を追行することができる。

営業用不動産の譲渡賃貸借〔cession-bail〕[52]や有価証券の繰越取引〔report en bourse〕[53]もこの例である。もっとも、利用範囲が限られ（代金が被担保債務の額と見合わない場合には不向き）[54]、純粋なフィデュシともいいがたい。

　それゆえ、純粋な担保目的に基づく譲渡の効力が一般法上認められるかが問題となるが、破毀院は否定的態度を示す。すなわち、有体動産に関しては、1933 年の審理部判決以来、担保目的での所有権移転の合意を質権設定契約と性質決定し、流質契約禁止に反し無効であるとする[55]。無体動産たる債権に関しては、判例は好意的であるとも言われていたが、2006 年の商事部判決は、「法律に定められる場合を除いては、債務者が債権者に対し、担保のために、債権上に有するすべての権利を譲渡し移転する条項は、債権質を構成する」として、有体動産と同様の立場を示した[56]。唯一、実務上「金銭質〔gage-espèces〕」と呼ばれる担保目的での金銭の移

---

51) 冒頭規定の邦語訳のみ、掲げよう（なお、カッコ内の改正は、文言の微修正にすぎない）。
　　フランス民法典旧第 1659 条（2009 年 5 月 12 日の法律第 526 号による改正前のもの）
　　　　買戻権は、売主が主たる代金の返還及び第 1673 条に述べる償還を条件として、売却物を取り戻すことを留保する条項である。
52) 債務者 A が債権者 B に対し生産設備としての営業用不動産を売却し、B は A に対し当該不動産を貸し付ける一方、A が予約完結権行使により当該不動産を再購入できる旨の売買の一方予約が付されるものであり、これにより、A は、自己の生産設備を個々の動産に分けることなく資金調達できる。英米法のリース・バックに相当する。
53) 期日指定取引に用いられ、決済を次の精算日まで繰り越すものである。A が、ある期日において有価証券を一定価格で購入することを約束したものの、当該期日における相場が見込みよりも下がってしまった場合に、現在の相場（当該期日における価格）で B に売却するとともに、次の精算日に（猶予金を付したうえで）同一価格で購入することを約する。これにより、次の精算日までに相場が上がれば、A は損失をカバーし、あるいは利益を得ることができる。
54) そのほか、民法典上の買戻条項付売買に関しては、買戻期間の制限（1660 条により 5 年）という制約もある。
55) Req., 23 mai 1933, *D.H.*, 1933, 378, *S.* 1933, 1, 257, note H. Batiffol, *Rev. crit. DIP* 1934, 142, note J. P. N., *Journ. dr. int.* 1935, 381, note J. P.；Com., 13 janvier 1965, *Bull. civ.* III, n°41；Civ. 1re, 8 juillet 1969, *JCP* 1970, II, 16182, note H. Gaudemet-Tallon, *J. dr. int.* 1970, 916, note J. Derrupé, *Rev. crit. DIP* 1971, 75, note Ph. Fouchard. これらは、外国において設定された占有移転を伴わない物的担保の国内法上の効力が問題とされたものである。この問題につき、M. Cabrillac, «La reconnaissance en France des sûretés réelles sans dépossession constituées à l'étranger», *Rev. crit. DIP* 1979, p.487.

転に関しては、金銭の個別化がなされない限り、債務者から金銭の交付を受けた債権者の所有者たる地位が認められるとされたが[57]、金銭の代替性に即した判断にすぎない。

しかし、無体動産に関しては、特別法上、担保目的フィデュシが認められることとなる。最も重要なのが、1981年1月2日の法律第1号に基づく債権譲渡（法案提出者にちなみ「ダイイ譲渡〔cession Dailly〕」と呼ばれる）である（1984年1月24日の法律第46号等による改正を経て、現在では通貨金融法典L.313-23条以下）[58]。これによれば、金融機関又は信用会社は、公法上若しくは私法上の法人又は職業活動の範囲で行為する自然人が有する職業上の債権（公法上若しくは私法上の法人又は職業活動の範囲で行為する自然人に対する債権）を、譲渡人が作成し対象債権等を記した明細書の交付を受けることのみによって譲り受けることができ（同L.313-23条1項）、この場合、当該債権譲渡が担保目的のものであっても、当該債権は金融機関に移転する（同L.313-24条1項）。なお、この債権譲渡は、明細書に記入された日付以降、当事者間で効力を有し、第三者に対して対抗することができるものとされ（同L.313-27条1項）、この点でも一般法と異なる債権者に有利な扱いがなされている。当事者や債権の性質が限定されてはいるが、実

---

56) Com., 19 décembre 2006, *Bull. civ.* IV, n°250, *D.* 2007, 76, obs. X. Delpech, 319, note R. Dammann, et G. Podeur, 344, note Ch. Larroumet, 961, note L. Aynès, *Defrénois* 2008, 414, note Ph. Théry, *GP* 24 mai 2007, p.11, obs. S. Piedelièvre, *JCP E* 2007, 1131, rapp. M. Cohen-Branche, note D. Legeais, *LPA* 27 février 2007, p.10, note S. Prigent, *RLDC* 2007, 2449, note D. Houtcieff, *RTD civ.* 2007, 160, P. Crocq, *RTD com.* 2007, 217, obs. D. Legeais, 591, obs. B. Bouloc.

57) Com., 17 mai 1994, *Bull. civ.* IV, n°178, *D.* 1995, 124, note Ch. Larroumet；Com., 9 avril 1996, *Bull. civ.* IV, n°116, *D.* 1996, 399, note Ch. Larroumet, *RTD civ.* 1996, 669, obs. P. Crocq；Com., 3 juin 1997, *Bull. civ.* IV, n°165, *D.* 1998, 61, note J. François, *JCP* 1997, II, 22891, rapp. J. -P. Rémery, *RTD com.* 1997, 663, obs. M. Cabrillac, 686, obs. A. Martin-Serf. 文献として、M. Cabrillac, «Les sûretés conventionnelles sur l'argent», in *Mélanges J. Derruppé*, Litec, 1991, p.333；Ch. Larroumet, «Gage-espèces, fiducie, pacte commissoire et compensation», *D.* 1996, p.399.

58) 邦語文献として、山田誠一「金融機関を当事者とする債権の譲渡および質入れ——フランスにおける最近の動向」金融法研究6号（資料編）（1990）50頁以下・金融法研究7号（1991）57頁以下、同「資産流動化における債権譲渡の対抗要件——フランス法を参考として」金法1448号（1996）14頁以下、池田真朗『債権譲渡と電子化・国際化』（弘文堂、2010）295頁以下。

第 1 節　前史——フランス民法典における「信託」の沿革

際上の利用範囲は著しく広い。

　銀行取引と並んで重要なもう一つの領域が証券取引である[59]。取引の安全性を確保し迅速性を保つことが至上命題とされるこの分野においては、担保のために有価証券（ないし金銭）の所有権が（一時的に）移転されうる仕組みを認めることが強く要請される。相次ぐ立法により、「証券交付による融資〔pension livrée〕」[60]、「証券貸借〔prêt de titres〕」[61]、「保証寄託〔couverture〕」[62]、「完全所有権での交付〔remise en pleine propriété〕」[63]、「決済＝引渡し〔règlement-livraison〕」における担保[64]といった様々な担保目的フィデュシの仕組みが法定されたところ、さらに、2005 年 2 月 24 日のオルドナンス第 171 号により、証券担保契約に関する 2002 年 6 月 6 日の

---

[59] 一般的文献として、D. Legeais, «L'apport du droit des marchés financiers au droit des garanties réelles», in Mélanges M. Cabrillac, Litec, 1999, p.365；J. -P. Bonnet, «Marchés financiers. Vers la fin de l'aliénation fiduciaire», in Mélanges AEDBF, II, 1999, p.97.

[60] 法人、投資共同ファンド、不動産投資ファンド、職業的不動産投資ファンド又は証券化共同ファンドが、他の法人、投資共同ファンド、不動産投資ファンド、職業的不動産投資ファンド又は証券化共同ファンドに対し、約定された代金で証券を完全所有権において譲渡する取引であり、それにより、譲渡人及び譲受人の間で、約定された代金及び日付において、前者が証券を再取得し、後者が証券を再譲渡することを、それぞれ撤回不可能な形で約するものである（通貨金融法典 L.211-27 条）。第三者に対しては、交付時点から対抗可能となる（同 L.211-29 条）。これにより、譲渡人は自己の証券を用いて資金調達をすることが可能となり、譲受人は証券の一時的な所有権移転による担保を伴いつつ自己の黒字分を投資することが可能となる。19 世紀末以来、銀行実務上用いられていたものであり、1993 年 12 月 31 日の法律第 1444 号により、所有権移転を伴うものとして証券取引一般で認められるに至った。

[61] 消費貸借ゆえ証券の所有権は借主に帰属することになる（1893 条）。証券借主と証券貸主の間に資金融資が先行することにより（証券借主＝債権者、証券貸主＝債務者）、担保の役割を果たす。1987 年 6 月 17 日の法律第 416 号により、一定の要件を満たす場合には特別の規律に服することとされた（現在では、通貨金融法典 L.211-22 条以下）。

[62] 売注文ないし買注文をなす者が仲買人に対して寄託する証券又は金銭であり、その者が支払不能に陥った場合に担保として機能する。証券取引所と仲買人の間でも利用されることがある。証券取引において古くから用いられてきたが、1996 年 7 月 2 日の法律第 597 号により、所有権移転を伴うものとして明確に規律されるに至った（現在では、通貨金融法典 L.440-7 条以下）。

[63] 期日指定証券取引において当事者間でなされる未払金担保のための証券又は金銭の交付であり、1996 年 7 月 2 日の法律第 597 号により、完全所有権の移転を伴うものとされた。後述する 2005 年 2 月 24 日のオルドナンスにより、証券取引担保契約として規律される。

[64] 証券取引上の決済に関し、顧客の支払不能により弁済や有価証券引渡しが不可能となる事態に対処するために、仲買人が顧客から取得する担保である（金融通貨法典 L.330-2 条Ⅰ）。

第5章 フランス民法典における「信託」について

EU指令〔2002/47/CE〕が国内法化された。これによれば、証券取引上の債務の担保として、有価証券、手形、債権証書、契約証書又は金銭を完全所有権で交付することができるところ、第三者への対抗について特別の方式は要求されず（通貨金融法典 L.211-38 条 I）、また、担保の設定を受けた者が当該財産を使用・処分しうる要件を設定行為において定めることができるとされている（同条Ⅲ）。

(2) 狭義の管理目的フィデュシ

金融法分野においては、狭義の管理目的フィデュシの重要性も強調される[65]。典型的な狭義の管理目的フィデュシは、以下の形をとる（設定者＝受益者＝A、受託者＝B）。Aは、自らが所有する財産をBに移転してその管理（処分行為を含む）を委ね、Bは委託の趣旨にしたがって財産を運用し、Aに利益を移転する。これにより、Aは、自らの時間・労力を費やすことなく、効率的・効果的な財産の管理（運用）を行うことができる。

他人による財産管理を実現する手段としては、一般法上の委任〔mandat〕が考えられるが、委任には次の三点で不都合があることが指摘される。第一に、受任者の権限は、通常、管理行為に限定され、処分行為を含む場合には、契約において当該事項が明示されなければならない（1988条[66]）[67]。第二に、委任によっても委任者は権限を失わず、委任者によって行われる行為は依然として有効である[68]。第三に、委任者による撤回（及び受任者

---

65) 金融法分野における狭義の管理目的フィデュシに関する一般的文献として、C. Witz, supra note 20, n°100-135, pp.91-127 のほか、M. Grimaldi, supra note 19, n°3 ; A. Gobin, supra note 47, p.315 ; Ph. Rémy, supra note 19, pp.134-136 ; H. de Vauplane, supra note 48, n°12-16, pp.10-11.
66) 邦語訳は、以下のとおり。
　　フランス民法典第1988条① 包括的な文言で言い表される委任は、管理行為のみを包含する。
　　② 委任は、譲渡若しくは抵当権設定又は何らかの所有権行為に関わる場合には、明示的でなければならない。
67) C. Witz, supra note 20, n°104, pp.95-96, n°117, p.108 et n°123-124, pp.112-113 ; M. Grimaldi, supra note 19, n°3.
68) Civ. 1re, 16 juin 1970, *Bull. civ.* I, n°204, *D.* 1971, 261, note J.-L Aubert ; M. Grimaldi, supra note 19, n°3 ; Ph. Rémy, supra note 19, p.134.

第 1 節　前史——フランス民法典における「信託」の沿革

による放棄）が常に可能であり、撤回不能条項を付けたとしても撤回自体は有効である（損害賠償を正当化するのみ）。以上から、委任は、長期にわたる柔軟な財産の運用を行うには不向きである。それに対し、フィデュシによるならば、受託者は当該財産の所有権を獲得するゆえ処分権限を有し（設定行為により制限される）、設定者は所有権を失うため介入できず、撤回にも制約がかかる。

　一般法上の委任の不都合がとりわけ問題となるのが有価証券の管理であるところ[69]、ここでも、立法上の展開が見られる。早くに登場したものとして、「全職域有価証券決済会社〔S.I.C.O.V.A.M. = société interprofessionnelle pour la compensation de valeurs mobilières〕」による外国有価証券の登録がある（1949 年 8 月 4 日のデクレ第 1105 号）[70]。外国の記名証券は取得しても登録が困難であったが、全職域有価証券決済会社の名義で登録することが可能となった。この会社のみが、当該証券に関し、委託者のために権利行使する。所有権移転を伴わず、委任の範疇にとどまるものであるが、委任者の権限を排除する点ではフィデュシに類似する。

　より最近になって充実を見たのは、有価証券の共同投資の仕組みである。従来から、「可変資本会社〔S.I.C.A.V. = société d'investissement à capital variable〕」及び「投資共同ファンド〔F.C.P. = fonds commun de placement〕」の二種が存在していたが、両者とも 1988 年 12 月 23 日の法律第 1201 号により整備された[71]。可変資本会社は、有価証券の運用のみを目的とする株式会社又は株式単純会社である。投資家（株主）から集められる証券等は、所管官庁が作成するリストの中から選任される、可変資本会社とは別の保管者のもとで保管され、保管者は管理の適法性を監督するとともに、当該会社の状況を報告する。投資共同ファンドは、運用の任

---

69) それに対し、ここでも、不動産に関してフィデュシの有用性が説かれることは少なかった。委任の有用性を指摘するものとして、C. Witz, supra note 20, n°100, p.91.
70) C. Witz, supra note 20, n°108-112, pp.99-104 ; M. Grimaldi, supra note 19, n°3.
71) 現在では、可変資本会社は通貨金融法典 L.214-7 条以下で、投資共同ファンドは同 L.214-8 条以下で規律されている。後者に関しては、邦語文献として、奥島孝康「債権の証券化——1988 年 12 月 23 日の法律第 1201 号および 1989 年 3 月 9 日のデクレ第 198 号」日仏法学 17 号（1990）153 頁以下、角紀代恵「フランスにおける信託の動向——信託法制定を中心として」信託法研究 18 号（1994）65-67 頁。

273

にあたる管理会社、及び、可変資本会社の場合と同様に選任され同様の任務を有する保管者を発起人とするファンドであり、法人格を有しない。投資家から集められる証券等は投資家の共同所有財産〔copropriété〕とされ、投資家には持分権が発行されるが、民法典上の不分割〔indivision〕に関する規律は適用されない（分割請求は不可）。前者は会社、後者は委任の枠組みに依拠するものであるが、前者の株主総会は形式的なものであり、後者では委任者（投資家）によるコントロールが排除される点で、フィデュシに類似する。また、前者は会社の枠組みに、後者は共同所有の枠組みにそれぞれ依拠することで、実質的な割当資産が実現していることが特徴的である[72]。

この投資共同ファンドと同様の仕組みは[73]、同じく1988年12月23日の法律により、全く異なる目的にも流用された。「債権共同ファンド〔F.C.C. = fonds commun de créances〕」がそれであり[74]、金融機関が自己の有する債権をファンドに出資し、ファンドが証券を発行することで、証券化による資金調達が可能となる。なお、ここでの債権譲渡の対抗要件は、ダイイ法同様、明細書の交付で足りるものとされた。

(3) 小括

金融法分野においては、種々の経済的目的を達成するために、積極的な法発展が促されてきたといえる。もっとも、その内容は、慎重に整理しなければならない。

第一に、フィデュシの定義上当然のことながら、担保の文脈でも財産管理の文脈でも、所有権移転を伴う法的枠組みの構築が目指された。もっと

---

72) M. Grimaldi et F. Barrière, «La fiducie en droit français», in M. Cantin Cumyn (dir.), La fiducie face au trust dans les rapports d'affaires, Bruylant, 1999, p.237, spéc. n°9-10, pp.243-244.
73) 投資共同ファンドと債権共同ファンドにつき統合的な検討を行うものとして、Th. Bonneau, «Les fonds communs de placement, les fonds communs de placement et le droit civil», RTD civ. 1991, p.1.
74) 邦語文献として、戸谷雅美「フランスにおける証券化の試み——Fonds Communs de Créances (FCC) 関係の立法等」国際商事法務18巻12号（1990）1313頁以下、山田誠一「海外金融法の動向——フランス」金融法研究8号（1992）105頁以下、奥島・前掲注71) 153頁以下、角・前掲注71) 67-68頁。

も、克服の対象とされる既存の法技術は文脈の相違に対応して一様ではなく、前者では伝統的な物的担保（質権）、後者では委任であった。

第二に、上記の目標は、一般法上達成されたわけではない。担保目的の譲渡は判例上明確に拒絶されたほか、財産管理の文脈でも、財産管理のための所有権移転の一般的仕組みが構築されたわけではない。換言するならば、フィデュシの一般法はなお欠けていた。なお、担保に関しては、この文脈で、流質契約の禁止という担保法上の公序に対する考慮が働いていた点に注意しよう。

第三に、上記の目標は、個別的な問題に即して、特別法による達成が目指された。もっとも、達成の程度は異なる。担保の文脈では、担保目的物の所有権移転の仕組みが認められ、担保目的フィデュシそのものが実現した。それに対し、財産管理の文脈では、委任その他の既存の法技術の修正にとどまり、狭義の管理目的フィデュシそのものが達成されたわけではなく、それに類似した枠組みが実現したにすぎない。一口に「無名フィデュシ」といっても、フィデュシとの距離は一様ではない。

第四に、フィデュシないしフィデュシ類似の枠組みが実現される中で、付随的な規律も実現された。第三者対抗要件の簡易化と、（実質的な）割当資産の創出であるが、後者は、主として、狭義の管理目的フィデュシ類似の枠組みが模索される中で行われたものであることに注意しよう。担保目的フィデュシにおいては、必ずしも一般的な要請として表れていたわけではない[75]。

3 具体的法状況（その2）——家族財産法分野

フィデュシの活用が論じられた今ひとつの領域が、家族財産法分野である。家族の中に未成熟・浪費癖・障害等（以下では、総じて「判断能力の不足」

---

75) 唯一、保証寄託に関して、仲買人ないし証券取引所の債権者は、保証寄託物に対していかなる権利も主張することができない旨が規定されており（通貨金融法典 L.440-7条2項）、これは実質的に割当資産を創出するものであることが指摘される。P. Decheix, «La fiducie ou du sens des mots», D. 1997, p.35；M. Grimaldi et F. Barrière, supra note 72, n°11, p.245；H. de Vauplane, supra note 48, n°10, p.9；A. Couret et H. Le Nabasque (dir.), Droit financier, 2ᵉ éd., 2012, n°1242, p.918.

とする）の問題を抱える者がいる場合において、それでもなお家族財産の管理を十分に行うための法技術として、恵与目的フィデュシ((1))ないし狭義の管理目的フィデュシ((2))に期待が寄せられた。それぞれをめぐる法状況を概説したうえで、まとめを行おう((3))。

(1) 恵与目的フィデュシ

ある者に自らの財産を恵与（生前贈与又は遺贈）したいが、その者に判断能力の不足の問題がある場合、最終的な帰属を確保しつつ、それまでの間に一時的に第三者によって当該財産を管理（処分行為を含む）してもらうことができれば便利であり、恵与目的フィデュシは、まさにそのニーズを実現する[76]。以下の形をとる（設定者＝A、受託者＝B、受益者＝C）。Aは、自己の財産をBに移転し、Bが設定行為にしたがった管理をしたうえで、設定行為で定められた時期に当該財産をCに移転する。ここでも、フィデュシの希求は既存の法技術への不満にあったが、金融法分野とは異なり、それに対して有効な対策が講じられたわけでもない。以下では、上記のニーズに関わりうるものを二つに分けて見ていこう[77]。

第一に、フィデュシと同様に、所有権移転を介する手段である。Aが恵与（生前贈与又は遺贈）によりBに財産を移転しつつ、そこに一定の負担

---

[76] 家族財産法分野における恵与目的フィデュシに関する一般的文献として、C. Witz, supra note 20, n°57-99, pp.56-90 のほか、R. Savatier, supra note 27, p.57 ; J. Dufaux, «Les opérations fiduciaires à des fins de libéralité», in Les opérations fiduciaires, supra note 33, p.113 ; J. Charlin, «La fiducie-libéralité. Essai de synthèse en vue d'un contrat», id., p.135 ; M. Grimaldi, supra note 19, n°3 ; A. Gobin, supra note 47, p.315 ; Ph. Rémy, supra note 19, pp.139-142 ; P. Cénac et B. Castéran, «La fiducie avant la fiducie. Le cas du droit patrimonial de la famille», JCP N 2009, 1218. 邦語文献として、金子敬明「大陸法における信託の可能性？——フランスにおける信託 (fiducie) の動向」新井誠編『高齢社会における信託と遺産承継』（日本評論社、2006）135頁以下。

[77] 金子・前掲注76）論文は、①無償処分を通じた財の最終的な配分を柔軟にする手段としての信託と②受益させたい者の判断力不足を補うための信託とに分けて、本稿で触れる様々な手段を分析するが（日本において信託に寄せられる期待に応じた区分けである）、①で扱われるものの中にも、②に関わるものが含まれているように思われる。なお、同142頁は、フランスではもっぱら①の文脈で信託（フィデュシ）が待望されることはほとんどない旨を指摘するが、この点は、恵与目的フィデュシはAからCへの恵与を目的とするものにすぎない（Bは財産管理のために立てられ、Bへの恵与の意図は本質的要素ではない）ことに由来するだろう。

第1節　前史——フランス民法典における「信託」の沿革

を課すことによって行われる。なお、こうした手段には、いずれにせよ遺留分制度による制約がかかる[78]。Aの相続につき遺留分権利者がいる場合、Aの処分はそれらの者の遺留分を侵害してはならず（処分任意分に限定される）、侵害した場合には遺留分減殺請求に服することになる。

　まずもって触れるべきは、「継伝処分〔substitution fidéicommissaire〕[79]」であり、A（処分者）が、B（継伝義務者）に対する生前贈与又は遺贈において、Bが対象財産を保存し、かつ、Bの死亡に際して予めAが指定するC（継伝指定者）に当該財産を移転する義務を負担させるものである[80]。こうした処分は、長子への財産集中の回避や財産の自由な流通の確保等を理由として、原則として禁止され（旧896条）、子を継伝義務者・その子すべてを継伝指定者とする場合（旧897条・1048条・1050条）、又は、処分者に子がいないときにおいて、兄弟姉妹を継伝義務者・その子すべてを継伝指定者とする場合（旧897条・1049条・1050条）にのみ、効力が認められていた[81]。しかも、許容される場合でも、財産の保存・移転を確保するための方策こそ定められてはいたが[82]、継伝義務者に一定の管理態様を課すものではないために、不適切な管理行為を防止することは難しく[83]、ま

---

78) R. Demogue, supra note 27, pp.4-5；R. Savatier, supra note 27, p.67；C. Witz, supra note 20, n°271, pp.264-265；Ph. Rémy, supra note 19, p.139. 詳述できないが、そのほかの制約として、次の二点が指摘されることがある。第一に、恵与の受領能力に関し、受贈者は贈与の時点で、受遺者は遺言者の死亡の時点で、少なくとも懐胎されていなければならないという規律（906条）である（C. Witz, supra note 20, n°270, pp.263-364）。第二に、「将来の相続に関する約定（pacte sur succession future）」の禁止（1130条2項）であり、たとえば、Cが死亡した場合にCの相続人に財産を移転させる旨の条項は可能かが問題となりうる（R. Savatier, supra note 27, pp.67-68）。

79) «substitution fidéicommissaire» には「信託的継伝処分」との訳語が充てられるのが通常であるが、ヴィッツによれば、これはローマ法上のフィドゥキアに連なるものであるところ（C. Witz, supra note 20, n°34, pp.35-36)、本稿の行論の中では、「信託的」という語を用いるのは適切でない。いわゆる「通俗的継伝処分（substitution vulgaire）」は含まないという留保のもとで、さしあたり、「継伝処分」とする。

80) 邦語文献として、大島俊之「信託的継伝処分（後継遺贈）(1)(2・完)」大阪府立大学経済研究36巻1号（1990）69頁以下、2号（1991）1頁以下、同「フランス継伝処分」信託研究奨励金論集12号（1991）69頁以下、足立公志朗「フランスにおける信託的な贈与・遺贈の現代的展開(1)——『段階的継伝負担付恵与』・『残存物継伝負担付恵与』と相続法上の公序」民商139巻4・5号（2009）479-483頁、石綿はる美「遺言における受遺者の処分権の制限(2)(3)——相続の秩序と物権の理念」法協131巻3号552頁以下、4号833頁以下（2014）。

277

た、処分行為は継伝指定者の権利開始により効果が覆滅されるため、有用な処分行為も事実上行えず、財産管理方法としても不自由があった[84]。

恵与が継伝処分と性質決定されれば無効とされてしまうため、それを回避することが試みられる[85]。第一に、継伝処分は、Bへの恵与とCへの恵与という二つの継起的な恵与を要素とするところ、同一の事象を条件の内容として、Bに対し解除条件付遺贈を、Cに対し停止条件付遺贈を行う、「二重の条件付遺贈〔double legs conditionnel〕」が考えられるが[86]、Bの先死を条件とすれば継伝処分と実質的に変わらなくなるため、判例は、「子孫なき先死」や「未成年かつ未婚の状態での先死」といった限定的な条件のみ認める[87]。第二に、継伝処分は、Bへの保存・移転義務の賦課を要素と

---

81) 条文の邦語訳は、以下のとおり。
　　フランス民法典旧第896条（2006年6月23日の法律第728号による改正前のもの）①継伝処分は、禁止される。
　　② 受贈者、指定相続人又は受遺者が保存及び第三者への引渡しの負担を負う処分はすべて、受贈者、指定相続人又は受遺者との関係においても、無効である。
　　同旧第897条（同上）　本章第6節［第1048条以下を含む――訳者注］において父母及び兄弟姉妹に許される処分は、前条の初めの二項から除外される。
　　同旧第1048条（同上）　父母は、自己が処分する権能を有する財産の全部又は一部を、その一人又は複数の子に対し、一親等に限ってその者のすでに生まれた子又は将来生まれる子に当該財産を引き渡す負担付きで、与えることができる。
　　同旧第1049条（同上）　処分者が子なしに死亡した場合には、その者が、生存者間の行為又は遺言により、一人又は複数の兄弟姉妹に対し、相続財産のうち法律が何ら留保していない財産の全部又は一部を、一親等に限ってその者のすでに生まれた子又は将来生まれる子に当該財産を引き渡す負担付きで行う処分は、有効である。
　　同旧第1050条（同上）　前二条により許される処分は、引渡しの負担が、年齢又は性別に関する例外又は優先なしに、継伝義務者のすべてのすでに生まれた子及び将来生まれる子のためのものである限りにおいてのみ、有効である。
82) 具体的には、継伝処分後見人の選任（旧1055条）、財産目録の作成（旧1058条）、継伝義務者による動産の競売（旧1062条）、現金の使用（旧1065条）である。
83) 注82）で挙げた継伝処分後見人も、継伝処分の履行を任務とし、継伝義務者に適切な管理を行わせるものではなかった。
84) C. Witz, supra note 20, n°65-66, pp.62-64.
85) 以下の整理は、M. Grimaldi, *Droit civil. Successions*, 6ᵉ éd., Litec, 2001, n°365-375, pp.365-376を参照。
86) 条件が成就した場合、条件の遡及効（1179条）により、Bへの遺贈は初めからなかったことになり、Cへの遺贈のみがなされたことになる。二重の条件付遺贈に関しては、金子・前掲注76）140-141頁を参照。

第 1 節　前史――フランス民法典における「信託」の沿革

するところ、保存義務を課さない「残存物遺贈〔legs de residuo〕」や両義務とも課さずに単なる希望を表明する「希望的遺贈〔legs précatif〕」が考えられ[88]、その有効性は疑いないが、当然、Ｃへの最終的な財産帰属は確保されない。第三に、継伝処分は、Ｂの死亡によりＣの権利が開始することを要素とするところ、Ｂの死亡とは異なる事象（Ｃの成人等）を指定すること〔fidéicommis〕が考えられるが、必然的に期間が限られる。

　他方、対象財産の適切な管理を行わせるためには、Ｂが対象財産につきＣの利益となるよう管理を行い、かつ、一定の時期にＣに当該財産を移転する旨の負担を付した恵与（「負担付恵与〔libéralité avec charge〕」の一種）が考えられる。フィデュシに最も近付くものであり、継伝処分にあたらないような設計は可能であるが、継伝処分の基層の一つをなす財産の自由な流通の確保の要請が、ここでも登場しうる[89]。すなわち、こうした恵与は、一定の財産の処分が禁じられる限りで、「譲渡禁止条項〔clause d'inaliénabilité〕」を含むところ[90]、そうした条項の効力は、判例の展開を経て、1971 年 7 月 3 日の法律第 526 号により民法典に新設された 900-1 条 1 項により[91]、一時的なものであること及び重要かつ正当な利益により正当化されることを要件としてのみ認められる。Ｂに終身の譲渡禁止を課す場合は一時性が満たされず、また、利益の重要性・正当性を満たすためには、家族財産の維持にとどまらない、Ｃの若年や浪費癖等の具体的事情

---

87) 前者の例として、Civ., 18 juin 1873, DP 1873, 1, 283, S. 1874, 1, 5, note J. -E. Labbé. 後者の例として、Civ., 19 mars 1873, DP 1873, 1, 55, S. 1874, 1, 5, note J. -E. Labbé.
88) 残存物遺贈に関しては、P. Buffeteau, «Réflexions sur le legs de residuo», Defrénois 1993, art. 35626；足立・前掲注 80) 496 頁参照。
89) 加えて、こうした負担付恵与により、無能力者法上の規律との衝突、具体的には、Ｃが未成年者の場合における 389-3 条 3 項の規律（後述）との抵触が生じうることも指摘される（R. Demogue, supra note 27, p.4；Ph. Rémy, supra note 19, pp.140-141）。
90) M. Grimaldi, supra note 19, n°27.
91) 邦語訳は、以下のとおり。
　　フランス民法典第 900-1 条① 贈与財産又は遺贈財産に関する譲渡禁止条項は、一時的なものであり、かつ、重要かつ正当な利益により正当化されなければ、有効でない。この場合においても、受贈者又は受遺者は、条項を正当化した利益が消滅した場合又はより重要な利益がそれを要求するに至る場合には、その財産を処分することを、裁判所により許可されることができる。
　　② （省略）

第5章　フランス民法典における「信託」について

が必要とされる[92]。さらに、効力が認められる場合でも、当該利益の消滅やより重要な利益の存在により、裁判所が処分許可を下すことができるとされていることにも注意が必要である。

　なお、所有権移転以外の財産移転の仕組みに依拠する方法もある[93]。最も重要なのが、Aが、恵与により、Bに対し対象財産の「用役権〔usufruit〕」を、Cに対し「虚有権〔nue-propriété〕」（用役権を除いた所有権）を与えるというものであり、「用役権及び虚有権の恵与〔double libéralité en usufruit et en nue-propriété〕」として、明文上認められている（899条）[94]。用役権者は、収益は行えるが処分はできず、目的物の実体を保存する義務を負う（578条以下[95]）[96]。用役権の消滅時（用役権者の死亡、期間満了等）には、虚有権者は完全な所有権を獲得するゆえ、経済的実質において、継伝処分と同様の帰結を実現する。もっとも、用役権者は、用役権を譲渡できるほか、当該財産について自律的な管理権を有するため、やはり適切な

---

92) 譲渡禁止条項の規律に関しては、A. Sériaux, *J.Cl. Civil Code,* Art. 900-1, Fasc. unique, V° Libéralités. - Dispositions générales. - Clauses d'inaliénabilité, 2009 を参照。
93) 本文で述べたもののほか、次のものも挙げられる。第一に、Aが自己の財産をBに譲渡し、Bを定期金債務者、Cを定期金債権者とする終身定期金（rente viagère）を設定する方法であるが、Cに帰属するのは当該財産そのものではなく（当該財産自体を保持することに意味がある場合には不適当である）、居住等に必要となった場合に買い戻すのも容易ではない等の問題点がある。第二に、生命保険（assurance vie）も、フィデュシ類似の機能を果たすことがあり、租税法上のメリットもあることが指摘されるが、利用範囲が限られる。第一のものに関しては、C. Witz, supra note 20, n°71-72；J. Dufaux, supra note 76, n°7, p.121 を、第二のものに関しては、M. Grimaldi, «Réflexions sur l'assurance-vie et le droit patrimonial de la famille», *Défrénois* 1994, art. 35841；A. Gobin, supra note 47, n°47-54, pp.321-322；Ph. Rémy, supra note 19, p.142；P. Cénac et B. Castéran, supra note 76, n°7-25, pp.12-13 を参照。
94) 邦語文献として、石綿はる美「遺言における受遺者の処分権の制限(4)——相続の秩序と物権の理念」法協 131巻5号（2014）937頁以下。条文の邦語訳は、以下のとおり。当該条文は、継伝処分の禁止（旧896条）を前提に、継伝処分とはみなされない処分を定めた旧898条に続いて規定されているものである（2006年相続法改正以降も同一条文）。もっとも、用役権及び虚有権の恵与は、二つの恵与が同時になされるものであり、保存・移転の義務も生じず、Bの相続にも関わるものではないから、そもそも継伝処分にはあたらない（M. Grimaldi, supra note 85, n°379, p.378）。
　　フランス民法典第899条　ある者に用役権を与え、他の者に虚有権を与える、生存者間の処分又は遺言による処分も、同様である。
95) 冒頭規定の邦語訳のみ、掲げよう。
　　フランス民法典第578条　用役権は、他の者が所有権を有する物を、所有者自身と同様に、ただし、その実体を保存することを負担として、収益する権利である。

第 1 節　前史——フランス民法典における「信託」の沿革

財産管理を保障するものではない。

　第二に、所有権移転にこだわらず、A が直接の恵与によって C に財産を帰属させつつ、その管理を確保するという手段もありうる。極端な方法としては、恵与に譲渡禁止条項（前述）を付し、判断能力が不足する C の処分行為自体を封じることが考えられるが、有用な処分行為すら封じられること（有価証券等）、C が抱える問題が恒常的であれば一時性の要件に反しうること、当該条項に反する処分の無効主張は C のみが行えること等の不都合がある[97]。

　より現実的なのは、管理に特化した第三者 B を立てることであるが、やはり有用な手段は少ない。まず、一般法上の委任が考えられるが、金融法分野に即して確認した問題点（2(2)参照）がそのままあてはまる[98]。次に、C が未成年者の場合には、A が、恵与の際に、父母等の法定管理人以外の第三者管理人 B を指定し、自らが定める態様により対象財産の管理を行わせることができるが（389-3 条 3 項[99]）、C が成年に達するまでしか利用できない[100]。最後に、相続財産管理の局面では、A は、遺言により遺言執行者 B を選任し、遺産占有を与えて管理させることができるが（旧1025 条以下）、対象・期間が限定され（旧 1026 条。動産、相続開始時から 1 年）、また、そもそも遺言の執行を目的するものであるゆえ、相続人が遺贈の支

---

[96]　処分を禁じるこうした枠組みは有価証券の管理には向かないように思われるが、民法典上、消費物の用役権（「準用役権（quasi-usufruit）」）の場合、用役権者は、目的物の処分権限をも有し、終了時に、同一の量及び質の物又はその価額を返還する義務を負うとされているところ（578 条）、学説上、当該規律は（有価証券のような）非消費物にも適用されるべきであるとの見解が見られる。有価証券の準用役権に関しては、A. Gobin, supra note 47, n°21-24, pp.317-318；P. Cénac et B. Castéran, supra note 76, n°37-47, pp.14-15 を参照。

[97]　C. Witz, supra note 20, n°62-63, pp.58-61.

[98]　そのほか、委任には委任者（A）の死亡により終了するという不都合があるとも考えられるが（2003 条）、任意規定であり、委任者の死亡にも関わらず存続する旨を約定することは可能である。

[99]　判例の展開を経て、1964 年 12 月 14 日の法律第 1230 号で明文化されたものである。邦語訳は、以下のとおり。
　　フランス民法典第 389-3 条　①②　（省略）
　　③　第三者により管理されるという条件のもと未成年者に対し贈与又は遺贈された財産は、法定管理に服しない。この第三者管理人は、贈与又は遺言により付与された権限を有する。それを欠く場合には、裁判所監督下の法定管理人の権限を有する。

[100]　C. Witz, supra note 20, n°74-75, pp.68-70.

第 5 章　フランス民法典における「信託」について

払いに十分な金額を交付すれば遺産占有を消滅させうるというように（旧 1027 条）[101]、遺言執行者の権限は弱かった[102]。

(2)　狭義の管理目的フィデュシ

　判断能力が不足する者を保護する必要性は、恵与の局面のみならず、その者自身のための財産管理の局面にも妥当する。この場面でのフィデュシは、ある者 A が自らの財産を B に移転し、その管理（処分行為を含む）を委ね、B が委託の趣旨にしたがって財産を運用し、A に利益を移転するという形をとる。しかし、この局面でも、既存の法制度に対する不満が示されつつも、フランス法上、フィデュシに類似する法制度が豊富に存在していたわけではない。

　判断能力が不足する者の財産管理という観点からまずもって考えられるのは、後見・保佐といった成年者保護法制の利用である。その詳細に触れることはできないが[103]、問題点として次の諸点が指摘される[104]。第一に、裁判所により被保護成年者と認定されるのは必ずしも容易ではなく、単に

---

101) 条文の邦語訳は、以下のとおり。
　　フランス民法典旧第 1025 条　遺言者は、一人又は複数の遺言執行者を選任することができる。
　　同旧第 1026 条①　遺言者は、その動産の全部又は一部のみの遺産占有を、遺言執行者に与えることができる。ただし、遺産占有は、遺言者の死亡から起算して 1 年と 1 日以上存続することができない。
　　②　遺言執行者は、遺言者により遺産占有を与えられなかった場合には、それを求めることができない。
　　同旧第 1027 条　相続人は、遺言執行者に対し、動産による遺贈の支払いに十分な金額の交付を提供して、又は、その支払いを証明して、遺産占有を終了させることができる。
102) 判例上遺言執行者の権限拡大が試みられるが、限界があったとされる（C. Witz, supra note 20, n°76-80, pp.70-74；M. Grimaldi, «L'exécuteur testamentaire», *Defrénois* 2000, art. 37086）。さらに、金子敬明「相続財産の重層性をめぐって(5)」法協 121 巻 6 号（2004）773-775 頁を参照。
103) 2007 年成年者保護法改正前の成年者保護法制に関しては、須永醇「ヨーロッパ大陸の法制(1)フランス法圏」同編『被保護成年者制度の研究』（勁草書房、1996）179 頁以下を参照。
104) C. Witz, supra note 20, n°59, p.57；J. Dufaux, supra note 76, p.114；F. Sauvage, «Réflexions sur les opportunités offertes par la fiducie aux fins de gestion du patrimoine de la personne vulnérable», *RJPF* 2009, n°5, p.8, spéc. pp.8-9. 前二者は恵与目的フィデュシを念頭に指摘するものであるが、その内容は本人の財産管理の局面にもあてはまる。

第 1 節　前史——フランス民法典における「信託」の沿革

未熟であるというだけでは制度を利用することができない。第二に、成年者保護法制に服することで生じる効果は場合によっては過大であり、能力の程度に応じた柔軟な財産管理態様を実現できるわけではない。第三に、成年者保護法制の利用によって管理を委ねられるのは家族であることが多いところ、必ずしも十分な管理能力を持つ者とは限らない。

　こうした状況下では、大陸法諸国のように成年者保護法制に依拠するのではなく、判断能力が不足する者の財産管理をトラストによる第三者への財産移転を通じて柔軟に行う英米法の仕組みが[105]、魅力的なものに映る。高齢化により当該問題が深刻化する中、フィデュシによって同様の枠組みを実現すべきであるとの論調が、次第に見られるようになった[106]。後述する成年者保護法改正の直前の 2006 年公証人大会（第 102 回）においては、（すでに立法の機運の高まっていた）フィデュシに大きな期待が示されるとともに[107]、既存の法制度の活用可能性として、民事会社の方法による財産管理が検討された[108]。

　もっとも、その一方で、所有権移転を介することなく第三者による管理を実現する、その意味で成年者保護法制と連続的な枠組みも考えられる。第三者による財産管理の古典的形態としては委任があり、前述の委任の問題点（2(2)参照）はここでもあてはまるところ、将来の能力減退に備えた特殊な委任類型を創設するという可能性が、諸外国における立法に力を得て[109]、有力に想定されていた。前述の公証人大会では、後見・保佐とい

---

105) こうした観点から大陸法と英米法に関して簡潔な比較を行う文献として、H. Chino, «Deux perspectives historiques du traitement du patrimoine de l'incapable majeur : le droit romain et la *Common Law*», *L'information psychiatrique* 2005, Vol. 81, n°1, p.11.
106) もっとも、学説上の検討は少ない。本格的なものとしては、F. Mettetal-Fresnel, *La fiducie comme technique de protection des majeurs en difficulté*, Th. Paris II（dactyl.）, 1995 がある程度である。
107) 102ᵉ Congrès des notaires de France, *Les personnes vulnérables*, Association congrès des notaires de France, 2006, pp.863-874 ; G. Crémont, «Une conception différente de la gestion du patrimoine de la personne vulnérable : la fiducie», *Dr. et patrimoine* 2006, n°147, p.42.
108) 102ᵉ Congrès des notaires de France, supra note 107, pp.843-852 ; G. Crémont et H. Lenouvel, «La constitution du patrimoine d'une personne vulnérable par le biais d'une société civile», *RJPF* 2006, n°5, p.6 ; H. Lenouvel, «La société civile, technique de gestion du patrimoine de la personne vulnérable», *Dr. et patrimoine* 2006, n°147, p.36.

第5章 フランス民法典における「信託」について

う保護措置以外の選択肢として、被保護者本人の自由・意思を反映させることができる「将来の保護を目的とする委任」に関する具体的な検討がなされた[110]。

(3) 小括

家族財産法分野でも、判断能力の不足する者への恵与又はそうした者の財産管理を念頭に、フィデュシの希求は一定の説得力を持った。もっとも、金融法分野と比べると、現実の法状況ははるかに消極的であった。以下のように整理される。

第一に、所有権移転を伴う法的枠組みという意味では、生前贈与又は遺贈（さらには民事会社）により第三者を介する枠組みが論じられたが、必ずしもそれだけだったわけではない。恵与の文脈でも財産管理の文脈でも、所有権移転を介さずに第三者に管理させる枠組みが一定の重要性を持った。

第二に、所有権移転を伴う枠組みの構築という目標は、一般法上達成されたわけではない。金融法分野と比べると、各法分野における制約がより強く働いていたということができる。恵与の文脈では、遺留分のほか、継伝処分の禁止、さらにはそれを通底する財産の自由な流通の確保といった要請がフィデュシを拒み、財産管理の文脈では、成年者保護法制の伝統がフィデュシに立ちはだかっていた。

第三に、上記の目標は、特別法その他の立法により限定的局面で達成されるということもなかった。金融法分野と比べると立法者は消極的であり、フィデュシに機能的に類似するものはあっても、真の意味での「無名フィデュシ」はほとんど存在していなかったとすらいえる。

第四に、フィデュシ以外の枠組み、すなわち、所有権移転を介さない第

---

109) ドイツ、スペイン等での対応制度の存在も指摘されるが、とりわけ注目されたのが、ケベックにおける対応制度としての「委任者の不適格に備えてなされる委任（mandat donné en prévision de l'inaptitude du mandant）」（ケベック民法典2131条、2166条以下）である。これらに関し、102ᵉ Congrès des notaires de France, supra note 107, pp.497-518（なお、ケベックに関しては、不十分なものではあるが、拙稿「ケベック」『国際的な民法改正動向を踏まえた典型契約に関する調査研究報告書』（商事法務、2010）122-125頁も参照）。

110) 102ᵉ Congrès des notaires de France, supra note 107, pp.518-531.

三者による管理に関しても、とりわけ一般法上の委任の問題点ゆえ、必ずしも満足のいく状況が実現していたわけではなかった。

第2節　到達点——フランス民法典における「信託」の内容と特徴

　立法は、以上の法状況を前提として行われることとなった。難産の末に立法者により承認されるに至った「信託」は(1)、フランス民法典に多くの新たな規定を導入する(2)。その理論的特徴は、大部分において、トラストとフィデュシをめぐる概念対立や様々な分野の法状況の相違といった従来の議論状況と連続的に把握される(3)。フランス・ヴァージョンの「信託」の内容と特徴を見ていこう。

1　「信託」に関する立法の進展

　フランス民法典への「信託」の導入は、トラストへの憧憬を背景としつつ、フィデュシの一般法化という基本構想に基づいて実現された((1))。その立法作業は必ずしもスムーズではなかったが((2))、導入後は、反対に、頻繁な改正による改良が続けられている((3))。以下では、こうした一連の立法を跡付ける（なお、複雑化を避けるため、関連する他の民法諸分野の改正動向については、3(3)で触れる）。

(1)　立法の背景と基本構想

　なぜ、フィデュシについて立法するのか。すでに見たように、各法分野・各問題状況において、既存の法状況に照らし、フィデュシを望む声があったのは確かである。もっとも、現実の立法においては、それにとどまらない理由付けがなされる。すぐ後に述べるように、1992年と2005年の二度に渡り法案が提出されるが（後者は立法に結実する）、両者が挙げる理由は、以下の二点に集約される[111]。

---

111) 1992年法案の理由説明として、Projet de loi instituant la fiducie, Assemblée nationale N°2583, IXe législature, p.3. 2005年法案の理由説明として、Ph. Marini, Proposition de loi, Sénat N°178, Session ordinaire de 2004-2005, p.3. 2005年法案に関しては、元老院法律委員会における報告書（H. de Richemont, Rapport. Institution de la fiducie, Sénat N°11, Session ordinaire de 2006-2007, p.9)、国民議会法律委員会における報告書（X. de Roux, Rapport, Assemblée nationale N°3655, XIIe législature, p.7）も立法資料として重要である。

第2節 到達点——フランス民法典における「信託」の内容と特徴

　第一に、実際的理由であり、トラストの有用性と対比して、フランス法の現状の不都合性が指摘される。とりわけ、経済の国際化に伴い、トラストに依拠できる環境を求めて、フランスの企業が外国に拠点を移しつつあることに対して強い危機感が示され、トラストと競合しうる制度を導入し、フランス国内法をより魅力的なものにすることの必要性が説かれる[112]。他方、同じくトラストをイメージしてであろう、フィデュシにより判断能力の不足する者の財産管理を容易化すべきことも、2005年法案の理由説明では指摘された[113]。

　第二に、法制度的理由であり、立法の不存在という点でフランスが他国から孤立していることが指摘され[114]、フィデュシないしトラストをめぐる国際的な動向が援用されることで立法の必要性が強調される。ヨーロッパ・レベルでの動向も指摘されるが[115]、1992年法案の時点から念頭におかれていたのは、ハーグ国際私法会議において1984年10月20日に採択

---

112) Projet de loi instituant la fiducie, supra note 111, p.3 ; Ph. Marini, supra note 111, pp.4-5 ; H. de Richemont, supra note 111, pp.21-22 ; X. de Roux, supra note 111, pp.16-17.

113) Ph. Marini, supra note 111, p.4 et 6.

114) Projet de loi instituant la fiducie, supra note 111, p.3 ; Ph. Marini, supra note 111, p.3 ; H. de Richemont, supra note 111, pp.19-20 ; X. de Roux, supra note 111, pp.15-16. 中でも、フランス法系国であるルクセンブルク（2003年に立法。フランスにおける紹介として、E. Arendt, «Des textes de loi régissant les opérations fiduciaires sont-ils souhaitables ? L'exemple luxembourgeois : Le règlement grand-ducal du 19 juillet 1983 relatif au contrat fiduciaire des établissements de crédit», in Les opérations fiduciaires, supra note 33, p.153 ; Ph. Hoss, «L'expérience luxembourgeoise», in La fiducie et ses applications dans plusieurs pays européens, supra note 33, p.21 ; A. Prüm, Th. Revet et C. Witz, «La ratification de la Convention de La Haye par le Grand-Duché de Luxembourg», in A. Prüm et C. Witz (dir.), *Trust et fiducie. La Convention de La Haye et la nouvelle législation luxembourgeoise*, Montchrestien, 2005, p.53 ; A. Prüm et C. Witz, «La nouvelle fiducie luxembourgeoise», *id.*, p.65 ; C. Witz et A. Prüm, «L'essor de la fiducie hors de l'Hexagone : les récentes réformes luxembourgeoise et libanaise», in *Mélanges D. Schmidt*, Joly éditions, 2005, p.495. 邦語文献として、西澤宗英「ルクセンブルク法における fiducie（信託）——比較信託法の新しい視点」慶應義塾大学法学部編『慶應義塾大学法学部法律学科開設百年記念論文集　慶應法学会編』（慶應義塾大学法学部、1990）167頁以下、同・前掲注28）青法論文619-618頁、早川眞一郎「ルクセンブルクの信託に関する最近の法律（2003年7月27日の法律）について」東北信託法研究会編『トラスト60研究叢書 変革期における信託法』（トラスト60、2006）31頁以下）、及び、以前からフランス法との交流が深いケベック法（1994年の民法典改正により信託に関する規定を刷新。後掲注224）参照）に対して、強い関心が示される。

115) Ph. Marini, supra note 111, p.5.

され、翌年7月1日に成立した「トラストの準拠法及び承認に関する条約〔Convention relative à la loi applicable au *trust* et à sa reconnaissance〕」（以下「ハーグ条約」。フランスは1991年2月16日に署名）である[116]。同条約は、「トラスト」に関する各国の法内容の多様性を前提に、国際的な法律関係を規律する際の準拠法の決定方法を定めるものであるが、その前提として、「トラスト」として承認されるものを定義する。ここでは、英米法のトラストとの完全な同一性ではなく、同条約が「トラスト」に本質的と考える諸要素の充足が必要とされ[117]、大陸法諸国への一定の配慮がなされている。同条約の批准により、古くから論じられてきた国際私法上の問題についての明確な指針を得ることが期待される。その一方、「トラスト」にあたるものが国内法に存在しない状況で批准すれば、「トラスト」を有する国では可能な法的帰結がフランスでは実現できないため、第一点で述べた経済的危惧が倍加する。

　もっとも、以上のようにトラストの影響が強く見られる中で採用された立法戦略は、トラストそのものの導入ではなく、あくまで、既存の枠組みであるフィデュシの充実であったことに注意しなければならない。立法関係者によれば、トラストがなくとも、フランスでも様々な形で無名フィデュシの展開が見られたところ、民法典でその一般的規律を定めることにより、法的安定性がもたらされる[118]。フィデュシという既存の枠組みに依拠しつつ、それを一般法の次元まで高めることにより、トラストの不存在とい

---

[116] Projet de loi instituant la fiducie, supra note 111, p.3 ; H. de Richemont, supra note 111, p.22. 2005年法案の理由説明では触れられていないが、法案提出者マリニ議員は、他所ではハーグ条約に触れる（注119）で挙げる文献を参照）。同条約に関する文献として、M. Goré, «Le *trust* en droit international privé», *in* J. Herbots et D. Philippe (dir.), *Le trust et la fiducie,* Bruylant, 1997, p.83 ; C. Witz, «*Trust* et fiducie, une distinction estompée par la Convention de La Haye relative à la loi applicable au *trust* et à sa reconnaissance», *in Mélanges C. Reymond,* Litec, 2004, p.343 ; du même auteur, «Les caractères distinctifs de la fiducie», *in* J. -M. Tirard (dir.), *Trust & fiducie : concurrents ou compléments ?,* Genève, 2008, p.63. なお、同条約成立後は、トラスト諸国をも巻き込んだ比較法的考察が試みられる（J. Herbots et D. Philippe (dir.), *Id.* ; M. Cantin Cumyn (dir.), supra note 72 ; A. Prüm et C. Witz (dir.), supra note 114 ; J. -M. Tirard (dir.), *Id.*)。同条約に関する邦語文献として、アルフレッド・E・フォン・オーヴェルベック（道垣内正人訳）「信託の準拠法及び承認に関するハーグ条約についての報告書」信託153号（1988）4頁以下、西澤・前掲注28）青法論文618-617頁、早川・前掲注114）34-35頁、39-42頁。

第2節　到達点——フランス民法典における「信託」の内容と特徴

う現状を打破することが目指されたわけである。このような「フィデュシの一般法化を通じてのトラストの受容」という基本構想が具体的に何を意味し、どの程度実現したかは、具体的規定内容の紹介（2参照）を経たうえで検討することとし（3参照）、以下では、続けて、立法・改正の経緯を概観しよう。

---

117) フランス法との対比は、民法典に導入されたフィデュシの規律との関係で3(1)(b)で扱うことにし、ここでは、関係条文の邦語訳のみを挙げておく。2条は「トラスト」の定義に、11条は「トラスト」と認められた場合に付与されるべき効果に関わる。
　ハーグ条約第2条①　この条約において、「トラスト」の語は、ある者、すなわち委託者が、生存者間の行為又は死因行為により設定する法律関係であって、受益者のため又は特定の目的のために、財産が受託者の統御下におかれるものを指す。
　②　トラストは、以下の特徴を有する。
　　a　トラストの財産は、独立の総体を構成し、受託者の資産に属さない。
　　b　トラストの財産は、受託者名義又は受託者のための第三者名義で設定される。
　　c　受託者は、トラストの条項、及び、法律が受託者に特別に課す規律にしたがって、財産を管理又は処分する権限を与えられ、またその義務を負い、その義務について報告しなければならない。
　③　委託者が一定の権限を保持するという事実、又は、受託者が受益者として一定の権利を有するという事実は、トラストの存在と必ずしも対立するわけではない。
　同第11条①　前節［トラストの準拠法を定める第2節——訳者注］により定まる法律にしたがって設定されたトラストは、トラストとして承認される。
　②　この承認は、少なくとも、トラストの財産が受託者の個人資産から区別されること、及び、受託者が受託者としての資格で原告又は被告として行為できること、又は、受託者が受託者としての資格で公証人若しくは公権力を行使するあらゆる者の面前に出頭しうることを意味する。
　③　トラストの準拠法が要求し又は規定する限りにおいて、この承認は、特に、以下のことを意味する。
　　a　受託者の個人債権者は、トラストの財産を差し押さえることができない。
　　b　トラストの財産は、受託者の支払不能又は破産の際に、その資産から分離される。
　　c　トラストの財産は、受託者の夫婦財産又は相続財産に属さない。
　　d　受託者が、トラストから生じる義務に違反してその個人財産と混同し、又は、それを処分した場合には、トラストの財産の返還請求が認められる。ただし、トラストの財産の第三者たる所持者の権利及び義務は、法廷地の抵触法によって定められる法律により規律される。

118) Ph. Marini, supra note 111, pp.3-4 ; H. de Richemont, supra note 111, p.29. また、1992年法案の関係者による説明として、J. de Guillenchmidt, «Présentation de l'avant-projet de loi relatif à la fiducie», *RD bancaire* mai-juin 1990, p.105.

(2) 立法の実現

　立法作業は順調に進んだわけではない[119]。まず、1990 年 2 月 13 日に、政府による立法準備の一環として、「フィデュシに関する法律草案」(「1990 年草案」)[120] が公表され、若干の修正を経たうえで、1992 年 2 月 20 日に、「フィデュシに関する政府法案」(「1992 年法案」)[121] が国民議会に提出されたが、審議に付されることはなかった。その理由は、主として、フィデュシが租税回避に用いられることへの危惧にあったとされる[122]。

　十数年を経過して[123]、立法作業は再び動き始める。すでに、政府は、2004 年から、実務界の要望に対し、フィデュシ立法を進める旨を明らかにしていたが、それとは独立に、元老院議員フィリップ・マリニが、2005

---

119) 立法の経緯に関しては、C. Witz, *J.Cl. Civil Code,* Art. 2011 à 2030, Fasc. 10, V° Fiducie. - Introduction et constitution, 2012, n°6-9 ; F. Barrière, *Rép. civ.,* V° Fiducie, 2013, n°1-8 が詳しい。また、2005 年法案提出者による回顧として、Ph. Marini, «Enfin la fiducie française !», *D.* 2007, p.1347 (du même auteur, «La fiducie, enfin !», *JCP E 2007,* 2050 も同一内容) がある。

120) 立案関係者による論稿として、J. de Guillenchmidt et A. Chapelle, «*Trusts, business trusts et fiducie*», *LPA* 25 juin 1990, p.4 ; J. de Guillenchmidt, supra note 118, p.105 ; du même auteur, «La France sans la fiducie ?», *RJ com.* 1991, p.49. 特集として、Dossier «La fiducie. Pour quoi faire ?», *RD bancaire* mai-juin 1990, p.105. そのほか、Ch. Larroumet, supra note 37 ; Ch. Pisani, «La fiducie», *Defrénois* 1990, art. 34772 ; Y. Streiff, «Le droit civil au secours de la transmission des entreprises. L'avant-projet de loi sur la fiducie», *LPA* 9 mai 1990, p.23 ; M. Grimaldi, supra note 19 ; C. Witz, «L'avant-projet de loi français relatif à la fiducie à la lumière des expériences étrangères. Rapport de clôture», *Banque et Droit* 1991, p.225 ; C. Champaud, «La fiducie ou l'histoire d'une belle au bois dormant du droit français», *RD aff. int.* 1991, p.689. 紹介として、大島俊之「フランスの信託法草案」信託 164 号 (1990) 30 頁以下、早川眞一郎「フランス信託法草案について」ノモス 2 号 (1991) 319 頁以下、西澤宗英「フランスにおける fiducie (信託) 立法の試み」比較法研究 55 号 (1993) 139-140 頁、同・前掲注 28) 青法論文 612-608 頁。

121) これに関する文献として、A. Bénabent, «La fiducie (Analyse d'un projet de loi lacunaire)», *JCP N* 1993, p.275. 紹介として、山田・前掲注 74) 論文 106 頁、西澤・前掲注 120) 140-142 頁、同・前掲注 28) 青法論文 608-597 頁、角・前掲注 71) 54-65 頁。

122) Ph. Marini, supra note 119, p.1347 ; C. Witz, supra note 119, n°7 ; F. Barrière, supra note 119, n°1.

123) この間、1995 年には、1992 年法案に対して示された懸念を払拭することを意図し、2007 年法と同様に、設定者の資格の法人への限定ないし恵与目的フィデュシの禁止を規定した、新たな草案が準備されたが (筆者未見)、やはり日の目を見ることはなかったようである (Ph. Marini, supra note 119, pp.1347-1348 ; C. Witz, supra note 119, n°8 ; F. Barrière, supra note 119, n°2)。

第 2 節　到達点——フランス民法典における「信託」の内容と特徴

年 2 月 8 日、「フィデュシを導入する旨の議員提出法案」(「2005 年法案」)[124] を提出した。他方、政府は、同年 3 月、学者及び実務家等から成るワーキング・グループを組織し草案を作成したが、その内容は正式に公表されることなく、マリニ議員の法案に関して審議を行っていた元老院法律委員会での報告に一部反映されることとなった。2006 年 10 月 11 日、同委員会原案が報告され、修正のうえ元老院本会議で可決され国民議会に送られ、2007 年 2 月 1 日、国民議会法律委員会により元老院案をそのまま採用する旨の報告がなされたうえで、同年 2 月 7 日に国民議会本会議で可決された[125]。こうして、「フィデュシを導入する 2007 年 2 月 19 日の法律第 211 号」(「2007 年法」)[126] が、当初の立法準備から 20 年近くの歳月を経てようやく成立するに至り、民法典 2011 条以下にフィデュシに関する規定が組み込まれることとなった。

なお、2007 年法は、民法典の改正（同法 1 条）以外に、①通貨金融法典（同法 2 条）、②一般租税法典（同法 3 条以下）、③商法典の改正（同法 18 条）等も含む。③は、倒産手続におけるフィデュシの扱いに関する規定の導入等を目的とするものである（2(3)参照）。他方、②は、1992 年法案に対して示された租税回避に対する危惧に対処するものであり、また、①は、新たに強調されたマネー・ロンダリングへの悪用に対処することを意図したものである。

(3)　立法後の改正

立法後は、一転して、2007 年法の不備を補うために、頻繁な改正がなされる[127]。通常の法律と政府による委任立法であるオルドナンス（法律による授権が必要）とが併用される。

---

124) Ph. Marini, supra note 111. また、Du même auteur, «La fiducie bientôt reconnue en droit français ?», *LPA* 1 mars 2005, p.3 も参照。そのほか、B. Hohl, «Une seule fiducie, ça suffit !», *GP* 4 juin 2005, p.2 ; M. -L. Mathieu, «Vers un contrat de fiducie dans le Code civil ?», *Dr. et patrimoine* 2007, n°156, p.22 ; A. Prüm, «L'arrivée annoncée de la fiducie», *Rev. dr. bancaire et financier* 2007, Alertes 1, p.1.

125) それぞれ、H. de Richemont, supra note 111 ; Proposition de loi adoptée, Sénat N°14, Session ordinaire de 2006-2007 ; X. de Roux, supra note 111 ; Texte adopté, Assemblée nationale N° 677, XIIe législature.

第 5 章　フランス民法典における「信託」について

　まず、①「経済の現代化に関する 2008 年 8 月 4 日の法律第 776 号」（以下「2008 年法」）[128]は、(1) 2007 年法が導入したフィデュシの規定に大幅な改正を加えるとともに、これにより設定者の資格が自然人に開放されたこ

---

126) 同法制定以降、おびただしい数の文献が出ている。(3)で述べる改正を踏まえたものも含め、特集として、Dossier «Fiducie», *JCP E* 2007, n°36, p.5；Dossier «La fiducie», *D.* 2007, n°20；Dossier «Fiducie：intérêts et enjeux du nouveau dispositif», *RLDC* 2007, n°40, p.61；Dossier «Fiducie, les nouvelles opportunités», *Cah. dr. entr.* mai-juin 2007, p.9；Dossier «Le contrat de fiducie et l'opération fiduciaire après la loi du 19 février 2007», *Dr. et patrimoine* 2008, n°171, p.46；Dossier «La fiducie», *J. soc.* mai 2009, p.17；Dossier «Fiducie：un nouvel équilibre juridique», *Dr. et patrimoine* 2009, n°185, p.69；Dossier «Fiducie, un nouvel instrument performant de gestion et de garantie», *RLDC* mai 2009, n°60, p.63；*Dossier* «Quel avenir pour la fiducie ?», *Dr. et patrimoine* 2010, n°192, p.51；Dossier «Les utilisations pratiques de la fiducie-gestion», *Dr. et patrimoine* 2012, n°212, p.43. シンポジウムの報告集として、Association Henri Capitant, *La fiducie dans tous ses états*, Dalloz, 2011. そのほか、2007 年法に関するものして、R. Dammann et V. Roussel, «Table ronde. Fiducie. Les nouvelles opportunités», *Cah. dr. entr.,* mai-juin 2007, p.9；F. Barrière, «La fiducie. Commentaire de la loi n°2007-211 du 19 février 2007), *Bull. Joly* 2007, p.440（première partie), p.556（deuxième partie）；P. Bouteiller, «Loi n°2007-211 du 19 février 2007 instituant la fiducie», *JCP E* 2007, 1404；Ph. Dupichot, «Opération fiducie sur le sol français», *JCP E* 2007, act.121；R. Libchaber, supra note 36；G. Blanluet et J. -P. Le Gall, «La fiducie, une œuvre inachevée. Un appel à une réforme après la loi du 19 février 2007», *JCP G* 2007, I, 169；S. Piedelièvre, «La timide consécration de la fiducie par la loi du 19 février 2007, *GP* 26 mai 2007, p.2；V. Forray, «Un nouveau contrat spécial：la fiducie», *LPA* 13 novembre 2007, p.8；J. Bertran de Balanda et A. Sorensen, «La fiducie：un enfer pavé de bonnes intentions ?», *RLDC* 2007, n°39, p.53；S. Prigent, «Premiers pas en fiducie dans le code civil. Etude de la loi n°2007-211 du 19 février 2007», *AJDI* 2007, p.280；J. Rochfeld, «Loi n°2007-211 du 19 février 2007 instituant la fiducie», *RTD civ.* 2007, p.412；C. Champaud et D；Danet, «Fiducie. Renaissance de la substitution fidéicommissaire en droit français», *RTD com.* 2007, p.389；J. -P；Béraudo, «La loi du 19 février 2007 créant une fiducie française», *in Trust & fiducie*, supra note 116, p.123. 邦語文献として、金子敬明「フランス信託法の制定について」千葉大学法学論集 22 巻 1 号（2007）174 頁以下、森脇祥弘「フランス信託法の形成過程」高岡法学 19 巻 1・2 号（2008）95 頁以下、山田希「フランス信託法の基本構造」名古屋大学法政論集 227 号（2008）597 頁以下、藤澤治奈「信託──信託を制度化する 2007 年 2 月 19 日の法律第 211 号」日仏法学 25 号（2009）223 頁以下、瀬々敦子「大陸法域の信託法最新動向──スコットランド、フランス、ケベック州(下)」国際商事法務 40 巻 11 号（2012）1699-1701 頁。なお、2007 年法を素材とした講演として、前掲注 38) で挙げたラルメのもののほか、ピエール・クロック（平野裕之訳）「フランス民法典への信託の導入」法学研究 81 巻 9 号（2008）93 頁以下（後掲注 194) 及び 203) で挙げる同氏の論文を基礎とする講演）。

127) 小梁・前掲注 1) 71-72 頁、同「フィデュシーと信託」日仏法学 27 号（2013）88-90 頁も参照。

第 2 節　到達点——フランス民法典における「信託」の内容と特徴

とを受け、(2)成年者保護等に関する民法典上の規律に新規定を盛り込み、(3)自然人による管理目的フィデュシ及び担保目的フィデュシの設定に関する規定をオルドナンスにより設けることを認めた。また、(4)各倒産手続におけるフィデュシの適切な扱いをオルドナンスで実現することも認めた。

　以上のうち(4)を具体化したのが、②「危機状況にある企業についての法の改正に関する 2008 年 12 月 18 日のオルドナンス第 1345 条」(以下「2008 年オルドナンス」)[129] であり、倒産手続における担保目的フィデュシの扱いに関し、(5) 2007 年法で導入された商法典上の規定に改正を加えるとともに、(6)新たな規定を商法典に盛り込んだ。他方、(3)を具体化したのが、③「フィデュシについての様々な措置に関する 2009 年 1 月 30 日のオルドナンス第 112 号」(以下「2009 年オルドナンス」)[130] であり、(7) 2007 年法が導入したフィデュシの規定に新たな改正を加えるとともに、(8)担保目的フィデュシに特有の規律を民法典 2372-1 条以下・2488-1 条以下に新設した。もっとも、(8)に関しては、そもそも設定者たる資格は法人にも認められるところ、自然人と異なる扱いをするのは適切でないことから、④「法の単純化及び明確化並びに手続の軽減に関する 2009 年 5 月 12 日の法律第 526 号」(以下「2009 年法」)[131] により、2009 年オルドナンスが新設した担保目的フィデュシに特有の規律につき、(9)法人と自然人の扱いを同様にする旨

---

128) この改正に関する文献として、R. Dammann et G. Podeur, «Le nouveau paysage du droit des sûretés：première étape de la réforme de la fiducie et du gage sans dépossession», *D.* 2008, p.2300；F. Barrière, «La fiducie：brèves observations sur sa refonte et sa retouche par la loi de modernisation de l'économie», *JCP E* 2008, act.385.

129) この改正に関する文献として、P. Crocq, «L'ordonnance du 18 décembre 2008 et le droit des sûretés», *Rev. proc. coll.* janvier-février 2009, p.75；N. Borga, «Regards sur les sûretés dans l'ordonnance du 18 décembre 2008», *RD bancaire et financier* mai-juin 2009, p.9；N. Rontchevsky, «Sûretés personnelles, fiducie et gages sans dépossession dans la réforme du droit des entreprises en difficulté», *RLDA* 2009, n°39, p.80.

130) この改正に関する文献として、G. Notté, «Ordonnance n°2009-112 du 30 janvier 2009 portant diverses mesures relatives à la fiducie», *JCP E* 2009, act.74；Ph. Dupichot, «La fiducie-sûreté en pleine lumière. À propos de l'ordonnance du 30 janvier 2009», *JCP G* 2009, I, 132；M. Grimaldi et R. Dammann, «La fiducie sur ordonnances», *D.* 2009, p.670；P. Crocq, «La nouvelle fiducie-sûreté：une porte ouverte sur une prochaine crise des *subprimes* en France ?», *D.* 2009, p.716；A. -M. Leroyer, «Ordonnance n°2009-112 du 30 janvier 2009 portant diverses mesures relatives à la fiducie», *RTD civ.* 2009, p.381. 邦語文献として、平野裕之「フランス民法担保編における譲渡担保規定の実現」法学研究 82 巻 8 号（2009）77-79 頁。

第5章 フランス民法典における「信託」について

の改正が行われ、あわせて(10)その他の規定にも改正が加えられた。これにより、ほぼ、次に紹介する、現行規定が整った[132]。

2 「信託」に関する規定の内容整理

以上のようにして実現したフランス民法典上の「信託」(フィデュシ) に関する諸規定は、どのような具体的内容を持ったものか[133]。民法典の構成に忠実に、フィデュシ一般に共通の規律 ((1)) と担保目的フィデュシに特有の規律 ((2)) とに分け、ある程度体系的な文脈に位置付けて、簡潔に整理しよう。あわせて、倒産手続に関する規律についても補足する ((3))。

(1) フィデュシ一般に共通の規律

まず、2011 条以下で、フィデュシ一般を念頭においた規定がおかれている[134]。

(a) フィデュシの定義

フィデュシは、「一人又は複数の設定者が、現在又は将来の、財産、権利若しくは担保又は財産、権利若しくは担保の集合を、一人又は複数の受託者に移転し、この者が、これらを自己の固有資産と分別して保有し、定められた目的にしたがって、一人又は複数の受益者のために行為する取引」と定義される (2011 条)。

(b) フィデュシの要件

フィデュシの設定には、様々な要件が課される[135]。

第一に、フィデュシは法律又は契約により設定される (2012 条 1 項)。上記定義規定 (2011 条) で「取引 (opération)」という語が用いられるのは、

---

131) この改正に関する文献として、A. Raynouard, «Ultimes modifications de la fiducie par la loi n°2009-526 du 12 mai 2009», *JCP N* 2009, act.439. 紹介として、平野・前掲注 130) 82-83 頁。
132) 以上に加え、「信用機関及び金融会社に関する 2013 年 6 月 27 日のオルドナンス第 544 号」により 2015 条 1 項に修正が加えられたが、関係法令の改正に伴う参照条文の変更にすぎない。
133) 論旨の複雑化を避けるため、以下では、原則として現行法の内容を整理し、改正経緯や法案との対比は、必要な限りにおいて注 (場合によっては本文) で触れるにとどめる。
134) 全体の概観として、C. Witz, supra note 119 ; du même auteur, *J.Cl. Civil Code*, Art. 2011 à 2030, Fasc. 20, V° Fiducie. - Effets et extinction, 2012 ; F. Barrière, supra note 119. 邦語文献として、シルヴィー・ルロン (原恵美訳)「フランス法における他人の財産管理(2)——管理のための信託」慶應法学 23 号 (2012) 255 頁以下。

第 2 節　到達点——フランス民法典における「信託」の内容と特徴

法律によるフィデュシを包含するためであるが[136]、中心は契約によるフィデュシである。なお、契約成立後も、合意による修正が考えられ、そのことを前提とした規定が見られる（2018-2 条、2019 条、2028 条 2 項）。

　第二に、フィデュシの対象（フィデュシ設定により移転される財産）は、「財産、権利若しくは担保」であり、将来のものでも（特定可能性は必要。2018 条 1 号）、集合体でも構わない（2011 条）。概念上、「権利〔droit〕」は「財産〔bien〕」に含まれ、「担保〔sûreté〕」は権利の一種であるため、理論的に明確な定式とは言えないが[137]（以下では単に「対象財産」とする）、要するに、あらゆる積極財産が対象となりうる[138]。なお、同じく 2007 年法により、フィデュシの補完的枠組みとして[139]、第三者が債権者のために物的担保の設定・登記・管理・実行を行う「担保管理人〔agent sûreté〕」の制度が創設された（2328-1 条[140]）。

　第三に、フィデュシの目的に関し、受益者のために恵与の意図でなされるフィデュシ契約は無効とされる（公序に関わり、あらゆる者が主張できる絶対的無効である。2013 条）。設定者と受益者が異なる場合、受益者から設定者への対価が必要とされる（受託者の役務提供が有償か無償かは関係ない）。恵与目的フィデュシは、設定者から受益者への対象財産の無償譲渡を実現

---

135) 一般的文献として、Ch. Albiges, «La constitution de la fiducie», *Dr. et patrimoine* 2008, n° 171, p.46.
136) 元老院法律委員会案で、本文で述べた理由から、現行規定の文言が採用された（H. de Richemont, supra note 111, p.44. また、X. de Roux, supra note 111, p.32 も参照）。1990 年草案（2062 条）及び 1992 年法案（2062 条）、2005 年法案（2062 条）は、フィデュシを契約であるとしていた。
137) F. Zenati-Castaing et Th. Revet, *Les biens*, 3ᵉ éd., PUF, 2008, n°255, p.409 は、「無益かつ有害な贅言」と評する。
138) 元老院法律委員会案以降の定式である（H. de Richemont, supra note 111, pp.44-45；X. de Roux, supra note 111, p.32. 1990 年草案（2062 条）及び 1992 年法案（2062 条）では「財産及び権利」、2005 年法案では「あらゆる性質の権利」（2062 条）としていたが、その意図は同様である。
139) H. de Richemont, supra note 111, pp.103-105；X. de Roux, supra note 111, pp.96-98.
140) 条文の邦語訳は、以下のとおり（当初の規定では、「設定」が含まれていなかったが、2008 年法により付加された）。
　　フランス民法典第 2328-1 条（2008 年 8 月 4 日の法律第 776 号により改正）　あらゆる物的担保は、被担保債権の債権者が当該債務を確認する行為の中で、その目的で指定する者により、債権者の計算で、設定、登記、管理及び実行されることができる。

第5章 フランス民法典における「信託」について

するため、禁止されることになる。

　第四に、フィデュシの当事者に関しても規定がおかれている。①設定者に関しては、2007年法では「会社への課税に服する法人」のみが設定者たりうるとされていたが（旧2014条）、フィデュシの利用を過剰に妨げるとの批判を受け、2008年法により、法人・自然人を問わず設定者たる資格が認められた[141]。②受託者に関しては、当初は金融機関等に資格が与えられ（旧2015条＝現2015条1項）、2008年法で実務上の要望に応えて弁護士にも拡大された（同条2項）[142]。③受益者の資格制限はないが、その特定又は特定のための規則の定めが必要とされる（2018条5号）。なお、④設定者・受託者・受益者とも、複数であることは可能である（2011条）。当事者の重複に関しては、⑤設定者が受益者を兼ねる可能性のみならず、⑥受託者が受益者を兼ねる可能性も認められており（2016条）、これにより担保目的フィデュシの典型的形態が確保されるが、⑦設定者が受託者を兼ねる可能性は認められていない。

　第五に、フィデュシ契約の内容及び手続に関しても制約がある。①内容に関し、フィデュシ契約は明示的になされなければならないほか（2012条1項）、対象財産、期間、設定者、受託者、受益者、受託者の任務及び管理・処分権限の範囲という各事項を定めなければ無効である（2018条）。期間に関しては、あまりに長期の財産拘束を認めるのは好ましくないとして[143]、上限が設けられている（同条2号。2007年法では33年だったが、これでは短すぎる場合があるとして[144]、2008年法で99年に拡大）。次に、②手続面では、フィデュシ契約及びその修正等は、課税事務への登録がなされなければ無効とされる（2019条1項・3項）。不動産を対象とするフィデュシの場合には、一般租税法典上の登録・公示融合手続が必要である（同条2項）。なお、こうした租税当局での登録に加え、国によるフィデュシの

---

[141] L. Béteille, E. Lamure et Ph. Marini, Rapprt, Sénat N°413, Session ordinaire de 2007-2008, pp.112-113.

[142] L. Béteille, E. Lamure et Ph. Marini, supra note 141, pp.112-114. 弁護士実務との関係につき、P. Berger, «L'avocat fiduciaire», *RLDC* 2009, n°60, p.69 ; B. Le Bars, «L'avocat fiduciaire : naissance d'une nouvelle spécialité», *J. soc.* mai 2009, p.43.

[143] Ph. Marini, supra note 111, p.14.

[144] L. Béteille, E. Lamure et Ph. Marini, supra note 141, p.275.

第2節　到達点——フランス民法典における「信託」の内容と特徴

全国原簿の作成も予定されている（2020条）[145]。他方、③フィデュシ契約自体には、原則として特定の方式は必要とされていない（対象財産が夫婦財産共通制又は不分割に服する場合のみ公証証書が必要。2012条2項）。しかし、①を確保するには書面作成が合理的であること、②は書面でなされることから、フィデュシ契約は要式契約である（ただし原則として私署証書で足りる）と指摘されることが多い[146]。

以上の一般的諸要件に加え、2008年法は、設定者の資格を自然人に開放したことに伴い、特定の状況を念頭においた規定を導入した。①設定者が無能力者である場合の規律として、未成年者及び被後見人の財産はフィデュシに供しえないこと（408-1条、509条5号）、及び、被保佐人によるフィデュシ契約の締結には保佐人の扶助が必要であること（468条2項）が定められた。②夫婦財産関連の規律として、フィデュシの設定は共同管理事項である（夫婦の一方のみによっては設定できない）こと（1424条2項）が定められた。

(c)　フィデュシの効果

フィデュシの効果に関しても、規定の数は少ないながら定められている。

第一に、設定者・受託者間での効果である。設定者の義務として、一般には、フィデュシ契約の成立により、受託者に対し対象財産の移転義務を負うと考えられるが（2011条）、とりわけ担保目的フィデュシの場合、設定者たる債務者と受託者たる債権者との間で、前者が引き続き対象財産を使用・収益する旨の合意を結ぶことはありうる。このことを前提に、対象財産が営業用財産又は職業用不動産の場合であっても、反対の約定がない限り、営業財産賃貸借や商事賃貸借に関する商法典上の規律は適用されな

---

[145] その作成は長らく滞っていたが、「『フィデュシの全国原簿』という個人情報の自動化された扱いに関する2010年3月2日のデクレ第219号」により、ようやく実現するに至った。

[146] L. Aynès et P. Crocq, *Les sûretés. La publicité foncière*, 7ᵉ éd., LGDJ, 2013, n°779, pp.378-379；Ph. Simler et Ph. Delebecque, supra note 49, n°371-1, p.361；Y. Picod, *Droit des sûretés*, 2ᵉ éd., PUF, 2011, n°407, pp.474-475；M. Bourassin, V. Brémond et M. -N. Jobard-Bachellier, *Droit des sûretés*, 3ᵉ éd., Sirey, 2012, n°1304, pp.348-349；D. Legeais, *Sûretés et garanties du crédit*, 9ᵉ éd., LGDJ, 2013, n°782, p.479；Ch. Albiges et M. -P. Dumont-Lefrand, *Droit des sûretés*, 4ᵉ éd., Dalloz, 2013, n°728, p.457. 実質的な要式契約とするものとして、F. Zenati-Castaing et Th. Revet, supra note 137, n°255, p.410, n°266, pp.424-425；C. Witz, supra note 119, n°63.

い旨が定められている（2018-1 条）[147]。

　他方、受託者は設定者に対し[148]、①契約にしたがって任務（2018 条 6 号）を遂行する義務を負う（2011 条）。②対象財産を分別して保有する義務を負うことも、定義上導かれうる（2011 条）。また、③任務の遂行に際し利益相反を避けるべきことが、受託者はフィデュシ資産を構成する財産の落札者となりえない旨の規定（1596 条 6 項）[149]に表れていると見うる。さらに、④任務を報告する義務を負う（2022 条）。なお、任務の行使において義務違反を犯した場合には、⑤設定者に対し固有資産をもって損害を賠償する責任を負うほか（2026 条）、⑥後述の受託者変更手続の対象となる。

　第二に、第三者との間での効果である。特別の公示の仕組みは定められておらず、フィデュシを第三者に対抗するためには、一般法上の要請を満たす必要がある。もっとも、不動産の場合、前述の登録（2019 条 2 項）が公示を兼ねる。また、無体動産たる債権の場合、ダイイ譲渡同様（第 1 節 2(1)参照）、フィデュシ契約又はその修正の日付において、第三者に対抗可能となる（2018-2 条[150]）。なお、公示が必要な財産（具体的には、不動産のほか、船舶、航空機、商標、特許等）に関しては、受託者名義で公示される

---

147) フィデュシと商事賃貸借との関係につき、詳しくは、A. Hifray, «La fiducie et le bail commercial en droit français», *AJDI* 2012, p.85.
148) 受託者の任務・責任に関する文献として、C. Kuhn, «La mission du fiduciaire», *Dr. et patrimoine* 2008, n°171, p.52 ; Ph. Delebecque, «La responsabilité du fiduciaire», *in La fiducie dans tous ses états,* supra note 126, p.29 ; P. Berger, «La responsabilité de l'avocat fiduciaire», *id.*, p.39 ; B. Mallet-Bricout, «Le fiduciaire, véritable pivot ou simple rouage de l'opération de fiducie ?», *Rev. dr. McGill* 2013, n°4, p.905. なお、受託者の義務に関する日仏比較を試みるものとして、M. Hara, «Les obligations inhérentes à la fiducie : étude comparative de droit français et japonais», *in Les notions fondamentales de droit civil. Regards croisés franco-japonais*, LGDJ, 2014, p.219.（その要旨として、原恵美「信託の本質」法時 85 巻 7 号（2013）73 頁以下。）
149) 当該規定は競売に限らずあらゆる売買に適用されるとも指摘される（C. Witz, supra note 134, n°16）。また、受託者がフィデュシ資産を構成する財産の所有者となることが一般的に禁じられるのではなく、利益相反が生じない場合は構わないとも指摘される（F. Zenati-Castaing et Th. Revet, supra note 137, n°272, p.431）。
150) 他方、被譲渡債権の債務者に対抗するためには、譲渡人又は受託者によってなされる通知が必要である（2018-2 条）。この規律は、ダイイ譲渡において、債権譲渡の日付から債務者には対抗可能となるが（通貨金融法典 L.313-27 条）、通知がない限り譲渡人への債務の支払いは有効であるとされているのと（同 L.313-28 条）、構成が異なる。

第 2 節　到達点——フランス民法典における「信託」の内容と特徴

必要がある（2021 条 2 項）。

　受託者と第三者との間での取引にあたっては、特別の公示の仕組みがないことを反映して、受託者は、フィデュシの計算で行為する旨を明示しなければならないとされる（2021 条 1 項）。受託者は、フィデュシ資産について一切の権限を有するものとみなされ、権限が制限されていたとしても第三者がそれを知っていたことが証明されない限り、権限の制限を対抗できない（2023 条）[151]。

　受託者の倒産によってフィデュシ資産が影響を受けることはなく（2024 条）、それを差し押さえることができるのは、フィデュシ資産の保存又は管理（広義）によって生じた債権を有する者（フィデュシ債権者）のみである（2025 条 1 項）。設定者の債権者や受託者の個人債権者は差し押さえることができないが、前者に関しては、フィデュシ契約以前に公示された担保に基づく追及権を有する場合には当該債権者が優先するほか、（一般法上の債権者取消権と適合的に）フィデュシの設定が詐害を構成する場合には差押えが可能である（同条項）。差押えに際し、フィデュシ資産では足りない場合には、フィデュシ債権者は設定者の資産をも引き当てとすることができ、あるいは、フィデュシ契約上、受託者の固有資産を引き当てとする旨を定めておくこともできる（同条 2 項）。フィデュシ資産に責任を限定することも可能だが、それに承諾を与えた債権者にしか対抗できない（同条 3 項）。

　なお、受託者が任務の行使において犯したフォートにより第三者が損害を被った場合、受託者はその固有資産によって賠償しなければならない（2026 条）。

　第三に、受益者の権利に関しては規定が少ない。受益者の承諾によりフィデュシを撤回できなくなるという規律（2028 条 2 項）からは、「第三者のためにする要約〔stipulation pour autrui〕」の受益者としての地位を有す

---

151) 受託者が権限を逸脱し、かつ、権限の制限を第三者に対抗できる場合にどのような具体的効果が生じるかは明らかでないが、譲渡禁止条項の第三者効の場合と同様、受託者・第三者間の契約が相対的無効となるという見解が一般的である（F. Zenati-Castaing et Th. Revet, supra note 137, n°275, p.435；W. Dross, Les choses, LGDJ, 2012, n°112-4, p.223；C. Kuhn, supra note 148, p.55；C. Witz, supra note 134, n°29）。

299

第 5 章　フランス民法典における「信託」について

ると解しうるところ[152]、このように考えた場合、受益者は受託者に対し、①フィデュシ契約の内容に応じた請求（定期的な金銭の支払い、終了時の移転等）をすることができることになる。そのほか、受益者は、②任務の報告を求めることができ（2022条3項）、③義務違反につき固有資産から損害を賠償せしめ（2026条）、④義務違反等に際して後述の受託者変更手続をとりうることが定められている[153]。

(d) フィデュシの監督

フィデュシ契約の履行を監督するための仕組みも設けられている。

第一に、「第三者保護者〔tiers protecteur〕」である。設定者は、フィデュシ契約上の自己の利益の保全を任務とし、法律上設定者に付与された権限の行使を担う第三者を指定することができる（2017条。設定者が自然人の場合はこの権能を放棄できない）。第三者保護者は、設定者の権限を行使できるほか、受託者に任務の報告を求めることができ（2022条3項）、後述の受託者変更の手続もとりうる。

第二に、受託者変更手続であり、設定者・受益者・第三者保護者は、受託者の義務違反や受託者についての再生手続・裁判上の更生手続の開始等の場合において（裁判上の清算手続開始の場合にはフィデュシは終了する。2029条2項）、仮受託者の選任又は受託者の変更を、裁判所に対して求めることができる（2027条）。

(e) フィデュシの終了

最後に、フィデュシの終了に関する規律である[154]。

フィデュシの終了事由としては[155]、まず、①設定者による撤回があるが、受益者が承諾した後は、受益者の同意又は裁判が必要である（2028条）。そのほか、②自然人たる設定者の死亡、③期限到来、④期限到来前におけるフィデュシの目的達成によっても、終了する（2029条1項）。さらに、

---

152) C. Witz, supra note 134, n°35.
153) 受託者の権限逸脱の場合にどのような権利主張を行えるかはやはり明らかではないが、譲渡禁止条項が保護の対象とする者に無効の主張が認められるとされていることから（A. Seriaux, *J.Cl. Civil Code*, Art. 900-1, Fasc. unique, V° Libéralités. - Dispositions générales. - Clauses d'inaliénabilité, 2009, n°27)、前掲注151）の考え方によると、少なくとも無効主張は認められよう。

⑤受益者の全員が放棄した場合、及び、⑥受託者の清算・解散・消滅・活動禁止等の場合も、契約で存続要件が定められていない限り、終了する（同条2項）。

フィデュシが終了した場合、フィデュシ資産中の財産は、契約内容にしたがい、受益者又は設定者に移転する。このことを前提に、受益者不存在による終了の場合には設定者に復帰する旨（2030条1項）、及び、自然人たる設定者の死亡による終了の場合には相続財産に復帰する旨（同条2項）が定められている。

(2) 担保目的フィデュシに特有の規律

次に、2372-1条以下及び2488-1条以下で、担保目的フィデュシに特有の規定がおかれている[156]。

(a) 適用範囲

2372-1条以下及び2488-1条以下の規定が適用されるのは、2011条ないし2030条に基づいて締結されるフィデュシ契約のうち、債務の担保を目的として、動産又は権利あるいは不動産の所有権を移転させるもの、すなわち担保目的フィデュシである（2372-1条1項・2488-1条1項）。典型的には、債権者が受託者と受益者を兼ねるというケース（典型的な担保目的フィデュシとしてこれまで言及してきたもの）が想定されるが、債権者が受益者となりつつ、第三者を受託者とするケースも排除されない[157]（いずれにせよ、設定者＝債務者、受益者＝債権者）。

(b) 要件に関する特則

フィデュシ契約一般に要求される諸事項（2018条）に加え、被担保債務

---

154) 一般的文献として、M. -P. Dumont-Lefrand, «Le dénouement de l'opération fiduciaire», *Dr. et patrimoine* 2008, n°171, p.63. なお、2007年法では、設定者の資格が「会社への課税に服する法人」に限定されること（旧2014条）を前提に、設定者が会社への課税に関する選択を撤回したことを終了事由の一つとするとともに（旧2029条1項）、設定者の解散に際して、その承継人が会社への課税に服する法人でない場合にフィデュシの存続を認めない旨を規定していたが（旧2031条）、2008年法により設定者の資格制限が撤廃されたことに伴い、これらの規定は削除された。

155) 裁判上の解除（1184条）という一般法上の終了事由も排除されない。このことは、委託者の報酬支払義務違反等の場合に意味を持つことが指摘される（F. Zenati-Castaing et Th. Revet, supra note 137, n°285, pp.444-445）。

及び対象財産の評価額も、フィデュシ契約で定めなければならない（2372-2条・2488-2条）。

(c) 効果に関する特則

設定者たる債務者が債務を弁済しない場合に担保が実行される点に、担保目的フィデュシの特徴がある。次のように定められている。

第一に、対象財産に関する債権者の権利につき、①債権者が受託者の場合、被担保債務が弁済されないことにより、債権者は対象財産の自由な処分権限を獲得する（2372-3条1項・2488-3条1項）。②債権者が受託者でない場合、被担保債務が弁済されないことにより、受託者に対し対象財産の引渡しを求めることができ、自由な処分権限を手にする（2372-3条2項・2488-3条2項）。もっとも、フィデュシ契約上、受託者に財産を買い取らせる旨の約定も可能であり、その場合、債権者は、受託者に代金の引渡しを求めることができる（同条項）。

第二に、清算につき、①受益者たる債権者が自由な処分権限を得る場合には、客観的な評価額がある場合を除き、合意又は裁判によって指定される鑑定人による財産の評価額が基準となり（2372-3条3項・2488-3条3項）、当該評価額と被担保債務額の差額が、受益者たる債権者から設定者たる債務者に対して返還されなければならない（2372-4条1項・2488-4条1項）。

---

156) 2372-1条以下は動産を対象とする担保目的フィデュシについて、2488-1条以下は不動産を対象とする担保目的フィデュシについて定めるが、規定内容はほぼ同一である。なお、2009年オルドナンスでは、これらの規定は法人に適用されない旨が規定されていたが（旧2372-6条・旧2488-6条）、2009年法により速やかに削除された。こうした経緯は、2009年オルドナンスのもととなる2008年法における授権事項が狭かったことに由来する（1(3)参照）。全体の概観として、F. -X. Licari, *J.Cl. Civil Code*, Art. 2372-1 à 2372-5, Fasc. unique, V° Fiducie-sûreté mobilière. 邦語文献として、白石大「フランスにおける動産・債権担保法制の現在——近年の担保法改正・担保信託導入をふまえて」比較法学46巻2号（2012）77-82頁。また、担保目的フィデュシの一般的分析として、J. -J. Ansault, «La fiducie-sûreté ressuscitée !», *J. soc.* mai 2009, p.22 ; du même auteur, «Fiducie-sûreté et sûretés réelles traditionnelles : que choisir ?», *Dr. et patrimoine* 2010, n°192, p.52 ; S. Piedelièvre, «Quelle fiducie-sûreté pour l'entreprise ?», *in La fiducie dans tous ses états*, supra note 126, p.75 ; F. Barrière, supra note 48, p.869.

157) L. Aynès et P. Crocq, supra note 146, n°777, pp.377-378 は、「第三者委託（entiercement）を伴う担保目的フィデュシ」と表現し、受託者の資格が制限されている現行法においては（2015条）、以前よりも重要性を帯びることを指摘する。

②受託者が財産を売却する場合は、売却による収入の額と被担保債務額の差額が、受託者から設定者に対して返還されなければならない（2372-4条2項・2488-4条2項）。

(d) 終了に関する特則

自然人たる設定者が死亡した場合にフィデュシが終了するという一般的規律（2029条1項）は、設定者が債務者である担保目的フィデュシの場合には不適当であるため、担保目的フィデュシの場合は、自然人たる設定者が死亡しても終了しない旨が規定されている（2372-1条2項・2488-1条2項）。

(e) 再充填可能フィデュシ

「再充填可能フィデュシ〔fiducie rechargeable〕」という特殊態様も用意されている[158]。設定行為後、設定行為が規定する債務とは異なる債務の担保に割り当てられることも可能な担保目的フィデュシである（2372-5条1項・2488-5条1項）。以下の諸点が、反対の約定を許さない規律として定められている（2372-5条4項・2488-5条4項）。

設定行為において再充填可能フィデュシである旨が明示的に約定されなければならず（2372-5条1項・2488-5条1項）、また、フィデュシ契約一般及び担保目的フィデュシの必要的合意事項（2018条、2372-2条・2488-2条2項）を満たしたうえで、再充填の合意が登録（2019条）されなければならない（2372-5条3項・2488-5条3項）。再充填可能フィデュシの限度額は、設定者たる債務者が自然人の場合には、再充填の日におけるフィデュシ資産の評価額である（2372-5条2項・2488-5条2項）。

再充填可能フィデュシを、他の債権者に対する債務に利用することも可能であるが（2372-5条2項・2488-5項2項）、その場合の債権者間の順位は登録の日付によって決まる（2372-5条3項・2488-5項3項）。

(3) 倒産手続に関する規律

最後に、民法典上の規律ではないが、関連して商法典に導入された倒産手続に関する規定につき、二点整理しよう[159]。

---

158) 再充填可能フィデュシの分析として、Ph. Dupichot, «Janus ou le double visage des sûretés rechargeables», *Dr. et patrimoine* 2009, n°192, p.68.

第 5 章　フランス民法典における「信託」について

　第一に、「疑わしい時期〔période suspecte〕」に設定されたフィデュシの効力である。支払停止から「裁判上の更生〔redressement judiciaire〕」又は「裁判上の清算〔liquidation judiciaire〕」の開始までの期間において債務者によりなされた行為は、詐害の疑いがあるゆえ効力を否定されることがあるところ、①疑わしい時期に設定されたフィデュシ（フィデュシ資産への財産又は権利の移転）は無効とされる（商法典 L.632-1 条 I 9 号）。ただし、②同時に負う債務の担保を目的とする移転の場合はこの限りでないとされ（同条項号）、担保目的フィデュシは別扱いされている。また、③担保目的フィデュシ契約の修正（すでに負っている債務を被担保債務とするもの）も、無効とされる（同条項 10 号）。

　第二に、債務者たる設定者が倒産した場合の担保目的フィデュシの扱いである。すでに見たように、設定者＝債務者の債務不履行により債権者は対象財産の完全な所有権を取得するが、倒産手続の目的に応じてその実行に制約がかかりうる。すなわち、①債務者の経済活動の継続を目的とする「再生〔sauvegarde〕」及び裁判上の更生においては、[1]占有移転を伴う（設定者が対象財産を使用・収益する旨の合意を伴わない）担保目的フィデュシの場合、受命裁判官は、設定者の経済活動に必要な限りにおいて、債務を弁済し対象財産を回復することを設定者に許可しうる（商法典 L.622-7 条 II 2 項、同 L.631-14 条 1 項）。他方、[2]占有移転を伴わない（設定者が対象財産を使用・収益する旨の合意を伴う）担保目的フィデュシの場合には、観察期間及び再生・更生計画の実行期間において、債権者への対象財産の移転

159）以下で述べるもののうち、第一点の①のみが 2007 年法により導入された規定であり、それ以外は、2008 年オルドナンスにより担保目的フィデュシに適合的な規律を実現するために導入されたものである（1（3）で述べた改正経緯を参照）。フィデュシの倒産手続における扱いに関する文献として、R. Dammann et G. Podeur, «Fiducie-sûreté en droit des procédures collectives : évolution ou révolution ?», D. 2007, p.1359 ; R. Dammann, «Avantages et inconvénients de la fiducie en cas de procédure collective», RLDC 2009, n°60, p.64 ; G. Berthelot, «Le traitement de la fiducie-sûreté dans la nouvelle ordonnance sur les procédures collectives», Dr. et patrimoine 2009, n°185, p.90 ; A. Aynès, «Le régime de la fiducie-sûreté en droit des procédures collectives», in La fiducie dans tous ses états, supra note 126, p.63. 2008 年オルドナンスによる改正前に関し、R. Damman et G. Podeur, «Fiducie-sûreté et droit des procédures collectives : évolution ou révolution ?», D. 2007, p.1359 ; F. -X. Lucas, «Fiducie vs Sauvegarde. Fiducie ou sauvegarde, il faut choisir», D. 2008, p.29.

は許されず（同 L.622-23-1 条、同 L.631-14 条 1 項）、また、使用・収益に関する合意の継続が認められる結果（同 L.622-13 条Ⅵ、同 L.631-14 条 1 項）、当該合意による使用・収益が終了するまでは、債権者は担保目的フィデュシを実行できない。それに対し、②債務者の経済活動の停止をもたらす裁判上の清算の場合には、債権者は担保目的フィデュシを即時に実行できる。設定者に対象財産の使用・収益を認めていたとしたとしても、当該契約は継続しないため（同 L.641-11-1 条Ⅵ）、債権者は引渡しを求めることができる。また、フィデュシの対象財産は、債権者の同意がない限り、譲渡計画に含まれることもない（同 L.642-7 条 5 項）。

3　「信託」規定の特徴分析

　以上のような内容を有するフランス民法典上の「信託」は、どのような特徴を備えたものであろうか。一方で、「フィデュシによるトラストの受容」という目標は、一定の形で実現を見た((1))。もっとも、個々の具体的規律のレベルでは、フィデュシという新規の法技術に対する危惧に基づく様々な外在的修正が加えられていることに注意しなければならない((2))。他方で、「フィデュシの一般法化」という構想がどの程度実現したかは、フィデュシの各類型ないし各法分野の既存の法状況との関係で、慎重に考える必要がある((3))。

(1)　フィデュシによるトラストの受容

　フランス民法典に導入されたフィデュシは、従来から説かれていたフィデュシの概念の基本要素を維持するものである((a))。もっとも、割当資産の創出というトラストの要素が新たに取り入れられることにより、トラストに接近した新規のフィデュシ概念が誕生するに至った((b))。

　(a)　フィデュシの基本構造の維持

　設定行為による、受託者への対象財産の所有権移転（さらに設定者ないし第三者たる受益者への再移転）、及び、受託者への義務の賦課ないしその権限の設定という、伝統的なフィデュシの要素（第 1 節 1(2)(3)参照）は、民法典に導入されたフィデュシでも、基本的には維持されている。

　第一に、フィデュシは、法律行為の中で中心的地位を占める契約として

構成されている。設定者が受託者を兼ねることはできないという帰結も維持されている。たしかに、法律によるフィデュシの可能性も留保されているが、現在までその例はなく、また民法典上の規定の多くも契約によるフィデュシを想定したものである。むしろ注意すべきは、遺言によるフィデュシの排除であり、恵与目的フィデュシ禁止との平仄がとられている。

第二に、フィデュシの設定により受託者へ所有権が移転することは、2007年法の立法関係者が明確に意図するところであった[160]。担保目的フィデュシに関する特則を導入した2009年オルドナンスでは、担保目的フィデュシは「譲渡された所有権〔propriété cédée〕」による担保として捉えられ（2329条4号、2373条2項[161]）、定義規定でもそのことが明確に反映されている（2372-1条1項、2488-1条1項）。トラストのような所有権の分肢はなく、それゆえ物権法定主義に反しない[162]。もっとも、フィデュシの肝をなすこうした前提は、所有権への制約はいずれにせよ不可避であるというフィデュシの構造との関係で、なお議論を生じさせる（第3節1(2)参照）。

---

160) Ph. Marini, supra note 111, pp.8-9；H. de Richémont, supra note 111, pp.11-12；X. de Roux, supra note 111, pp.9-10. なお、このことにより、フィデュシの設定は危険の移転をも意味することとなる（1138条2項）。2005年法案では、フィデュシの設定により所有権は移転しつつも、危険は移転しないとされていたが（2066条2項。Ph. Marini, supra note 111, p.16参照）、元老院法律委員会において、一般法によるべきであるとして削除された（H. de Richemont, supra note 111, p.45）。

161) 条文の邦語訳は、以下のとおり。なお、両条を前提として、2372-1条以下及び2488-1条以下を包摂する款ないし節には、それぞれ、「担保として譲渡される所有権」という見出しがつけられている（第4編第2章第2準章第4節第2款、同第3準章第8節）。
　　フランス民法典第2329条　動産についての担保は、以下のとおりである。
　　1　動産についての先取特権
　　2　有体動産についての質権
　　3　無体動産についての質権
　　4　（2009年1月30日のオルドナンス第112号により改正）　担保として留保又は譲渡される所有権
　　同第2373条①　不動産についての担保は、先取特権、不動産質権及び抵当権である。
　　②（2009年1月30日のオルドナンス第112号により改正）　不動産の所有権も、担保として、留保又は譲渡することができる。

162) Ph. Marini, supra note 111, pp.8-9はこの点を強調する。トラストとの比較に関し、H. de Richemont, supra note 111, p.11も参照。

第2節 到達点——フランス民法典における「信託」の内容と特徴

　第三に、受託者の義務・権限に関する民法典上の規定は少なく（個別規定があるのは報告義務のみ）、設定行為たるフィデュシ契約により定められることが前提とされている。立法関係者による契約自由の原則の強調はこのことと適合的であるように思われ[163]、受託者の義務・権限を超えたフィデュシ契約全体についての柔軟なアレンジの可能性を示唆するが、反面、そうはいってもフィデュシ契約に内在する本質的要請から一定の規律が導かれないか[164]、さらには、当事者の意思が明確でない場合にどのように規律されるのか（とりわけ、他の契約に関する規定の類推の可否。第3節1(3)(b)参照）といった問題を提起することになる。

(b)　割当資産の承認によるトラストへの接近

　以上に対し、民法典に導入されたフィデュシには、従来のフィデュシ概念には内在していなかった効果が認められる。

　具体的には、割当資産の創出である。フィデュシの設定により、対象財産は、設定者の資産から離れるとともに、受託者の固有資産からも区別される。各所に見出される「フィデュシ資産〔patrimoine fiduciaire〕」の語（408-1条、509条5号、1424号、1596条6項、2012条2項、2018-1条、20121条2項、2023条、2024条、2025条、2027条、2030条、2372-2条、2372-4条1項、2372-5条2項、2488-2条、2488-4条1項、2488-5条2項）、あるいはそれと区別される受託者の「固有資産〔patrimoine propre〕」の語（2011条、2016条）は、フィデュシによる新たな資産の創出を示唆する。のみならず、定義規定から導きうる分別保有の義務（2011条）のほか[165]、フィデュシ

---

[163] Ph. Marini, supra note 111, p.8.
[164] 2005年法案は、分別保有義務（2068条1項）や報告義務（2070条3項）のほか、自己執行義務（同条1項）、利益相反回避を含む忠実義務（同条2項）を定めており、また、1992年法案でも、自己執行義務が定められていた（2067条）。これらの規定は、2007年法が採用するところとはならなかったが、学説上は、2007年法でもこれらの義務は課されるとするものが見られる（C. Witz, supra note 134, n°18-19 ; F. Barrière, supra note 119, n°72-74)。また、1992年法案では、受託者の任務遂行義務に関し、設定者の信頼を尊重しなければならない旨が規定されていたこと（2070-1条1項）が興味深い。なお、M. Hara, supra note 148（原・前掲注148）論文）は、まさにこの問題を扱うものと理解しうる。
[165] 1992年法案（2069条1項）・2005年法案（2068条1項）では、分別保有義務に関する規定が、フィデュシ債権者のみがフィデュシ資産に対しては差押えできる旨の規定（それぞれ、2069条2項、2068条2項）とセットになっておかれていた。

第5章　フランス民法典における「信託」について

債権者（フィデュシ資産の保存又は管理によって生じた債権を有する者）のみがフィデュシ資産を差し押さえうるという規律（2025条1項）により、割当資産の創出が明らかとなる。立法関係者が明確に意図し[166]、かつフィデュシに関する立法の最大の眼目としていたところであり、まさにこの点において、既存の民法理論からの帰結を超える効果の付与（第1節1(3)）が目論見られたわけである。そして、それを押し進めることで、フィデュシ資産の保存・管理により生じた債務と積極財産とを合わせた法的総体を構成すること[167]、積極財産の処分によって得られた積極財産も物上代位によりその構成要素となること[168]も導かれる。

　もっとも、トラストと全く同等の割当資産概念が採用されたわけではない。フィデュシ債権者との関係では、設定者資産又は受託者の個人資産が補充的に引き当てとされる（2025条2項）。完全なる割当資産ではないとして、ほぼ一致して批判を浴びる点であるが[169]、割当資産に関するフランス法の態度がなお流動的であることの一つの証左でもある（第3節1(1)参照）。

　いずれにせよ、トラストとの相違の一つとして指摘されていた事柄（第1節1(3)参照）が消失ないし縮小し、トラストへの接近が確認される[170]。このことはまた、新たなフィデュシが、ハーグ条約（1(1)参照）にいう「ト

---

166) Ph. Marini, supra note 111, p.7 et p.15 ; H. de Richemont, supra note 111, pp.12-13 et p.46 ; X. de Roux, supra note 111, p.10. 会計に関する規律であるが、2007年法には、明示的に「割当資産」の語を用いる以下の条文もある。
　　2007年2月19日の法律第211号12条Ⅰ　民法典第2011号が規定する取引の範囲で移転される積極財産及び消極財産の構成要素は、割当資産を形成する。この割当資産に関する取引は、受託者において、固有の会計の対象となる。
167) 前掲注166) で挙げた条文は、これと適合的である。フィデュシ資産における消極財産について扱う文献として、M. Leroy, «Le passif fiduciaire», *Dr. et patrimoine* 2008, n°171, p.58.
168) F. Zenati-Castaing et Th. Revet, supra note 137, n°278, pp.437-438 ; C. Witz, supra note 134, n°41.
169) 直近のものとして、N. Thomassin, «Le patrimoine fiduciaire», *in* M. Bourassin et J. Revel (dir.), *Réformes du droit civil et vie des affaires*, Dalloz, 2014, p.191, spéc. p.198-199 ; Ph. Chauviré, «La fiducie à la française : entre perturbations et innovations», *in Les notions fondamentales de droit civil*, supra note 148, p.239, spéc. pp.254-255.
170) なお、それ以外にも、第三者保護者制度（2017条）に関し、立法関係者ないし学説により、イギリス法の影響が指摘される（H. de Richemont, supra note 111, p.31 et pp.55-56 ; X. de Roux, supra note 111, pp.41-42 ; F. Zenati-Castaing et Th. Revet, supra note 137, n°273, p.432）。

第2節　到達点——フランス民法典における「信託」の内容と特徴

ラスト」にも合致することを意味する。同条約は、①「トラスト」の財産が受託者の資産に属さないこと、②「トラスト」の財産は受託者の名義に属すること、③受託者が「トラスト」の条項が課す規律にしたがって権限を有し義務を負うことを求めるところ、フィデュシの基本構造の維持により②③はすでに満たされており、割当資産の承認により①が満たされる。これにより、同条約批准の大きな障害は取り除かれた（もっとも、現在までのところ批准には至っていない[171]）。

(2)　フィデュシへの不信

他方において、フランス民法典におけるフィデュシの規定には、具体的規律のレベルで、フィデュシの概念そのものからは説明できないものが多く含まれる。それを指導しているのは、大まかにいえば、フィデュシという新規の法技術に対する「不信〔méfiance〕」であるが、より具体的に見るならば、フィデュシが不正行為に悪用されることへの懸念（(a)）と、フィデュシは「重大な結果」をもたらす契約であるとの認識（(b)）に分かれる。

(a)　フィデュシが不正行為に悪用されることへの懸念

2007年法は、1992年法案への懸念を踏まえたものである。同法案が奏功しなかった原因は、フィデュシが財産の無償譲渡に用いられることで、租税上の不正（脱税行為、租税回避）に悪用されるおそれがあるという点にあった。2005年法案はこの点に注意を払うものであったが[172]、審議過程でさらに強化された。さらに、フィデュシがマネー・ロンダリングやテロ活動の温床になるという危険も新たに意識され、それへの対処という観点も盛り込まれていった[173]。

---

171) 2007年法制定後、マリニ議員により、司法大臣宛てに質問状が出されたが、フランスのフィデュシは依然として発展段階であり（2008年法により当時予定されていた2009年オルドナンスの制定に言及する）、改良が先決である旨の回答がなされた（J.O. débat Sénat du 8 janvier 2009, p.74）。なお、フィデュシ立法後の国際私法上の問題に関する文献として、C. Deneuville, «La réception en France des fiducies étrangères, avancée ou recul ?», in La fiducie dans tous ses états, supra note 126, p.51.
172) Ph. Marini, supra note 111, pp.6-7 ; H. de Richemont, supra note 111, pp.25-27 ; X. de Roux, supra note 111, pp.20-21.
173) Ph. Marini, supra note 111, p.5 ; H. de Richemont, supra note 111, pp.27-28 ; X. de Roux, supra note 111, pp.22-23.

第5章　フランス民法典における「信託」について

　具体的には、要件面でこうした考慮が強く現れる。①恵与目的フィデュシ禁止（2013条）の根拠は、後述の相続・恵与法上の考慮と並んで、フィデュシが無償譲渡に用いられるのを防ぎ、租税上の不正やマネー・ロンダリングに悪用される危惧を払拭すべきことにあった[174]。② 2007年法時点で存在していた、設定者の資格の法人への制限（旧2014条。旧2031条も同様）も、その文言が端的に示すように、租税面での正当性確保を意識したものである[175]。③今なお残る受託者の資格制限（2015条）は、設定者・受益者の保護に加えて、フィデュシがマネー・ロンダリングやテロ活動に用いられるのを防ぐ意図がある[176]。④民法典上の規律ではないが、設定者及び受託者には居所の要件も課されており[177]、ここにも租税上の不正を防ぐ意図が表れている。⑤フィデュシ契約の登録が必要なのは(2019条)は、租税当局がフィデュシを把握するためであるし[178]、⑥フィデュシの全国原簿の作成（2020条）は、租税上の不正のみならず、マネー・ロンダリングやテロ活動について関係の国家機関が容易に状況を把握しうるようにするためである[179]。あわせて、⑤⑥が（原則として）フィデュシの公示の意味を果たさないことも確認しよう[180]。

---

[174] Ph. Marini, supra note 111, p.6 ; H. de Richemont, supra note 111, p.30. それに対し、1992年法案は、フィデュシは契約であるとし遺言によるフィデュシは認めなかったが（2062条）、フィデュシが無償譲渡のために用いられる可能性は否定していなかった（後掲注208）参照）。

[175] 2005年法案ではこうした限定はなかったが、元老院本会議で加えられた。J.O. débat Sénat, Compte rendu intégral de la séance publique du 17 octobre 2006, pp.6710-6712 ; X. de Roux, supra note 111, pp.36-38.

[176] H. de Richemont, supra note 111, p.51 ; X. de Roux, supra note 111, pp.38-40. 2005年法案でも、現行規定とは異なる文言ではあるが、マネー・ロンダリング防止が意識されていた（Ph. Marini, supra note 111, p.10）。

[177] 具体的には、以下の条文である。
　　　2007年2月19日の法律第211号第13条　設定者及び受託者は、ヨーロッパ共同体、又は、脱税行為又は租税回避に対処するための行政協力条項を含む、二重課税を除去するための租税協定をフランスと締結する国若しくは自治領の居住者でなければならない。

[178] H. de Richemont, supra note 111, pp.57-58 ; X. de Roux, supra note 111, pp.44-45.

[179] H. de Richemont, supra note 111, p.31 et pp.58-59 ; X. de Roux, supra note 111, pp.45-46.

[180] 公示との融合手続である不動産の登録のみ、公示の機能を果たす(2019条2項)。なお、フィデュシの全国原簿は、税関当局及び司法当局のみがアクセスできる（前掲注145）で挙げた2010年3月2日のデクレ第219号4・5条）。

第 2 節　到達点——フランス民法典における「信託」の内容と特徴

行政的・刑事的観点が民事法上の規律を左右するのが望ましいのか（ほかに対処の方法はないか）、それぞれの規律は合理的か（登録さえあれば十分でないか[181]）、政治情勢に左右されてはいないか（設定者の資格制限は容易に廃止された）等の疑問も生じうるが、いずれにせよ、不正行為への対処という視点は、フィデュシの規律を今なお大いに特徴付けている。

(b)　フィデュシは「重大な結果」をもたらす契約であるという認識

他方、純粋な民事法の次元においても、フィデュシを特別視することで、一種の特則が設定されることがある。共通するのは、フィデュシは「重大な結果〔conséquences graves〕」をもたらす契約であるという認識である。さしあたり、三つに分類できよう。

第一に、一定の者に特別な保護を与える規律である。①フィデュシ債権者はフィデュシ資産以外も引き当てとしうるという規律（2025 条 2 項）につき、立法関係者は、フィデュシ債権者の保護を理由として挙げる[182]。その前提には、フィデュシ資産に債権の引き当てが限定されるのは不利であり、フィデュシの利用を確保するためにもこうした措置が必要であるとの認識が伏在しているだろう[183]。また、②受託者の資格制限は、金融機関や弁護士という、十分な能力を持った専門家による管理を確保することで、設定者・受益者の利益を守ることをも趣旨としている[184]。

第二に、フィデュシ契約の当事者（とりわけ設定者）に注意を促す規律である。③フィデュシ契約一般に関する必要的合意事項の規律（2018 条）は、それ自体、当事者に契約の内容を把握させる意義を有する。よりこの観点が鮮明になるのは、④担保目的フィデュシに特有の必要的合意事項（2372-2 条、2488-2 条）であり、設定者の資格が自然人にも開放されたことに伴い、担保目的フィデュシがもたらす重大な結果を設定者に認識させることが意図された[185]（もっとも、対象財産の評価額を定めることを要求するのは合理的

---

181) W. Dross, supra note 151, n°110-2, p.216.
182) H. de Richemont, supra note 111, p.63. 2005 年法案では、2025 条 1 項に対応する規定のみ存在したところ（2068 条 2 項）、同条 2 項・3 項に対応する規定は元老院法律委員会で付け加えられた。
183) H. de Richemont, supra note 111, pp.31-32 は、2025 条の規律全体を、「安全な法技術（instrument juridique sûr）の構築」の中に位置付ける。
184) H. de Richemont, supra note 111, p.51 ; X. de Roux, supra note 111, pp.38-40.

でないとの指摘がなされる[186]）。さらに、⑤夫婦共通財産・不分割財産について フィデュシを設定する場合の公証証書の要求（2012条2項）も、設定者に必要な情報を把握させるためであるとされている[187]。

第三に、フィデュシ設定そのものに制約を課す規律である。一定の状況下では、他の契約と比較して、フィデュシ契約の締結は難しくなっている。⑥夫婦共通財産に関するフィデュシ設定につき、夫婦共通財産の共同管理は、通常、重要な財産について必要とされるところ（1424条1項[188]）、対象財産の重要性に関わらず共同管理に服せしめられている（同条2項）[189]。また、⑦無能力者によるフィデュシ設定に関する規律のうち、特に、被後見人の財産は裁判所や親族会の許可があってもフィデュシに供することができないという規律（509条5号）は、フィデュシに対してきわめて厳しい態度をとるものといえる。

一口に「重大な結果」といってもその意味内容は様々であり、当然、以上の規律は、それぞれの文脈で考察しなければならない（⑦につき第3節2(3)(a)で言及する）。しかし、そうであるとしてもやはり、フィデュシへの不信が民事法的枠組みの中で表れていることは、否定できないだろう。

(3) フィデュシの一般法としての価値

「フィデュシの一般法」を作るという目標は、対象財産に限定のない契約類型が民法典上創設されたこと自体によって、当然に果たされたように

---

185) Ministère de la Justice, «Rapport au Président de la République relatif à l'ordonnance n°2009-112 du 30 janvier 2009 portant diverses mesures relatives à la fiducie», Titre Ier, Chapitre II.

186) M. Grimaldi et R. Dammann, supra note 130, n°10 ; B. Mallet-Bricout, « Quelle efficacité pour la nouvelle fiducie-sûreté ?», *Dr. et patrimoine* 2009, n°185, p.79, spéc. p.82 ; F. Barrière, supra note 156, p.892 ; M. Bourassin, V. Brémond et M. -N. Jobard-Bachellier, supra note 146, n°1334, p.361.

187) Ministère de la Justice, supra note 185, Titre Ier, Chapitre Ier.

188) 条文の邦語訳は、以下のとおり（2項の訳は付録を参照）。
　　フランス民法典第1424条① 夫婦は、他方の同意なしには、共通財産に属する不動産、営業財産及び経営、並びに、流通性のある会社に関する権利及びその譲渡が公示に服する動産を譲渡し、又は、それについて物権を設定することができない。夫婦は、その配偶者の同意なしには、そのような取引から生じる元本を収取することができない。

189) L. Béteille, E. Lamure et Ph. Marini, supra note 141, p.113.

第 2 節　到達点——フランス民法典における「信託」の内容と特徴

思えるが、事はそう単純ではない。従来の法状況に照らすとき、「一般法」には、①あらゆる分類のフィデュシに共通する法と、②各分類のフィデュシに共通する法の二種類が想定できるが、いずれの意味においても、民法典上のフィデュシの一般法としての価値には留保が付されざるをえないからである。ここには、フィデュシに関する立法と並行して行われた、各法分野に関する民法典の改正作業も関連している。便宜上、狭義の管理目的フィデュシ（(a)）・担保目的フィデュシ（(b)）・恵与目的フィデュシ（(c)）の順に見ていくことにしよう。

(a)　狭義の管理目的フィデュシ

設定者が受託者に財産を移転し、設定者ないし第三者たる受益者のために管理させるという狭義の管理目的フィデュシは、2007 年法によって、かなりの充実を見た類型であるといってよい。従来から克服の対象とされてきた一般法上の委任と並ぶ、新たな財産管理手法が（内容・手続・方式面等での制約はあるにせよ）確立されたからである。

委任との相違は、以下の三点に見出される（第 1 節 2(2)で述べた委任の難点に対応する）[190]。第一に、受任者の権限は通常は管理行為に限定されるのに対し、対象財産の所有者たる受託者の権限は処分行為にも及び、ただフィデュシ契約で約定された制限に服するのみである。第二に、委任によっても委任者の行為は常に有効であるのに対し、対象財産の所有権を失う設定者はそれについて行為する権限を失う。第三に、委任は常に委任者により撤回可能であるのに対し、設定者による撤回には制限が課される。これらにより、長期的・安定的な財産管理が可能となったといえるだろう。以上のような委任の難点の克服に加え、投資共同ファンド・債権共同ファンドに実質的に見られた割当資産の仕組みが、フィデュシでは正面から採用された。これにより、少なくとも、設定者の債権者及び受託者の個人債権者が対象財産にかかっていく事態は生じない。

それゆえ、民法典上のフィデュシは、金融実務上、大きな反響を呼ぶ。もちろん、個々取引の実像は単純ではなく、必ずしもフィデュシで対応できるとは限らない。たとえば、2007 年法の立法関係者は、①「ポルタージュ

---

190) W. Dross, supra note 151, n°110-1, pp.215-216.

〔portage〕」[191] 及び②「ディフィーザンス〔*defeasance*；défaisance〕」[192]を挙げていた[193]。ところが、①は、管理対象の株式が当初の移転対象ではない点、②は、消極財産が移転対象となるという点に特徴があるところ、これらがフィデュシの対象の要件を満たすのかは明確ではない[194]。③フィデュシと同時に民法典に取り入れられた担保管理人の制度も、位置付けや有用性は明確でない[195]。狭義の管理目的フィデュシの具体的な活用可能性は、今も模索状態である[196]。しかし、そのことによって、委任の難点

191) ある者（伝達者）が他の者（指示者）との間で、株式を調達し、約定された期限・代金において指示者又は第三者に譲渡することを約する（株式の一時的管理は、伝達者により、指示者のためになされる）というものであり、従来から、競業他社の株式取得、同一会社内の株主間での対立調整、購入資金確保までの時間調整等、様々な用途での活用が模索された。フィデュシ導入前の文献として、D. Schmidt, «Les opérations de portage de titres de sociétés», *in Les opérations fiduciaires*, supra note 33, p.29 ; P. Crocq, supra note 26, n°59-61, pp.47-50 ; J. -P. Bertel, «Analyse des conventions de portage», *Dr. et patrimoine* 1995, n°30, p.38 ; du même auteur, «Régimes des conventions de portage», *Dr. et patrimoine* 1995, n°31, p.40 ; P. Soumrani, *Le portage des actions*, LGDJ, 1996 ; F. -X. Lucas, supra note 26, n°142-176, pp.75-93.
192) ある者が他の者に対し、消極財産（債務）及びその弁済のための積極財産を移転するというものであり、大衆資金公募会社による貸借対照表の改善等に用いられた。フィデュシ導入前の文献として、C. Ferry, ««Défaisance économique» et fiducie», *JCP E* 1991, I, 23, p.65 ; A. Gobin, supra note 47, n°35-46, pp.320-321.
193) H. de Richemont, supra note 111, p.17.
194) ①ポルタージュにつき、民法典上のフィデュシで対応可能とするものとして、C. Witz, supra note 119, n°26（株式取得のための資金についての移転を捉える）、対応不可能とするものとして、G. Blanluet et J. -P. Le Gall, supra note 126, n°4 ; F. Barrière, supra note 119, n°33 ; P. Crocq, «Le cœur du dispositif fiduciaire», *RLDC* 2007, n°40, p.61, spéc. p.64（クロック・前掲注 126）102 頁）。②ディフィーザンスにつき、民法典上のフィデュシで対応可能とするものとして、C. Witz, supra note 119, n°22 ; F. Zenati-Castaing et Th. Revet, supra note 137, n°262, p.418、対応不可能とするものとして、F. Barrière, supra note 119, n°33 ; G. Blanluet et J. -P. Le Gall, supra note 126, n°4 ; R. Libchaber, supra note 36, n°8 ; P. Crocq, *Id.*, p.64（クロック・前掲注 126）102-103 頁）.
195) 条文は、前掲注 140）参照。文献として、J. Bertran de Balanda et A. Sorensen, supra note 126, pp.57-58 ; O. Fille-Lambie, «La fiducie : nouvelle garantie des crédits syndiqués ?», *Dr. et patrimoine* 2010, n°192, p.76 ; G. Ansaloni et I. Dursun, «L'agent des sûretés : une fiducie spéciale au service de la prise de garantie pour le compte d'un pool bancaire», *JCP E* 2009, 1671, p.8 ; J. -F. Adelle, «L'agent des sûretés en droit français : pour une clarification des régimes de l'article 2328-1 du Code civil et de la fiducie de sûretés», *RD bancaire et financier* 2010, études 20, p.6 ; J. Leavy, «L'agent des sûretés n'est pas un fiduciaire en droit français», *Banque et droit* mars 2011, p.11.

第 2 節　到達点——フランス民法典における「信託」の内容と特徴

を克服した新たな財産管理方法が定められたことの抽象的意義が否定されるわけではない。

それに対し、判断能力が不足する者の財産管理という家族財産法の分野では[197]、異なる事情がある（詳細は第 3 節 2(3)参照）。2007 年法とほぼ時を同じくして、「成年者の法的保護に関する 2007 年 3 月 5 日の法律第 308 号」が成立し、従来の成年者保護法制に大きな改正が加えられた[198]。そこでは、フィデュシと機能を同じくしうる、保護を必要とする成年者の新たな財産管理方法として、「将来の保護を目的とする委任」が認められた。他方、上記法律の審議過程では異なる議論があったにも関わらず、フィデュシ改正に係る 2008 年法では、被保護成年者によるフィデュシ設定に消極的な立場が取られた。これらによって、民法典上のフィデュシの領分が削られるわけではない。しかし、被保護成年者の財産管理という局面において異なる考慮が働いていることが示唆されており、それゆえ、民法典上の

---

196) B. Hohl, «Quelles applications pratiques ?», *RLDC* 2007, n°40, p.68；M. Blanck-Dap et Y. -M Ravet, «La fiducie comme mode d'organisation des opérations immobilières», *Dr. et patrimoine* 2012, n°212, p.44；N. Picarrougne et E. Dhennequin, «La fiducie comme outil d'organisation de l'actionnariat», *id.*, p.66；S. Schiller, «La fiducie：un excellent moyen de sécuriser les pactes d'actionnaires», *id.*, p.71. 他の法技術との関係につき、J. -Ph. Dom, «La fiducie-gestion et le contrat de société. Eléments de comparaison», *Rev. Sociétés* 2007, p.481；S. Lerond et S. Nauleau, «Fiducie et société civile：des outils complémentaires», *Dr. et patrimoine* 2012, n° 212, p.62.
197) この局面でのフィデュシにつき、J. Massip, «Le contrat de fiducie, les mineurs et les majeurs protégés», *Defrénois* 2009, art.38982；F. Sauvage, supra note 104；H. Letellier, «La fiducie, outil de protection des majeurs vulnérables», *Dr. et patrimoine* 2012, n°212, p.52；N. Peterka, «Le droit des incapacités à l'épreuve du contrat de fiducie», *in La fiducie dans tous ses états*, supra note 126, p.15；H. Fabre, «La fiducie comme alternative au mandat de protection future ou comme outil de transmission», *Dr. et patrimoine* 2012, n°212, p.56.
198) 2007 年無能力者法改正についての文献として、Ph. Malaurie, «La réforme de la protection juridique des majeurs（Loi n°2007-308 du 5 mars 2007）», *Defrénois* 2007, art.38569；A. -M. Leroyer, «Loi n°2007-308 du 5 mars 2007 portant réforme de la protection juridique des majeurs （JO 7 mars 2007, p.4325）», *RTD civ.* 2007, p.394；*Dossier* «Le statut des majeurs protégés après la loi du 5 mars 2007», *JCP N* 2008, 1267 à 1277. 邦語文献として、清水恵介「フランス新成年後見法」日本法学 75 巻 2 号（2009）491 頁以下、今尾真「フランス成年者保護法改正の意義と理念」新井誠ほか編『成年後見法制の展望』（日本評論社、2011）165 頁以下、山城一真「世界の成年後見(4)フランス成年後見法の現状概観」実践成年後見 42 号（2012）126 頁以下。

フィデュシの、狭義の管理目的フィデュシ内部での一般法性は、必ずしも自明ではない。

(b) 担保目的フィデュシ

担保目的フィデュシは、フィデュシそのものの構造を採用した仕組みがすでに法律上認められていたという点で（第1節2(1)参照）、最も受け入れられやすい環境が整っていたといえる。実際、民法典上の担保目的フィデュシは、実務上最も活用されている[199]。しかし、このことは、フィデュシの一般法性に直結するわけではなく、むしろ逆の状況が生じている。詳しい検討は保留しつつ（第3節2(1)で論じる）、立法経過からこのことを確認しよう。

担保目的フィデュシの立法作業は、フィデュシ立法に先行して計画されていた[200]。すなわち、担保法の改正はフランス法の積年の課題であったところ、政府により組織されたグリマルディ教授を中心とする学者・実務家のグループ（担保法改正委員会）では、担保目的フィデュシは一つの重要な検討項目として位置付けられていた。しかし、フィデュシに関する2005年法案の提出を受けて検討項目から外され[201]、民法典の担保法規定を大改正する「担保に関する2006年3月23日のオルドナンス第346号」での導入は見送られ[202]、フィデュシに関する2007年法を待つこととなった。ところが、2007年法の規定に対しては、管理目的フィデュシには妥当しても担保目的フィデュシには適用すべきでない規律の存在[203]、担保

---

199) 担保目的フィデュシの実務利用に関する文献として、B. Hohl, supra note 196, p.68 ; N. Bauch-Labesse, «Quelles applications pratiques pour la fiducie-sûreté ?», *J. soc.* mai 2009, p.37 ; A. Gourio, «La fiducie-sûreté：utilité et avenir», *in La fiducie dans tous ses états*, supra note 126, p.71 ; B. Védaride, «Plaidoyer pour l'utilisation urgente de la fiducie-sûreté pour refinancer l'immobilier d'entreprise», *RD bancaire et financier* 2012, études 2, p.14.

200) 一連の経過に関しては、P. Crocq, «La future réforme du droit français des sûretés réelles», *RLDC* 2005, n°20, p.27 ; du même auteur, supra note 194, pp.61-62. また、批判的検討として、D. Legeais, «Une symphonie inachevée», *RD bancaire et financier* mai-juin 2005, p.67 ; du même auteur, «La réforme du droit des garanties ou l'art de mal légiférer», *in Études Ph. Simler*, Dalloz-Litec, 2006, p.367, n°7-9, pp.370-371.

201) 2006年3月23日のオルドナンスの授権法たる2005年7月26日の法律第842号では、同じく所有権による担保の仕組みとしての所有権留保条項のみが授権事項として挙げられ、担保目的フィデュシは含まれなかった（同法24条3号）。

第2節 到達点——フランス民法典における「信託」の内容と特徴

目的フィデュシの実行についての規律の不存在[204]、倒産手続上の規律の不備[205]等が指摘され、その後の2008年オルドナンス・2009年オルドナンス・2009年法により、担保目的フィデュシに特有の規定が整えられた。以上の経緯から明らかなように、担保目的フィデュシに関する立法の展開は、担保目的フィデュシの独自性の確保に向けられていたといってよい。担保目的フィデュシは、あらゆる分類のフィデュシに共通する法という意味での民法典上のフィデュシの一般法性に、疑問を投げかける素材にほかならない。

以上に加え、担保目的フィデュシ内部での民法典上のフィデュシの一般法性も、自明ではない。すでに存在していた無名フィデュシ（ダイイ譲渡、証券取引における担保）の有用性や、フィデュシの立法以前に判例上否定されていた一般法上の担保目的の譲渡の可能性は、立法以後も議論される

---

202) 2006年担保法改正についての文献として、Dossier «La réformes du droit des sûretés», D. 2006, p.1289 ; Dossier «Réforme du droit des sûretés», RLDC 2006, n°29 supplément, p.5 ; Y. Picod et P. Crocq (dir.), *Le droit des sûretés à l'épreuve des réformes*, Éditions juridique et techniques, 2006 ; Dossier «La réforme des sûretés après neuf mois de pratique», RLDA 2007, n°14, p.67 ; S. Cabrillac, Ch. Albigès et C. Lisanti (dir.), *Évolution des sûretés réelles : regards croisés Université-Notariat*, Litec, 2007 ; Ph. Dupichot, «Le nouveau droit français des sûretés : bréviaire à l'attention du juriste étranger», in *Mélanges C. Jauffret-Spinosi*, Dalloz, 2013, p.277. 邦語文献として、平野裕之＝片山直也訳「フランス担保法改正オルドナンス（担保に関する2006年3月23日のオルドナンス2006-346号）による民法典等の改正及びその報告書」慶應法学8号（2007）163頁以下、「特集 フランス（担保法2006年改正）」日仏法学25号（2009）9頁以下。また、立法前のものであるが、ピエール・クロック（野澤正充訳）「フランス担保法の新たな展開——20世紀末と21世紀初頭における担保法の展開」立教法学69号（2005）87頁以下も参照。

203) J. Bertran de Balanda et A. Sorensen, supra note 126, pp.55-56 ; P. Crocq, supra note 194, p. pp.64-65 ; du même auteur, «Lacunes et limites de la loi au regard du droit des sûretés», D. 2007, p.1354, n°11-15（クロック・前掲注126）105-107頁）.

204) F. Barrière, «La loi instituant la fiducie : entre équilibre et incohérence», JCP E 2007, 2053, n°29 ; A. Cerles, «La fiducie, nouvelle reine des sûretés ?», JCP E 2007, 2054, n°15 ; P. Crocq, supra note 194, p.65 ; du même auteur, supra note 203, n°8-10（クロック・前掲注126）108-109頁）.

205) F. Barrière, supra note 204, n°27 ; A. Cerles, supra note 204, n°19 ; J. Bertran de Balanda et A. Sorensen, supra note 126, pp.56-57 ; N. Rontchevsky, supra note 129, n°21 ; R. Dammann et G. Podeur, supra note 159, p.1361 ; des mêmes auteurs, «Fiducie-sûreté : droit positif et perspectives d'avenir», in *Mélanges AEDBF-France*, t.5, Revue banque éd., 2008, p.139, spéc. pp.148-150.

ことになる。
　(c)　恵与目的フィデュシ
　担保目的フィデュシとは対照的に、恵与目的フィデュシは、フィデュシの構造に適合的な枠組みに対して立法以前から強い否定的態度がとられていた（第1節3(1)参照）。こうした状況は、フィデュシに関する立法においても、恵与目的フィデュシ禁止（2013条）により、継続することとなる。このことは、あらゆる分類のフィデュシに共通する法という意味での民法典上のフィデュシの一般法性を、明確に否定するものにほかならない。
　もっとも、判断能力が不足する者への財産の無償譲渡という文脈で、完全にフィデュシの要素が拒絶されたわけではない。フィデュシが不正行為に悪用されることへの懸念と並んで、恵与目的フィデュシの禁止を指揮したのは、2007年法に先駆けて成立した「相続及び恵与に関する2006年6月23日の法律第728号」による改正を経た[206]、相続・恵与法秩序への配慮である[207]。そこでは、遺留分制度への配慮も指摘されるが、遺留分制度は理論的にはフィデュシの設定そのものを阻害するわけではなく（第1節3(1)参照）[208]、また、上記の2006年相続・恵与法改正により、遺留分制度自体が後退を見ている[209]。むしろ着目すべきは、2006年相続・恵与法

---

206) 2006年相続・恵与法改正についての文献として、Dossier «Premières vues sur la réforme des successions et des libéralités (loi n°2006-728 du 23 juin 2006)», *D.* 2006, p.2550 ; Dossier «La loi portant réforme des successions et des libéralités», Acte I, *Dr. Famille* 2006, études 43 à 51 ; Acte II, *Dr. Famille* 2006, études 52 à 60 ; R. Le Guidec, «La loi du 23 juin 2006 portant réforme des successions et des libéralités. Vue panoramique, *JCP G* 2006, I, 160 ; Dossier «Réforme des successions et des libéralités», *RLDC* 2006, n°33 supplément, p.5 ; A. -M. Leroyer, «Réforme des successions et des libéralités. Loi n°2006-728 du 23 juin 2006 portant réforme des successions et des libéralités (JO 24 juin 2006, p.9513), *RTD civ.* 2006, p.612 ; Dossier «Successions et libéralités. Nouvelle donne pour quel ordre ?», *Dr. et patrimoine* 2007, n°157, p.39 ; Dossier «Le nouveau droit patrimonial de la famille», *JCP N* 2007, 1199 à 1206. 邦語文献として、ミシェル・グリマルディ（北村一郎訳）「フランスにおける相続法改革（2006年6月23日の法律）」ジュリ1358号（2008）68頁以下、幡野弘樹「相続及び贈与・遺贈法改正、パクスの改正——相続及び贈与・遺贈の改正に関する2006年6月23日法律第728号」日仏法学25号（2009）218頁以下。

207) H. de Richemont, supra note 111, p.30 et p.48 ; X. de Roux, supra note 111, p.35.

208) 恵与目的でのフィデュシを禁止しなかった1992年法案では、フィデュシは処分任意分についてのみ設定しうることが定められるとともに（2070-3条）、遺留分減殺請求権の内容等に関する規定が多くおかれていた（2070-4条以下）。

第 2 節　到達点——フランス民法典における「信託」の内容と特徴

改正により導入された、「死後効を生じる委任」及び「段階的恵与」という仕組みであるように思われる。フィデュシに類似しつつも異なる枠組みをとる、いわば代替制度としての両者の導入の一方で（2007 年法の立法関係者は、これにより恵与目的フィデュシの実益が少なくなったことを指摘する[210]）、フィデュシを禁止することにはいかなる意味があるのかが、問われるべきことになる（第 3 節 2(2)で検討する）。

---

209) 2006 年法改正による遺留分制度の後退一般に関しては、足立公志朗「フランスにおける信託的な贈与・遺贈の現代的展開（2・完）——『段階的継伝負担付恵与』・『残存物継伝負担付恵与』と相続法上の公序」民商 139 巻 6 号（2009）621-624 頁を参照。
210) X. de Roux, supra note 111, p.35.

第5章 フランス民法典における「信託」について

第3節　展望——フランス民法典における「信託」と民法理論・民法体系

　フランス民法典への「信託」（フィデュシ）の導入は、暫定的な到達点にすぎない。むしろ、それにより、将来に向けて多くの難題が残されることとなった。それらはいずれも、「信託」（フィデュシ）が、民法秩序に堂々と、しかも民法典という私法の基本法を通じて組み込まれたことに由来する。一方で、フランス民法典上の「信託」は、「資産」や「所有権」といった民法の既存の基本概念との関係をどのように理解・調整するかという問題を提起する(1)。他方で、一般法の次元まで押し上げられたはずの「信託」（フィデュシ）は、相変わらずの、否むしろ以前よりも増幅された形での、分野に応じた位置付けの多様性を露呈する(2)。議論は未成熟のものばかりであるが（そうであるがゆえの「展望」である）、以下では、筆者自身の観察も多分に含みつつ、フランス民法典における「信託」の今後の展望を、理論的・体系的観点を軸として探ってみたい[211]。

1　「信託」と民法理論——民法の基本概念との関係

　フィデュシが民法の既存の基本概念との関係でどのような意義を有するかという問題は、立法以前から学説の中心的な関心事であり、立法関係者によっても意識されていた。しかし、立法が現実のものとなり、民法秩序にフィデュシが組み込まれた今、この点の洗い直しは以前にも増して切実な要請となっている。一方で、割当資産概念の採用が既存の「資産」概念との関係で有する意義は、見かけほど単純ではない((1))。他方で、初期の議論ではあまり意識されることのなかった「所有権」概念との関係が改めて議論されるに至っており((2))、この点は「契約」としてのフィデュシの位置付けにも関連する((3))。立法を厳然たる事実として受け止めつつ、フィデュシを真の意味で民法秩序に取り込もうという取り組みが、進行しつつある。

---

[211]　フィデュシの実務利用は、それ自体、興味深いテーマではあるが、採用例に乏しいことが指摘される現状では本来的に難しく、また筆者の力が及ぶ範囲でもない。さしあたり、S. de Silguy, «La fiducie, une réussite ?», *RLDC* 2013, p.59；小梁・前掲注 127) 90-96 頁を参照。

第3節　展望——フランス民法典における「信託」と民法理論・民法体系

(1)　フィデュシと資産

　フィデュシ立法の新規性は、設定者の資産からも受託者の資産からも区別される割当資産の創出を認めた点に求められる（第2節3(1)(b)参照）。トラストの肯否をめぐる伝統的な議論状況（第1節1(1)参照）に照らすとき、この点は、フィデュシのトラストへの接近を意味するのみならず、フランスの財産法秩序の根本に迫るものでもある。もっとも、事は必ずしも単純ではない。古典的資産理論からの乖離傾向はすでに観察されていたところ、フィデュシ立法もその流れの中に位置付けられる（(a)）。しかし、そのことが何を意味するのか（資産理論の展望）は、より詳細なフィデュシ立法の意義にも関連して、必ずしも明確ではなく、慎重な検討が必要である（(b)）。

(a)　古典的資産理論からの乖離傾向とフィデュシ

　古典的資産理論の一翼を形成する「資産の単一性」の命題は、早くから批判にさらされてきた[212]。同命題によれば、人は、自己の負う債務（消極財産）すべてにつき、自己が有する積極財産すべてによって責任を負わなければならない。しかし、同一人に帰属する財産（積極財産・消極財産）の一部につき、他の財産とは区別された扱いがなされるべき場合も現実に存在するのではないか。割当資産の概念は、こうした要請に応えるものにほかならない。ただし、それが人の資産の分割を実現するための唯一の方法ではないことにも、注意しなければならない。

　資産の単一性の命題からの乖離が徐々に広がっていく過程を示す題材として、事業財産と個人財産の区別の問題が挙げられる[213]。個人事業者が事業活動上負う債務により生活の基盤を失う事態を防ぐことを目的として、この20年に渡り、事業者保護のための方策が拡大されてきた。第一に、個人事業者への権能の付与であり、事業財産から執行するよう事業上の債

---

212)　現代に至っても強い関心が寄せられる。F. Cohet-Cordey, «La valeur explicative de la théorie du patrimoine en droit positif français», *RTD civ.* 1996, p.819；D. Hiez, *Étude critique de la notion de patrimoine en droit privé actuel,* LGDJ, 2003；F. Zenati, «Mise en perspective de la théorie du patrimoine», *RTD civ.* 2003, p.667；A. -L. Thomat-Raynaud, *L'unité du patrimoine : essai critique,* Defrénois, 2007；P. Berlioz, «L'affectation au cœur du patrimoine», *RTD civ.* 2011, p.635. また、フィデュシや有限責任個人事業者を含む特集として、Dossier «La théorie du patrimoine, unité ou affectation ?», *RLDC* 2010, n°77, p.63.

第 5 章　フランス民法典における「信託」について

権者に求める（事業資産で十分な限りで個人財産への執行を排除する）権利を認めた 1991 年 2 月 10 日の法律第 126 号に続き（現民事執行法典 L.161-1 条）、2003 年 8 月 1 日の法律第 721 号[214]は、より直接的に、商業登記簿等に登録された個人事業者に対し、主たる住居への差押えを禁じる旨の申請を行うことを認めた（「差押禁止申請〔déclaration d'insaisissabilité〕」。商法典 L.526-1 条以下）[215]。これらは、単一資産内部での民事執行上の扱いに差異を設けるものである。第二に、法人設立の容易化であり、1985 年 7 月 11 日の法律第 697 号により、「有限責任一人企業〔entreprise unipersonnelle à responsabilité limitée；EURL〕」（2008 年 8 月 4 日の法律第 776 号により「有限責任一人会社〔société à responsabilité；SARLU〕」に改称。商法典 L.223-1 条以下）等の一人会社の設立が認められ、後の法律でも拡大を見た[216]。実質的には、特定の活動に個人事業者の資産の一部を割り当てるものであるが、法人格の手法に依拠する点で、形式的には、資産の単一性の命題にしたがったものである。第三に、事業資産と個人資産の分離であり、2010 年 6 月 15 日の法律第 658 号により導入された「有限責任個人事業者〔entrepreneur individuel à responsabilité limitée；EIRL〕」の制度がこれにあたる（商法典 L.526-6 条以下）[217]。これによると、あらゆる個人事業者は、申請により、法人の設立によることなく、個人資産から分離された資産を、自己の事業活動に割り当てることができる（同条 1 項）。個人事業者という一人の

---

213) この問題も含め、資産論の現状を扱う文献として、Ph. Dupichot, «L'unicité du patrimoine aujourd'hui. Observations introductives», *JCP N* 2009, 1356；M. Mekki, «Le patrimoine aujourd'hui», *JCP N* 2011, 1327；S. Piedelièvre, «Patrimoine d'affectation, droit des créanciers et droit des sûretés», *in Mélanges P. Le Cannu*, LGDJ, 2014, p.547. 邦語文献として、ピエール・クロック（原恵美訳）「近時のフランス法における資産（patrimoine）論の展開」立教法務研究 6 号（2013）161 頁以下が、明瞭な概観を提供する。なお、会社の部分出資の問題に即して資産概念の意義を検討するものとして、川村・前掲注 22）論文がある。
214) 差押禁止申請は、公証証書によってなされ、公示される。なお、2008 年 8 月 4 日の法律第 776 号により、主たる居所に加え、事業上の用途に供されなかったあらゆる土地も差押禁止申請の対象となった。
215) 差押禁止申請に関し、資産の単一性の観点から検討する文献として、P. Crocq, «Théorie du patrimoine et déclaration d'insaisissabilité», *RLDC* 2010, n°77, p.76.
216) 1985 年 7 月 11 日の法律は、有限責任一人企業とともに、「有限責任農業経営（exploitation agricole à responsabilité limitée（EARL））」も認めた。また、1999 年 7 月 12 日の法律第 587 号により、「株式単純一人会社（société par actions simplifiées unipersonnelle）」も認められた。

が複数の資産を有することを認めるものであり、資産の単一性に明確に反する。しかも、特定の事業活動に結び付けられた資産（割当資産）を創出するものにほかならない。

フィデュシに関する立法の展開も、部分的にではあるがこれと類似する。すなわち、管理目的で他人に移転される財産がその者の個人資産と区別されることが要請される場面においては、法人（可変資本会社）ないし共同所有（投資共同ファンド、債権共同ファンド）という間接的な手法により、割当資産の創出と同様の帰結を導くことが目指された（第1節2(2)参照）。それに対し、2007年法は、フィデュシを一般的な法技術に高めると同時に、フィデュシ資産という特定の目的に割り当てられた資産（割当資産）を認めた。まさに、割当資産の創出によって古典的資産理論の一翼を正面突破した点に、フィデュシ立法の意義が認められる。

(b) 資産理論の展望とフィデュシ

もっとも、より詳しく見るならば、フィデュシ立法の意義は必ずしも明確ではない。それは、資産理論の今後の展望にも関わる。

第一に、古典的資産理論の影響は依然として残っている。受託者の個人債権者や設定者の債権者との関係では、たしかにフィデュシ資産は分離されている。しかし、フィデュシ債権者との関係では、設定者の資産又は受託者の個人資産が、補充的にではあるにせよ、フィデュシ債権者の一般担保を構成する以上（2025条2項）、この限度で資産の単一性が保持されていると見うる[218]。同様の規律は、有限責任個人事業者の制度にも存在する。すなわち、事業上の債権者は事業資産に対してのみ権利を有するものの、事業者の個人債権者は、個人資産では不足する場合には、事業資産（ただ

---

217) 特集として、Dossier «L'EIRL : la nouvelle donne pour l'entrepreneur», *Dr. et patrimoine* 2011, n°202, p.42 ; Dossier «L'entrepreneur individuel à responsabilité limitée : quel avenir ?», *LPA* 28 avril 2011, p.2. その位置付けに意を払う文献として、S. Torck, «Les alternatives à EIRL», *RLDC* 2010, n°77, p.90 ; A. Aynès, «EIRL : la séparation des patrimoines à l'épreuve du droit des sûretés», *RLDC* 2011, n°86, p.28. 邦語文献として、マリ・エレーヌ＝モンセリエ・ボン（片山直也訳）「充当資産（patrimoine d'affectation）の承認による個人事業者の保護（翻訳）——フランスにおける有限責任個人事業者（EIRL）に関する2010年6月15日法」法学研究84巻4号（2011）65頁以下。

218) M. Grimaldi, «Théorie du patrimoine et fiducie», *RLDC* 2007, p.73, spéc. n°7, p.75.

第5章　フランス民法典における「信託」について

し直近の会計年度に得られる利益のみ）に対して追及することができる（商法典 L.526-12 条）。フィデュシと有限責任個人事業者という割当資産の代表格ですら、古典的資産理論から完全に離れたものでないことには注意する必要がある。

　第二に、一部の問題領域における割当資産の承認が今後の資産理論全体に及ぼす影響が明らかではない。たしかに、フィデュシ、さらには有限責任個人事業者の制度が認められたことにより、古典的資産理論の後退は決定的なものとなった。しかし、他方において、割当資産がいかなる場合に認められるべきかが明らかにされてきたともいいがたい。換言すれば、割当資産概念（あるいは資産概念をめぐる議論全体）は、十分な規範性を獲得しているとはいえないように思われる。多くの学説が指摘するように、古典的資産理論が依然としてフランス実定法のベースとしての地位を保つのであれば、今後は、フィデュシ及び有限責任個人事業者を（第一点で指摘した特徴も含め）適切に位置付けつつ、割当資産概念の外延を確定する作業が必要となるであろう。

　第三に、現時点での割当資産概念には依然として越えられない壁がある。一口に資産の単一性からの乖離といっても、①一人の人に複数の資産の帰属が認められる場合と、②あらゆる法主体から独立した資産が形成される場合の二つがありえ、どちらにも割当資産の語が用いられうる[219]。フィデュシにせよ有限責任個人事業者にせよ、①を認めるものであって、なお資産概念と人格の結び付きを前提とする。②の意味での割当資産、すなわち「主体なき資産〔patrimoine sans sujet〕」を認めるものではない[220]。この点は、わが国の学説がひときわ興味を示す、ルポール理論（第1節1(1)参照）の再評価可能性にも関係する。ルポールが示した割当資産概念は、②であって①ではなく、それゆえフィデュシ立法で採用されたとはいえな

---

[219] 割当資産概念の多義性を指摘するものとして、A. -L. Thomat-Raynaud, «Le patrimoine d'affectation：réflexions sur une notion incertaine», *RLDC* 2010, n°72, p.65. 同論文は、本文の①（n°16-18, pp.68-69）と②（n°14-15, p.68）に加え、投資共同ファンドや債権共同ファンド（第1節2(2)参照）に見られるような、③複数の人に結び付けられた割当資産概念の存在も指摘する。なお、同論文の翻訳として、アンヌ・ロール＝トーマ・レイノー（片山直也訳）「充当資産(le patrimoine d'affectation)——不明確な概念についての諸考察」慶應法学 19 号（2011）513 頁以下。

第3節　展望――フランス民法典における「信託」と民法理論・民法体系

い[221]。そもそも、ルポールの見解はあくまでトラスト（外国法）を扱ったものとして処遇されており[222]その再評価が直接に問題とされることはない。もっとも、ルポールの議論が実質的に復活する可能性がないわけでもない。フィデュシ立法の前後を通じて、民法典の明文でフィデュシ資産をどの当事者にも属さない資産として構成したケベック法[223]との対話が促進されている[224]。わが国の学説における関心事は、「フランスにおいてルポール理論が再生するか」ではなく、「フランス法はケベック法が採用する立場へ向かうべきか」という観点から、今後議論されていくことが考えられうる[225]。

---

220) フィデュシに関していえば、1990年草案では、対象財産は受託者の資産に属する（その中で独立の資産を構成する）旨が明確にされていた（2067条1項）。1992年法案では削除されたが、同法案・2005年法案・2007年法とも、「個人資産（patrimoine personnel）」ないし「固有資産」の語を用いており、やはりフィデュシ資産を受託者に属するものとして見ている点は変わりない。「主体なき資産」を認めるものではないことにつき、フィデュシに関しては、R. Libchaber, supra note 36, n°23；N. Thomassin, supra note 169, pp.193-195, 有限責任個人事業者に関しては、M. Bruschi, «Pas de patrimoine affecté sans personne physique titulaire：le cas de l'entrepreneur individuel à responsabilité limitée», in Mélanges J. -L. Bergel, Bruylant, 2013, p.587.

221) ルポールが依拠したドイツの「目的財産」論のフランスにおける扱いを論じるものとして、F. Bellivier, «Brinz et la réception de sa théorie du patrimoine en France», in P. Wachsmann et O. Beaud (dir.), La science juridique française et la science juridique allemande de 1870 à 1918, Presses universitaires de Strasbourg, 1997, p.165. なお、大村・前掲注5）273-274頁は、ルポールを批判したモチュルスキーの見解を退ける、F. -X. Lucas, supra note 26, p.300 et s. を指して、ルポール理論の密かな復活を示唆するが、当該見解が念頭におく割当資産概念は本文①である以上（n°622-624, pp.319-320）、依然ルポール理論との距離は大きい。

222) 前掲注221）のなお書きとの関連でいえば、ルポールの概説書は、「フランス法」の文献ではなく「比較法」の文献として、参考文献リストに掲げられている（F. -X. Lucas, supra note 26, p.355）。

223) 具体的には、以下の条文である（ケベック法が英米法と大陸法の混合システムであることに鑑み、「信託」の訳語を充てる（原文における「信託」の訳語は、英語では «trust»、フランス語では «fiducie» である）。ただし、その概念について慎重な分析が必要であることはいうまでもない）。

　　ケベック民法典第1260条　信託は、ある者、すなわち設定者が、その資産からこれにより形成される他の資産に対し、特定の目的に割り当てられる財産を移転し、受託者が、その承諾により、その財産を保持し管理する義務を負う行為である。

　　同第1261条　信託として移転される財産により形成される信託資産は、設定者、受託者又は受益者の資産との関係で自律的な、それらからは区別される割当資産を構成し、これに対しては、設定者、受託者又は受益者のいずれも、物権を有しない。

第5章 フランス民法典における「信託」について

(2) フィデュシと所有権

資産概念との関係以上に深刻に議論されているのは、既存の所有権概念との緊張関係である。フィデュシの再生が説かれた際、その利点の一つは、フランス法とは異質な所有権の分肢をもたらすトラストとは異なり、単に受託者に所有権を移転させる（受益者は債権を有するにとどまる）点に求められ（第1節1(3)参照）、この構想はフィデュシ立法でも採用された（第2節3(1)(a)参照）。しかし、実は、立法への機運が高まる過程においてすでに、あるいは、立法が実現して以降現在に至るまで、フィデュシにより受託者に帰属するに至る「所有権」（論者によって「フィデュシ的所有権〔propriété fiduciaire〕」という語が用いられる）は本当に「真の所有権」なのか、疑問が提起され続けている。問題状況を整理したうえで（(a)）、具体的な対立と展望を扱おう（(b)）。

---

224) ケベックでは、1865年に制定されたロワー・カナダ民法典において、贈与又は遺言による信託が認められていたところ（981a条以下）、1955年以降展開された民法典の改正作業により最終的に成立（1991年）・施行（1994年）されたケベック新民法典において、信託は一般的な制度として認められることとなった（「物（biens）」の編に規定がおかれている）。ケベック信託法についての文献として、M. Cantin Cumyn, «La propriété fiduciaire : mythe ou réalité ?», *R.D.U.S.* Vol.15, 1984, p.7 ; du même auteur, «L'avant-projet de loi relatif à la fiducie, un point de vue civiliste d'outre-atlantique», *D.* 1992, p.117 ; du même auteur, «La fiducie en droit québécois, dans une perspective nord-américaine», *in Le trust et la fiducie*, supra note 116, p71 ; du même auteur, «La fiducie du Québec, un modèle imitable ?», *in Trust & fiducie*, supra note 116, p.83 ; R. Godin, «Utilisation de la fiducie dans le domaine commercial au Québec», *in La fiducie face au trust dans les rapports d'affaires*, supra note 72, p.155 ; Y. Emerich, «Les fondements conceptuels de la fiducie française face au *trust* de la *common law* : entre droit des contrats et droit des biens», *RIDC* 2009, n°1, p.49. フランス・ケベックの最近の共同研究として、Dossier «La fiducie en droit civil», *Rev. dr. McGill* Vol.58, n°4, 2013. 邦語文献として、滝沢聿代「ケベック民法典における信託」信託124号（1980）65頁以下、大島俊之「ケベックの信託法改正草案」大阪府立大学経済研究32巻4号（1987）125頁以下、同「ケベックの信託法——歴史および信託本質論を中心として」信託法研究13号（1989）35頁以下、能見善久「ケベックにおけるフランス民法典——コモンローとの交錯」北村編・前掲注22）90頁以下、マドレーヌ・カンタン・キュマン（髙秀成訳）「ケベック信託——大陸法伝統における特異な制度」慶應法学22号（2012）163頁以下、瀬々・前掲注126）1701-1704頁。
225) すでに、この観点からケベック法に言及するフランス学説として、R. Libchaber, supra note 36, n°23 ; B. Mallet-Bricout, «Fiducie et propriété», *in Liber amicorum Ch. Larroumet*, Economica, 2010, p.297, spéc. n°31, pp.325-326 ; N. Thomassin, supra note 169, pp.194-195.

第3節　展望――フランス民法典における「信託」と民法理論・民法体系

(a)　フィデュシの受託者に帰属する「所有権」をめぐる問題状況

今一度フィデュシの定義に立ち返るならば、フィデュシは受託者に対象財産の所有権を移転させるが、当該所有権の行使はフィデュシ契約に拘束される。したがって、フィデュシにおいて受託者が獲得する所有権は、あくまで「目的を定められた所有権〔propriété finalisée〕」である。

このような所有権は、既存の所有権概念に適合するだろうか[226]。伝統的な理解による限り、所有権は、使用〔usus〕・収益〔fructus〕及び処分〔abus〕という権能の束であり、それらの権能にはいかなる制約も課されないという「絶対性〔absolutisme〕」[227]、いかなる他人とも競合しないという「排他性〔exclusivité〕」、時間的な制約が課されることがないという「永続性〔perpétuité〕」を備える。しかし、フィデュシにおける受託者の権利は、フィデュシ契約にしたがっていずれの権能も含みうるが、まさにそのフィデュシ契約によって、どのようにそれを行使すべきかが拘束されるのであり、絶対性が疑われる。また、受託者の権利は、期間が法定されているだけでなく（2018条2号）、目的との関係で本質的に一時的なものにすぎないため（恵与目的フィデュシは受益者への移転がなされるまで、管理目的フィデュシは管理期間のみ、担保目的フィデュシは被担保債務の履行期到来まで）、永続性も疑われる。

こうした特徴は2007年法の立法関係者も認識するところであったが[228]、立法後の二つの改正動向が混乱を増幅したともいえる。一方で、

---

226)　フランスにおける所有権（所有）概念に関しては、必ずしも本稿で扱う内容に着目するものではないが、近時の研究として、横山美夏「フランス法における所有（propriété）概念――財産と所有に関する序論的考察」新世代法政策学研究12号（2011）257頁以下、同「信託から、所有について考える」信託法研究36号（2011）67頁以下、村田健介「フランスにおける所有概念の意義――著作者人格権の法的性質を題材として(1)-(7・完)」法学論叢171巻6号39頁以下、172巻3号37頁以下（2012）、173巻4号76頁以下、174巻2号61頁以下（2013）、4号80頁以下、5号54頁以下、6号60頁以下（2014）がある。
227)　ただし、実際には、権能の問題と性質の問題とを分けて論じ、前者について使用・収益・処分の全権能が属することを論じ、後者の「絶対性」に異なる意味（いかなる外在的制約も課されないこと）を付与する学説が多い。こうした理解によれば、受託者の使用・収益・処分に制約が課されることは、「権能」の項目で論じられるべき事柄であることになる。本文では、単純化のため、「絶対性」に関わる事柄として整理したが、その内容は、こうした学説が説くところと実質的に異ならない。

第5章　フランス民法典における「信託」について

担保目的フィデュシに関する特則を導入した2009年オルドナンスは、明確に所有権移転に言及した（第2節3(1)(a)参照）。他方で、受託者の所有権が通常の所有権ではないことを明確にしようという試みも企てられた。すなわち、2009年9月17日に可決された「中小企業への与信の容易化及び金融市場の機能の改善のための法律（案）」では、「スクク〔sukuk〕」と呼ばれるイスラム圏の金融手法[229]をフランスに導入することを目的として、フィデュシの定義規定（2011条）に、受託者の権利を「フィデュシ的所有権」と表現する旨の新たな一項を加えることが提案された[230]。その意図は、スククにおいては、当該証券の所持人たる受益者が物権的な償還権を有するところ、受益者の権利に物権性を認める可能性を条文上確保することにあり、そこでは、受託者の権利を「法的所有権」にとどめ、受益者に「経済的所有権」を認める（それにより、イスラム金融をも容易に射程に収める）トラストと同様の構成をフランス法上も可能にすることが目指された。結局、当該法案のうち民法典改正に係る部分は、同年10月14日の憲法院判決において、法案の目的といかなる関係も有しないとして違憲と判断され[231]、最終的に成立した法律(2009年10月19日の法律第1255号)からは削除されたが、以上の経緯には、受託者及び受益者に帰属する権利に関し、立法後も安定的な理解が成立していないこと（及びトラスト的構

---

228) H. de Richemont, supra note 111, pp.11-12 ; X. de Roux, supra note 111, pp.9-10. フィデュシ的所有権は「破損した所有権（propriété dégradée）」であるとの指摘まで引く。
229) イスラム金融とフィデュシの関係について、J. Bertran de Balanda, «Fiducie et finance islamique», Dr. et patrimoine 2010, n°192, p.84 ; G. Saint Marc, «Émission de sukuk en droit français：l'apport de la fiducie, in La fiducie dans tous ses états, supra note 126, p.81.
230) 当該条文案の邦語訳は、以下のとおり。
　　2009年9月17日国民議会可決法案第16条　民法典第2011条に、以下の項を追加する。
　　「受託者は、フィデュシ契約の約定にしたがい、一人又は複数の受益者のために、フィデュシ資産を構成する積極財産について、フィデュシ的所有権を行使する。」
231) Cons. const., déc., 14 oct. 2009, n°2009-589 DC. 当該判決に関する文献として、F.-X. Lucas, «La fiducie au Pays de l'or noir», Bull. Joly Sociétés 2009, p.825 ; L. Aynès et P. Crocq, «La fiducie préservée des audaces du législateur», D. 2009, p.2559 ; J. Charlin, «Fiducie, sukuk et autres murabaha ou ijara», JCP N 2009, 1270 ; Ph. Dupichot, «Fiducie et finance islamique», D. 2010, p.1064 ; A. Raynouard, «Lorsque le Conseil constitutionnel sauve le Code civil d'un alinéa inutile et inefficace», JCP N 2010, 1014 ; F. Barrière, «Propriété, fiducie et sukuk», JCP E 2011, 1203.

第3節　展望——フランス民法典における「信託」と民法理論・民法体系

成の誘惑が依然として強いこと）が表れている。

(b)　フィデュシの法的構成に関する議論とその展望

フィデュシにおける各当事者の権利はいかなるものなのか。受託者に帰属する「所有権」をめぐる上記の議論は、フィデュシの法的構成という文脈において、具体化されることになる[232]。

フィデュシにより受託者が所有権を取得し、受益者の権利は債権にとどまるという見解は、なお学説の多数を占める。その多くは、伝統的なフィデュシ概念及び立法者意思を指摘するのみだが、既存の所有権概念との適合性を意識的に論じるものもある。すなわち、グリマルディは、（絶対性・）永続性の欠如は認めつつも、管理目的フィデュシは設定者・受益者の影響を排した管理を可能にする点において、担保目的フィデュシは対象物に関し他の債権者を排して債権を実現する点において、排他性を備え、この点で通常の所有権と軌を一にすることを強調する[233]。クロックは、さらに進んで、フィデュシ的所有権は通常の所有権にほかならないとする。それによれば、用役権や知的財産権と異なり、フィデュシにおける所有権は時間の経過とともに消滅するのではなく誰かに移転するのであって、一時的権利ではない[234]。また、立法者は、受益者に物権を与えるのではなく、フィデュシに割当資産性を認めることで受益者を保護したのであり、トラストのような所有権の分肢は採用されていない（絶対性は損なわれない）[235]。さらに、ドロスは、一時性の欠如の指摘に対し、受託者が処分した財産の取得者の権利は一時的でないはずであるとして不自然さを指摘し、絶対性の欠如の指摘に対しては、契約により外在的に制限されているのみであって、所有権の内在的実質に変更は加えられていないとする[236]。

---

232)　本文・注で扱うもののほか、L. Kaczmarek, «Propriété fiduciaire et droits des intervenants à l'opération», *D.* 2009, p.1845 ; C. de Lajarte, «La nature juridique des droits du bénéficiaire d'un contrat de fiducie», *RLDC* 2009, n°60, p.71.

233)　M. Grimaldi, supra note 19, n°16-17 ; du même auteur, «La propriété fiduciaire», *in La fiducie dans tous ses états,* supra note 126, pp.7-8. ただし、後掲注253）参照。

234)　P. Crocq, «Propriété fiduciaire, propriété unitaire», *in La fiducie dans tous ses états*, supra note 126, pp.10-11.

235)　P. Crocq, supra note 234, pp.11-12.

236)　W. Dross, supra note 151, n°112, p.220.

第 5 章　フランス民法典における「信託」について

　それに対し、少数ではあるが、受託者への完全な所有権移転を否定する見解も、有力に提示されるに至っている。それらにおいては、受託者の権能の制限や受託者の権利の一時性が指摘されるほか[237]、設定者等の他主体によるコントロールの存在（第三者保護者制度、報告義務、受託者変更手続等）から、フィデュシ的所有権が排他性を有するとの理解に対してすらも積極的に異論が示される[238]。さらに、割当資産性に関しても、受託者が完全な所有権を取得するのではないがゆえに、受託者の個人資産から分離されるのだという見方が示される[239]。

　こうした見解は、一方で、受託者と受益者の権利をいずれも物権的に構成する方向へと向かう。その中にも、二種類ある。第一の考え方は、対象財産の所有権は受益者に移転する一方、受託者は当該財産について一定の物権を取得するというものである[240]。この見解によれば、フィデュシの終了後に完全な所有権者となるのは受益者である以上、所有権は受益者に移転すると考えるべきである。それに対し、受託者が対象財産に対して有するのは、フィデュシによって内容を定められるところの「他人物に対する物権〔droit réel sur la chose d'autrui〕」[241]にすぎず、そうであるがゆえに、当該財産に対する直接の権能及びその限定性や、権利の一時性が正当化される。第二の考え方は、反対に、対象財産の所有権は受託者に移転するが、受益者も一定の物権を取得するというものである[242]。この見解によれば、

---

237) R. Libchaber, supra note 19, n°13, p.317 ; du même auteur, supra note 36, n°22 ; B. Mallet-Bricout, supra note 225, n°11, pp.306-307 ; F. Danos, «La qualification des droits des différentes parties à une opération de fiducie», in Mélanges Ph. Merle, Dalloz, 2013, p.137, spéc. n°1, p.137. また、R. Libchaber, «La recodification du droit des biens», in Le Code civil 1804-2004. Livre du Bicentenaire, Dalloz-Litec, 2004, p.297, spéc. n°65, p.370 も参照。

238) R. Libchaber, supra note 36, n°22 ; B. Mallet-Bricout, supra note 225, n°13-14, pp.308-309.

239) R. Libchaber, supra note 36, n°23 ; F. Danos, supra note 237, n°2, pp.138-139.

240) R. Libchaber, supra note 19, n°13, pp.318-319 ; B. Mallet-Bricout, supra note 225, n°18, pp.312-314.

241) R. Libchaber, supra note 19, n°13, p.319 は、受益者の権利を虚有権と表現し、n°15, pp.320-321 では、フィデュシとの類似性が指摘される準用益権に即して検討を行っており、用役権類似のものと見ているようである。もっとも、R. Libchaber, supra note 237, n°65, p.370 は、受託者の権限は処分行為にまで及ぶ点で、用役権者のそれよりも広いことを指摘する。

242) F. Danos, supra note 237, n°7, p.145. これに賛意を示すものとして、D. Legeais, supra note 146, n°775-776, pp.476-478.

第 3 節　展望——フランス民法典における「信託」と民法理論・民法体系

フィデュシは、設定者から受託者へ、受託者から設定者ないし第三者たる受益者へという二つの所有権移転を実現するものであること、割当資産を構成するとはいえ受託者の資産となることから、受託者に所有権が移転する。他方、受益者も「他人物に対する物権」、より具体的には、完全な所有権を得ることに向けられた期待権（ドイツ法の «*Anwartschaftsrecht*» に対応する「物権的期待権〔droit réel d'expectative〕」）を有し、これにより受託者の権利に対する制限が正当化される[243]。以上の二つの見解は、いずれも、既存の所有権概念とフィデュシの緊張関係を説く鍵を所有権の分肢に求めつつ、トラストとは異なる、フランス法（ないし大陸法）に適合的な構成の提示を試みるものである。トラストが直面した物権法定主義との抵触は、同原則に対する疑問（第 1 節 1(1)参照）と相まって、必ずしも深刻なものとは捉えられていない[244]。物権法定主義への態度は、現行法の規律との適合性[245]と並んで、これらの議論の試金石をなすだろう。

　他方で、受託者ないし受益者への所有権移転そのものを否定し、設定者に所有権がとどまるという、一見ラディカルな主張もなされる[246]。この見解は、いくつかの直接的論拠に支えられているものの[247]、その主眼は、こうした理解（フィデュシはせいぜい委任の改良版にすぎない[248]）にとどめ

---

243) ジノサールが示した「物権的義務（obligation réelle）」の概念を援用し、受託者の義務に対する物権的拘束を基礎付ける（F. Danos, supra note 237, n°15-17, pp.153-156）。
244) F. Danos, supra note 237, n°21, p.159.
245) 第一の見解に対しては、担保目的フィデュシと質権・抵当権の区別が曖昧になることが指摘されるほか（P. Crocq, supra note 234, p.13. なお、ドイツ法等の外国法の立場を念頭においた同様の批判として、du même auteur, «Réformes du droit français et harmonisation des droits européens en matière de propriétés-sûretés», *in Mélanges J. Foyer*, Economica, 2008, p.253, spéc. n°20, p.264 も参照）、論者自身、受託者に処分権限という所有権の最重要権能まで認められうる点での特殊性は否定できないとする（R. Libchaber, supra note 19, n°14, pp.319-320）。また、第二の見解に関しても、論者自身、特定されていない（特定可能なだけの）受益者に物権を譲渡できるのか、受託者と受益者が一致する担保目的フィデュシの場合、受託者が得るのは真正の所有権ではないかといった疑問がありうる（しかし深刻な問題ではない）ことを指摘する（F. Danos, supra note 237, n°18-19, pp.156-158）。
246) R. Libchaber, supra note 36, n°25-28.
247) 租税法的考慮のほか、民法上の論拠としては、2007 年法の文言上こうした理解が可能であること（2011 条、2018 条 6 号、2023 条）、設定者は契約内容を決定する最も重要な地位にあること、設定者はフィデュシ資産が不足する場合に責任を負担すること（2015 条 2 項）が挙げられている（R. Libchaber, supra note 36, n°25）。

第5章　フランス民法典における「信託」について

る限り、既存の財産法秩序と齟齬を生じなくて済むという点にある[249]。立法の価値を矮小化するものとして単独説にとどまるが[250]、それでも、根本的には、他の見解と同様の問題意識（民法理論適合性）に立つものであることに注意が必要である。

　議論は発展途上であり、以上のまとめも暫定的なものにすぎない。今後の議論はどこに向かうのだろうか。一方で、必ずしもフィデュシを念頭において論じられていたわけではなかった伝統的な所有権概念自体、洗い直しが必要であるように思われ（絶対性・排他性・永続性の厳密な意味・射程は何か（上記の議論では必ずしも一致した認識が形成されていないように思われる）、所有権の本質的な性質を絞り込めないか[251]）、それを通じてフィデュシが既存の所有権概念に落とし込まれる可能性はある。他方で、フィデュシにおける各当事者の権利の分析は今後も深められていく可能性がある[252]。その際、新たなバージョンの所有権の分肢を説く見解は登場しうるし（その際には用役権との比較も必須だろう）、そもそもトラスト的な構成（経済的所有権の概念）がフランス法と本当に異質なのかも問われる価値があるが[253]、すでにその存在が指摘されてきた所有権の内在的制限の諸事例（共有、条件的所有権、譲渡禁止条項、所有権留保等）に関する統合的検討により、フィデュシ的所有権に一定の正当な位置付けが与えられることも考えられるだろう[254]。いずれにせよ、「目的を定められた所有権」（「道具化された所有権〔propriété instrumentalisée〕」ともいいうる[255]）を生じさせ

---

248) R. Libchaber, supra note 36, n°31 は、委任に関する近時の判例を引きつつ、フィデュシの立法自体が必要だったのかを問う。
249) R. Libchaber, supra note 36, n°27.
250) ただし、W. Dross, supra note 151, n°111-1, pp.218-219 は、フィデュシと委任の類似性を指摘して、当該見解に一定の理解を示す。
251) Ph. Chauviré, supra note 169, pp.249-250 は、排他性を所有権の本質的要素と見て、受託者の権利を所有権と捉える可能性を示唆する（しかし迷いを示す）。それに対し、ダノスは、目的物の享受は所有権概念に本質的であるとして、排他性の存在をもって所有権概念との適合性を肯定することに異を唱える。（F. Danos, supra note 237, n°5, pp.141-144）。
252) 人格と完全に切り離された割当資産を観念するならば、所有権概念との関係は切断される（この点に関し、B. Mallet-Bricout, supra note 225, n°29-31, pp.322-326）。採用されうるかは別として、ここでも、ケベック法からフランス法への発信が試みられていることが興味深い。Y. Emerich, supra note 224 ; du même auteur, «La fiducie civiliste : Modalité de la propriété ou intermède à la propriété ?», Rev. dr. McGill 2013, p.827.

第 3 節　展望——フランス民法典における「信託」と民法理論・民法体系

るフィデュシを目の当たりにして、所有権という民法の根本概念に迫る（又はその刷新をも視野に入れた）検討がなされていること自体、重要である。

(3)　フィデュシと契約

2007 年法は、フィデュシを民法典上の典型契約の一つとして認めるものでもある。そして、フィデュシと所有権概念の関係は、契約法の次元にも投影される。議論の蓄積は少ないが、この点についても簡単に触れよう。通説的見解にしたがう限り、フィデュシは、「所有権移転契約〔contrat translatif de propriété〕」である。他方、受託者が対象財産を管理する点で、「役務提供契約〔contrat de service〕」でもある。こうした複合的性格は、フィデュシ契約の内在的構造に関して疑問を投げかける一方((a))、他の典型契約との関係でも問題を生じさせる((b))。

　(a)　内在的構造——フィデュシ契約とコーズ

コーズとは、「当事者にとっての法律行為の意義」を指し、契約の成立要件の一つとして挙げられるほか（1108 条）、契約の履行や性質決定の場

---

253)　グリマルディは、（本文で述べたように）既存の所有権概念との共通性を指摘しつつ、フィデュシ的所有権の特徴は対象財産の経済的利益が受益者（ないし設定者）に属することを指摘し、トラスト的構成に理解を示す（M. Grimaldi, supra note 19, n°18 ; du même auteur, supra note 233, p.8.）。フランス実定法における「経済的所有権（propriété économique）」の可能性を問うものとして、C. Goyet, *Le louage et la propriété à l'épreuve du crédit bail et du bail superficiaire,* LGDJ, 1983 ; G. Blanluet, *Essai sur la notion de propriété économique en droit privé français. Recherches au confluent du droit fiscal et du droit civil,* LGDJ, 1999. なお、A. -M. Toledo-Wolfsohn, supra note 19, n°8, pp.30-32 も参照。それに対し、F. Danos, supra note 237, n°8, p.146 は、経済的所有権概念の外延は不明確であると批判する。

254)　こうした発想は、すでに、J. Carbonnier, *Droit civil. 3/Les biens,* 19ᵉ éd., PUF, 2000, p.144 にうかがわれる。より最近では、W. Dross, supra note 151, n°99 et s., p.192 et s. が、所有権の内在的制限の諸事例を所有権概念の構成要素に位置付ける。また、筆者自身は未見であるが、「不完全所有権（propriété imparfaite）」の概念を提示する S. Ravenne, *Les propriété imparfaites : Contribution à l'étude de la structure de la droit de la propriété,* th. Paris X (dactyl.), 2007 も関心が高い。フィデュシに特化したものとしては、ケベック法に示唆を得て、所有権の外在的態様という観点から分析する、M. Bouteille, «La propriété fiduciaire : une modalité externe de la propriété», *RLDC* 2010, n°74, p.64 が興味深い。

255)　こうした見方を強調するものとして、B. Mallet-Bricout, supra note 225, n°2, p.299, n°4, pp.301-302.

第 5 章　フランス民法典における「信託」について

面でも顔を出す、フランス契約法上の重要概念である。その諸相について本稿では論じうるはずもなく[256]、ここでは、フィデュシ契約について論じられる二点を指摘するにとどまる。これらは、柱書で述べたフィデュシの二側面に対応する。

第一に、所有権移転のコーズは何か。リブシャベールによれば[257]、フィデュシによる所有権移転は、既存のコーズ概念からは正当化できない。フランス契約法は財産の無償移転と有償移転しか知らないところ、まず、前者では「恵与の意図」が所有権移転を正当化するが、フィデュシの設定者に受託者への恵与の意図は見出せない。後者では「対価」が所有権移転を正当化するが、設定者が受託者から代金等の支払いを受けることはなく、受託者による役務提供も所有権移転と対価関係にない。「後に生じるべきもう一つの所有権移転」（受託者から設定者ないし第三者たる受益者への移転）という第三のコーズが承認されたと捉えることが考えられるが、二つの所有権移転は（原因と結果ではなく）手段と目的の関係にあり、不自然ではないか。立法以前にフィデュシ導入に反対の立場から示された以上の疑問に対する解答は、立法後の現在でも十分に示されているとはいえない[258]。

第二に、受託者による役務提供のコーズは何か。ゼナチ＝ルヴェは、担保目的フィデュシ（受託者たる債権者が対象財産を保管する状況が念頭におかれる）については対象財産から生じる果実が、管理目的フィデュシについては設定者から支払われる報酬、又は、それがない場合には対象財産から

---

256) 近時相次いで現れている本格的な研究を参照。森田宏樹「『合意の瑕疵』の構造とその拡張理論(1)」NBL482 号（1991）22 頁以下、同「民法 95 条——動機の錯誤を中心として」広中俊雄＝星野英一編『民法典の百年Ⅱ　個別的観察(1)総則編・物権編』（有斐閣、1998）141 頁以下、大村敦志『典型契約と性質決定』（有斐閣、1997。初出：1993-1995）、小粥太郎「フランス契約法におけるコーズの理論」早稲田法学 70 巻 3 号（1995）1 頁以下、竹中悟人「契約の成立とコーズ(1)-（8・完）」法協 126 巻 12 号（2009）2367 頁以下、127 巻 1 号 1 頁以下、2 号 189 頁以下、3 号 371 頁以下、4 号 576 頁以下、5 号 613 頁以下、6 号 775 頁以下、7 号 879 頁以下（2010）等。

257) R. Libchaber, supra note 36, n°21 ; du même auteur, supra note 19, n°6-11, pp.310-315.

258) 担保目的フィデュシの文脈では、こうした悩みは必ずしも共有されていなかったように見える。G. Marty, P. Raynaud et Ph. Jestaz, *Les sûretés. La publicité foncière*, 2ᵉ éd., Sirey, 1987, n°539, pp.337-338 ; P. Crocq, supra note 26, n°155, pp.130-131 は、対価関係はないとしても、端的に信用供与にコーズを求めればよいとするが、リブシャベールからすれば、これも結局は手段と目的を捉えるものにすぎないことになろう。

生じる果実が、コーズを構成するとする[259]。対価関係を見出そうという議論であるが、こうした理解が割当資産の論理に適合するかは、必ずしも明確ではない[260]。

現時点では、二つの議論の関係すら明らかではない。所有権移転契約と役務提供契約という両側面をどのように関連付けて把握するか（フィデュシ契約の全体をどのように描くか）は、難問である。コーズという道具立てで十分かも含め、今後の議論が注目される。

(b) 他の契約との関係——他の典型契約規定・法理の類推

他の契約との関係という観点からは、まず、ある契約がフィデュシ契約と性質決定されるのはどのような場合か（フィデュシ契約と他の契約とを分ける指標は何か）、という問題が想定される。この問題は、フィデュシ契約には内容・手続・方式面で厳しい制約が課されている（フィデュシ契約との性質決定が契約の無効を導きうる）ゆえに重要であるが、フィデュシは明示的になされなければならないとされることで（2012条1項）、問題自体が回避されている[261]。他方、内容・手続・方式面での制約にしたがわない「フィデュシ契約」が他の契約に再性質決定されるかという問題は生じうるが、フィデュシ契約自体の問題ではない。

より現実的に重要なのは、他の典型契約に関する規定・法理がフィデュシ契約に類推されうるか、という問題である。この問題につき詳しい検討を行うピュイグによれば[262]、フィデュシは所有権移転契約と役務提供契

---

259) F. Zenati et Th. Revet, supra note 137, n°264, p.423.
260) F. Zenati et Th. Revet, supra note 137, n°279, pp.438-439 は、ローマ法由来のフィデュシにおいては所有権者たる受託者に果実が帰属するものの、英米法由来のトラストでは割当資産に帰属する（2007年法におけるフィデュシでもこの解決が採用される）としたうえで、果実を割当資産に帰属させない旨の当事者の合意は有効であり、受託者たる債権者が対象財産を保管する担保目的フィデュシや、報酬が約定されていない管理目的フィデュシにおいては、果実が受託者に帰属する旨の当事者意思を推定してよいとする。
261) この点は、立法関係者が明確に意図するところであった（H. de Richemont, supra note 111, pp.46-47）。
262) P. Puig, «La fiducie et les contrats nommés», *Dr. et patrimoine*, n°171, p.68. 契約各論の総論的研究に関する精力的な研究で知られる。関連研究として、P. Puig, *La qualification du contrat d'entreprise*, Éd. Panthéon-Assas, 2002；du même auteur, «Le contrat d'entreprise translatif de propriété», *in Mélanges J. Dupichot*, Bruylant, 2004, p.393；du même auteur, «Pour un droit commun spécial des contrats», *in Mélanges J. Foyer*, Economica, 2008, p.825.

第5章　フランス民法典における「信託」について

約の複合であるが、それぞれの側面につき、売買や委任の規定は自動的に類推されるわけではなく、フィデュシの特徴を勘案し、あるいはその他のタイプの契約（「保管契約〔contrat de garde〕」や「利用契約〔contrat de mise à disposition〕」）との類似性も考慮する必要がある。たとえば、所有権移転の側面に関していえば、受託者による対象財産の使用態様は契約に応じて定まるゆえ、従物の移転に関する売買の規律は必ずしも類推に適さない[263]。また、いかに所有権が移転するとはいえ、設定者が対象財産の使用・収益を保持する場合を売買と同視できないし（むしろ虚有権の移転による用役権設定に類似）、受託者に使用・収益が認められる場合でも、一時的な所有権移転であることを考慮し、売買ではなく賃貸借又は使用貸借に関する瑕疵担保責任の規律を適用すべきである[264]。役務提供の側面に関していえば、フィデュシは受託者に所有権を与える点で委任と相違するがなお類似し、とりわけ報酬に関する諸法理（受任者が専門家である場合の有償性の推定、判事による報酬の改定等）の類推が認められるべきである[265]。他方、フィデュシにおいては受託者が対象財産を保管する状況が多く生じうるところ、保管及び返還ないし移転の態様に関しては、受託者に使用・収益が認められるか否かに応じて、賃貸借（使用貸借）又は寄託の規定を類推すべきである[266]。

　ピュイグが示す具体的解釈論については異論の余地もありうるだろうが、いずれにせよ、フィデュシ契約を複合的な契約（しかも様々な複合パターンがありうるもの）として捉え、場面に応じて他の典型契約規定を援用するという発想は、フィデュシ契約に関する規定が必ずしも詳細ではない現状において、実践的意義を有しうるだろう。反面、典型契約であるはずのフィデュシがこのように分節されることに違和感がなくもない。別様の捉

---

263) P. Puig, supra note 262, p.75. 売主の目的引引渡義務は、その付属物及びその恒常的な使用にあてられたすべてのものに及ぶとされているところ（1615条）、フィデュシの場合は必ずしも目的物の「恒常的な使用」がなされるとは限らないゆえ、一律な適用には無理がある。
264) P. Puig, supra note 262, p.77-78. 受託者による使用・収益を役務提供の対価と見ることができる場合には賃貸借の規定（1721条）が、見ることができない場合には使用貸借の規定（1891条）が適用される。
265) P. Puig, supra note 262, p.80.
266) P. Puig, supra note 262, p.81.

第3節　展望——フランス民法典における「信託」と民法理論・民法体系

え方（フィデュシ特有の構造的理解等）があるかも含め、「契約としてのフィデュシ」の理解が深化していくことが期待される。

2　「信託」と民法体系——様々な民法分野における位置付けと課題

　フィデュシ立法における各類型の扱いが一様でないことは、同時期に進行していた民法他分野の改正との関連も含め、すでに第2節3(3)で概観した。それでは、より具体的に、フィデュシは各分野においてどのような意義を有し、その展望はどのように評価されるか。フィデュシが積極的に推進される担保法分野((1))と明確に拒絶される相続・恵与法分野((2))では、様相が大いに異なる。また、フィデュシが新たな財産管理方法として認められたことは疑いないとしても、判断能力が不足する者の財産管理のためにそれが用いられる局面では、成年者保護法の体系との関係が問題となりうる((3))。「一般法化」が企てられた現在もなお、フィデュシが各法分野の論理・価値から解放されるわけではないことを、より具体的に見てみよう。

(1)　フィデュシと担保法

　担保法理論の観点からは、一般的射程を有する担保目的フィデュシの承認は、「担保としての所有権」の充実という担保法の発展・展開過程の重要な一コマの中に位置付けられる((a))。もっとも、様々な観点において、なお重要な理論的課題が残されている((b))。

　(a)　「担保としての所有権」としてのフィデュシ

　担保（物的担保）法の分野において、フィデュシは古くて新しい制度である[267]。担保目的での所有権移転は、ローマ法では担保の中心を占めていたとされる（債権者とのフィドゥキア）。しかし、古法を通じて、他の物的担保（占有移転を伴いつつ債権者に果実の収取を許す質権、占有移転を伴わない抵当権）が発展することにより姿を消し、フランス民法典に取り込まれることもなかった。しかし、20世紀後半に至り、質権や抵当権という「伝

---

267) 物的担保法の展開過程に関する簡潔なまとめとして、Ph. Simler et Ph. Delebecque, supra note 49, n°354, p.334-336 ; L. Aynès et P. Crocq, supra note 146, n°408, pp.178-180.

統的な」物的担保の不都合が意識されるにつれ、再びフィデュシに期待が寄せられる。とりわけ、倒産手続の局面で伝統的な物的担保の効力が減じられるにつれ[268]、債権者に、優先弁済権〔droit de préférence〕ではなく、それよりも強力な、排他的権利〔droit exclusif〕たる所有権を与える担保形態が希求された。一般的射程を有するフィデュシの法定はそれを叶えるものであり、「担保の新女王〔nouvelle reine des sûretés〕」となることを予期する声も聞かれる[269]。もっとも、伝統的な担保が意義を失うわけでもなく、具体的な文脈に応じて「伝統的な担保かフィデュシか」が論じられることになる[270]。

　それゆえ、担保目的フィデュシの理論的意義は、所有権が担保の役割を果たす点に求められる。フィデュシは、「担保としての所有権〔propriété-sûreté ; propriété-garantie〕」の一形態にほかならない。フィデュシ立法に先立ち、すでに、債務者に目的物の経済的効用を享受させつつ、債権者がその所有権を保持（留保）する仕組みとして、「所有権留保条項〔clause de réserve de propriété〕」（1980年5月12日の法律第335号、1985年1月25日の法律第98号）及び「信用供与賃貸借〔crédit-bail〕」（1966年7月2日の法律第455号）の効力が認められ[271]、前者は2006年担保法改正で民法典に取り込まれた（2367条以下。後者は通貨金融法典L.313-7条以下）。それに対し、フィデュシは、売買に仮託した担保（古典的には民法典上の買戻条項付売買。第1節2(1)参照）とともに、債権者に所有権が譲渡される仕組みとして位置付けられる。「担保としての所有権」の概念、さらには「保持された所有権〔propriété retenue〕」「譲渡された所有権〔propriété cédée〕」という下位分類は、担保法の教科書・体系書で一致して採用され

---

268) 銀行実務家による回顧として、A. Cerles, «La propriété, nouvelle reine des sûretés ?», in *Mélanges G. Vasseur,* Banque éditeur, 2000, p.39, spéc. pp.39-41.
269) A. Cerles, supra note 204 ; du même auteur, supra note 268. ; D. Legeais, supra note 146, n° 766, p.472.
270) J. -J. Ansault, «Fiducie-sûreté et sûretés réelles traditionnelles : que choisir ?», *Dr. et patrimoine* 2010, n°192, p.52 ; R. Dammann et M. Robinet, «Quel avenir pour les sûretés réelles classiques face à la fiducie sûreté ?», *Cah. dr. entr.* juillet-août 2009, p.35.
271) 信用供与賃貸借につき、フィデュシに関連させつつ、担保法の展開の過程に位置付けて論じるものとして、J. Derrupé, «De la fiducie au crédit-bail», in *Mélanges J. Ellul,* PUF, 1983, p.449.

第3節　展望——フランス民法典における「信託」と民法理論・民法体系

るだけでなく、今や、法典上も採用され、確固たる地位を占めるに至った[272]。もっとも、そこまでの道のりが単純だったわけではない。担保としての所有権を認めるには様々な理論的障害があり、担保目的フィデュシの承認も、その克服を体現するものとして捉えられる。具体的には、以下の三点である。

　第一に、所有権の担保としての理論的適性であり、物的担保の本質的特徴として指摘される付従性に関わる。物的担保は、物の経済的効用（使用・収益）を享受させる「主たる物権〔droit réel principal〕」（所有権、用役権等）とは異なり、優先弁済権・追及権という特権のみを与える。被担保債権に付属して初めて価値を認められるものであり、その移転・消滅において当該債権と運命をともにする「付従的権利〔droit accessoire〕」である。そうすると、所有権はまさに主たる物権であって付従的権利たりえないのではないか、という疑問が生じることになる。

　一見して明らかなように、ここでも問題の本質は、所有権概念との適合性にある。この問いに対し総括的な応答をするクロックの分析を見よう[273]。担保としての所有権において（債権の付従的存在とされることで）所有権に加えられる制限は、その分肢による物権的なものではなく債権的なもの（譲渡禁止義務等）にすぎない（絶対性）。また、債権者の所有権は時間的に制限される（履行期までに限定される）としても、所有権自体は移転するのみであって時間の経過により消滅するわけではない（永続性）。したがって、所有権概念は付従性と両立可能である。こうした見解によれば、フィデュシ立法は、所有権留保等に関する立法に続き、所有権が付従的権利（物的担保）たりうることを確認し、かつ不動のものとしたことになろう。

　もっとも、担保目的フィデュシをめぐる具体的議論には、全く逆の論調も見られる。所有権は主たる物権であるからこそ、それを用いた担保に付

---

272) 2006年担保法改正時点でのまとめとして、Ph. Dupichot, «Propriété et garantie au lendemain de l'ordonnance relative aux sûretés», *RLDA* 2006, n°7 supplément, p.17.

273) P. Crocq, supra note 26, n°94-118, pp.77-95. それ以前の重要文献として、M. Cabrillac, «Les accessoires de la créance», *in Mélanges A. Weill,* Dalloz-Litec, 1983, p.107；Ch. Mouly, «Procédures collectives：assainir le régime des sûretés», *in Mélanges R. Roblot,* LGDJ, 1984. また、角紀代恵「フランスにおける譲渡担保」野村好弘ほか『トラスト60研究叢書 環境と金融』（トラスト60、1995）189-190頁も参照。

従性は必須でなく、当事者の合意に委ねてよいのではないか[274]。こうした発想は、たとえば、被担保債権の消滅にも関わらず存続する再充填可能フィデュシの容認を帰結するところ、2007年法の時点ですでにそれは可能だとの見方が示されていた[275]。2009年オルドナンスによる再充填可能フィデュシの承認が何を意味するのか（確認的なのか創設的なのか）は必ずしも明らかではなく、具体的問題のすべてが解決したわけでもない[276]。

　第二に、担保法上の（かつての）公序たる流質契約の禁止である。流質契約の禁止は、一般法上の担保目的での動産・債権譲渡に関する判例（第1節2(1)参照）に表れていたように、担保としての所有権を否定する要因として働いていた。担保としての所有権には、被担保債務の不履行をもって担保目的物を債権者に帰属せしめる点で、債権者に不当な利益（債務者に不当な不利益）を与えるとの懸念がつきまとう[277]。しかし、この懸念は、実行を合理化せしめることで回避しうる[278]。2006年担保法改正は、流質契約の禁止を撤廃しつつ、担保目的物の価値を鑑定人に評価させたうえで、それが被担保債務を上回る場合には債務者に差額を返還する等の実行手続を定めた[279]（有体動産質：2348条、債権質：2365条・2366条、不動産質：

---

274) C. Witz, «Réflexions sur la fiducie-sûreté», *JCP E* 1993, I, 244, spéc. n°4-8 ; du même auteur, «La fiducie-sûreté en droit français», *in Festschrift für R. Trinkner zum 65. Geburtstag*, Deutscher Fachverlag, 1995, pp.804-805.

275) R. Dammann et G. Podeur, supra note 159, p.1360 ; L. Aynès, «Fiducie：analyse et applications pratiques de la loi», *RLDC* 2008, n°46 supplément, p.4, spéc. pp.7-8.

276) 移転における付従性の問題は残る。C. Witz, supra note 274 (*JCP E*), n°8 は、被担保債権の移転によっても担保目的フィデュシは移転しない（代金債権が目的物の所有権と密接な関わりを有する所有権留保の場合とは異なる）とし、L. Aynès, supra note 275, p.7 も移転には債務者の同意が必要であるとする。

277) M. Grimaldi, supra note 19, n°27.

278) P. Crocq, supra note 245, n°12-13, pp.260-261 ; M. Bourassin, V. Brémond et M. -N. Jobard-Bachellier, supra note 146, n°1342, p.367.

279) フィデュシ立法以前にも金銭や無体動産に関して無名フィデュシ（しかも、フィデュシの構造を完全に反映したそれ）が認められていたのは、担保目的物の価値が客観的に定まっており、問題が生じなかったためであると理解しうる（L. Aynès et P. Crocq, supra note 146, n°774, p.373）。2006年担保法改正以後の流質（流担保）契約の禁止に関する状況を扱う文献として、S. Hébert, «Le pacte commissoire après l'ordonnance du 23 mars 2006», *D.* 2007, p.2052 ; M. Koehl, «La déjudiciarisation dans les réformes du droit civil：l'exemple du pacte commissoire», *in Réformes du droit civil et vie des affaires*, supra note 169, p.107.

第3節　展望——フランス民法典における「信託」と民法理論・民法体系

2388条2項・2459条・2460条。なお、流抵当に関しても、2459条・2460条で、質権と同様の規律が設けられた[280]）。担保目的フィデュシに関しても、2009年オルドナンスにより同様の実行手続が定められることで（2372-3条・2488-3条、2372-4条・2488-4条）、流質契約の禁止が体現する懸念が払拭された[281]）。

　第三に、物権法定主義にも一言しよう（一般的な議論状況の概観は第1節1(1)参照）。物権法定主義への抵触は、担保としての所有権の阻害要因として意識されたこともあったが、現在ではそうは捉えられていない。物権法定主義自体を否定する見解はもとより、仮に肯定するとしても、問題となるのが所有権である以上は不都合は生じない[282]）。また、物的担保法定主

---

280) 条文の邦語訳は、以下のとおり（前掲注50）で挙げた旧条文と比較するとよい）。
　　　フランス民法典第2348条①　質権の設定時又は事後において、被担保債務の履行がない場合に、債権者が質物の所有者となる旨を約定することができる。
　　②　質物の価値は、組織された市場として通貨金融法典に規定される市場での公式の建値が存在しない場合には、移転の日において、合意又は裁判所により指定される鑑定人により決定される。あらゆる反対の約定は、書かれなかったものとみなされる。
　　③　この価額が被担保債務額を超える場合には、差に等しい金額が、債務者に対して支払われ、又は、他の質権者が存在する場合には、供託される。
　　　同第2365条①　債務者の不履行の場合には、債権質権者は、判事によって又は合意で約定された条件において、質に供された債権及びそれに付随する権利を、付与される。
　　②　債権者は、質物たる債権の履行期日まで待つこともできる。
　　　同第2366条　質権者に対し、被担保債務額を超える金額が支払われた場合には、質権者は、設定者に対し、差額を支払わなければならない。
　　　同第2388条②　第2457条ないし第2460条が規定する抵当権の効果に関する規定も、同様である［2388条1項は、不動産質にも適用される約定抵当権の規定を列挙する——訳者注］。
　　　同第2459条　抵当権設定契約において、債権者が抵当不動産の所有者となる旨を約定することができる。
　　　同第2460条①　前二条に規定する場合においては、当該不動産は、合意又は裁判所により指定される鑑定人により、評価されなければならない。
　　②　この価額が被担保債務額を超える場合には、債権者は、債務者に対し、差に等しい金額を支払わなければならない。他の抵当権者が存在する場合には、債権者は、その金額を供託する。
281) なお、流質・流抵当とフィデュシの間には、倒産手続上の規律に相違があり、フィデュシの優位が確認できる。すなわち、流質・流抵当は倒産手続開始により実行できなくなるのに対し（商法典L.622-7条Ⅰ3項）、フィデュシでは、債務者が対象財産を利用する旨の約定が締結されている場合に、倒産手続開始によりフィデュシが終了する旨の約定が封じられるのみである（第2節2(3)参照）。

第5章 フランス民法典における「信託」について

義を問題とする見解においても、新たな物権の創出により特定の債権者に優先事由が与えられるわけではない以上、障害とならない[283]。それゆえ、担保フィデュシの法定がこの問題に影響を及ぼすとは捉えられていない。

(b) 担保目的フィデュシと「担保としての所有権」の課題

頂点を迎えたかに見える担保目的フィデュシであるが、課題は多い。三点挙げたうえで、担保としての所有権という基本構想にも一言しよう。

第一に、民法典上の担保目的フィデュシは、それ自体、いまだ改良の余地がある[284]。とりわけ、特別な公示制度の不存在は、受託者への占有移転を伴わない有体動産担保（第三者による即時取得の可能性がある）において、深刻である[285]。

第二に、民法典上の担保目的フィデュシ以外のフィデュシも、発展の余地がある。前提として、金融法分野ではすでに様々な無名フィデュシの発展が見られたところ、民法典にフィデュシが規定されたことによって、それらも同様の規律に服することとなったのかが問題となりうる。規定はないが、その旨の立法者意思は見出せず、また民法典上のフィデュシの要件は厳しいために、無名フィデュシはなお有効と考えられるのが一般的である[286]。それではさらに、やはり立法以前に議論されていたように、一般法上の担保目的での譲渡を認めることは可能か。公示が不十分になりがち

---

282) G. Marty, P. Raynaud et Ph. Jestaz, supra note 258, n°541, pp.340 ; M. Bourassin, V. Brémond et M. -N. Jobard-Bachellier, supra note 146, n°1229, pp.319-320.
283) P. Crocq, supra note 26, n°252-254, pp.202-204.
284) そのほか、再充填可能フィデュシに関し、再充填可能抵当権と異なり（設定者が法人か自然人かを問わず限度額が設定行為により定められる。2422条2項）、限度額が再充填の日における評価額とされている点（2372-5条2項・2488-5条2項）につき、サブプライム問題を引いて注意が喚起される（P. Crocq, supra note 130, p.716. また、M. Grimaldi et R. Dammann, supra note 130, n°12 も参照）。もっとも、上記規律に好意的な評価も示されている（L. Aynès, «Le régime juridique de la fiducie», RLDC 2009, n°60, p.67, spéc. p.69 ; Ph. Dupichot, supra note 130, n°11 ; A. Raynouard, supra note 131, n°18）。議論の概観として、B. Mallet-Bricout, supra note 186, pp.86-87.
285) P. Crocq, supra note 194, pp.65-66 ; du même auteur, supra note 203, n°16-18（クロック・前掲注126）109-110頁）; L. Aynès, supra note 275, p.7 ; R. Dammann et G. Podeur, supra note 205, pp.143-144 ; Ph. Dupichot, supra note 130, n°8 ; F. -X. Licari, supra note 156, n°14 ; F. Barrière, supra note 48, p.903 ; D. Legeais, supra note 146, n°767, p.473 ; M. Bourassin, V. Brémond et M. -N. Jobard-Bachellier, supra note 146, n°1335, p.362.

第3節　展望——フランス民法典における「信託」と民法理論・民法体系

な動産に関しては第三者の保護の観点からためらわれるとしても[287]、一般法上、債務者への通知による公示の仕組みを一応備える（しかも当事者間での清算が容易な）債権に関しては、認めてもよいのではないか。こうした要望は、当事者の明示的意思に反する合意解釈の問題性とも相まって、担保目的の譲渡の約定を質権設定と再性質決定する2006年判決（第1節2(1)参照）への強い批判に結実したが[288]、破毀院商事部は、2010年の判決でも、担保目的の譲渡は法律の規定がある場合に限って認められるとの立場を維持した[289]。しかし、今や民法典上のフィデュシが可能であるとしても、厳しい要件のもと割当資産を創出する（それゆえ受託者たる債権者の支払不能の影響を設定者たる債務者が免れる）フィデュシ（民法典上のフィデュシ）に加えて、緩やかな要件のもと割当資産を伴わないフィデュシ（一般法上の担保目的の譲渡）を認める実益はなお存在し[290]、判例の立場には依然として批判が寄せられる[291]。近時相次いで公表されている債権法改正草案の中には、「債権債務関係に関する一般的規律〔régime général des

---

286) P. Crocq, supra note 194, pp.62-63 ; du même auteur, supra note 203, n°5-7 ;（クロック・前掲注126) 95-96頁）。また、立法前からすでに、Ph. Dupichot, supra note 272, pp.24-25. これに否定的なものとして、D. Legeais, «La réforme des sûretés, la fiducie et les procédures collectives», *Rev. Sociétés* 2007, p.687, n°17 ; du même auteur, supra note 146, n°771, p.475.
287) 2006年担保法改正により「占有移転なき質権（gage sans dépossession)」（登録により公示がなされる）が広く認められたところ、これに依拠するのがはるかに適切であるとされる (Ph. Simler et Ph. Delebecque, supra note 49, n°665, p.601)。
288) 前掲注56) で挙げた各評釈を参照。
289) Com., 26 mai 2010, *Bull. civ. IV*, n°94, *D.* 2010. 1340, obs. A. Lienhard, 2201, note N. Borga, *Rev. proc. coll.* septembre-octobre 2010, p.31, obs. F. Pérochon, *JCP G* 2011, 226, n°19, obs. Ph. Delebecque, *RTD civ.* 2010, 597, obs. P. Crocq. なお、金銭質に関しては、従来の判例の立場が維持されている。Com. 6 février 2007, n°05-16649, *RLDC* 2007, 2563, note D. Legeais. 担保法改正後の金銭質に関する文献として、D. R. Martin, «Du gage-espèces», *D.* 2007, p.2556 ; S. Bros, «Le gage-espèces», *Dr. et patrimoine* 2007, n°161, p.77 ; D. Legeais, «Le gage-espèces après la réforme des sûretés», *Dr. et patrimoine* 2007, n°162, p.70 ; du même auter, «L'avenir du gage-espèces», *RLDC* 2007, n°39, p.25 ; S. Torck, Les sûretés sur sommes d'argent après l'ordonnance du 23 mars 2006 portant réforme du droit des sûretés et la loi sur la fiducie du 19 février 2007, *RD bancaire et financier* 2008, étude 2.
290) 質権との関係でも、たしかに2006年担保法改正により流質が認められるに至ったが、なお、倒産手続において、フィデュシの利点が残る（前掲注281) 参照）。
291) 前掲注289) に挙げた各評釈に加え、C. Witz, supra note 119, n°44 ; F. Barrière, supra note 48, p.888 ; M. Bourassin, V. Brémond et M. -N. Jobard-Bachellier, supra note 146, n°1266, p.334.

obligations〕」の改正を利用して、担保目的での債権譲渡を認める規定を提案するものもある[292]。無名フィデュシ・一般法上の担保目的の譲渡とも今後の展開が注目される一方、民法典上のフィデュシが担保目的フィデュシ内部での一般法性を獲得できていないことが確認される。

　第三に、民法典上のフィデュシ全体の中での担保目的フィデュシの位置付けである。管理目的フィデュシとの間には、一方で、否定しがたい断絶が生まれている。担保目的フィデュシに特有の規律（とりわけ実行手続）の存在（第2節3(3)(b)参照）のみならず、一般法上の担保目的の譲渡に関する上述の議論に表れているように、また、フィデュシ立法以前の無名フィデュシの大半がそうであったように、割当資産の創出は必ずしも担保目的フィデュシに本質的な要請とは捉えられていない[293]。他方で、両者の間に連続性がなお存在することもまた確かである。付従性に関するクロックの議論がフィデュシ一般に関する彼の理解（1(2)(b)参照）と符合していること、さらには、所有権の分肢によりフィデュシの新たな構成を図る見解も、担保としての所有権たる担保目的フィデュシを視野に収めた議論を展開していること[294]が示唆するように、設定行為による、受託者への対象財産の（所有権）移転、及び、受託者への義務の賦課ないしその権限の設定というフィデュシの構造は、依然として損なわれていない[295]。換言す

---

[292] 2005年に公表されたカタラ名誉教授を中心とするグループの草案（カタラ草案）及び2009年に公表された司法省草案である（邦語訳は以下を参照）。それに対し、2013年に公表されたテレ名誉教授を中心とするグループの草案（テレ草案）では、債権質に関する規律を改善した2006年担保法改正及び2007年の信託立法への配慮から、盛り込まれなかった（L. Andreu, «Les opérations translatives (cession de créance, cession de dette, cession de contrat», in F. Terré (dir.), Pour une réforme du régime général des obligations, Dalloz, 2013, pp.125-126）。

　　カタラ草案第1257-1条　債権は、その所有権において、代金の約定なく、担保として譲渡されることができる。譲受人が自己の権利について満足を得た場合又は被担保債権がその他の原因により消滅した場合、債権は、譲渡人に復帰する。

　　司法省草案［債権債務関係の規律及び準契約］第112条①　債権は、その所有権において、譲渡されることができる。

　　②　譲受人が支払いを受け又は被担保債権がその他の原因により消滅した場合、債権は、譲渡人に復帰する。

[293] Ch. Larroumet, supra note 38, n°6 ; N. Thomassin, supra note 169, pp.196-197.

[294] 他の「担保としての所有権」たる所有権留保との比較を念頭においた分析を行う。R. Libchaber, supra note 19, n°15, p.321 ; F. Danos, supra note 237, n°23, pp.160-162.

第3節　展望──フランス民法典における「信託」と民法理論・民法体系

れば、あらゆる分類のフィデュシに共通する法という意味での一般法性には疑問が提起されうるとしてもなお、フィデュシの構造的同一性は保たれているといえよう。

　以上に加え、担保目的フィデュシを支える、「担保としての所有権」という構想自体にも、潜在的ではあるが無視しがたい対立が看取される。所有権と付従性は両立するという見解と、担保としての所有権は付従性を伴わないという見解の間には、同じく担保としての所有権を認めるものでありながら、伝統的な物的担保と連続的な像を描くのか（前者）、そこからの乖離を目指すのか（後者）という点で、対立が見出される。「担保としての所有権」の内実はさらに突き詰める必要があり、その際には、担保法上どこまで契約自由に価値を付与すべきか（担保としての本質的制約は何か、どのような典型類型を措定するか）という視点も関わってくるだろう[296]。

⑵　フィデュシと相続・恵与法

　担保法分野とは対照的に、相続・恵与法分野では、そもそもフィデュシが拒絶された（2013条）。このことへの評価が当該分野におけるフィデュシの展望に直結するところ、ここでは、先に宣言したように（第2節3⑶(c)参照）、フィデュシ立法に先駆けて2006年相続・恵与法改正で導入された「死後効を生じる委任」（(a)）及び「段階的恵与」（(b)）に着目しよう。判断能力が不足する者への恵与を十分に行いたいという希望は以前から見られたところ（第1節3⑴参照）、フランスの立法者は、フィデュシという

295）そうはいっても、議論の具体的内容、すなわち移転する権利（受託者の所有権は真の所有権か）の分析においては、担保目的フィデュシからスタートした学説（とりわけクロック）と、フィデュシ一般を念頭において論じ始める学説とでは、議論の方向性に相違ないし温度差があることは否めない。前者は、実務上のニーズと立法状況（特に所有権留保条項）に鑑みて、強力な担保たる「担保としての所有権」を認めることが既定路線ないし至上命題であったために、受託者の所有権は真の所有権であるとの結論をどう導くかに意が割かれているように感じられるのである。

296）こうした観点から、担保としての所有権に即して注意を喚起するものとして、Ph. Simler et Ph. Delebecque, supra note 49, n°352, p.332 ; F. -X. Licari, supra note 156, n°2. この問題に密接に関連するテーゼとして、Ph. Dupichot, *Le pouvoir des volontés individuelles en droit des sûretés*, Éd. Panthéon Assas, 2005 ; N. Borga, *L'ordre public et les sûretés conventionnelles. Contribution à l'étude de la diversité des sûretés*, Dalloz, 2009.

345

第 5 章　フランス民法典における「信託」について

一般的枠組みによらずに個別の文脈での解決を図ったといえる。これらの代替制度によりフィデュシの実益は否定されたのか、そうでないならば、なぜフィデュシは拒絶されるのか（これらに内在する、フィデュシ禁止を支える価値は何か）[297]。議論は少ないが[298]、客観的な素材をもとに考えてみよう（関係条文の邦語訳は付録を参照）。

(a)　相続財産の暫定的管理——死後委任

最終的に相続財産が帰属すべき者に当面は判断能力の不足の問題がある場合、相続財産を暫定的に第三者に管理させることが考えられる。旧法下で考えられえた諸手法（一般法上の委任、未成年者恵与財産の第三者管理人、遺言執行者）には限界があったところ（第 1 節 3(1)参照）、こうした状況を改善するべく、2006 年の相続・恵与法改正では、遺産占有は相続人に属するとの原則（724 条）の例外として、受任者を立てて相続財産を管理させる諸制度が導入されたが、その中で目玉と目されたのが[299]、「死後効を生じる委任」〔mandat à effet posthume；mandat posthume〕（以下「死後委任」）である（812 条以下）[300]。被相続人（委任者）が死後における自己の相続財産の全部又は一部の管理を相続人のために行うよう第三者（受任者）

---

[297] 厳密には、こうした検討は、当該文脈におけるフィデュシ禁止を説明する意義は果たしても、恵与目的フィデュシ全体が禁止されることを説明したことにはならない。その意味で、本来的に限界があることを断っておく。

[298] 恵与目的フィデュシの禁止に対しては、消極的に遺憾の意は示されるものの、体系的な批判は思いのほか少ない。明確に批判的立場に立つものとしては、F. Tripet, «La prohibition de la fiducie-libéralité：pourquoi une telle démesure ?», GP 21 octobre 2006, n°294, p.6 が目につく程度である。

[299] フランス民法典第 3 編第 1 章第 6 節に「受任者による相続財産の管理」という節が設けられ、本文で述べる死後委任に加え（同第 1 款）、「合意により指定される受任者」（第 2 款）及び「裁判上指定される相続財産受任者」（第 3 款）が規定された。もっとも、第二のものは一般法上の委任の適用にほかならないし、第三のものは、旧法下で判例上認められていたものを明文化したにすぎない。第二・第三のものにつき、それぞれの冒頭規定のみ、邦語訳を挙げよう。
　　フランス民法典第 813 条①　相続人は、互いに合意のうえで、そのうち一人の者又は第三者に対し、相続財産の管理を委ねることができる。この委任は、第 1984 条ないし第 2010 条により規律される。
　　同第 813-1 条①　判事は、一人又は複数の相続人の相続管理における無気力、怠慢若しくは不注意、相続人間での意見の相違若しくは利害の対立、又は相続財産の状況の複雑性を理由として、相続財産を暫定的に管理させるために、自然人又は法人を問わず、適切な者を、相続財産受任者として指定できる。

第3節　展望——フランス民法典における「信託」と民法理論・民法体系

に委ねる委任であり（812条1項）、その名が示すように、特殊な委任類型である。一般法上の委任の規定（1984条ないし2010条）が包括的に準用されつつ、特則が定められている(812-1-4条)。まずは規定内容を概観しよう。

　第一に、要件に関しては、当事者たる資格は広く認められ（812条・812-1条）[301]、対象財産に関する限定もない。しかし、相続人の人格又は相続資産に関する「重大かつ正当な利益」によるものでなければ有効でなく（812-1-1条1項）、公署証書の作成も要求される（同条3項）。さらに、期間は通常2年に限定されるが、判決による延長が可能であり、また、相続人の未成熟・年齢等を理由とする場合には5年とすることができる（判決による延長も可能。同条2項）。

　第二に、効果に関しては、受任者の報酬に関して規定されているほか（812-2条、812-3条）[302]、受任者の権限に関し、どの相続人も相続を承認しない間は保存・監督行為及び一時的管理行為にとどまる旨が規定されてい

300）全体の概観として、G. Wicker, *J.Cl. Civil Code*, Art. 812 à 812-7, Fasc. unique, V° Successions. - Mandats successoraux. - Le mandat à effet posthume, 2008 ; R. Le Guidec et G. Chabot, *Rép. civ.*, V° Succession (2° transmission), 2011, n°33-43. そのほか、死後委任に関する文献として、J. Casey, «Le mandat posthume», *Dr. Famille* 2006, études 53 ; A. Delfosse et J. -F. Peniguel, «Le mandat posthume», *JCP N* 2006, 1371 ; E. Mallet, «Mandat à effet posthume», *JCP N* 2006, 1372 ; J. Leprovaux, «La place de la famille dans la mise en œuvre du mandat de protection future et du mandat à effet posthume», *RJPF* 2006, n°9, p.6 ; L. Cambaz, «Le mandat psthume, le *trust* et la fiducie», *RLDC* 2006, n°33 supplément, p.11 ; M. Grimaldi, «Le mandat à effet posthume», *Defrénois* 2007, art.38509 ; I. Omarjee, «Bref aperçu des mandats de protection future, de fin de vie et à effet posthume», *Dr. et patrimoine* 2007, n°157, p.20 ; S. Hébert, «Le mandat de prévention : une nouvelle forme juridique ?», *D.* 2008, p.307 ; F. Fresnel, «La personne protégée et le mandat à effet posthume», *Dr. et patrimoine* 2008, n°169, p.54 ; A. Aynès, «L'administration de la succession par autrui», *JCP N* 2008, 1246, p.25 ; F. Luzu, «Pratique des mandats à effet posthume», *JCP N* 2009, 1358 ; A. Reygrobellet, «Application pratique des nouveaux mandats en droit des sociétés. Le cas du mandat à effet posthume», *JCP N,* 2009, 1360 ; F. Bicheron, «L'utilisation du mandat en droit de la famille», *in* N. Dissaux (dir.), *Le mandat. Un contrat en crise ?*, Economica, 2011, p.97, spéc. pp.111-113. 邦語文献として、シルヴィー・ルロン（原恵美訳）「フランス法における他人の財産管理(1)――一般法上の委任および特別の委任」慶應法学23号（2012）250-252頁。

301）受任者に関しては、相続人が受任者たりうるとされる一方（812条2項）、民事能力が必要である旨（同条3項）、及び、相続財産の清算を担当する公証人は受任者たりえない旨（同条4項）が規定されている。相続人に関しては、未成年者や被保護成年者が含まれてもよいものとされている（812-1条）。

第5章 フランス民法典における「信託」について

る（812-1-3条）[303]。

　第三に、終了に関しては、受任者による放棄はいつでも可能である一方（812-4条1項2号。その場合の詳細につき812-6条）、開始前までは委任者による撤回が可能だが（812-1-1条4項）、開始後の相続人による撤回は、「重大かつ正当な利益」の消滅又は受任者の任務懈怠を理由として、裁判によらなければならない（812-4条1項3号。その場合の報酬の返還につき812-5条）。もっとも、相続人と受任者の間で「合意による委任」が成立した場合や、相続人が対象財産を譲渡した場合には、委任は終了する（812-4条1項4号・5号）。そのほか、期限到来、受任者死亡、相続人死亡等によっても終了する（同条項1号・6号・7号）。

　死後委任は、委任者が受任者に自分とは異なる者の計算でその者のために行為する権限を与える点において[304]、単に死後も効力を持続するという点にとどまらない特殊性を備えたものであり[305]、フィデュシ同様、第三者による財産管理を実現するものにほかならない。問題は、具体的な中身である。フィデュシは、一般法上の委任との対比では、①受任者に処分行為を含む広い権限を与え、②設定者の権限を剥奪し、③設定者・受託者の意思による終了を難しくすることで、有効・安定的な財産管理を実現しようとするものであった。それに対し、死後委任は、③相続人による撤回に制約を課すものの（ただし受任者による放棄は可能）、①受任者の権限については委任の特則を設けず、また、②相続人の処分権限を前提とした規

---

[302] 反対の約定がない限り無償であるが（812-1条1項）、有償の場合には相続財産から支払われる（同条2項）。報酬が遺留分を侵害するときは減殺請求権の行使が可能であり、報酬が過剰な場合には裁判により改定を請求できる（812-3条）。

[303] なお、相続人には相続選択権があるところ、受任者の権限は当該相続人の選択内容により画される。反対に、受任者の行為が相続選択権に影響を及ぼすことはない（812-1-2条）。

[304] ただし、死後委任が受任者に相続人を代理する権限を与えるのか（いわば「代理を伴う強制された委任（mandat forcé avec représentation）」）、単に相続人のためにその計算で行為する権限を許すにすぎないのか（いわば「代理を伴わない強制された委任（mandat forcé sans représentation）」）は、条文上、また委任の一般理論に照らして明らかではなく、争われている（後者が有力）。この点に関し、G. Wicker, supra note 300, n°6-13；F. Bicheron, supra note 300, n°45-46, pp.111-112参照。

[305] そもそも、一般法上の委任においても、委任者の死亡にも関わらず終了しないという約定の有効性は認められている（前掲注98）参照）。

第3節　展望——フランス民法典における「信託」と民法理論・民法体系

律（相続人の財産譲渡による委任の終了。812-4条1項5号）をおく。死後委任が相続財産管理のためのフィデュシ[306]（又はフランス版「相続財産トラスト〔*trust successoral*〕」）となることを期待する論者は、①受任者は処分権限まで有しうる、②委任者は委任において相続人から処分権限を剥奪できるという、フィデュシに寄せた解釈論を提示したが[307]、近時の破毀院判決は②を否定した[308]。さらに、④期間が短く、かつ、⑤重大かつ正当な利益の存在が求められる点、⑥公署証書の作成が必要とされる点でも、不便を感じさせる[309]。以上のようなフィデュシとの相違からすれば、死後委任制度があるとしてもなお、フィデュシを解禁するメリットは存在することになろう。

　しかしながら、その前提として問われるべきは、フィデュシを禁止すべき理由が、死後委任制度に内在してはいないか、という点である。フィデュシ隆盛の中でこうした議論は少ないが、次の三点が指摘できるかもしれない。第一に、体系的観点であり、相続財産の暫定的管理という局面を念頭におく限り、管理者に所有権を移転させるという構成は迂遠かつ技巧的であり（被相続人に当該管理者への恵与の意図は見出せない）、第三者による管理の古典的形態である委任の修正によるのが正統である。第二に、理論的観点として、死後委任の局面は譲渡禁止条項が付された状況に類似し、財産の自由な流通・利用への配慮が必要となる。第三者に管理が委ねられることで、相続財産が帰属したはずの相続人による権利行使には（譲渡禁止まで課されないにせよ一定の）制約が課せられるゆえに、短期間に限定し重

306）法案提出者もこのような説明を行っていた。P. Clément, Projet de loi, Assemblée nationale, N°2427, XIIe législature, p.12.
307）M. Grimaldi, supra note 300, n°11, 14 ; A. Aynès, supra note 300, n°10-11, pp.27-28.
308）Civ. 1re, 12 mai 2010, *Bull. civ.* I, n°117, *AJ Famille* 2010, 287, obs. Ch. Vernières, *Defrénois* 2010, art.39149, note F. Sauvage, art.39163-5, note J. Massip, art.39184-6, obs. Chamoulaud-Trapiers, *Dr. Famille* 2010, 104, note B. Beignier, *JCP G* 2011, 254, n°2, obs. R. Le Guidec, *RJPF* 2010, 9/36, obs. J. Leprovaux, *RTD civ.* 2010, 527, obs. J. Hauser, 602, obs. M. Grimaldi.
309）それぞれポイントは異なるが、F. Tripet, supra note 298 p.6 ; G. Blanluet et J. -P. Le Gall, supra note 126, n°3 ; J. Rochfeld, supra note 126, p.417 ; Ch. Albiges, supra note 135, p.50 ; A. Aynès, supra note 300, n°20, p.29 ; P. Cénac et B. Castéran, supra note 76, n°65 ; N. Peterka, supra note 197, n°19, pp.24-25. C. Witz, supra note 119, n°31. フィデュシとの比較での利便性は、せいぜい、受任者たる資格が広いことに求められる。

第5章　フランス民法典における「信託」について

大かつ正当な利益が存在する場合にのみ死後委任を認め、裁判所によるコントロールに係らしめるという、譲渡禁止条項と同様の枠組み（第1節3(1)参照）が法文上採用されている[310]。他方、フィデュシでは、期間の面でも利益の面でもその妥当性をコントロールすることが困難である。第三に、実質的観点として、相続財産の帰属者たる相続人による自由な財産の利用を可及的に認めるべきであるとの価値判断である。死後委任の承認は、相続人の判断能力の不足を慮る被相続人の意思を尊重し、またそうした者に保護を与えるべきとの社会的要請を是とするものであるが、それでも相続人自身の意思に基づく行為を阻害すべきでない、との考慮が、相続人自身による譲渡や合意による委任の締結を終了原因とする規律に表れている（自らの判断能力不足を懸念するのならば、自らが成年者保護法制やフィデュシを利用すればよい[311]）。他方、フィデュシも、受益者の意思が介在しうる仕組みではあるが（承諾の必要性、放棄の可能性）、受益者の管理・処分権限を認めるものではない点等において、上記の価値判断を満たさない可能性がある。なお、以上の分析については、(b)の末尾も参照。

(b)　財産の順次移転──段階的恵与

他方、財産の順次移転の手段をとることで、一定の時間を確保しつつ、ある者に最終的に財産を帰属させたい場合、旧法下では、継伝処分の原則的禁止が大きな障害となっていたところ、2006年の相続・恵与法改正では、判断能力が不足する者への保護手段を提供するべく、継伝処分を広く解禁した。継伝処分禁止を定めていた896条を改正したうえで、「段階的恵与〔libéralité graduelle〕」すなわち「受贈者又は受遺者が、恵与の対象たる財産又は権利を保存し、その死亡時に、証書において指名された第二受益者に対し、当該の財産又は権利を移転するという義務から成る負担」（1048条）を課された恵与の効力を認める[312]（1048条以下）。まずは規定内容を概観しよう[313]（「第二受益者」の語は旧法下の「継伝指定者」に対応する）。

第一に、要件に関しては、①旧法とは異なり、継伝義務者・第二受益者ともいかなる者であってもよいが[314]、第一段階を超えて負担を課すこと

---

310)　A. Aynès, supra note 300, n°7, p.26.
311)　相続人本人がフィデュシ契約を締結することに理論的な障害はない。ただし、死後委任の受任者とフィデュシの受託者の権限の競合という困難な問題は生じうる。

第3節　展望──フランス民法典における「信託」と民法理論・民法体系

はできない（1053条）。②対象財産に関しても制限はないが、継伝義務者が処分者の遺留分権利者である場合には、処分任意分に限定される（1054条1項）。もっとも、贈与の場合には贈与の証書又は遺留分放棄の厳格な書式に基づく継伝義務者の承諾により（同条2項）、遺贈の場合には継伝義務者が遺言を知った日から一年以内に請求を行わないことにより（同条3項）、負担が遺留分に及ぶことも可能である[315]。③方式は、通常の贈与又は遺言の方式による。

第二に、効果は、継伝義務者の死亡による第二受益者の権利開始（1050条1項）を境として区別される。①権利開始前は、継伝義務者が対象財産

---

312) 全体の概観として、M. Nicod, *J.Cl. Civil Code*, Art. 1048 à 1056, Fasc. 10, V° Libéralités. - Libéralités graduelles. - Notion. Domaine. Formation, 2007 et Fasc.20, V° Libéralités. - Libéralités graduelles. - Effets. Pouvoirs. Dénouement, 2008 ; J. Hérail, *Rép. civ.*, V° Libéralités graduelles et résiduelles, 2008, n°5-58. そのほか、段階的恵与に関する文献として、N. Peterka, «Les libéralités graduelles et résiduelles, entre rupture et continuité», *D.* 2006, p.2580 ; du même auteur, «La réforme des libéralités familiales», *in* Association Henri Capitant, *Le droit patrimonial de la famille. Réformes accomplies et à venir,* Dalloz, 2006, p.71 ; Ph. Malaurie, «Les libéralités graduelles et résiduelles», *Défrénois* 2006, art.38493 ; M. Nicod, «Le réveil des libéralités substitutives : les libéralités graduelles et résiduelles du Code civil», *Dr. Famille* 2006, études 45 ; S. Piedelièvre, «La réforme des successions et des libéralités par la loi du 23 juin 2006», *GP* 24 août 2006, p.2 ; M. Grimaldi, «Les libéralités graduelles et les libéralités résiduelles», *JCP N*, 2006, 1387 ; J. -F. Sagaut, «Les donations graduelles et résiduelles (C. civ., art.1048 à 1061)», *JCP N 2006,* 1388 ; B. Savouré, «Les nouvelles donations : place aux libéralités graduelles et résiduelles !», *RLDC* 2006, n°33 supplément, p.27 ; I. Omarjee et J. Lapierre, «La libéralisation des libéralités avec charge de transmettre : les libéralités graduelles et résiduelles», *LPA* 5 février 2007, n°26, p.6 ; G. Crèmont et H. Lenouvel, «Les libéralités graduelles et résiduelles au service des personnes vulnérables», *Dr. et patrimoine* 2008, n°169, p.68 ; M. Nicod, «Libéralités graduelles et résiduelles : quelques difficultés d'application», *JCP N* 2008, 1249 ; F. Collard et B. Travely, «L'obligation de conservation en valeur en secours de la libéralité graduelle», *JCP N* 2012, 1177. 邦語文献として、足立公志朗「フランスにおける信託的な贈与・遺贈の現代的展開(1)(2・完)──『段階的継伝負担付恵与』・『残存物継伝負担付恵与』と相続法上の公序」民商139巻4・5号466頁以下、6号607頁以下（2009）。

313) なお、旧法下で判例上認められていた残存物遺贈（第1節3(1)参照）に関しても、恵与一般に拡大した「残存物恵与（libéralité résiduelle）」が法定された（1057条以下）。前掲注312)に挙げる文献の多くが残存物恵与に関しても説明を加えているほか、F. Fruleux, «Vers un renouveau de la libéralité résiduelle ?», *JCP N* 2008, 1004.

314) 相続権者である必要すらなく、法人も排除されない。ただし、法人は「死亡」することがないゆえ、継伝義務者とはなれないと指摘される。

315) ただし、その場合は、超過分につき、継伝義務者の子が第二受益者となる（1054条4項）。

第5章　フランス民法典における「信託」について

の所有権を有するとともに、その保存の義務を負う（1048条）。第二受益者の利益を確保するために旧法下で様々な保護手段（継伝監督人の選任、財産目録の調整等）が規定されていたのとは異なり、負担の適正な履行のための方策は処分者が規定する（1052条）。継伝義務者は対象財産の享受を放棄することができ（1050条2項）、それにより第二受益者の権利が開始するが、第三者には対抗できない（同条3項。第二受益者は継伝義務者の死亡により初めて主張できる）。②権利開始により、第二受益者は現物で存在する対象財産を取得するが（1049条1項）、有価証券に関しては代位物を取得する（同条2項）。第二受益者は恵与者から対象財産を取得するものとみなされることにより（1051条）、対象財産が継伝義務者の相続財産として扱われることはなく、また、これに適合的に課税処理がなされる。開始前に第三者が対象財産を取得したとしても開始によりその効果は覆滅されるが、不動産の場合の公示（1049条3項）の欠如や動産の即時取得の場合はこの限りではない。

　第三に、撤回・失効といった事態もありうる。①贈与の場合、処分者は第二受益者による承諾通知がない限り、その者との関係で撤回しうる（1055条1項）[316]。②第二受益者の先死又は放棄により段階的恵与は失効し、その相続人による受継の規定又は他の第二受益者の指名が証書においてなされていない場合は、対象財産は継伝義務者の相続に服する（1056条）。

　継伝処分の禁止が解禁され、継伝義務者・第二受益者にほとんど制約がない段階的恵与が導入されたことの意義が大きいことはいうまでもない。もっとも、フィデュシとの相違という点では、継伝処分から変更が加えられたわけでもない。第一に、段階的恵与は、継伝義務者に対象財産の所有権を与えるものではあるが、保存・移転の義務は課される一方で、より積極的・具体的な対象財産の管理を継伝義務者に義務付けるものではない[317]。継伝義務者は、基本的には、継伝権利者への財産移転を媒介する者であるにとどまる。第二に、恵与目的フィデュシが受益者への恵与の意図に基づくものであるのに対し、段階的恵与は継伝義務者及び第二受益者

---

316) 他方、撤回がなされない限りは、贈与者の死亡後も第二受益者が段階的贈与を承諾することは可能である（1055条2項）。
317) R. Libchaber, supra note 19, n°4 ; F. Tripet, supra note 298, pp.6-7.

第3節 展望——フランス民法典における「信託」と民法理論・民法体系

への継起的な恵与である[318]。第二受益者の先死・放棄により対象財産が原則として継伝義務者の相続に服するという[319]、フィデュシには見られない規律が存在するのは（フィデュシでは受益者でない受託者が対象財産を確定的に取得することはない）、その証左であろう。第三に、段階的恵与は、割当資産を創出するものではない。有価証券を除いて、現物として存在するもののみが継伝権利者に移転するとされ、たとえば対象財産の滅失による保険金が含まれないことは、このことを示している[320]。以上のことからすれば、段階的恵与の導入後もなお、フィデュシを解禁するメリットはあることになろう[321]。

　しかしながら、ここでも前提として問われるべきは、フィデュシを禁止すべき理由が、段階的恵与制度に内在してはいないか、という点である。やはりこうした議論は少ないが、死後委任に関して述べたところと対応して、次の三点が指摘できるかもしれない。第一に、体系的観点であり、同じく所有権移転の枠組みではあるにせよ、順次移転という文脈を超えた広い射程を有しうるフィデュシではなく、狭い範囲においてではあるが許容されていた継伝処分の枠組みによるほうが、フランス法上の正統性は確保される。第二に、理論的観点として、継伝処分の禁止を支えていた、財産の自由な流通への配慮は、段階的恵与でも持続している。段階的恵与の承認により、継伝義務者への終身に渡る事実上の処分制限が肯定されたが、こうした一時性の緩和は、判断能力の不足する者の保護ないし家族財産の維持という利益を定型的に正当視・重大視するという法政策的決定により正当化され、かつ、ここでは（譲渡禁止条項・死後委任とは異なり）裁判所のコントロールも及ばない。しかし、なお一段階限りの負担という制約はあり、フィデュシではこれが突破されてしまいかねない。第三に、実質的

---

318) 継伝処分に関し、M. Grimaldi, supra note 85, n°366, p.369. 段階的恵与に関し、N. Peterka, supra note 312, n°26, p.83.
319) W. Dross, supra note 151, n°101-1, pp.195-196 は、この点を指して、段階的恵与は「不確定所有権 (propriété incertaine)」の移転を生じさせるものであるとする。
320) N. Peterka, supra note 312 (D.), n°9-10；du même auteur, supra note 312 (*Le droit patrimonial de la famille*), n°26, pp.83-84.
321) F. Tripet, supra note 298, pp.6-7；G. Blanluet et J. -P. Le Gall, supra note 126, n°3；C. Witz, supra note 119, n°31.

第5章　フランス民法典における「信託」について

観点として、曲がりなりにも恵与を受けた中間者に過大な負担を課すべきでないとの価値判断である。継伝処分の解禁は、死後委任と同様、最終的に財産を帰属させるべき者の判断能力を慮る被相続人の意思を尊重し、またそうした者に保護を与えるべきとの社会的考慮を是とするものであるが、継伝義務者の義務を保存・移転にとどめることで、継伝義務者の管理負担を最小限のものとする。他方、フィデュシは、継伝義務者により積極的・具体的な財産管理を義務付けうるものである点に問題が見出される。

恵与目的フィデュシの禁止は、そもそも、不正行為への悪用に対する懸念にも基づいている（第2節3(2)(a)参照）。死後委任に関して述べたことも含め、フィデュシ禁止の理由に関する以上の考察は、仮にそうした他の理由がなかったとすれば何に求められうるか、という思考実験にすぎない[322]。しかし、そうであるとしても、恵与目的フィデュシ禁止が現行の相続・恵与法上正統性を有するのか、有するとすればどのような理由により支えられているのか、を問うこと自体、フランス相続・恵与法上の一つの重要課題であるというべきだろう[323]。

(3) フィデュシと成年者保護法

担保法がフィデュシに積極的、相続・恵与法が消極的であるならば、その中間を行くのが成年者保護法の分野であり、そうであるがゆえに、その把握は容易でない。判断能力が不足する者の財産管理のためのフィデュシ

---

[322] また、その説得力について疑問を投げかけることもできよう。たとえば、いずれにおいても第二点として挙げた、財産の自由な流通ないし利用という要請は、99年にも及びうる狭義の管理目的フィデュシが認められている時点ですでに一定程度後退しているとの見方も成り立ちうる。これに対しては、受託者が専門的管理を業とする者であることにより、財産の積極的な二次的利用がなされていると反論することになろうか。あるいは、恵与目的フィデュシ全般を禁止せずとも、様々な制約をかけたうえで許容すればよいではないか、という疑問も成り立つ。これに対しては、恵与が行われる文脈は様々であり、統一的な立法は困難であると反論することになろうか。

[323]「恵与目的フィデュシは禁止されるとしても、判断能力の不足する者に対する恵与に狭義の管理目的フィデュシを締結すべき旨の負担を課すことができるか」という、一部の論者によって指摘される問いに対する答えは、この点に密接に関わってくるだろう（F. Sauvage, supra note 104, p.12；C. Witz, supra note 119, n°34；H. Fabre, supra note 197, pp.58-60. いずれも積極に解する）。

第3節　展望——フランス民法典における「信託」と民法理論・民法体系

に、法がどのような態度をとるかが問われるところ、一方で、すでに能力減退により法的保護措置に服する者のフィデュシ設定について、硬軟両様の対応がとられた。ここでは、フィデュシという新規制度そのものに関する見方が、成年者保護法内部に投影されている（(a)）。他方で、今後の能力減退が危惧される場面では、フィデュシ設定は禁じられない一方、フィデュシ立法とほぼ時を同じくする2007年成年者保護法改正において、フィデュシと同様の機能を有しうる別の制度（将来保護委任）が設けられた。ここでは、両者の競合問題を通じて、成年者保護法制の基本理念に関わる問題が生じている（(b)）。現行成年者保護法制に関する基本的情報を補いつつ、見ていこう。

(a)　成年者保護法制内部でのフィデュシ——許容か禁止か

現行の成年者保護法制において（依然として）中心をなすのは、①「後見〔tutelle〕」・②「保佐〔curatelle〕」・③「司法救助〔sauvegarde de justice〕」という、裁判所の判決により開始される「司法的保護措置〔mesure de protection judiciaire〕」である[324]。いずれも人の精神的・身体的能力の減退を契機とするが（425条1項[325]）、判事はその程度に応じて具体的措置を選択する。①後見は、市民生活における行為全般につき継続的な代理を必要とする者について開始され（440条3項）、これにより被後見人は自ら行為できなくなり[326]、後見判事又は親族会が選任する後見人（447条1項、456条3項）が被後見人を代理する必要がある（473条1項）[327]。もっとも、後見人も、処分行為に関しては判事又は親族会の許可が必要とされるほか（505条1項）、危険行為又は利益相反行為として509条が列挙するものは

---

324) ただし、司法救助に関しては、大審裁判所検事正に対する申請によって開始することも可能である（434条）。
325) 邦語訳は、以下のとおり。
　　フランス民法典第425条①　医学的に確認される自己の精神的能力又は身体的能力の減退のために、自己の意思を表明することが妨げられることにより、単独では自己の利益を実現することができない者はすべて、本節が規定する法的保護措置を受けることができる。
326) ただし、法律や慣習により認められる行為（473条1項）や、後見開始決定等で列挙される行為（同条2項）は、被後見人が単独で行うことができる。
327) 被後見人が単独で行った行為は、被後見人が損害を被ったことを証明するまでもなく、当然に無効である（465条1項3号）。

第5章　フランス民法典における「信託」について

許可があっても行えない。②保佐は、自分自身で行為できない状態にはないが、市民生活における重要な行為につき継続的に扶助ないし統御を必要とする者について開始され（440条1項）、これにより、被保佐人は、後見判事が選任する保佐人（447条1項）の扶助[328]がなければ、重要な行為（後見ならば判事又は親族会の許可を要する行為）[329]を行えなくなる（467条1項）[330]。③司法救助は、一時的な法的保護又は特定の行為の代理を必要とする者について開始され（433条1項）、この場合、被保護者は原則として完全な行為能力を保持するが（435条1項）、特定の行為について特別代理人が選任された場合には（437条2項）、被保護者が行う当該行為は無効となる（435条1項）[331]。これらの司法的保護措置に加え、詳細は(b)で述べるが、2007年法で、④将来保護委任も認められるに至った（477条）。法文上、司法的保護措置と将来保護委任を合わせて、「法的保護措置〔mesure de protection juridique〕」という語が用いられる。

　これらの措置がすでに開始している者の財産につき、フィデュシを設定できるかが、ここでの問題である。③被保護者が完全な行為能力を保持する司法救助の場合に可能であることは疑いないが、①及び②は複雑な変遷が見られた。すなわち、2007年成年者保護法改正の審議過程では、元老院において、フィデュシが被保護成年者の有用な財産管理方法であることが強調され、①後見人は後見判事の許可によりフィデュシを設定できる（②被保佐人も保佐人の扶助があればフィデュシを設定できる）との規定[332]を国民議会成案に追加する旨が議決されたが、両院協議会では、フィデュシの

---

328) 保佐人による代理が必要とされるわけではなく（469条1項）、許可や助言等により保佐人が被保佐人の行為に関与することをいう。たとえば、書面でなされる行為についての保佐人による連署（467条2項）が挙げられる。
329) ただし、判事はいつでも、被保佐人が単独で行える行為を列挙し、あるいは反対に、保佐人の扶助が必要な行為を付け加えることもできる（471条）。
330) 被保佐人が扶助なく行った行為は、被保佐人が損害を被ったことが証明される限りにおいて、取消し可能である（465条1項2号）。なお、保佐人は単独で行為を行うことはできないが（469条1項）、被保佐人の行為によりその利益が著しく害される場合には、保佐人は判事から単独で行為する許可を得ることができる（同条2項）。
331) そのほか、司法救助の被保護者には、種々の事情を考慮したうえでのレジオン等による取消し（435条2項）が認められる。なお、これは、後見（被後見人が自ら行える行為）や保佐（被保佐人が扶助なく行える行為）についても認められるものである（465条1項1号）。

第3節　展望——フランス民法典における「信託」と民法理論・民法体系

一般的文脈で検討されるべきであるとして、当該提案は削除された[333]。結局、2007年のフィデュシ立法では設定者が法人に限定されたため、この問題が規律されることはなかったが、2008年法による当該限定の削除とともに、現行規定が導入される。そこでは、①後見人は許可によってもフィデュシを設定することはできないとされる一方で（509条5号）、②被保佐人は保佐人の扶助があればフィデュシを設定することができるとされた（468条2項）。他方、④2007年成年者保護法改正で導入された将来保護委任に関しては、明示の規定は設けられていない。

現行規定の理解は容易でない。フィデュシの設定は、①後見の規律では、無償譲渡（509条1号）や商業・自由業（同条3号）と並べられる形で、判事又は親族会の許可をもってしてもできない危険行為とされており、そうすると、②保佐の場合は、467条1項によれば保佐人の扶助があってもできないはずだが、反対の結論が採用されている。この不整合を合理的に説明するのは困難だが[334]、いずれにせよ、フィデュシには、成年者保護法制上、「処分行為〔acte de disposition〕」との性格が与えられる一方（②）、それを超える「危険行為〔acte dangereux〕」との性格も与えられていることになる（①）。前者については異論がないが[335]、後者は評価が分かれる。フィデュシの危険性自体に関しては、単なる処分行為と位置付けられる有価証券運用契約（500条3項）と同等であるとの認識が示される一方[336]、フィデュシ的所有権への拘束が被後見人の利益を損なう程度は大きいとの見方も示される[337]。他方、成年者保護法制全体の適切性も問題とされ、現行法では保佐が後見に移行しない事態が助長されるとの危惧が示される一方[338]、後見人がフィデュシを用いて自己の任務から免れ、判事や親族会

---

332) H. de Richemont, Rapport, Sénat N°212, Session ordinaire de 2006-2007, pp.219-221. ただし、被保護者の資産の重要性による正当化が必要であること、被保護者のみが受益者となりうること、後見人が前もって後見判事の許可を得ること等の限定を付した。

333) E. Blessig et H. de Richemont, Rapport, Commission mixte paritaire, Assemblée nationale N° 3749, Sénat N°253, pp.8-11.

334) 保佐の文脈では、本来は禁止されるにも関わらず特別にフィデュシの設定が認められたのだ、という立論は考えられなくないが、保佐と後見とでフィデュシへの態度を異ならせる合理的な理由を見出すのは困難だろう（J. Massip, supra note 197, n°5 ; N. Peterka, supra note 197, n°9, p.20）。

335) N. Peterka, supra note 197, n°4, p.17.

357

の統御が及ばなくなるのは適切でないとの評価も示される[339]。なお、こうした対立は、④将来保護委任についての解釈論にも反映していると見うる。490条1項は、受任者の権限が最も広いタイプの将来保護委任につき[340]、受任者は後見人が単独で又は許可によって遂行しうる行為を行える旨を規定するところ、①後見に関する現行規律に肯定的評価を示す見解は、同条項からすればフィデュシの設定は不可能であるとするのに対し[341]、否定的評価を下す見解は、無償処分を判事の許可に係らしめる同条2項の反対解釈により認める可能性を模索する[342]。

以上の議論においては、この文脈でのフィデュシの許容性を考えるにあたって、既存の成年者保護法制上の論理（処分行為、危険行為）の中での位置付けが避けては通れないことが、端的に示されている。また、とりわけ、成年者保護法制全体の適切性をどのように確保するかという観点が示される点が重要であり、この分野でのフィデュシを単なる財産管理手段と

---

336) J. Massip, supra note 197, n°5 ; N. Peterka, supra note 197, n°9, p.20. また、（判事又は親族会の許可があれば行うことができる）処分行為はデクレによって定めるとされているところ（496条3項）、2008年12月22日のデクレ第1484号では、被後見人の財産に対する担保設定も処分行為として認められていること（Décret n°2008-1484 du 22 décembre 2008, Annexe I, Colonne 2, I, Annexe II, Colonne 2, I, 2°）も、指摘される。同デクレに関しては、A. -M. Leroyer, «Personnes protégées - Qualification des actes de gestion du patrimoine», RTD civ. 2009, p.180 ; M. Crocquevieille, «Le décret n°2008-1484 du 22 décembre 2008 relatif aux actes de gestion du patrimoine des personnes placées an curatelle ou en tutelle au prisme de la vie des affaires», in Réformes du droit civil et vie des affaires, supra note 169, p.165.

337) F. Sauvage, supra note 104, p.10.

338) J. Massip, supra note 197, n°5.

339) F. Barrière, supra note 128, n°7 ; F. Sauvage, supra note 104, p.10.

340) (b)でまとめるところであるが、公署証書方式による将来保護委任である。私署証書方式の場合、受任者は、後見人が許可なく行うことのできる行為（保存・管理行為）のみを行うことができるとされる一方（493条1項）、後見人が許可により行うことのできる行為（処分行為）は後見判事の許可があればできるとされるが（同条2項）、本文で述べたように、フィデュシ設定は許可があってもできない行為である（509条5項）。

341) F. Sauvage, supra note 104, p.10 ; du même auteur, Rép. civ., V° Mandat de protection future, 2012, n°31. 後見人は許可があってもフィデュシの設定ができないので（509条5号）、490条1項が将来保護委任の受任者に認める権限に含まれえないとする。

342) J. Massip, supra note 197, n°5 ; du même auteur, «Quelques réflexions sur les formules de mandat de protection future», Defrénois 2010, art.39074, p.441, spéc. p.444. なお、N. Peterka, supra note 197, n°10, pp.20-21 は、490条1項の適用にしたがいつつも、被保護者本人によるフィデュシの設定は可能であることを付言する。

第3節　展望——フランス民法典における「信託」と民法理論・民法体系

して把握することの問題性を示唆しているように思われる。今後、後見と保佐の不整合の是正という観点から新たな法改正が目指されることがありうるが、そこにはこうした観点が伏在していることを忘れるべきでない。

(b)　成年者保護法制とフィデュシの競合——将来保護委任かフィデュシか

2007年改正を経たフランスの成年者保護法制（法的保護措置）の基本理念は、被保護者の自律にできる限りの重きをおきつつ、その自由・権利・尊厳を尊重し、利益を保護することにある（415条[343]）。その実現のために、2007年改正は、一方で、従来から承認されてきた基本原則の徹底により、司法的保護措置を刷新した。ここでいう基本原則とは、「必要性の原則〔principe de nécessité〕」（司法的保護措置は、その効果及び期間において、厳格に必要とされる限りでとられる）、「補充性の原則〔principe de subsidiarité〕」（司法的保護措置は、当該成年者の保護に有用な、より拘束的でない他の措置が存在しない場合にのみとられる）、「均衡性の原則〔principe de proportionnalité〕」（司法的保護措置は、当該成年者の能力減退の程度に応じたものでなければならない）を指す（428条[344]）。他方で、2007年改正では、被保護者の意思を尊重し自律的保護を実現するための制度として、以前か

---

343) 当該条文は、法的保護措置に関する冒頭規定である。邦語訳は、以下のとおり。
　　フランス民法典第415条①　成年者は、本章が規定する態様にしたがって、その状態及び状況により必要とされる人身及び財産の保護を受ける。
　　②　この保護は、個人の自由、基本的権利及び人の尊厳の尊重のもとに、確立され保障される。
　　③　この保護は、被保護者の利益を究極の目的とする。この保護においては、被保護者の自律に、できる限りの重きがおかれる。
　　④　この保護は、家族及び公共団体の義務である。
344) 邦語訳は以下のとおり（1項は必要性の原則及び補充性の原則に、2項は均衡性の原則に関わる）。
　　フランス民法典第428条①　保護措置は、必要な場合においてのみ、かつ、代理に関する一般法の規律、夫婦各自の権利及び義務に関する規律、並びに、夫婦財産に関する規律、特に第217条、第219条、第1426条及び第1429条が定める規律の適用、より拘束的でない他の司法的保護措置、又は、当事者が締結する将来の保護を目的とする委任によっては、その者が十分に自己の利益を実現できない場合においてのみ、命じられることができる。
　　②　措置は、当事者の個人的能力の減退の程度に応じて、均衡がとれ個別化されたものでなければならない。

第5章 フランス民法典における「信託」について

ら検討されていた「将来の保護を目的とする委任〔mandat de protection future〕」(「将来保護委任」) が新たに導入された[345]。司法的保護措置同様、自己の意思を表明することを妨げる精神的能力・身体的能力の減退に対処

---

345) 全体の概観として、Ph. Potentier, *J.Cl. Civil Code,* Art. 477 à 494, Fasc. unique, V° Mandat de protection future, 2014；F. Sauvage, supra note 341. そのほか、将来保護委任に関する文献として、D. Noguéro, «Interrogations au sujet du mandat de protection future», *D.* 2006, p.1133；N. Couzigou-Suhas, «Le mandat de protection future», *Defrénois* 2006, art.38371；J. Leprovaux, supra note 300；J. Klein, «Le mandat de protection future ou la protection juridique conventionnelle», *Dr. Famille* 2007, études 21, p.36；A. Delfosse et N. Baillon-Wirtz, «Le mandat de protection future», *JCP G* 2007, I, 147；Ph. Pontentier, «Le domaine du mandat de protection future», *JCP N* 2007, 1262；I. Omarjee, supra note 300；J. Combret et J. Casey, «Le mandat de protection future», *RJPF* 2007, n°7/8, p.8, n°9, p.8；M. -C. Forgeard, et N. Levillain, «Mandat de protection future et pratique notariale», *Defrénois* 2008, art.38730, p.529, art.38737；S. Hébert, supra note 300, *D.* 2008, p.307；Ph. Potentier, «Forces et faiblesses du mandat de protection future», *Dr. et patrimoine* 2008, n°169, p.74；J. Massip, «Le mandat de protection future», *LPA* 27 juin 2008, p.11；J. Leprovaux, «Le mandat de protection future», *JCP N* 2008, 1274；D. Fenouillet, «Le mandat de protection future ou la double illusion», *Defrénois* 2009, art.38882, p.142；H. Fulchiron, «Le notaire et l'exécution du mandat de protection future», *Defrénois* 2009, art.3883；J. Combret et al., «Mandat de protection future», *Defrénois* 2009, art.38891；P. Carli, «Exactitude et probité. Le mandat notarié de protection future, instrument de la pérennité de gestion de patrimoine», *JCP N* 2009, 1233；L. Taudin, «Mandat de protection future. Itinéraire sinueux d'une représentation», *JCP N* 2009, 1357；H. Fabre, «Application pratique des nouveaux mandats en droit des sociétés. Le cas du mandat de protection future», *JCP N,* 2009, 1359；J. Massip, «Quelques réflexions sur les formules de mandat de protection future», *Defrénois* 2010, art.39074；E. Delouis, «Le mandat de protection future : le point sur la mise en œuvre d'un contrat très attendu», *LPA* 4 novembre 2010, p.25；F. Jourdain-Thomas, «Le mandat de protection future : aspects pratiques et sociétés», *JCP N* 2011, 1317；G. Calvet et H. Fabre, «Protection de la personne vulnérable : le recours aux mandats pour soi et pour autrui», *JCP N* 2012, 1194；L. Leveneur, «Intérêts et limites du mandat de protection future», *in Mélanges G. Champenois,* Defrénois, 2012, p.571；J. -F. Sagaut, «Et si le mandat de protection future intégrait le régime primaire devenant un effet du mariage ?», *id.,* p.745；J. Hauser, «Les majeurs judiciaires, solutions subsidiaires au mandat de protection future ?», *in* G. Raoul-Cormeil（dir.）, *Nouveau droit des majeurs protégés. Difficultés pratiques,* Dalloz, 2012, p.13；du même auteur, «L'enfance du mandat de protection future», *in Mélanges R. Le Guidec,* LexisNexis, 2014, p.709；L. Gatti, «Le choix du mandataire dans l'ordre marchant et dans l'ordre non marchand. L'exemple du mandataire de protection future», *in* B. Remy（dir.）, *Le mandat en question,* Bruylant, 2013, p.121；E. Berry, «La responsabilité du mandataire dans l'ordre marchant et dans l'ordre non marchand. L'exemple du mandat de protection future», *id.,* p.155. 邦語文献として、ルロン（原訳）・前掲注300) 247-250頁。

第3節　展望——フランス民法典における「信託」と民法理論・民法体系

するものだが、将来の能力減退に備え、自己の意思に基づいて保護の主体や態様等を決定する点に特徴がある（477条1項）[346]。この将来保護委任は、財産管理を目的とする場合、他人による財産管理という点でフィデュシと接点を生じる。死後委任と同様の特殊な委任（ここでも、一般法上の委任の規定が包括的に準用されたうえで、特則が定められる。478条）としての将来保護委任の具体像は、どのようなものか。規定内容を概観しよう（関係条文の邦語訳は付録を参照）[347]。

　第一に、要件に関しては、①当事者の能力・資格に関して規定がおかれ[348]、特に、自然人のほか、公的承認を得た後見団体に受任者たる資格が与えられるとされている点が重要である（480条1項）。方式面では、②公証証書又は私署証書の作成が要求される（477条4項）[349]。

　第二に、効果に関しては、①受任者が小審裁判所書記に提出する指定医師の診断書により（481条2項）、委任者がもはや単独では自己の利益を実現することができないことが証明された時に、委任の効力が生じる（委任者に通知。同条1項）。②受任者の権限については、財産管理のみならず身

---

[346] 正確には、将来保護委任には、自己の能力の減退の際に、①自己を代理する任務を負わせるもの（「自分自身のための将来の保護を目的とする委任（mandat de protection future pour soi）」。477条1項）と、②子を代理する任務を負わせるもの（「他人のための将来の保護を目的とする委任（mandat de protection future pour autrui）」。同条3項）があるが、①のみを念頭におく。なお、両者の規律上の相違は、②は必ず公署証書によるものとされていること（同条4項）にある。

[347] 民法典の構成上は、方式の如何に関わらず適用される共通規定（第1編第11章第2節第5款第1準款）と方式ごとの特則（同第2準款・第3準款）とが定められているが、以下ではまとめて整理する。

[348] 委任者に関しては、被後見人たる成年者及び解放されていない未成年者は委任できず（477条1項）、被保佐人は保佐人の扶助がなければ委任できないとされている（同条2項）。受任者に関しては、民事能力を備えていることが要求されるほか、後見人の任務についての395条及び445条2項・3項の要件が満たされなければならない（480条2項）。具体的には、解放されていない未成年者（395条1号）、被保護成年者（同条2号）、親権を喪失した者（同条3号）、刑法典131-26条により後見人の任務の行使を禁じられた者（同条4号）、その患者が委任者である場合の医薬業従事者（445条2項）、その設定者が委任者となる場合のフィデュシの受託者（同条3項）は、受任者となることができない。

[349] 公署証書方式・私署証書方式の双方に関して委任締結の具体的態様が（489条2項、492条1項・2項）、私署証書方式の場合の確定日付の取得方法が（492-1条）、それぞれの箇所で規定されている。

第5章 フランス民法典における「信託」について

上保護も内容としうるほか[350]、財産管理に関し、方式に応じた差異がある。すなわち、私署証書方式の場合には、保存・管理行為のみが認められ（493条1項）、それ以外は後見判事の許可が必要とされるのに対し（同条2項）、公署証書方式の場合には、包括的な文言による場合でも保存・管理行為のみならず処分行為も行うことができ（490条1項）、ただ無償の処分行為の場合に後見判事の許可が必要とされる（同条2項）。③受任者の義務に関しては、任務を遂行する義務に加え（原則として自己執行義務が課される。482条）、財産目録作成・更新義務（486条1項）、管理報告作成義務（同条2項）、委任終了時及びその後5年間における財産目録・管理報告の提供義務（487条）が規定されている。特に管理報告に関しては、さらに、公署証書方式の場合につき、公証人への提出義務（491条1項）及び疑わしい行為についての公証人の後見判事把捉義務（同条2項）が、私署証書方式の場合につき、保存義務（494条1項）及び後見判事・大審裁判所検事正の一般的監督の際の提出義務（同条2項）が、それぞれ定められている。④なお、履行の統御態様は委任によって定められる旨が規定されているほか（479条3項）、委任の開始及びその履行に関し保護対象者は後見判事の決定を仰ぐことができるとされている（484条）。他方、⑤委任者自身の行為に関しては、種々の事情を考慮したうえでのレジオン等による取消しが可能である旨が規定されている（488条）[351]。

　第三に、終了に関しては、①開始前は、委任者による撤回及び受任者による放棄により終了する（489条2項・492条3項）。②開始後は、受任者は後見判事の許可によってのみ自己の職務から免れるほか（480条3項）、小審裁判所書記への診断書提出による能力回復の確認（483条1項1号）、保護対象者の死亡及び後見・保佐の開始[352]（同条項2号）、受任者の死亡等（同条項3号）、委任の必要性の欠如や受任者の任務懈怠等に関わる場合

---

350) ただし、身上保護については、受任者は、後見と同様の規律（457-1条ないし459-2条）に服するほか（479条1項）、代行者を用いることができない（482条1項）。なお、身上保護に関連して、公衆衛生法典及び社会扶助家族法典により後見人の代理人等に付与される任務（たとえば、公衆衛生法典L.111-4条に基づく医療行為への同意）を受任者が行使する旨を委任で定めることもできる（479条2項）。

351) なお、これは、後見・保佐・司法救助という司法的保護措置に関しても認められるものであり（前掲注331）参照）、法的保護措置全般に共通する規律である。

第 3 節　展望――フランス民法典における「信託」と民法理論・民法体系

に後見判事が宣告する撤回（同条項 4 号）により終了する。このとき、判事は、場合によっては、将来保護委任に代わって、法的保護措置（司法救助、保佐、後見）を開始することができる（485 条 1 項）。なお、終了以外にも、判事は、司法救助措置による委任の停止（483 条 2 項）や、補足的な法的保護措置又は特定の行為についての委任（485 条 2 項）を命じることもできる。

　相続・恵与の文脈とは異なり、判断能力が不足する者の財産管理の局面ではフィデュシは禁止されていない以上、将来保護委任とフィデュシは競合する。フィデュシ立法・成年者保護法改正前の状況（第 1 節 3 (2)参照）との対比でいえば、所有権移転を伴う財産管理方法とそれを伴わない（しかし柔軟な）財産管理方法とが、一挙に認められたことになるが、その理論的意義がどうであれ、現行法を前提とする限り、「具体的事例においてどちらを選択するか」という実務的問題のみが生じる。将来保護委任も委任の特殊形態であるところ、①受任者の権限の狭さ、②委任者の権限の残存、③受任者・委任者の意思による終了という一般法上の委任の難点のうち、①は公署証書方式の場合には処分権限を広く含みうるとすることで一応克服され、③は委任者（被保護者）の撤回や受任者の放棄に制約が課されることで克服されているが、②に関し委任の特則は定められておらず、この点でフィデュシと相違がある。フィデュシとの相違は、さらに、④受任者の資格（金融機関又は弁護士ではなく自然人又は公的承認を得た後見団体）、⑤方式（受任者に広い権限を与えたければ公署証書）、⑥開始要件（能力減退が必要）、⑦開始手続（裁判所への診断書提出が必要）、⑧受任者の厳しい統御（財産目録作成・更新義務、財産目録・管理報告提供義務等）、⑨公証人の負担（疑わしい行為についての後見判事把捉義務）、⑩保護対象者によ

352）ただし、この場合、当該措置を開始する判事の決定で将来保護委任は終了しない旨が定められることもできる（483 条 1 項 2 号）。何も定められない場合には、将来保護委任は終了する（Civ. 1re, 12 janvier 2011, *Bull. civ. I*, n°11, *AJ Famille* 2011, 110, obs. T. Verheyde, *D.* 2011, 2510, obs. D. Noguéro, *Defrénois* 2011, art.39224, note J. Massip, *Dr. Famille* 2011, comm.42, obs. I. Maria, *JCP G* 2011, 416, note N. Peterka, *JCP N* 2011, 1115, note D. Boulanger, *RTD civ.* 2011, 323, obs. J. Hauser；Civ. 1re, 29 mai 2013, n°12-19851, *AJ Famille* 2013, 510, obs. T. Verheyde, *D.* 2013, 1815, note D. Noguéro, *Dr. Famille* 2013, comm.31, obs. I. Maria, *RTD civ.* 2013, 576, obs. J. Hauser）。

第5章　フランス民法典における「信託」について

る広い後見判事把捉可能性、⑪意思による終了の難しさ（能力回復等が必要）、⑫他の法的保護措置との調整（司法的措置開始による終了・延期、他の法的保護措置の開始等）といった点にも見出される[353]。こうした相違を前提に、具体的な選択問題が論じられる（収益を上げたい場合や軽度の能力減退の場合等でのフィデュシの有用性、受託者の属性から見てフィデュシの場合は相当規模の財産である必要があること等）[354]。

　もっとも、以上のような、現行法を前提とする静的な比較では十分ではなく、本質的でもない。将来保護委任に関する現行法の規律には様々な批判が寄せられるところ、そこには、同じ文脈でのフィデュシの利用への評価にも通じる視点が含まれる。最も厳しい批判を行うフヌイエの議論を紹介しよう[355]。将来保護委任は、裁判所の介入を極力排除し、将来的に保護を必要とする者が自己の意思に基づいて保護者、その権限、それに対する統御等を決定することを可能とするが、それにより成年者保護法制の基本的な価値との緊張関係が生じている。①簡易な診断書の提出により、裁判所の決定及び本人への尋問を経ることなく委任が開始され、本人の状態の再検査なく委任が継続するというのでは、必要性の原則が不当に緩和される。②将来保護委任が法的保護措置に優先するのを原則とする（428条1項）のは補充性の原則の過度な強調である一方、法的保護措置の開始により原則として将来保護委任が終了するのは同原則の過度な緩和である[356]。③将来保護委任は保護のあり方を本人の意思に任せる点で均衡性の原則を排除し、特に、委任事項について自己の行為能力の制限を可能と

---

353) 以上に関し、部分的には、F. Sauvage, supra note 104, p.11 ; N. Peterka, supra note 197, n° 16, p.23. 受託者の権限が身上保護まで及びうる点も相違といえるが、財産管理に関わる事柄ではない（なお、L. Leveneur, supra note 345, p.575 は、一般法上の委任との相違の文脈でその有用性を疑問視する）。

354) H. Fabre, supra note 197, p.58.

355) D. Fenouillet, supra note 345, n°10-52.

356) このこととの関係で、家族内不和がある場合に、補充性の原則を逆手に取り、すでに司法的保護措置請求の事前手続が始まっている段階で、駆け込み的に将来保護委任を締結する事態が生じることが指摘される。政治的スキャンダルともなったベタンクール事件がその例であり、破毀院民事部は、当事者からの破毀院見解請求に対し、この場合は補充性の原則を適用しないとした（Civ. avis, 20 juin 2011, *Bull. Avis*, n°7, *AJ Famille* 2011, 377, obs. T. Verheyde, *LPA* 22 juillet 2011, n°145, p.10, note D. Noguéro, *RTD civ.* 2011, 512, obs. J. Hauser）。

第3節　展望——フランス民法典における「信託」と民法理論・民法体系

するものと考えられるべきだが（条文に忠実に完全な行為能力が残ると考えるのでは本人保護に悖る[357]）、当初の意思決定がその後の利益に適い続ける保障はない。さらに、④本人にとっての安全性の観点からは[358]、司法的保護措置の場合と比べると、自然人たる受任者の信頼性、受任者の権限（公署証書方式の場合は濫用の危険性があり、私署証書方式の場合は足りない可能性がある）、受任者の統御（公署証書方式の場合は公証人の負担が大きく、私署証書方式の場合は不十分である）、裁判所の介入（自動的ではなく当事者の請求が必要）の点で、不十分である。

　フヌイエの批判は、司法的保護措置を貫く基本原則は将来保護委任にも妥当すべきことを前提とするものであり、このこと自体、自明ではない。しかしながら、フヌイエの議論は、司法的保護措置を通じて伝統的に形成されてきた観点と、本人の意思の尊重という新たな観点とは、抽象的な基本理念で統合されつつも実際には緊張関係を生じうることを、よく示している。そして、「本人の意思の尊重は必ずしも本人の利益保護に資するわけではない」という認識に貫かれた上記批判は、簡単には無視できない説得力を備えている。このことを前提とした場合、同じく当事者の意思に基づく財産管理手法たるフィデュシを同様の文脈で用いることに対しても、懐疑的視線が向けられることになろう。たしかに、フィデュシは設定者＝受益者の権限を奪い不適切な財産処分を防止するが（その点では将来保護委任より優れている）、その属性から見て受託者は必ずしも本人の生活に根

---

[357] フヌイエのような解釈をするかどうかは別として、委任者に権限が残るという規律が本人保護の観点からは有害であるという認識は、多くの論者に共有されているところである。将来保護委任は受任者による代理を可能にするが、本人を代理することは本人を保護することと同じではない、というわけである。また、本人による財産処分と受任者による財産処分が競合しうることで第三者の安全が害されることも、あわせて指摘される。L. Leveneur, supra note 345, pp.576-578；Ph. Malaurie, *Les personnes. La protection des mineurs et des majeurs,* 7ᵉ éd., LGDJ, 2014, n°739, pp.319-320 等を参照。
[358] そのほか、第三者にとっての安全性の観点から、司法的保護措置とは異なり（後見及び保佐に関しては、444 条により公示が義務付けられる。また、司法救助に関しては、民事訴訟法典 1251 条・1251-1 条の簡易な公示手続が予定されている）、将来保護委任には公示の仕組みが存在しないことも問題視される（D. Fenouillet, supra note 345, n°35-40. 102ᵉ Congrès des notaires de France, supra note 107, p.527；Propositions définitives du 102ᵉ Congrès des notaires de France, Troisième commission, Deuxième proposition も公示の創設を提言していた）。

第 5 章　フランス民法典における「信託」について

ざした者とはいえないこと、受託者の任務に対する統御が簡素であること（報告義務のみ）、成立・履行・終了の諸局面で裁判所の介入が不存在ないし僅少であり、財産管理の必要性・適切性が担保されにくいこと[359]、必要となりうる法的保護措置との間で調整がとられていないこと（設定者＝受益者につき法的保護措置が開始した場合にも継続すること[360]、その結果、能力減退の程度に応じた財産管理がなされる保障がないこと）等の諸点において、（成年者保護法制が伝統的に想定してきた意味における）被保護者の利益を損なうおそれがあるのではないか。成年者保護法制との関係での問題性は、曲がりなりにもその補完枠組みとして構想された将来保護委任よりいっそう、それと独立の枠組みとして構想されたフィデュシ（第 1 節 3(2)参照）において、顕著に表れる危険がある。こうした観点からは、先に列挙したフィデュシと将来保護委任の相違のうちいくつかは、将来保護委任の制約というよりは、フィデュシの脆弱性を示すものであることになろう。成年者保護法制において実現すべき価値の精緻な考察（洗い直し）を前提とするものであるが、いずれにせよ、この分野でのフィデュシを、その文脈を捨象して考察すること（金融法分野における狭義の管理目的フィデュシと同列におくこと）への潜在的懐疑（狭義の管理目的フィデュシ内部での、民法典上のフィデュシの一般法性への潜在的疑問）が、以上の議論からは看取しうる。

---

359) フィデュシ立法成立前からこの点に警鐘を鳴らしていたものとして、M. Grimaldi, supra note 19, n°27.
360) 2029 条 1 項は法的保護措置の開始をフィデュシの終了事由として挙げていない。他方、設定者が後見・保佐措置の対象となった場合を想定して、2022 条 2 項が受託者の報告義務の履行態様を定めるほか、445 条 3 項により受託者は設定者に対し後見又は保佐の負担を行使できないとされる。このことから、フィデュシは法的保護措置の開始によって終了しないと考えられている（J. Massip, supra note 197, n°4 ; F. Sauvage, supra note 104, p.11 ; N. Peterka, supra note 197, n°12, pp.21-22）。

おわりに──まとめと若干の考察

　フランス民法典への「信託」の導入を指標とし、それを同国の民法理論・民法体系との関係という観点に基づいて包括的な文脈に位置付けて検討した場合、フランス信託法の展開の要点は、次のようにまとめられる。
　[1]　フランス民法典における「信託」は、英米法上のトラストに対抗する大陸法的概念としてのフィデュシを基礎とするものである。設定行為による、受託者への所有権移転、及び、受託者への義務の賦課ないしその権限の設定という、既存のフランス法の枠組みに適合的に措定されたフィデュシは、担保、財産管理、恵与といった様々な局面で有用性が指摘され、民法典上ついに一般法化されるに至った。もっとも、フィデュシ本来の姿が保たれたわけではない。「フィデュシの一般法化を通じたトラストの受容」という立法目的のもと、割当資産の創出という点でトラストへの接近が果たされたほか、対象財産の所有権移転という点に関しても、立法後なおトラスト的構成の誘惑が残る。他方、フィデュシという新規の法技術に対する不信（不正行為に悪用されることへの懸念、「重大な結果」をもたらす契約であるという認識）により、具体的規律面で様々な外在的制約も課せられることとなった。
　[2]　フランス民法典に導入された「信託」（上記の意味でのフィデュシ）は、資産、所有権、契約という基本概念との関係で、今なおフランスの民法理論に適合・適応する途上にある。①割当資産の創出は、古典的資産理論（資産の単一性の命題）からの一般的乖離傾向を指導するものではあるが、民法典上のフィデュシ自体に古典的資産理論の影響も残る中、今後の資産理論の行方（割当資産がどのような場合に認められるかの外延確定、人格から切り離された主体なき資産の承認可能性等）を決定付けるものではない。また、②受託者への所有権移転という構成は、トラストとの差別化を果たすものであったはずだが、受託者の権利に制約が課されるというフィデュシの特質が、絶対性・排他性・永続性を備える所有権の概念と適合するのか（しないのか）が改めて問われるに至り、フィデュシの法的構成（受託者・受益者の権利の内容）はなお争われている。さらに、③所有権移転契約であ

りながら役務提供契約でもあるという性質を備えたフィデュシ契約は、その一般的存在が法定されることで、その内在的構造や他の典型契約との関係を正面から問われるに至っている。

[3]　さらに、フランス民法典における「信託」は、フィデュシ概念の総称的性格から必然的に、様々な民法分野においてそれぞれの論理・価値に遭遇し、今なお民法体系における地位を模索している。①担保法においては、所有権を担保に用いることへの期待を背景に、早くからフィデュシの枠組みが一定局面で認められていたところ、フィデュシの法定・充実により、流質契約禁止という公序の駆逐とともに、「担保としての所有権」たる担保目的フィデュシが君臨するに至ったが、担保法内部での一般法性の欠如（無名フィデュシの残存、一般法上の担保目的の譲渡の承認可能性）や他の類型のフィデュシとの関係での独自性という問題を生ぜしめている。反対に、②相続・恵与法においては、立法以前にはフィデュシの枠組みはほとんど見られず、立法においても恵与目的フィデュシは排斥されるに至ったが、それでも、フィデュシは、死後委任及び段階的恵与という、フィデュシ立法に先立って新たに認められた代替制度との関係で、相続・恵与法が内包する価値は何なのかを問い続けている（本稿は、自由な財産の流通・利用の要請や、対象財産の第一次的帰属者への配慮等を示唆した）。他方、③成年者保護法においては、判断能力が不足する者の財産の柔軟な管理方法の不存在という従来の状況が、狭義の管理目的フィデュシ及び将来保護委任の法定により一変するとともに、両者の競合という状況が生じたが、成年者保護法制に内在する本人保護の要請の観点から、将来保護委任に対し、フィデュシにも通じる批判がなされており、成年者保護法制内部でのフィデュシの処遇という問題と同様、フィデュシが成年者保護法固有の価値と遭遇していることが読み取れる。

　フランス信託法の展開から、われわれは何を学ぶべきであろうか[361]。フランス民法典上の「信託」は、それのみを眺めれば、（外在的要因も災いして）制約が多く、かつ、簡素なものであり、信託の実務的発展（のみ）

---

361) 注2）で述べた事情から、以下の考察は雑駁な見通しを示すにとどまり、ありうべき、より精確な議論は、各論点に関する詳細な検討（日本における解決との対比を含む）とともに、他日を期さざるを得ない。

おわりに――まとめと若干の考察

を願う者からすれば、魅力のないものに映るだろう。しかし、フランス民法典における「信託」は、少なくともその根幹部分において、自らの民法理論・民法体系との間での真摯な対話を通じて作り上げられたものであり、またそれを通じて今後も変化しうるものである。フランス信託法の魅力は、民法典上の「信託」そのものというよりは、それを形成してきた理論的営為、ないし、民法理論・民法体系との関係を常に問う学問的風土にある。幼年期に早くも信託（しかも、大陸法とは水と油の関係にあるとされるトラスト[362]）を導入し、その位置付けもままならないまま大規模な建替えを行ったわが国において、はたしてフランスと同等の作業ないし理論的環境が実現されてきたと自信を持って言えるだろうか。フランス法に造詣の深い論者が、主として相続法領域を念頭に、信託法の独走に対して鳴らした警鐘は、今なお、きわめて重く受け止めなければならない[363]。様々な法体系の間で迷走してきたわが国において「信託のある風景」を描くのは、フランスにおけるよりもはるかに難しい。

　信託を取り入れた以上は、自国の民法秩序の中に明確に位置付けなければならない。フランス信託法から得るべき示唆は、信託の存在を所与とする具体的規律の操作ではなく、こうした深層的なレベルにあるだろう。民法の教科書・体系書において信託への言及が少ないというわが国の現状は、

---

362) このことは、フランスでも共通認識となっている。たとえば、ヴィッツは、トラストを採用する英米法系国とフィデュシの拡張を図る大陸法系国の間に、大陸法に属しつつもトラストに示唆を得たものもあるとし、ケベック法、リヒテンシュタイン法等と並んで、日本法を挙げる（C. Witz, supra note 20, n°10, p.9）。日本人研究者による自国法の紹介もなされている。K. Takayanagi, «La fiducie en droit japonais contemporain», *in Travaux de la semaine internationale de droit,* supra note 27, p.71；M. Nishizawa, «L'état actuel du *trust*（*shintaku*）en droit japonais», *Int'l Bus. L. J.* 1990, n°1, p.7；H. Dogauchi, «*Trusts in the Law of Japan*», *in La fiducie face au trust dans les rapports d'affaires,* supra note 72, p.105；M. Nozawa, «Le transfert de propriété à titre de garantie en droit français et en droit japonais», *RIDC* 2001, n°3, p.657；M. Hara, supra note 148. また、N. Kanayama, «L'immatériel et l'universalité：vers la théorie de la valeur», *in* M. Grimaldi et al.（dir.）, *Le patrimoine au XXI*ᵉ *siècle：Regards croisés franco-japonais*, Société de législation comparée, 2012, p.179 も、信託に言及する。
363) 水野紀子「信託と相続法の相克――とくに遺留分を中心にして」東北信託法研究会編・前掲注114）103頁以下、同「日本における民法の意義」信託法研究36号（2011）107頁以下。より端的には、同「信託法改正要綱試案に対するパブリックコメント」（2005年8月提出）（http://www.law.tohoku.ac.jp/~parenoir/shintakuhou-kaisei.html）。

第5章　フランス民法典における「信託」について

フランスとの対比において、(わが国では信託に特別法上の地位のみが与えられていることを考慮してもなお)健全なものとはいえない。そして、フランスにおいて「信託」に投げかけられてきた理論的な問いかけは、わが国でも無視しえない重要性を有するだろう。

　第一に、信託の概念であり、トラストないしフィデュシの概念規定(フランス法は後者に着目するものであり、前者を突き詰めるものではない)やこれらの二者択一に還元する必然性(両者の統合可能性も模索されてよい)が問題になるにせよ、その法律行為法上の位置付けは明確にする必要がある(信託宣言の理論的定位等)。また、わが国では、フランスでいう担保目的フィデュシ(の大部分)は譲渡担保として信託と区別されるところ、担保目的フィデュシの独自性強化に照らして当該立場は支持されうるにせよ、信託との共通点を所有権移転及び債権者への一定の拘束に見出し、「担保としての所有権」と位置付けることになお合理性がないかという問い(譲渡担保の法的構成に関わる)は、譲渡担保と信託の両者の正統性(とりわけ、物権法定主義との抵触。物権法定主義自体への評価も含む)を確保するうえで、改めて検討に値しよう。

　第二に、信託と既存の基本概念との関係を問うことは、信託を真に民法秩序に定着させるために必須の作業である。資産概念と日本法の関係は慎重に検討しなければならないにせよ、責任財産限定の諸局面の理論的統合は重要な問題であろう。また、信託が所有権概念(ないし所有権の分肢)といかなる関係にあるかは債権説・物権説に関わらず妥当する問題であるところ、当該視点はこうした信託の法的構成に関する議論に明確に反映する必要があり、その際には、所有権概念自体の理解が深められなければならない(より柔軟・機能的な所有権理解の可能性も否定されないが、いずれにせよ、終局的には、信託をも包括しつつ実定法上の諸解決を説明する理論が必要である)。さらに、信託ないし信託契約の構造的分析が、信託の性質決定等の実践的諸問題の基礎となることは、改めて強調するまでもない。

　第三に、本来的に総称的・横断的な性格を有する信託の概念が個々の民法分野の論理・価値と緊張関係を生じないかは、慎重に吟味する必要があり、このことは、とりわけ、家族財産法分野で問題となろう(当該分野を金融法分野と同様の論理・規律に服せしめてよいか)。一方で、相続(・恵与)

法との関係では、わが国で恵与目的の信託は禁止されないまでも、そのことによって委託者のいかなる意思も正当化されることになるのか（たとえば、財産の自由な流通・利用の要請や他の当事者の負担はどのように考慮されるか）が問われてよい。他方で、成年者保護法（成年後見法）との関係では、判断能力が不足する者の財産管理の文脈において、本人保護の基本理念に照らして、当事者による自由な法律関係の形成にどこまで委ねてよいか（とりわけ、裁判所のコントロールのあり方）は普遍的な重要性を有する問題であり、その中に信託という制度を適切に位置付けることが必要である。

第四に、信託と競合しうる周辺他制度・法理にもさらなる注目が集められてよく、とりわけ、フランスにおいて密かな展開を見せる委任がわが国でも重要性を有することはいうまでもない。委任はどこまで柔軟な制度でありどのような場面で活用されるべきか、また、委任と信託の相互の位置付けはどうあるべきかは、信託を財産管理方法として捉えるにあたっての基本的な視点を構成する。委任の基礎研究（日仏の相違を含む）を前提に、さらに考察が進められるべきであろう。

いずれの問いに関しても、最終的にフランス法と同じ解答にたどり着かなければならない必然性はない（フランス法における諸々の解決の合理性自体、わが国では大いに問題とされてよい）。重要なのは、自国の「信託」を支えるに足る民法理論・民法体系の構築であり、フランス法は、少なくとも、長い伝統に支えられた一つのモデル（ないし、さらに発展させるべき叩き台）を提供する。信託に関連する概念・分野についてのフランス法の基層とその動向の考察は、フランス法が見かけ上「信託」に消極的であるとしてもなお、否そうであるがゆえに、わが国ではなお貴重な発想源であると言わなければならない。

Paris, le 17 juin 2014

第 5 章　フランス民法典における「信託」について

付録：フランス民法典の「信託」及びその関連制度に関する規定の邦語訳

＜「信託」（フィデュシ）＞

第 408-1 条（2008 年 8 月 4 日の法律第 776 号により追加）　未成年者の財産又は権利は、フィデュシ資産に移転することができない。

第 445 条（2007 年 3 月 5 日の法律第 308 号により改正）③（2008 年 8 月 4 日の法律第 776 号により追加）　フィデュシ契約により指定される受託者は、設定者に対し、保佐又は後見の負担を行使することができない。

第 468 条（2007 年 3 月 5 日の法律第 308 号により改正）②（2008 年 8 月 4 日の法律第 776 号により修正）　被保佐人は、保佐人の扶助なくして、フィデュシ契約を結ぶことも、自己の資本を用いることもできない。

第 509 条（2007 年 3 月 5 日の法律第 308 号により改正）　後見人は、許可をもってしても、以下の行為を行うことができない。

1　債務の免除、獲得した権利の無償放棄、第 929 条ないし第 930-5 条が規定する減殺請求権の事前放棄、弁済なき抵当解除若しくは担保解除、又は、地役権若しくは第三者の債務のための担保の無償設定といった、被保護者の財産又は権利の無償譲渡を伴う行為を遂行すること。ただし、贈与に関して規定されている事柄を除く。
2　第三者が被保護者に対して有する権利又は債権を取得すること。
3　被保護者の名で商業又は自由業を行うこと。
4　被保護者の財産を購入すること、及び、被保護者の財産を賃借又は小作すること。ただし、第 508 条が規定する場合を除く。
5（2008 年 8 月 4 日の法律第 776 号により追加）　被保護成年者の財産又は権利をフィデュシ資産に移転すること。

第 1424 条②（2008 年 8 月 4 日の法律第 776 号により追加）　夫婦は、一方のみにより、共通財産に属する財産をフィデュシ資産に移転することはできない。

第 1596 条①　以下の者は、自分自身によっても、あるいは他人を介してでも、以下のものの落札者となることはできない。

⑥（2008 年 8 月 4 日の法律第 776 号により追加）　受託者：フィデュシ資産を構成する財産又は権利。

第 2011 条　フィデュシは、一人又は複数の設定者が、現在又は将来の、財産、権利若しくは担保又は財産、権利若しくは担保の集合を、一人又は複数の受託者に移転し、この者が、これらを自己の固有資産と分別して保有し、定められた目的にしたがって、一人又は複数の受益者のために行為する取引であ

付録：フランス民法典の「信託」及びその関連制度に関する規定の邦語訳

る。
第 2012 条① フィデュシは、法律又は契約により設定される。フィデュシは、明示的になされなければならない。
②（2009 年 1 月 30 日のオルドナンス第 112 号により追加） フィデュシ資産に移転される財産、権利又は担保が夫婦財産共通制又は不分割に服する場合には、フィデュシ契約は、公証証書によって設定されなければならない。これに反するフィデュシ契約は、無効である。
第 2013 条 フィデュシ契約は、受益者のために恵与の意図でなされる場合には、無効である。この無効は、公序に関わるものである。
第 2014 条（2008 年 8 月 4 日の法律第 776 号により削除）
※旧規定：当然に又は選択により会社への課税に服する法人のみが、設定者となることができる。フィデュシに基づく設定者の権利は、会社への課税に服する法人以外の者に対して、無償で移転することも、有償で譲渡することもできない。
第 2015 条①（2013 年 6 月 27 日のオルドナンス第 544 号により改正） 通貨金融法典 L511-1 条Ⅰに規定する与信機関、同法典 L518-1 条に列挙する機構及び機関、同法典 L531-4 条に規定する投資会社並びに保険法典 L310-1 条が規律する保険会社のみが、受託者の資格を有しうる。
②（2008 年 8 月 4 日の法律第 776 号により追加） 同様に、弁護士業の構成員も、受託者の資格を有しうる。
第 2016 条 設定者又は受託者は、フィデュシ契約の受益者又は受益者の一人となることができる。
第 2017 条① フィデュシ契約に反対の約定がない限り、設定者は、いつでも、契約の履行の範囲でその利益を保全することを任務とし、法律が設定者に付与する権限を行使することができる第三者を指定することができる。
②（2009 年 1 月 30 日のオルドナンス第 112 号により追加） 設定者が自然人であるときは、設定者は、この権能を放棄することができない。
第 2018 条 フィデュシ契約は、以下のことを定めなければならない。これに反するフィデュシ契約は、無効である。
1　移転される財産、権利又は担保。それらが将来のものであるときは、特定の可能なものでなければならない。
2（2008 年 8 月 4 日の法律第 776 号により改正） 移転の期間。この期間は、契約の締結の時点から 99 年を超えることはできない。
　※旧規定：移転の期間。この期間は、契約の締結の時点から 33 年を超えることはできない。
3　一人又は複数の設定者。
4　一人又は複数の受託者。

第 5 章　フランス民法典における「信託」について

5　一人又は複数の受益者。さもなければ、受益者を指定するための規則。
6　受託者の任務並びにその管理及び処分の権限の範囲。

第 2018-1 条（2008 年 8 月 4 日の法律第 776 号により追加）　フィデュシ契約において、設定者がフィデュシ資産に移転される営業財産又は職業用不動産の使用又は収益を保持するものとされるときは、このような目的で締結された合意は、反対の約定がない限り、商法典第 1 編第 4 章第 4 節及び第 5 節の規律に服さない。

第 2018-2 条（2008 年 8 月 4 日の法律第 776 号により追加）　フィデュシの範囲でなされる債権の譲渡は、債権譲渡を確認するフィデュシ契約又はその修正の日付において、第三者に対して対抗可能となる。この債権譲渡は、被譲渡債権の債務者に対しては、譲渡人又は受託者によって債務者に対してなされる通知によって初めて、対抗可能となる。

第 2019 条①　フィデュシ契約及びその修正は、フィデュシ契約の日付から起算して一ヶ月以内に、受託者の所在地における課税事務、又は、受託者がフランスに住所を有しない場合には、非居住者課税事務に登録されなければ、無効である。

②　フィデュシ契約及びその修正は、それが不動産又は不動産に関する物権を対象とするときは、一般租税法典第 647 条及び第 657 条が規定する要件にしたがって公示がなされなければ、無効である。

③　フィデュシ契約から生じる権利の移転及びフィデュシ契約において受益者が指定されていない場合における受益者の事後的な指定は、同一の要件にしたがって登録される証書によって行われなければ、無効である。

第 2020 条　フィデュシの全国原簿は、コンセイユ・デタのデクレによって定められる態様にしたがって、作成される。

第 2021 条①　受託者は、フィデュシの計算で行為する場合には、その旨を明示的に示さなければならない。

②　同様に、フィデュシ資産が、その移転が公示に服する財産又は権利を含む場合には、その公示には、権限により行為する受託者の名が記載されなければならない。

第 2022 条①　フィデュシ契約は、受託者が設定者にその任務を報告する要件を定める。

②（2008 年 8 月 4 日の法律第 776 号により追加）　ただし、契約の履行中に、設定者が後見措置の対象となった場合には、受託者は、後見人に対し、その請求に基づき、少なくとも一年に一度、その任務を報告しなければならない。ただし、契約により報告の周期を定めることは、妨げられない。契約の履行中に、設定者が保佐措置の対象となった場合には、受託者は、同一の要件にしたがっ

て、設定者及び保佐人に対し、その任務を報告しなければならない。
③ 受託者は、受益者及び第2017条に基づいて指定される第三者に対し、その請求に基づき、契約で定められた報告の周期にしたがって、その任務を報告しなければならない。
第2023条 受託者は、第三者との関係において、フィデュシ資産について一切の権限を有するものとみなされる。ただし、第三者が受託者の権限に対する制限を知っていたことが証明される場合には、この限りでない。
第2024条 フィデュシ資産は、受託者のために再生、裁判上の更生及び裁判上の清算の手続が開始された場合であっても、その影響を受けない。
第2025条① フィデュシ資産は、その保存又は管理によって生じた債権を有する者によってしか、差し押さえられない。ただし、フィデュシ契約以前に公示された担保に基づく追及権を有する設定者の債権者の権利は、これによって害されず、また、設定者の債権者の権利に対する詐害の場合は、この限りでない。
② 設定者の資産は、フィデュシ資産が不足するときは、債権者の一般担保を構成する。ただし、フィデュシ契約において、消極財産の全部又は一部を受託者に負担させる旨の反対の約定がある場合には、この限りでない。
③ フィデュシ契約により、フィデュシの消極財産の引き当てをフィデュシ資産に限定することもできる。ただし、この条項は、これを明示的に承諾した債権者に対してのみ、対抗することができる。
第2026条 受託者は、その任務の行使において犯したフォートについては、その固有資産によって、責任を負う。
第2027条（2008年8月4日の法律第776号により改正） 受託者が、その義務に違反し若しくは委ねられた利益を危険にさらし、又は、再生若しくは裁判上の更生の手続の対象となった場合において、受託者の変更の要件を定める契約上の約定がないときは、設定者、受益者又は第2017条に基づいて指定される第三者は、仮受託者の選任又は受託者の変更を、裁判所に求めることができる。この請求を認める裁判所の判決は、当然に、当初の受託者の解任及び変更後の受託者へのフィデュシ資産の移転を生じさせる。
　※旧規定：受託者が、その義務に違反し又は委ねられた利益を危険にさらしたときは、設定者、受益者又は第2017条に基づいて指定される第三者は、仮受託者の選任又は受託者の変更を、裁判所に求めることができる。この請求を認める裁判所の判決は、当然に、受託者の解任を生じさせる。
第2028条① フィデュシ契約は、受益者が承諾するまでは、設定者によって撤回されることができる。
② フィデュシ契約は、受益者が承諾した後は、受益者の同意又は裁判によっ

第5章 フランス民法典における「信託」について

てのみ、修正又は撤回されることができる。
第2029条① (2008年8月4日の法律第776号により改正) フィデュシ契約は、自然人たる設定者の死亡、期限の到来、又は、期限の到来前にその目的が達成された場合には、その達成により、終了する。
　※旧規定：フィデュシ契約は、期限の到来、期限の到来前にその目的が達成された場合には、その達成、又は、設定者による会社への課税に関する選択の撤回により、終了する。
② (2008年8月4日の法律第776号により改正) フィデュシ契約は、受益者の全員がフィデュシを放棄した場合も、当然に終了する。ただし、契約において、フィデュシ契約が存続するための要件が定められている場合には、この限りでない。同様の留保のもとに、フィデュシ契約は、受託者が、裁判上の清算若しくは解散の対象となった場合又は譲渡若しくは吸収合併により消滅した場合、及び、受託者が弁護士であってその活動の一時禁止、登録抹消又は除名がなされた場合には、当然に終了する。
　※旧規定：フィデュシ契約は、契約において契約が存続するための要件が定められていない状況において受益者の全員がフィデュシを放棄した場合にも、契約がその旨を定めていることによって、又は、裁判所の判決によって、当然に終了する。受託者が、裁判上の清算若しくは解散の対象となった場合又は譲渡若しくは吸収合併によって消滅した場合も、同様とする。
第2030条① 受益者の不存在によりフィデュシ契約が終了する場合には、フィデュシ資産中に現存する財産、権利又は担保は、当然に、設定者に復帰する。
② (2008年8月4日の法律第776号により追加) 設定者の死亡によりフィデュシ契約が終了する場合には、フィデュシ資産は、当然に、相続財産に復帰する。
第2031条 (2008年8月4日の法律第776号により削除)
　※旧規定：設定者が解散した場合において、その承継人が会社への課税に服する法人でないときは、フィデュシ資産は、フィデュシ契約が終了する日より前に、権限により行為する承継人に帰属させることができない。この場合には、フィデュシに基づく承継人の権利は、生存者間で無償で移転することも、有償で譲渡することもできない。
第2372-1条 (2009年1月30日のオルドナンス第112号により追加) ① (2009年5月12日の法律第526号により改正) 動産又は権利の所有権は、第2011条ないし第2030条に基づいて締結されるフィデュシ契約により、債務の担保として譲渡することができる。
② (2009年5月12日の法律第526号により追加) 第2029条が規定するところとは異なり、本款に基づいて設定されるフィデュシ契約は、自然人たる設定者の死亡によっては、終了しない。

376

付録：フランス民法典の「信託」及びその関連制度に関する規定の邦語訳

第 2372-2 条（2009 年 1 月 30 日のオルドナンス第 112 号により追加）　フィデュシが担保として締結される場合には、契約において、第 2018 条が規定する諸条項に加え、被担保債務及びフィデュシ資産に移転される財産又は権利の評価額が定められなければならない。これに反する契約は、無効である。

第 2372-3 条（2009 年 1 月 30 日のオルドナンス第 112 号により追加）　① 　被担保債務が弁済されず、かつ、フィデュシ契約に反対の約定がない場合において、受託者が債権者であるときは、受託者は、担保として譲渡された財産又は権利の自由な処分権限を得る。

②　受託者が債権者でないときは、債権者は、受託者に対し、財産の引渡しを求めることができ、その場合、債権者は、その財産の自由な処分権限を得る。あるいは、債権者は、フィデュシ契約がその旨を規定する場合、受託者に対し、譲渡された財産又は権利の買取り及び代金の全部又は一部の引渡しを求めることができる。

③　譲渡された財産又は権利の価額は、それが組織された市場として通貨金融法典に規定される市場での公式の建値から生じる場合又はその財産が金銭である場合を除いて、合意又は裁判によって指定される鑑定人により定められる。これに反するあらゆる約定は、書かれなかったものとみなされる。

第 2372-4 条（2009 年 1 月 30 日のオルドナンス第 112 号により追加）　①　フィデュシの受益者が第 2372-3 条に基づいて譲渡された財産又は権利の自由な処分権限を得た場合、受益者は、同条最終項が規定する価額が被担保債務額を超えるときは、当該価額と債務額の差に等しい金額を、設定者に対して支払う。ただし、フィデュシ資産の保存又は管理から生じた債務の前払いを控除する。

②　受託者がフィデュシ契約に基づいて譲渡された財産又は権利を売却する場合、同様の留保のもとに、受託者は、当該売却による収入が被担保債務の価額を超えるときは、その超過分を、設定者に対して返還する。

第 2372-5 条（2009 年 1 月 30 日のオルドナンス第 112 号により追加）　①　第 2372-1 条に基づいて譲渡される所有権は、設定行為において明示的に約定されている限りにおいて、設定行為後、設定行為が規定する債務とは異なる債務の担保に割り当てることができる。

②（2009 年 5 月 12 日の法律第 526 号により改正）　設定者は、第 2372-1 条に基づいて譲渡される所有権を、当初の債権者のみならず、新たな債権者に対し、当初の債権者が弁済を受けていなくても、担保に供することができる。設定者が自然人である場合には、フィデュシ資産は、再充填の日における評価額を限度としてのみ、新たな債務の担保に割り当てることができる。

※旧規定：その際、設定者は、第 2372-1 条に基づいて譲渡される所有権を、当初の債権者のみならず、新たな債権者に対し、当初の債権者が弁済を受けていなくても、

第5章　フランス民法典における「信託」について

　　担保に供することができる。その際、当該所有権は、再充填の日における評価額を限度としてのみ、新たな債務の担保に割り当てることができる。
③　第2372-2条の諸条項にしたがって行われる再充填の合意は、第2019条に規定される形式にしたがって、登録されなければならない。これに反する再充填の合意は、無効である。登録の日付により、債権者間での順位が決定される。
④　本条の諸規定は、公序に関わるものであり、これらに反するあらゆる条項は、書かれなかったものとみなされる。

第2372-6条（2009年5月12日の法律第526号により削除）
　※旧規定（2009年1月30日のオルドナンス第112号により追加）：本款の諸規定は、法人により担保として設定されるフィデュシに対しては、適用されない。

第2488-1条（2009年1月30日のオルドナンス第112号により追加）①（2009年5月12日の法律第526号により改正）　不動産の所有権は、第2011条ないし第2030条に基づいて締結されるフィデュシ契約により、債務の担保として譲渡することができる。
②（2009年5月12日の法律第526号により追加）　第2029条が規定するところとは異なり、本節に基づいて設定されるフィデュシ契約は、自然人たる設定者の死亡によっては、終了しない。

第2488-2条（2009年1月30日のオルドナンス第112号により追加）　フィデュシが担保として締結される場合には、契約において、第2018条が規定する諸条項に加え、被担保債務及びフィデュシ資産に移転される不動産の評価額が定められなければならない。これに反する契約は、無効である。

第2488-3条（2009年1月30日のオルドナンス第112号により追加）①　被担保債務が弁済されず、かつ、フィデュシ契約に反対の約定がない場合において、受託者が債権者であるときは、受託者は、担保として譲渡された財産の自由な処分権限を得る。
②　受託者が債権者でないときは、債権者は、受託者に対し、財産の引渡しを求めることができ、その場合、債権者は、その財産の自由な処分権限を得る。債権者は、あるいは、フィデュシ契約がその旨を規定する場合、受託者に対し、譲渡された財産の買取り及び代金の全部又は一部の引渡しを求めることができる。
③　譲渡された財産又は権利の価額は、合意又は裁判によって指定される鑑定人により定められる。これに反するあらゆる約定は、書かれなかったものとみなされる。

第2488-4条（2009年1月30日のオルドナンス第112号により追加）①　フィデュシの受益者が第2488-3条に基づいて譲渡された財産の自由な処分権限を得た

付録：フランス民法典の「信託」及びその関連制度に関する規定の邦語訳

場合、受益者は、同条最終項が規定する価額が被担保債務額を超えるときは、当該価額と債務額の差に等しい金額を、設定者に対して支払う。ただし、フィデュシ資産の保存又は管理から生じた債務の前払いを控除する。
② 受託者がフィデュシ契約に基づいて譲渡された財産を売却する場合、同様の留保のもとに、受託者は、当該売却による収入が被担保債務の価額を超えるときは、その超過分を、設定者に対して返還する。

第2488-5条（2009年1月30日のオルドナンス第112号により追加）① 第2488-1条に基づいて譲渡される所有権は、設定行為において明示的に約定されている限りにおいて、設定行為後、設定行為が規定する債務とは異なる債務の担保に割り当てることができる。
② （2009年5月12日の法律第526号により改正） 設定者は、第2488-1条に基づいて譲渡される所有権を、当初の債権者のみならず、新たな債権者に対し、当初の債権者が弁済を受けていなくても、担保に供することができる。設定者が自然人である場合には、フィデュシ資産は、再充填の日における評価額を限度としてのみ、新たな債務の担保に割り当てることができる。
　※旧規定：その際、設定者は、第2488-1条に基づいて譲渡される所有権を、当初の債権者のみならず、新たな債権者に対し、当初の債権者が弁済を受けていなくても、担保に供することができる。その際、当該所有権は、再充填の日における評価額を限度としてのみ、新たな債務の担保に割り当てることができる。
③ 第2488-2条の諸条項にしたがって行われる再充填の合意は、第2019条に規定される形式にしたがって、公示されなければならない。これに反する再充填の合意は、無効である。公示の日付により、債権者間での順位が決定される。
④ 本条の諸規定は、公序に関わるものであり、これらに反するあらゆる条項は、書かれなかったものとみなされる。

第2488-6条（2009年5月12日の法律第526号により削除）
　※旧規定（2009年1月30日のオルドナンス第112号により追加）：本節の諸規定は、法人により担保として設定されるフィデュシに対しては、適用されない。

＜死後効を生じる委任（死後委任）＞

第812条① すべての人は、自然人又は法人である一人又は複数の他人に対し、遺言執行者に与えられる権限を害しない範囲で、特定の一人又は複数の相続人の計算で、それらの者のために、その相続財産の一部又は全部を管理する旨の委任を、付与することができる。
② 相続人は、受任者となることができる。
③ 受任者は、完全な民事能力を有しなければならず、職業上の財産が相続財

産に含まれる場合には、管理禁止を課されていない者でなければならない。
④　相続財産の清算を担当する公証人は、受任者となることができない。
第812-1条　受任者は、相続人の中に未成年者又は被保護成年者が存在する場合であっても、その権限を行使する。
第812-1-1条①　委任は、相続人の人格又は相続資産に関する、明確に理由付けられた、重大かつ正当な利益によって正当化されなければ、有効でない。
②　委任は、2年を超えない期間について、付与することができる。この期間は、相続人又は受任者により把捉される判事の判決によって、一回又は複数回、延長することができる。ただし、一人又は複数の相続人の未成熟若しくは年齢又は職業上の財産を管理する必要性を理由として、5年の期間について付与することができる。この場合の期間も、同様の要件のもとで、延長することができる。
③　委任は、公署証書の方式で、付与され、承諾されなければならない。
④　委任は、委任者の死亡前に、受任者により承諾されなければならない。
⑤　委任者及び受任者は、委任の履行前であれば、他の当事者に自己の決定を通知したうえで、委任を放棄することができる。
第812-1-2条　受任者がその任務の範囲内で行った行為は、相続選択権に対して影響を及ぼさない。
第812-1-3条　委任が対象とする相続人がいずれも相続を承認しない間は、受任者は、第784条により相続権者に認められる権限のみを有する。
第812-1-4条　死後効を生じる委任は、第1984条ないし第2010条の規定に服する。ただし、本款の規定［第812条ないし第812-7条──訳者注］と両立しない場合には、この限りでない。
第812-2条①　委任は、反対の約定がない場合には、無償である。
②（2009年5月12日の法律第526号により改正）　報酬が約定される場合には、その報酬は、委任において明示的に定められなければならない。報酬は、相続財産から充取される、受任者の管理から生じる果実又は収入の一部に対応する。果実又は収入では不足する場合には、報酬は、元本によって補われることができ、又は、元本の形式をとることができる。
第812-3条　受任者の報酬は、相続財産の負担となり、受任者の報酬によって相続人がその遺留分の全部又は一部を奪われることとなる場合には、減殺請求を行うことができる。委任が対象とする相続人又はその代理人は、報酬が期間又は委任から生じる負担に照らして過剰であることを正当化する場合には、報酬の改定を裁判上請求することができる。
第812-4条①　委任は、以下の出来事の一つによって、終了する。
1. 約定された期限の到来。

付録：フランス民法典の「信託」及びその関連制度に関する規定の邦語訳

2. 受任者による放棄。
3. 当事者たる相続人又はその代理人による裁判上の撤回。この撤回は、重大かつ正当な利益の不存在若しくは消滅又は受任者による任務の懈怠の場合に、認められる。
4. 相続人と死後効を生じる委任の受任者との間での、合意による委任の締結。
5. 委任において記載される財産の相続人による譲渡。
6. 自然人たる受任者の死亡若しくはその者に対する保護措置、又は、法人たる受任者の解散。
7. 当事者たる相続人の死亡、又は、保護措置の場合には、委任を終了させる旨の後見判事の決定。

② 複数の相続人の計算で付与される同一の委任は、それらの者のうち一人にのみ関わる終了原因によって、全部は終了しない。同様に、受任者が複数の場合には、その者の一人について生じる委任の終了は、他の者の任務を終了させない。

第812-5条① 重大かつ正当な利益の消滅を原因とする撤回は、報酬として受任者が受領した金額の全部又は一部の返還をもたらさない。ただし、期間又は受任者が実際に引き受けた負担に鑑みて過剰であった場合には、この限りでない。

② 撤回が任務の懈怠に基づく場合には、受任者は、報酬として受領した金額の全部又は一部の返還を義務付けられうる。この場合でも、損害賠償の権利は、害されない。

第812-6条① 受任者は、当事者たる相続人又はその代理人に対して自己の決定を通知した場合にのみ、委任の履行の継続を放棄することができる。

② 放棄は、通知から起算して3ヶ月経過後に、効力を発する。ただし、受任者と当事者たる相続人又はその代理人の間で異なる約定がなされる場合には、この限りでない。

③ 元本により報酬を支払われる受任者は、受領した金銭の全部又は一部を返還することを義務付けられうる。この場合でも、損害賠償の権利は、害されない。

第812-7条① 受任者は、当事者たる相続人又はその代理人に対し、毎年及び委任の終了時において、その管理を報告し、遂行した行為の全体を通知する。これを怠った場合には、あらゆる当事者により、裁判上の撤回が請求されることができる。

② この義務は、受任者の死亡により委任が終了する場合には、受任者の相続人に課される。

381

第 5 章　フランス民法典における「信託」について

＜段階的恵与＞

第 896 条　それによってある者が保存及び第三者への引渡しの負担を負う処分は、法律が許可する場合に限り、効力を生じる。

第 1048 条　受贈者又は受遺者が、恵与の対象たる財産又は権利を保存し、その死亡時に、証書において指名された第二受益者に対し、当該の財産又は権利を移転するという義務から成る負担を、恵与に課することができる。

第 1049 条① このようになされる恵与は、その移転の日において特定可能であり、継伝義務者の死亡時に現物で存在する財産又は権利についてのみ、その効力を生じる。

② 恵与が有価証券に及ぶ場合、それらが譲渡されたときは、恵与は、それらに代位した有価証券についても、効力を生じる。

③ 恵与が不動産に及ぶ場合、恵与に課される負担は、公示に服する。

第 1050 条① 第二受益者の権利は、継伝義務者の死亡時に開始する。

② ただし、継伝義務者は、第二受益者のために、恵与の対象たる財産又は権利の享受を、放棄することができる。

③ この事前放棄は、その放棄に先行する継伝義務者の債権者も、放棄された財産又は権利についての権利を継伝義務者から取得した第三者も、害することができない。

第 1051 条　第二受益者は、自らの権利を恵与者から取得するものとみなされる。第 1056 条が規定する要件のもとその相続人が恵与を受け継ぐ場合、その相続人についても同様である。

第 1052 条　負担の適切な履行のための保証及び担保は、処分者が規定する。

第 1053 条① 第二受益者は、保存及び移転の義務を課されることができない。

② 負担が第一段階を超えて規定された場合、その負担は、第一段階についてのみ、有効である。

第 1054 条① 継伝義務者が処分者の遺留分権利者である場合、負担は、処分任意分についてのみ課される。

② ただし、受贈者は、贈与の証書において、又は、第 930 条が規定する要件のもと作成される証書において事後的に、負担がその遺留分の全部又は一部に課されることを承諾することができる。

③ 受遺者は、遺言を知った日から起算して一年以内に、その遺留分が、全部又は一部において、負担から解放されるよう請求することができる。これを行わない場合には、受遺者は負担の履行を引き受けなければならない。

④ 継伝義務者の遺留分に及ぶ負担は、継伝義務者の同意をもって、その限度において、当然に、すでに出生した子及び将来生まれる子全体の利益となる。

第 1055 条① 段階的贈与の贈与者は、贈与に関して要求される方式において第

付録：フランス民法典の「信託」及びその関連制度に関する規定の邦語訳

二受益者が贈与者に承諾を通知していない限りは、第二受益者との関係で、段階的贈与を撤回することができる。
② 第932条が規定するところとは異なり、段階的贈与は、第二受益者により、贈与者の死亡後に、承諾されることができる。
第1056条 第二受益者が継伝義務者よりも先に死亡し、又は、段階的恵与の利益を放棄した場合、その対象たる財産又は権利は、継伝義務者の相続に服する。ただし、証書において、その相続人が恵与を受け継ぐことができる旨が明示的に規定されている場合、又は、他の第二受益者が指名されている場合は、この限りでない。

＜将来の保護を目的とする委任（将来保護委任）＞
第1準款 共通規定
第477条① 後見の対象となっていないすべての成年者又は解放された未成年者は、一人又は複数の者に対し、同一の委任により、第425条に規定する原因の一つのためにもはや単独では自己の利益を実現することができない場合に備えて、自己を代理する任務を負わせることができる。
② 保佐に付されている者は、保佐人の扶助がなければ、将来の保護を目的とする委任を締結することができない。
③ 後見又は保佐の対象となっていない両親又は父母のうち最後まで生存している者であって、自己の未成年子に対して親権を行使し又は自己の成年子について物心の負担を負う者は、第425条に規定する原因の一つのために、この子がもはや単独では自己の利益を実現することができない場合に備えて、その子を代理する任務を負う一人又は複数の受任者を指定することができる。この指定は、委任者が死亡した日又はもはや当事者を世話することができなくなった日から、その効力を生じる。
④ 委任は、公証証書又は私署証書により、締結される。ただし、第3項が規定する委任は、公証証書によってしか締結できない。
第478条 将来の保護を目的とする委任は、第1984条ないし第2010条の規定に服する。ただし、本款の規定［第477条ないし第494条——訳者注］と両立しない場合には、この限りでない。
第479条① 委任が身上保護に及ぶ場合には、受任者の権利及び義務は、第457-1条ないし第459-2条により決定される。あらゆる反対の約定は、書かれなかったものとみなされる。
② 委任は、公衆衛生法典及び社会扶助家族法典により、後見に付されている者の代理人又は信任者に与えられる任務を、受任者が行使する旨を規定することができる。

第5章　フランス民法典における「信託」について

③　委任は、その履行を統御する態様を定める。

第480条①　委任者が選択するすべての自然人、又は、社会扶助家族法典第471-2条が規定する成年者保護を行う司法受任者のリストに登録された法人は、受任者となることができる。

②（2011年5月17日の法律第525号により修正）　受任者は、委任の履行の間すべてにおいて、民事能力を有していなければならず、民法典第395条及び同第445条第2項及び第3項が後見人の任務について規定する要件を満たさなければならない。

③　受任者は、委任の履行の間、後見判事の許可によってのみ、自己の職務から免れることができる。

第481条①　委任は、委任者がもはや単独では自己の利益を実現することができないことが証明された時に、効力を生じる。委任者は、民事訴訟法典が規定する要件にしたがって、その旨の通知を受ける。

②　その目的で、受任者は、小審裁判所書記に対し、委任状、及び、第431条が規定するリストから選択された医師により発行される、委任者が第425条の規定する状況の一つにあることを証明する文書を提出する。

第482条①　受任者は、自ら委任を履行する。ただし、受任者は、資産の管理行為について、特別にのみ、代行者を用いることができる。

②　受任者は、代行者について、第1994条の要件において、責任を負う。

第483条①　履行が開始された委任は、以下の事由によって終了する。
1. 委任者又は受任者の請求に基づき第481条が規定する形式において確認される、当事者の個人的能力の回復。
2. 被保護者の死亡又は保佐若しくは後見の開始。ただし、当該措置を開始する判事の決定が異なる旨を定める場合には、この限りでない。
3. 受任者の死亡、保護措置の開始又は支払不能。
4. 当事者の請求に基づいて後見判事が宣告する撤回。これは、第425条が規定する諸要件が満たされないことが明らかになった場合、生活共同が終了していない配偶者がその者の利益を実現するために、代理に関する一般法の規律若しくは夫婦各自の権利及び義務並びに夫婦財産制度に関する規律で十分であると考えられる場合、又は、委任の履行が委任者の利益を侵害しかねない場合に、宣告される。

②　判事は、司法救助措置の期間について、委任の効果を停止することができる。

第484条　当事者はすべて、委任の開始を確認するために、又は、その履行の要件及び態様について決定を仰ぐために、後見判事を把捉することができる。

第485条①　委任を終了させる判事は、本節第1款ないし第4款が規定する要件及び態様において、法的保護措置を開始することができる。

② 委任の実施が、その適用範囲のために、その者の人身的利益又は財産的利益を十分に保護しない場合には、判事は、補足的な法的保護措置を開始することができる。この法的保護措置は、場合によっては、将来の保護を目的とする委任の受任者に委ねられる。判事は、将来の保護を目的とする委任の受任者又は特別の受任者に対し、委任が対象としていない特定の一つ又は複数の行為の遂行を許可することもできる。

③ 将来の保護を目的とする委任の受任者及び判事により指定される者は、互いに独立であり、他方について責任を負わない。ただし、それらの者は、自己の決定について他方に通知する。

第486条① 保護対象者の財産の管理の任務を負う受任者は、措置の開始の時点において、それらの財産の目録を作成させる。そのような受任者は、委任の間において、資産状態を最新のものに保つために、目録を更新する。

② そのような受任者は、管理の報告を作成する。これは、委任が定める態様にしたがって確認される。また、いずれにせよ、判事は、第511条が規定する態様により、確認させることができる。

第487条 受任者は、委任終了時及びその後5年間において、管理を続行する任務を負った者、その者の能力が回復した場合には被保護者、又は、被保護者の相続人に対し、財産目録及び自身が行った更新、並びに、最近の5つの管理の報告、及び、管理を継続し又は保護対象者の相続財産の清算を確保するために必要な書類を、提供する。

第488条① 履行が開始された将来の保護を目的とする委任の対象たる者により締結された証書、及び、締結された約務は、委任の期間において、それが第414-1条に基づき取り消されうる場合であっても、単なる過剰損害であるとして取り消され、又は、過剰な場合には削減されることができる。判事は、とりわけ、取引の有益性又は無益性、保護対象者の資産の重要性又は構成、及び、その者が契約を締結した者の善意又は悪意を考慮する。

② 訴権は、保護対象者及びその者が死亡した場合の相続人のみに、帰属する。この訴権は、第1304条が規定する5年の期間により消滅する。

第2準款　公署証書による委任

第489条① 委任が公署証書によって設定される場合には、それは委任者が選択する公証人によって受領される。受任者の承諾も、同様の方式によって行われる。

② 委任が効力を生じていない限りは、委任者は、同様の方式において委任を修正し、又は、受任者及び公証人に対し撤回を通知することによって、委任を撤回することができ、受任者は、委任者及び公証人に対し放棄を通知することによって、委任を放棄することができる。

第 5 章　フランス民法典における「信託」について

第 490 条①　第 1988 条が規定するところとは異なり、包括的な文言で言い表される場合でも、委任は、後見人が単独で又は許可によって遂行する権限を有するすべての財産的行為を含む。
②　ただし、受任者は後見判事の許可によってのみ、無償の処分行為を遂行することができる。
第 491 条①　受任者は、第 486 条第 2 項の適用において、委任を設定した公証人に対し、当該公証人に報告を送付することによって、報告を行う。当該報告には、有効な証拠書類が添付されなければならない。公証人は、報告並びに財産目録及びその更新を保存する。
②　公証人は、正当化されない又は委任の約定に適合しないと考えられるあらゆる資金の移動及び行為について、後見判事を把捉する。

第 3 準款　私署証書による委任

第 492 条①　私署証書により設定される委任は、委任者によって日付が書き込まれ署名される。委任は、弁護士によって連署されるか、コンセイユ・デタのデクレが定めるひな形にしたがって設定される。
②　受任者は、委任にその署名を付すことによって、委任を承諾する。
③　委任の履行が開始されていない限りは、委任者は、同様の方式において、それを修正し又は撤回することができ、受任者は、委任者に対し放棄を通知することによって、委任を放棄することができる。
第 492-1 条　委任は、第 1328 条の要件においてのみ、確定日付を取得する。
第 493 条①　委任は、資産の管理に関しては、後見人が許可なく行うことのできる行為に限定される。
②　許可に服する行為又は委任に規定されていない行為の遂行が委任者のために必要であることが証明される場合には、受任者は、それを命じられるために、後見判事を把捉する。
第 494 条①　受任者は、第 486 条最終項の適用において、財産目録及びその更新、最近の 5 つの管理の報告、証拠書類、並びに、管理を継続するために必要な証拠書類を保存する。
②　受任者は、後見判事又は大審裁判所検事正に対し、第 416 条が規定する要件のもと、それらを提出する義務を負う。

東北大学法政実務叢書2
信託の理論と現代的展開

2014年10月10日　初版第1刷発行

編著者　水　野　紀　子

発行者　塚　原　秀　夫

発行所　株式会社　商　事　法　務
〒103-0025　東京都中央区日本橋茅場町 3-9-10
TEL 03-5614-5643・FAX 03-3664-8844〔営業部〕
TEL 03-5614-5649〔書籍出版部〕
http://www.shojihomu.co.jp/

落丁・乱丁本はお取り替えいたします。　　印刷／広研印刷㈱
© 2014 Noriko Mizuno　　　　　　　　　　Printed in Japan
　　　　　　　　　　Shojihomu Co., Ltd.
ISBN978-4-7857-2213-5
＊定価はカバーに表示してあります。